16	3	2	13
5	10	11	8
9	6	7	12
4	15	14	1

Antonio Arnoni Prado

DOIS LETRADOS
E O BRASIL NAÇÃO
A obra crítica de Oliveira Lima
e Sérgio Buarque de Holanda

editora 34

EDITORA 34

Editora 34 Ltda.
Rua Hungria, 592 Jardim Europa CEP 01455-000
São Paulo - SP Brasil Tel/Fax (11) 3811-6777 www.editora34.com.br

Copyright © Editora 34 Ltda., 2015
Dois letrados e o Brasil nação © Antonio Arnoni Prado, 2015

A FOTOCÓPIA DE QUALQUER FOLHA DESTE LIVRO É ILEGAL E CONFIGURA UMA
APROPRIAÇÃO INDEVIDA DOS DIREITOS INTELECTUAIS E PATRIMONIAIS DO AUTOR.

A Editora 34 agradece à Biblioteca Oliveira Lima de Washington e ao Arquivo Central/Siarq da Unicamp (Fundo Sérgio Buarque de Holanda) pela cessão das imagens utilizadas neste livro.

Imagem da capa:
*Baía de Botafogo, Rio de Janeiro, fotografia de Augusto Malta, c. 1910,
National Photo Company Collection, Library of Congress, Washington*

Capa, projeto gráfico e editoração eletrônica:
Bracher & Malta Produção Gráfica / Julia Mota

Revisão:
*Osvaldo Tagliavini Filho
Carlos Frederico Barrère Martin
Alberto Martins*

1ª Edição - 2015

CIP - Brasil. Catalogação-na-Fonte
(Sindicato Nacional dos Editores de Livros, RJ, Brasil)

A585d
    Arnoni Prado, Antonio
        Dois letrados e o Brasil nação: a obra crítica de Oliveira Lima e Sérgio Buarque de Holanda / Antonio Arnoni Prado — São Paulo: Editora 34, 2015 (1ª Edição).
    376 p.

    ISBN 978-85-7326-589-7

        1. História do Brasil. 2. Crítica literária.
    3. Oliveira Lima, Manuel de, 1867-1928.
    4. Buarque de Holanda, Sérgio, 1902-1982.
    I. Título.

CDD - 981

DOIS LETRADOS E O BRASIL NAÇÃO
A obra crítica de Oliveira Lima
e Sérgio Buarque de Holanda

Apresentação 9

PARTE I
1. Imaginário do primeiro exílio................................... 17
2. Tradição e invenção 49
3. Reconstrução do passado... 89
4. Monumento para um desterro.................................. 145

PARTE II
5. Originalidade nos trópicos... 199
6. O lado oposto e outros lados..................................... 243
7. No coração da inculta América................................. 287

Agradecimentos.. 359
Bibliografia.. 361
Epistolografia.. 371

Sobre o autor 375

à memória de Simão Kon (1935-1996)
mestre, amigo, irmão

Apresentação

Quando reuni em livro a crítica literária dispersa de Sérgio Buarque de Holanda,[1] uma das impressões que me ficaram foi a de que o modernismo de Sérgio só ganhou força depois de haver desarmado os arranjos retóricos com que a velha crítica vinha insistindo em camuflar a linguagem do passado para de algum modo continuar afirmando o peso da tradição sobre a literatura do país que mudava.

O alcance desse desarme pode ser avaliado pela complexidade do substrato intelectual que o animava, pondo frente a frente, de forma simultânea e controversa, um conjunto de vozes críticas, secundárias mas encarniçadas, que se digladiavam pelas páginas dos livros, revistas, jornais e manifestos, sem esquecer as conferências. Falo de um tempo em que Elísio de Carvalho punha o cosmopolitismo grã-fino da revista *A Meridional* (1899) a serviço da ilustração patriótica das elites, tão exaltadas por ele em livros como *Bárbaros e europeus* (1909) e *Bastiões da nacionalidade* (1911); de um tempo em que a crítica ilegível de Almáquio Dinis, mastigada em alemão (1911), enxertava à imaginação acadêmica todo o ranço do empenho tautológico da caturrice doutoral. Mas também dos tempos de um João do Rio ouvindo fascinado o poeta Olavo Bilac, que o recebeu em sua casa para, todo vestido de branco, discorrer sobre a arte da poesia como se tivesse acabado de descer do monte Olimpo; de um Osório Duque Estrada antecipando pela revista *Kultur* (1904) a celebração da pátria no melhor

---

[1] *O espírito e a letra: estudos de crítica literária* (São Paulo, Companhia das Letras, 1996).

estilo dos Rui e dos Nabuco, pleonasticamente inebriados pelas fontes de Camões e Vieira, como, aliás, virou preceito depois que João Ribeiro concebera as suas modorrentas *Páginas de estética* (1905).[2]

Essa "concepção veemente" da história, que avançava entre o fervor patriótico da revista *Brazílea* (1917) e as obsessões de um Manoel Gahisto, um Alberto Torres, um Álvaro Bomílcar, foi aos poucos sendo refinada pelo tom ameno com que a *Revista Americana* (1909-1919) modulava o panorama intelectual que então se abria à renovação do ideário crítico. É esse o momento em que Oliveira Lima entra no percurso deste livro: diferentemente do que proporá mais tarde o localismo canhestro de um Cândido Mota Filho, em sua *Introdução ao pensamento nacional* (1926), por exemplo, o que marca em Oliveira Lima é o peso específico do passado enquanto traço de civilização e linhagem.

Se de um lado sua presença na *Revista Americana* atenua a voracidade do pensamento nacional exaltado, recobrindo-o com a herança pujante de suas origens, de outro trava os pressupostos da modernização enquanto espírito de autonomia. Com ele, estamos diante de um dos guardiães mais obstinados em ver no Brasil — a exemplo de Joaquim Nabuco no discurso com que inaugurou o Gabinete Português de Leitura do Rio de Janeiro, em 22 de dezembro de 1888 — "um imenso Portugal americano", mais "pró-brasileiro" do que os próprios brasileiros, que um dia fatalmente se juntaria a nós "para compor uma nação única, de uma só língua".

Em grande parte por isso — mas sobretudo por formar, ao lado de Sérgio Buarque de Holanda, um par antinômico dos mais singulares na transição da crítica brasileira para o Modernismo — é que ambos ocupam o centro deste ensaio como focos opostos na expressão crítica dos paradigmas em jogo: Oliveira Lima enquanto intérprete das "tradições superiores (e lusitanas)" da na-

---

[2] Para a figura e o circuito ideológico de Elísio de Carvalho e dos demais autores citados, remeto ao *Itinerário de uma falsa vanguarda: os dissidentes, a Semana de 22 e o Integralismo* (São Paulo, Editora 34, 2010).

ção; Sérgio Buarque de Holanda como primeiro visionário das raízes autênticas da modernidade que então se anunciava.

Mas se é desse contexto que deriva grande parte dos nossos objetivos, convém desde já ressaltar que não é apenas o acirrado confronto entre o que ainda restava da velha mentalidade do Brasil Colônia e as vozes interessadas em nossa própria identidade que delimita o nosso argumento. Mais do que isso, o que nos move é determinar em que medida o tradicionalismo crítico se valeu da supremacia letrada da Metrópole para aqui legitimar-se como instância renovadora. No caso de Oliveira Lima, a "concepção veemente" da história pátria — que ele foi buscar em Oliveira Martins e está na base de sua "teoria dos homens providenciais" — é decisiva para compreendermos em que condições, para ele, a consagração pública do indivíduo vem antes de qualquer aspiração coletiva em direção ao novo.

É daí que vêm as divergências com Sérgio Buarque de Holanda, pois ao considerar a literatura e as artes sob o ângulo restrito de alguns poucos "homens de cultura", Oliveira Lima culminará por reconhecer o mérito de havermos preservado "a influência moral da Europa", mesmo sendo uma raça em cujas veias corre "a inferioridade de um sangue misturado". Nada mais distante das perspectivas de Sérgio. A essa altura, já pulsavam fortes no coração do jovem crítico motivos mais do que prementes para impor à celebração retórica do passado uma "ancestralidade" mais ajustada ao primitivismo original e disperso da alma brasileira.

Veremos que a esse sentimento de recusa virá depois juntar-se a descrença nos critérios fixos para apreciar uma época, analisar um livro ou avaliar um episódio qualquer, fosse do presente ou do passado. Mais ainda: tudo o que Sérgio então reclamava para a atualização da nossa inteligência — da projeção livre do futuro à mais completa liberdade de ação, estética ou política, social ou histórica — vai aos poucos adensando o pressuposto de que, nele, toda atitude renovadora, para tornar-se efetiva, dependerá exclusivamente do ineditismo da "consciência ilimitada".

Não bastasse a publicação de *Raízes do Brasil* em 1936, em que os artifícios do bacharelismo pela primeira vez aparecem como instância decisiva na celebração institucional da cultura, a ampliação do horizonte crítico para outros quadrantes da Europa acabará servindo como referência inevitável ao espírito de recusa que o levou a romper com o clássico discurso de exaltação das origens. É a expansão crítica dessa "consciência ilimitada" que aqui buscamos acompanhar em três momentos complementares. Em primeiro lugar, através do empenho crítico pela expressão de uma atitude intelectual desamarrada do arcabouço tradicional da Metrópole; em segundo, através do enfoque dos motivos estéticos dessa nova determinação embasada nas transformações que irradiavam do Modernismo; e, por fim, na esteira de Mário de Andrade, através da discussão dos critérios de atualização permanente a partir dos quais, na obra de Sérgio, o historiador acaba encontrando o crítico.

A intenção é mostrar de que modo a sua presença contribuirá para neutralizar a índole generalizante da crítica de Oliveira Lima, que tendia quase sempre a fechar num único paradigma o bloco da cultura e do pensamento como instância tradicional inderrogável. Nas oposições entre natureza e cultura, primitivismo e fantasia, posse e celebração da terra — para só ficar nesses aspectos —, veremos que começam a se delinear na crítica de Sérgio os núcleos de uma discordância mais próxima das nossas excentricidades enquanto contraponto inevitável à decantação retórica de tudo o que herdamos.

É com base nessa consciência que procuraremos esclarecer por que, para Sérgio, não havia mais sentido em resumir a literatura da Colônia — como faz Oliveira Lima — a manifestações previsíveis de uma "tradição dinâmica" que se recompunha a cada época. Afinal, nos dirá Sérgio, como afirmar que a espontaneidade de um Antonio José só se legitima porque se nutre da naturalidade renovada da lírica portuguesa? Como sustentar que a natureza brasílica que Rocha Pita emoldura só tem valor porque depurada nos moldes refinados do humanismo lusitano? Como, enfim, deixar de reconhecer que uma das maiores contribuições do arcadismo mineiro foi a de haver "acordado" a tradição lírica de Portugal?

Bem ao contrário de fragmentar a história literária em períodos rigidamente distintos, que só servem "para dissipar os contrastes que os escondem sob afinidades ilusórias", Sérgio Buarque de Holanda identificará em nossos árcades, sobretudo em Basílio da Gama, uma espécie de progressão simbiótica que — como o leitor verá — os faz transcender os limites da própria convenção arcádica. Daí que, em sua leitura, diferentemente das imposições do gênero, o "típico" e o "ideal" nem sempre prevalecem sobre o "individual" entrevisto por Oliveira Lima, como o atestam, por exemplo, a natureza singela da tópica, a contaminação lírica do épico e a recusa dos moldes camonianos.

É na chave dessas distinções que se torna possível observar como as análises de Oliveira Lima a um só tempo se amoldam e desviam da tradição crítica brasileira, valendo-se sempre de juízos que lhe são convenientes, mesmo ao discordar daqueles que os propõem, como no caso de Sílvio Romero, cujo pessimismo sobre a imaginação nacionalista ele só aplaudiu com o propósito de afirmar que o Brasil jamais chegaria a ostentar um caráter nacional autêntico.

PARTE I

Diplomatas brasileiros em Londres, em 1901: sentados, à frente, Graça Aranha, Joaquim Nabuco e Oliveira Lima, que lá atuou como secretário de legação.

1.
Imaginário do primeiro exílio

À SOMBRA DE NABUCO

Quando se iniciou na crítica, ainda adolescente, à frente do *Correio do Brasil*[3] — revista que fundou em Lisboa com apenas quinze anos de idade —, Oliveira Lima talvez pensasse em fazer dessa modesta incursão editorial uma antecipação acadêmica do aluno aplicado que sempre foi. Ou, mesmo, em amenizar a distância da pátria dedicando-se a um trabalho que o reintegrasse à cultura do país de origem, de que tanto se ressentia.

Como é natural, o jovem não escapou, nesses esboços precoces, à indefinição de critérios e ao arroubo dos juízos críticos, que nem sempre correspondiam às exigências dos fatos e dos temas analisados. Um exemplo preliminar é o da carta de 14 de outubro de 1882 que Joaquim Nabuco, então na Inglaterra, lhe enviou, pouco depois de ter recebido do *Correio* uma elogiosa nota biográfica. Nela, após agradecer a simpática referência e em particular o privilégio do retrato que a encimava,[4] Nabuco nos dá bem a

---

[3] Oliveira Lima ainda cursava os preparatórios quando fundou a revista, que teve curta duração. Em 1884, já matriculado na Faculdade de Letras de Lisboa, aparece a segunda fase do *Correio*, agora editado por Oliveira Lima e Manuel Villas-Boas.

[4] Não é difícil imaginar o fascínio exercido sobre o espírito do jovem Oliveira Lima pela figura vitoriosa de um Joaquim Nabuco que, depois de se destacar na Europa e nos Estados Unidos, voltava para o Rio de Janeiro em 1874 para fazer — a pedido do imperador Pedro II — algumas conferências sobre a pintura de Rafael, Michelangelo e os grandes venezianos. Nessa ocasião, travou rumorosa polêmica com o romancista José de Alencar, para logo

medida do que foram aqueles escritos de juventude de Oliveira Lima. Num primeiro momento, por registrar a surpresa de ter sido biografado por um "menino ainda em botão", que "desabrochava encantado pelo sol da pátria"; depois, por procurar corrigir o tom excessivamente idealizado da matéria, fazendo ver ao rapaz que — ao contrário do que o texto sugeria — nada havia de desterro em sua recente expatriação para Londres. "O meu desterro em Londres não é voluntário", escreve Nabuco. "Se se pode chamar de desterro", explica ele, "me foi imposto por circunstâncias inteiramente alheias à minha vontade", já que não estava ali representando para a escravidão — como parecia então acreditar o seu jovem biógrafo — "o papel de Victor Hugo para o Segundo Império nem o de Luiz Zorilla para com a monarquia dos Bourbon". Ao contrário, ele acrescenta, estava ali simplesmente tratando de ganhar a vida como um emigrado que deixara o Brasil por discordar da escravidão que o infestava.[5]

Nabuco tinha razão, pois o mesmo "espírito de celebração" que emoldurou o seu *portrait* reaparece em outros textos do ardoroso redator do *Correio*, artigos (quase todos) em que as impressões nativistas transitam da literatura para a história, da pintura para a música, do passado para o futuro, sem outra mediação que a dos motivos já recortados pelos críticos. Assim é que, para o olhar nostálgico do moço que celebra os numes do nosso Romantismo, a obra musical de Carlos Gomes, por exemplo, não apenas reflete um país privilegiado onde "todos são poetas e músicos",[6] como também nos impõe a tarefa de saber "escutar" a natureza

---

depois retornar a Nova York e ingressar no serviço diplomático — o grande sonho de Oliveira Lima — como adido de legação.

[5] Cartas de Joaquim Nabuco a Oliveira Lima. A Coleção Oliveira Lima encontra-se na Universidade Católica da América, em Washington, D.C., para a qual remetemos as demais referências à correspondência do autor utilizada neste estudo.

[6] Ver "Casimiro de Abreu, Álvares de Azevedo e Junqueira Freire", *Correio do Brasil*, Lisboa, ano 1, nº 3, 1882, p. 6.

para distinguir as ressonâncias da "grande poesia" com que, a seu ver, os românticos — também eles arrebatados tão jovens do coração da pátria — sublimaram a nossa paisagem.

Curioso é que a busca juvenil da identidade perdida — nascido no Brasil, Oliveira Lima cumpriria toda a formação intelectual em Lisboa — nem sempre se ajusta aos apelos nativos de brasilidade que ele procura enaltecer. Numa breve resenha do romance *O holocausto*, de Pedro Américo, afora a saudação ao escritor "que maneja tão bem a pena quanto o pincel",[7] não é a tópica nativa que merece destaque, mas, paradoxalmente, a elegância da "língua castiça" escoimada dos termos indígenas, que Oliveira Lima só admite quando devidamente adaptados à pureza vernácula do enunciado. A mesma orientação norteia o artigo sobre Joaquim Manuel de Macedo estampado no *Correio do Brasil* em março de 1885, onde a combinação entre a pureza do estilo e a singularidade dos temas localistas entra como instância legitimadora da nossa "dignidade literária" frente ao "areópago europeu",[8] aparecendo Macedo — que o crítico considera o verdadeiro fundador do romance brasileiro — como um narrador do *in medio est virtus* cuja linguagem singela e despretensiosa, mesmo sem ser correta, nos diz ele, é compensada pela descrição dos costumes da terra — coisas como a bênção do engenho, a primeira moagem, a noite de São João, que tanto lhe avivavam a saudade da infância em Pernambuco no contato com as páginas de romances como *Vicentina* ou *O forasteiro*.[9] É que Macedo, para o crítico do *Correio*, incluía-se entre aqueles homens que traziam no peito a reali-

---

[7] Oliveira Lima, "*O holocausto*, de Pedro Américo", *Correio do Brasil*, Lisboa, ano 1, n° 1, 15 fev. 1885, p. 7.

[8] Oliveira Lima, "Joaquim Manuel de Macedo", *Correio do Brasil*, ano 1, n° 7, 15 mar. 1885, pp. 3-7.

[9] "Num rápido remoinhar", escreve ele, "acodem-nos à memória as nossas reminiscências de criança: a riquíssima natureza que se desenrolava diante de nós, a toada plangente do cativo, tudo que recorda a pátria ausente, o torrão natal, que desejaríamos então poder trilhar." *Correio do Brasil*, ano 1, n° 7, 15 mar. 1885, p. 4.

zação intelectual de seu país e por isso sabia retratar os nossos tipos originais com "superior critério". No romance como no teatro, o autor de *A moreninha* era a prova cabal, a seu ver, de que o "gênio nacional" não perdera o seu vigor, permanecendo vivo no "espírito da raça" através de um estilo harmonioso que se nutria da exuberância do cenário — conforme, aliás, a lição de seu velho mestre Teófilo Braga na Faculdade de Letras de Lisboa.

Lembremos que no jovem que assim escreve — lastimando, aliás, que Macedo se afastasse dos preceitos do *Manual de literatura*, de Teófilo Braga, no passo em que este recomenda a necessidade de desenvolver a erudição como forma de superar a transitoriedade do romance histórico —, a preocupação com o gênio nacional, a revalorização do conceito de raça e o empenho por uma linha interpretativa que mesclasse a tradição lusitana da forma culta com o entusiasmo pelos valores da pátria independente na verdade repercutem como um primeiro ensaio na definição política de Oliveira Lima.

Mais tarde, já na carreira diplomática como primeiro secretário da legação brasileira em Washington, sob as ordens de Salvador de Mendonça, e tendo acabado de publicar, além dos *Aspectos da literatura colonial brasileira*, uma série de artigos na *Nouvelle Revue* sob o título de "Sept Ans de République au Brésil", discordará de Nabuco em relação aos acontecimentos que se seguiram à deposição de Pedro II. É do próprio Nabuco, em carta de 28 de novembro de 1896, a impressão de um Oliveira Lima cheio de esperanças no regime que se instalara no Brasil em novembro de 1889: "Infelizmente o seu espírito sofre do mal oposto ao que me atacou, o seu otimismo é tão doentio como o meu pessimismo, ainda que a sua doença seja mais alegre e divertida do que a minha". Nabuco diz isso porque, para ele, naquela altura, a República significava a "anuência nacional", nada mais representando do que a decadência irremediável em que o país se enredava, a exemplo do Peru ou da Espanha, "não por uma questão de instituições, mas sobretudo de raça", coisa contra a qual só a monarquia, de que era um dos paladinos ilustres, poderia oferecer uma solução consistente.

O reparo de Nabuco vinha aliás como resposta tardia ao tom restritivo com que, anos antes, Oliveira Lima comentara pelas páginas do *Correio do Brasil* o livro *O abolicionismo*, que o autor de *Minha formação* publicara em Londres, em 1883. Naquele texto, apesar de reconhecer em Nabuco o estilo simples e enérgico que o consagraria, o crítico considerava que o ardor ideológico impedia o autor de perceber a verdade, levando-o a alguns exageros incontornáveis, como o de afirmar que a Igreja brasileira nada fizera em favor da Abolição ou que a Lei Rio Branco revelava defeitos e pouco espírito humanitário, quando de fato, contra-argumenta, se tratava de um diploma sincero e verdadeiramente abolicionista, na real significação da palavra.[10]

Na recensão, que se estendeu para o número seguinte da revista, Oliveira Lima vai ao ponto de contestar os "sérios problemas" que, segundo Nabuco, a Abolição teria acarretado ao país, ao fechar "as avenidas da indústria, do comércio, das ciências e das letras". Para demonstrar o contrário, observa que a Abolição exerceu uma influência muito reduzida sobre aqueles "que cultivavam a inteligência e amavam o estudo", algo fácil de constatar ante o avanço, a seu ver incontestável, do moderno movimento científico e literário brasileiro daquele período, que ele considerava superior ao de muitas nações em que a liberdade já estava havia muito tempo entronizada. Bastaria registrar, assinala, que "todos os dias se acham notáveis trabalhos sobre anatomia, jurisprudência, direito político, história sob o ponto de vista moderno, filosofia, geografia, linguística etc.".[11]

O que nos interessa destacar aqui, entre outros aspectos que retornarão mais à frente, é que essa controvérsia isolada entre o então editor do *Correio do Brasil* e o célebre monarquista exilado na Europa na verdade representa, para a trajetória de Oliveira Lima, uma espécie de revelação premonitória que a resposta retar-

[10] Ver Oliveira Lima, "Joaquim Nabuco: *O abolicionismo*" (Londres, 1883), em "Bibliografia Brasileira", *Correio do Brasil*, ano 1, nº 2, 5 mar. 1885, pp. 6-7.

[11] Ver *Correio do Brasil*, ano 1, nº 3, 15 mar. 1885, p. 8.

dada de Nabuco viria agora confirmar. Num primeiro momento, isso se daria pela transformação das convicções políticas em jogo, que mais tarde acabarão se invertendo: Nabuco dirigindo-se para as hostes republicanas, cujo regime defenderá com brilho na esfera internacional e em particular nos Estados Unidos, onde seria inclusive nosso primeiro embaixador; Oliveira Lima convertendo-se aos quadros da monarquia, em defesa da qual acabaria indispondo-se com o governo republicano, que passará por cima de sua inestimável contribuição diplomática e o abandonará à própria sorte, até que ele se decida pelo exílio nos Estados Unidos, onde passaria o resto de sua vida e acabaria sepultado.

Outro fator importante, ainda nesse campo especificamente político e diplomático, é o papel decisivo que a figura do barão do Rio Branco exercerá entre ambos. Antes criticado por Nabuco, ele estará depois a seu lado na questão do arbitramento dos limites entre o Brasil e a Guiana Inglesa, quando o presidente Campos Sales convence Nabuco a colaborar com a República e representar o governo brasileiro naquele pleito, abrindo-lhe o caminho para o posto de ministro do Brasil na Inglaterra e posteriormente para o cargo de chefe da embaixada nos Estados Unidos. Na outra ponta, muito elogiado por Oliveira Lima, que via nele uma voz libertária em favor dos escravos, certamente louvado na ação combativa que o barão desempenhara nos anos 1870 à frente do jornal abolicionista *A Nação*, Rio Branco se converterá no principal responsável pelo final melancólico da carreira diplomática do nosso crítico.

A esse respeito, há um depoimento eloquente de dona Flora de Oliveira Lima, em carta de 14 de novembro de 1910, postada em Bruxelas e dirigida a suas "muito prezadas amigas e correligionárias" de Recife,[12] no qual revela que os "duros golpes" contra o marido vinham justamente do Itamaraty e do próprio Rio Branco, cujo fito — não hesita em afirmar — "era apenas o de inutilizar o Lima para a sonhada embaixada de Londres, recorrendo para

---

[12] Ver correspondência do casal Oliveira Lima que se encontra em Recife no acervo do Arquivo Público do Estado de Pernambuco.

isso a todo tipo de artimanhas, inclusive a de sugerir ou mesmo ditar a alguns de seus fâmulos — um Moniz de Aragão, um Silvino do Amaral Gurgel", ela destaca — os "artigos aleivosos" que fazia divulgar pela imprensa.

Mais importante, entretanto, é o papel das influências que essa conversão ideológica acabou determinando na definição do pensamento estético e político de Oliveira Lima. Nesse aspecto, o perfil conservador de Nabuco, mudando de mão, parece ter-se enraizado na concepção tradicional de cultura de Oliveira Lima, na sua visão lusocêntrica e mais comprometida com a integração das nossas raízes, no seu modo de conceber o Brasil como a expressão de um universo portentoso mas sem qualquer afirmação espiritual para além dos valores da civilização portuguesa.

Basta lembrar, a propósito, como repercutem em Oliveira Lima os antigos ideais que o Nabuco monarquista andou disseminando em sua pregação em prol do regime imperial. Num primeiro plano está a crença na identidade política que consagrava a coesão espiritual dos dois povos e que aparece formulada no discurso de inauguração[13] do novo edifício do Gabinete Português de Leitura do Rio de Janeiro, em 22 de dezembro de 1888, quando Nabuco, depois de considerar os portugueses mais "pró-brasileiros" do que os próprios brasileiros e de afirmar que eles teriam "mais confiança em nós do que nós mesmos", sustenta que, "além do pequeno Portugal europeu, existe um imenso Portugal americano" que o dia infalível de uma nova restauração fatalmente juntará ao Brasil numa só nacionalidade, sob a identidade de uma só língua.

Do mesmo Nabuco virá a senha para a recusa da "mutilação definitiva" com que a *intelligentsia* republicana decidiu reduzir a história nacional a apenas três nomes (Tiradentes, José Bonifácio e Benjamin Constant), ao datar e reverenciar somente as tradições da Independência e, assim, deixar de fora o período de mais de

---

[13] Joaquim Nabuco, *Escritos e discursos*, São Paulo, Companhia Editora Nacional, Rio de Janeiro, Civilização Brasileira, 1939, pp. 43 e 51.

meio século correspondente ao reinado de Pedro II, bem como os três séculos da nossa história colonial, sobre os quais, aliás, repousa grande parte do mérito da contribuição historiográfica de Oliveira Lima.

A rigor, para quem lê os primeiros estudos de Oliveira Lima sobre língua, literatura e cultura no Brasil, ou mesmo as notas com que se empenhou por traçar a evolução da nossa literatura no curso do tempo, salta aos olhos a afinidade com as marcas do "espírito europeu" que irradiavam dos escritos de Joaquim Nabuco.[14] Em Oliveira Lima, como em Nabuco, predomina a convicção de que a vocação europeia é um corolário da falta de "fundo histórico" ou de "perspectiva humana" no traçado da nossa fisionomia enquanto povo. Daí que persistam nele, como veremos, as mesmas incertezas de Nabuco ante o fracasso a que considerava inevitavelmente expostas, no Novo Mundo, tanto a imaginação estética quanto a imaginação histórica, valendo para ambas, em qualquer caso, a constatação de que, neste lado do Atlântico, o espírito humano se sente distanciado de suas reminiscências e associações de ideias, "como se o passado da raça humana se lhe tivesse apagado da lembrança e ele devesse balbuciar de novo, soletrar outra vez, como criança, tudo o que aprendeu sob o céu da Ática".[15]

Por fim, outro aspecto que se revelará marcante na formação de Oliveira Lima — então um jovem biógrafo do *Correio do Brasil* — como homem de letras e diplomata é justamente aquele perfil aristocrático que nutria sua admiração pela figura de Joaquim Nabuco. Esse perfil, aliás, é o mesmo que, em trabalho recente, a historiadora Teresa Malatian rastreou nas *Memórias* de Oliveira

---

[14] "E assim viverá até o fim", nos diz Gilberto Freyre, "mais em contato com valores classicamente europeus e superiormente anglo-americanos de arte, de inteligência, de cultura do que no Rio de Janeiro ou em Pernambuco, sob os coqueiros, as mangueiras." Ver "Introdução" a Joaquim Nabuco, *Minha formação*, Brasília, Editora da Universidade, 1963, p. 13.

[15] A reflexão é de Joaquim Nabuco. Ver "Atração do mundo", em *Minha formação*, Rio de Janeiro, Garnier, 1900, pp. 41-3.

Lima, revelando de modo cabal como estas articulam um relato autobiográfico demarcador de competências que harmonizam o prestígio da oligarquia açucareira, o cosmopolitismo do europeu civilizado e o saber do intelectual da Metrópole enquanto predicados que o qualificavam para o exercício da carreira diplomática a que então se destinava.[16]

Um crítico em formação

Para quem examina esse quadro de circunstâncias, importa saber de que maneira elas acabariam influindo no projeto do crítico que estreava pelas páginas do *Correio do Brasil*. Quanto a este aspecto, uma primeira observação a fazer é a de que a crítica do jovem Oliveira Lima, ao mesmo tempo que converge para a vertente dos intelectuais que Afrânio Coutinho chamou de "ocidentalistas" — os que insistiam em sustentar as raízes europeias da nossa cultura através de uma obra crítica e historiográfica escrita sobretudo "em função do interesse ou da perspectiva lusitana ou da classe branca, dominante, lídima herdeira e continuadora da semente ocidental" —, alimenta-se do nativismo dos intelectuais "brasilistas", que, sem voltar as costas para a Europa, concebiam o Brasil "como algo novo, resultante da fusão de elementos distintos, mas que não é mais nenhum desses elementos isola-

---

[16] "Em síntese, em suas *Memórias*, Oliveira Lima realizou uma operação de demarcação de lugares a partir de uma colagem de elementos retirados de reminiscências de sua vida e construiu um relato fundador de um cenário onde ambientou sua atividade de diplomata. Ao eleger o sobrado e o engenho como lugares da memória, estabeleceu fronteiras, demarcou espaços, instituiu regras de sociabilidade e de relações entre diversos personagens, tendo em vista a construção de uma ancestralidade." Com isso, prossegue a autora, "procurou fixar uma autoimagem de cosmopolitismo de ideias e maneiras, que reforçava os valores de sociabilidade de corte por pressupor refinamento e, ao mesmo tempo, mostrava um aspecto progressista de sua personalidade". Ver Teresa Malatian, *Oliveira Lima e a construção da nacionalidade*, São Paulo/Bauru, Fapesp/Edusc, 2001, pp. 49-50 e 57.

dos, e sim um outro complexo racial, social, linguístico, literário, histórico".[17]

Por esse lado, sua crítica se integra ao espírito que o próprio Nabuco, citado por Celso Vieira,[18] considerava uma marca central do caráter nacional brasileiro, resumida por ele como uma vocação permanente para o idealismo das grandes causas, ainda que nem sempre concretizado no plano de suas realizações mais efetivas. Se isso vale para os escritos nativistas e quase saudosistas da primeira fase, é bom ressaltar que nos trabalhos seguintes o tom do crítico não se livrará de todo da notação autorreferida de intelectual *self-absorbed* que Gilberto Freyre destacou em Nabuco,[19] ao descrevê-lo como um autor que se recusava a sorrir de si mesmo e a admitir, na vida como na própria biografia, fragilidades que o tornassem ridículo ou até grotesco aos olhos do público.

De fato, como veremos, já a partir de 1885 é possível distinguir nas formulações do jovem Oliveira Lima, se não propriamente o autor que depois se converterá num "espectador de si mesmo" e de seus rancores, aliás tão desabridos no curso de suas *Memórias*, ao menos a vibração intelectual do leitor arrebatado que deixará a sua marca nos personagens da literatura e da história. Lembremos ainda que pesou bastante no perfil do crítico que surgia a atmosfera política reinante no Curso Superior de Letras da Universidade de Lisboa, onde cumpria a formação humanística sob a tutela de mestres como Consiglieri Pedroso, Sousa Lobo, Jaime Moniz, Vasconcelos Abreu e, sobretudo, Teófilo Braga, cuja relevância já foi aqui referida. Ao lado de Eça de Queirós, Alexandre Herculano, Almeida Garrett, Ramalho Ortigão e Oliveira Martins, Teófilo Braga simbolizava, para a mocidade acadêmica da época, a trincheira avançada dos intelectuais que radicalizaram a discus-

---

[17] Afrânio Coutinho, *A polêmica Alencar-Nabuco*, Rio de Janeiro, Tempo Brasileiro, 1965, pp. 7-8.

[18] Ver *Joaquim Nabuco: libertador da raça negra*, São Paulo, Instituto Editorial Progresso, 1949, p. 301.

[19] Gilberto Freyre, "Introdução", em Joaquim Nabuco, *Minha formação*, *op. cit.*, p. 17.

são sobre os temas da nacionalidade e da identidade nacional com foco na monarquia. O mito do império português, garantido pela manutenção do que dele restava,[20] consolava os descontentes pela perda ainda deplorada da Índia e do Brasil.

É desse contexto de inquietações e incertezas — em que se exacerbou primeiro o movimento contra a "estagnação e a tradição católica e monarquista" com vistas a "despertar Portugal da letargia", com a chamada Geração de 70, e depois, por volta de 1888, a sua retração com o desencanto que se abate sobre o grupo de Oliveira Martins e os chamados Vencidos da Vida[21] —, é desse contexto adverso que resulta a aproximação com Oliveira Martins e, com ela, a opção por um recorte literário e histórico que será decisivo no projeto crítico do nosso autor.

A convivência com Oliveira Martins tem início por volta de 1887, ocasião em que Oliveira Lima, ainda aqui inspirado em Joaquim Nabuco, passa a colaborar no jornal *O Repórter*, dirigido por Martins e então interessado na causa libertária da escravidão brasileira, de que Nabuco era um militante consagrado e o nosso crítico um empenhado diletante. Por esse tempo, Oliveira Lima iniciava-se no ambiente cosmopolita da *belle époque*, ampliando os contatos travados na universidade, onde fizera amizades que depois se expandiram para os jornais e as revistas, as rodas literárias e os salões de conferências, chegando mesmo à tribuna de imprensa do Parlamento português, levado pela admiração à literatura política e pelo fascínio ante a vibração oratória das pe-

---

[20] Ver Teresa Malatian, *op. cit.*, particularmente pp. 54-5.

[21] Como assinala Oliveira Martins, embora não se organizando coletivamente num partido político, e mesmo sendo homens largados ao requintado mundanismo, os Vencidos da Vida tiveram um papel decisivo na luta pela regeneração de Portugal. Além de atacarem com veemência a neutralidade monárquica perante o escândalo da administração pública, atreveram-se a retificar publicamente o enunciado de uma fórmula política consagrada: "O rei reina e tem a obrigação de governar". Dos onze membros do grupo, se alguns "plumitivos que versaram política enunciaram a teoria, os outros", segundo o autor, "colocaram as suas vidas ao serviço dessa causa". Ver *D. Carlos I e os Vencidos da Vida*, Lisboa, Parceria A. M. Pereira, 1942, pp. 7-8.

rorações e dos debates a que todos nós, segundo ele, somos sensíveis, em toda parte e em qualquer lugar.[22]

Assim se explica que, de Oliveira Martins, ele destacará em suas *Memórias* não propriamente a erudição do historiador, mas sobretudo "o compreensivo talento literário" em que divisava mais agudeza do que simpatia, mais intuição imaginária do que vocação documental. Com isso, mesclava admiração e discordância diante do narrador primoroso que não lhe saía da cabeça por ter descrito a agonia de D. João VI como a de um moribundo que se acabava "como sempre vivera, indeciso, sem uma afirmação de vontade, entre flatos, na impotência de uma morte oportuna"[23] — imagem que ficará como uma espécie de repto que, como veremos, só se apaziguará no espírito de Oliveira Lima quando este, em 1908, colocar um ponto final no extenso relato das peripécias de D. João VI e de sua Corte na tumultuada transferência para o Rio de Janeiro.

O alcance histórico dessa empreitada, bem como a notação cultural dos primeiros estudos de literatura brasileira que vinha publicando desde 1885 em algumas revistas da Europa, revela no entanto que a admiração pela obra e pelo estilo de Oliveira Martins permaneceria como baliza. Em Oliveira Lima, como no autor de *Os filhos de D. João I*, o ofício do crítico, a exemplo do que ocorria com o do historiador, pressupunha a concepção de uma escrita a meia distância entre a ciência e a arte, entre o discernimento metodológico da pesquisa e o vertiginoso mergulho na imaginação criadora.

---

[22] Oliveira Lima, *Memórias (estas minhas reminiscências...)*, Rio de Janeiro, José Olympio, 1937, p. 47.

[23] Oliveira Martins, "A morte de D. João VI", em *Portugal contemporâneo*, 2ª ed., Lisboa, Livraria Bertrand, 1883, vol. 1, pp. 1-2. No exemplar anotado por Oliveira Lima, à margem do parágrafo onde Martins sublinha a indecisão acerca de quem seria (D. Pedro ou D. Miguel?) o herdeiro de D. João VI, lemos a observação incisiva: "Não havia indecisão alguma. Tratava-se de D. Pedro...".

Veremos que, dessa perspectiva, não serão poucas as pistas abertas por Oliveira Martins no espírito do nosso crítico. A primeira delas, certamente das mais expressivas, é a de conceber a história dos homens e de sua cultura como uma "ressurreição" artisticamente construída para satisfazer tanto ao sábio quanto ao ignorante e, assim, deleitar a sensibilidade de quantos tenham vocação para compreendê-la. Aqui, a conhecida tese de Oliveira Martins de que as análises eruditas e as construções doutrinárias jamais poderão criar obras capazes de impressionar artisticamente o leitor, por maior relevância que tenham para o crítico, completa-se com a preocupação — amplamente assimilada por Oliveira Lima — de fazer da análise psicológica e do exame biográfico a base dos estudos e da observação das épocas e das obras.

Por outro lado, tão decisiva para o método do nosso autor quanto para as reflexões de Oliveira Martins será a ideia de que a personagem e os caracteres, como na pintura de um retrato, ocupam o centro da crítica e da história. Assim se explica, como veremos em Oliveira Lima, que a função da personagem no interior de uma estrutura literária se alinhe à função de uma personalidade ou de um herói no panorama de seu tempo. Num caso como noutro, se o que importa — nos termos de Oliveira Martins — é o homem enquanto "construtor da sociedade", com seu cortejo de crenças, costumes e fábulas, só se poderá falar em história ou literatura onde houver "caracteres acentuados". E o melhor meio de recompor-lhes a fisionomia não virá da análise dos diplomas e das instituições, das classes ou dos movimentos sociais, e sim da habilidade artística com que o crítico for capaz de desenhá-los nas diferentes etapas de sua trajetória. Para tanto, deverá estar equipado para sentir o que Oliveira Martins considerava "o palpitar vário dos tempos", coisa que exigirá do crítico um saber "solidamente minucioso" e consciente de que na história dos homens (ou dos personagens) o que importa são os "motivos morais", falsos ou verdadeiros conforme as épocas e os lugares em que se desenvolvam.[24]

---

[24] Uma exposição detalhada desses princípios de Oliveira Martins está

Essa perspectiva nos permite reler em Oliveira Lima a mesma "concepção veemente" da história pátria que a crítica portuguesa atribuía a Oliveira Martins, e que busca entranhar-se não propriamente no espírito, mas nas almas, no "sutil liame entre prever e ver", como se configurasse, em sua essência mesma, uma espécie de imaginação evocativa ou de vidente.[25] É com ela, por exemplo, que constrói a "teoria dos homens providenciais" em que situa a trajetória de José Bonifácio no contexto do Império brasileiro, definindo-a como a consagração pública do indivíduo com base nas exigências das aspirações coletivas. "Os grandes homens subsistirão na história", ele explica, "e continuarão a aparecer no mundo, se não como fatores únicos de acontecimentos decisivos, pelo menos como representantes supremos das aspirações coletivas, e em todo caso como entes excepcionais."[26]

É verdade que Oliveira Martins narrava de uma outra instância, já que era — na justa observação do dr. José Marinho — um historiador ibérico intrinsecamente ligado às tradições mais vivas e pragmáticas de sua pátria que em nada lembrava o saudosismo ilustrado de um Oliveira Lima transplantado para Lisboa, de onde, cioso de suas raízes pernambucanas, pensava como europeu na afirmação nacionalista da pátria ausente. Nem por isso, entretanto, deixou de ajustar ao seu método crítico aquela "energia de conceber pelas imagens" tão cara ao espírito do grande historiador português, um intérprete visionário e inimigo da hermenêutica dos códigos que escrevia como dramaturgo e se recusava a admitir o signo do tempo infinito por achar que o processo histórico, à se-

em sua "Advertência" em *Os filhos de D. João I*, 6ª ed., Lisboa, Parceria A. M. Pereira, 1936.

[25] A expressão é do dr. José Marinho no prefácio "Oliveira Martins e o sentido da história". Ver Oliveira Martins, *O helenismo e a civilização cristã*, Lisboa, Guimarães Editores, 1951, p. 11.

[26] Oliveira Lima, "O papel de José Bonifácio no movimento da Independência", São Paulo, Tipografia do Diário Oficial, 1907, p. 4.

melhança das fábulas e das tragédias, termina sempre por algum motivo que o originou.[27]

Três imagens inaugurais

É nesse quadro de influências que Oliveira Lima buscou fazer de sua crítica não apenas uma exposição articulada de fatos ou ideias, mas uma verdadeira "ressurreição de mundos desaparecidos", para retomar aqui uma distinção de Antonio José Saraiva e Óscar Lopes sobre as marcas deixadas por Michelet na imaginação histórica de Oliveira Martins.[28] Por isso, não estranha ao leitor do jovem Oliveira Lima que este, num estudo de 1885 sobre as relações entre nacionalidade, língua e literatura em Portugal e no Brasil, mais tarde editado na Bélgica,[29] se valha do enfoque simbólico dos estratos históricos para amoldá-los à vocação imagística de sua escrita.

Assim é que, refletindo sobre a língua portuguesa, por exemplo, ele se serve de uma primeira imagem para soldar a grandeza da língua de Camões à "história edificante" do povo português. A mediação natural, que remete à constatação crítico-filológica das origens latinas da língua e do patrimônio espiritual português, não se limita, porém, a fixar no berço do latim o fato de que a civilização ibérica foi sobretudo latina.

A Oliveira Lima interessa destacar, num primeiro recorte entre a Idade Média e a fase clássica, a importância dos humanistas em sua tarefa de depurar a "linguagem popular" para transformá-

---

[27] Acompanho neste tópico as ideias centrais expostas pelo dr. José Marinho no prefácio citado na nota anterior, pp. 10-25.

[28] Refiro-me ao capítulo dedicado a Oliveira Martins em sua *História da literatura portuguesa*, 17ª ed. (corrigida e atualizada), Porto, Porto Editora, 1996, p. 846.

[29] Ver Oliveira Lima, "La langue portugaise" e "La littérature brésilienne", *Conférences à l'Université de Louvain*, Anvers, Mission Brésilienne d'Expansion Économique, 1909.

-la numa "linguagem nobre" que, no entanto, acabou perdendo o que tinha de mais original e pitoresco a partir do momento em que Portugal caiu sob o jugo de Felipe II da Espanha. Como, segundo ele, esse veio original e pitoresco só será recomposto com os primeiros manifestos do Romantismo, a consequência é que essa depuração literária, apesar de fecunda em sua expressividade, não foi suficiente para que a poesia popular portuguesa construísse uma grande epopeia nacional saída do povo. Ou seja: lida no tempo histórico, essa identificação da perda da independência política com a perda da independência criadora serve de substrato para que, num segundo recorte, o crítico construa a imagem dos *Lusíadas* invocando, como nas melhores páginas de Oliveira Martins, o "seu grande segredo de sugestão", por encerrar em seus cantos memoráveis as lembranças clássicas e as tradições nacionais. Camões aparece então como "o arauto das glórias e dos dias de esplendor" no quadro de uma literatura tão abundante e variada quanto a língua opulenta e harmoniosa que a exteriorizava, em face de cuja universalidade, nos diz ele, nenhuma outra língua da Europa podia se vangloriar.[30]

Se assim é no quadro das letras portuguesas, algo diferente ocorre com relação ao Brasil (onde coube igualmente aos românticos a depuração da paisagem pitoresca em linguagem literária). Para o nosso crítico, a recente independência política do país, por absoluta falta de tradição cultural consagrada, não significou um momento de independência criadora, mas sim um alinhamento às teses do indianismo europeu de Rousseau e Chateaubriand, em tudo opostas ao imaginário primitivo da terra descoberta.

Segundo Oliveira Lima, o resultado é que, do mesmo modo que a depuração literária não logrou que a poesia popular portuguesa forjasse uma epopeia nacional nascida do povo, a ausência de um substrato popular no passado histórico brasileiro impediu que plasmássemos com os elementos da terra a expressão da nos-

---

[30] *Idem, ibidem*, p. 19.

sa própria identidade.[31] Basta notar, segundo ele, que desde as origens do Romantismo as grandes "correntes literárias da nossa raça" desbordaram sempre de seu leito primitivo para amoldar-se aos diferentes registros da cultura europeia,[32] que assim as foi encharcando de cosmopolitismo.

Aqui, o exemplo mais próximo arrolado pelo crítico vem da obra de José de Alencar e de Gonçalves Dias, autores que, apesar de terem dado o melhor de si para diferenciar a nossa língua, "criar o brasileiro fora do português" e "afirmar o divórcio absoluto em relação à pátria-mãe", não conseguiram, a seu ver, livrar-se dos poderosos liames que os vinculavam às convenções e às "belezas da língua tradicional", trabalhada com tanto engenho pelos mestres do passado.[33] Mais ainda: superada a voga passageira do indianismo e estabelecida a cordialidade entre a Metrópole e a ex--Colônia, Oliveira Lima se louva numa segunda imagem, a da Academia Brasileira de Letras, para construir o que chamou de "movimento de reconciliação filológica", por meio do qual a nossa Academia, afastando-se dos ideais de ruptura que vinham dos árcades mineiros, assumia o papel de guardiã do patrimônio espiritual português no Brasil, ao fazer respeitar a correção e cultivar com zelo o ideal clássico da língua materna.[34]

Para a execução dessa tarefa, entram os "espíritos construtores" que nosso autor vai buscar nos "caracteres acentuados", lidos em Oliveira Martins, recheados de grandeza moral e respaldados — exatamente nos moldes do grande historiador português — por

---

[31] Tal circunstância não impediu, segundo Oliveira Lima, que o sentimento de independência permanecesse como um dos traços essenciais da fisionomia nacional. As letras e a inteligência no Brasil, para ele, jamais foram reacionárias ou intolerantes, mesmo quando eram apenas eclesiásticas, dado que os padres, a seu ver, se inscrevem entre os mais devotados promotores da emancipação política consumada em 1822. Ver "La langue portugaise" e "La littérature brésilienne", *op. cit.*, pp. 27-8.

[32] *Idem, ibidem*, p. 43.

[33] *Idem, ibidem*.

[34] *Idem, ibidem*, p. 44.

um saber solidamente minucioso que os capacita a sentir, entre nós, o palpitar do tempo histórico. É assim que vai alinhando para o leitor os nossos "homens representativos". Lá está Rui Barbosa com "a sua erudição assombrosa, de uma riqueza infinitamente variada e um estilo cintilante"; lá está Machado de Assis, cuja ironia o crítico compara à de Anatole France; lá, também, o ilustrado filólogo João Ribeiro, "picado pela disciplina gramatical e a ciência da linguagem", ao lado da "imaginação poderosa" de Euclides da Cunha ("de uma audácia extrema no vocabulário e na sintaxe"), do "espírito inquieto" de Medeiros e Albuquerque e da sabedoria crítica de um intelectual "instruído e independente" como José Veríssimo.

Tudo isso, nos diz ele, num contexto de "expansão dinâmica" em que a inteligência brasileira — com exceção da poesia, já aí esgotado o acento forte da idealização indianista — avançava em todas as categorias do espírito humano, da eloquência sagrada às ciências exatas, do culto do direito aos estudos sociais e históricos. Compunha-se assim um recorte simbólico mediante o qual Oliveira Lima, na esteira de Oliveira Martins, entranhava-se da "imaginação evocativa" para prolongar em nosso passado histórico o curso da "heroica tradição portuguesa" e da "glória da cultura latina", que ele rastreia nas vozes representativas de homens como Varnhagen, João Francisco Lisboa e, sobretudo, Capistrano de Abreu.[35]

Entretanto, é num estudo de 1889 sobre "A evolução da literatura brasileira", publicado na *Revista de Portugal*, que o ardor republicano do ex-discípulo de Teófilo Braga na Faculdade de Letras de Lisboa vai traçar um primeiro esboço do que então definia como a "emancipação espiritual" do Brasil. Num primeiro plano, o ensaio é valioso pelo registro das dissonâncias que alternam entusiasmo nacionalista e contenção intelectual imposta pelos vínculos espirituais com a Metrópole e o contexto cultural europeu.

Do ângulo nacionalista, surpreendem algumas manifestações em defesa da Colônia, como por exemplo a que sublinha a arro-

[35] *Idem, ibidem*, pp. 45-50.

gância com que Portugal se impôs ao meio inculto do Brasil — com as raras exceções da reação culteranista do século XVIII e do movimento de renovação romântica —, a ponto de chegarmos aos primórdios do século XX ainda sob o peso dessa influência que nos distanciava da busca da nossa própria expressão cultural.

É verdade que isso não impede o crítico de valorizar as diferenças antropológicas que repercutiram na língua que se dialetou no Brasil em contato com idiomas estranhos, um novo clima, divergências de ideias e de sentimentos. O que admira é vê-lo — em aberta antinomia com o que pregará no futuro — saudar a "completa emancipação do Brasil" a partir do esboroamento do "Império centralizador", em cuja derrocada vislumbra um novo tipo de integração dos brasileiros a uma ordem social e institucional em tudo oposta ao "exotismo híbrido e enfezado" da dinastia bragantina.[36] E mais: atribuir o "ódio crescente à Metrópole" ao esgotamento do "sentimento católico-feudal" trazido pelos colonos aventureiros dos primórdios, agora substituído por uma poderosa consciência de progresso e o advento de um outro espírito de nação, ardorosamente instalado no coração do novo homem surgido da fusão das três raças que nos formaram.[37]

Num primeiro relance, essa nova imagem da "nação transformada" parece exprimir um inequívoco empenho nativista. Não por acaso, Gregório de Matos aparece ali como "um trocista alegre e implacável" destacando-se no conjunto "de uma sociedade de *parvenus* luxuosos divididos por intrigas de soalheira" e embalados pela retórica (sagrada ou profana) de escritores que só faziam reproduzir a literatura da Metrópole. A força do abalo político da libertação da Colônia, ao repercutir na musa popular pela "improvisação da alegria", depositou no gênio do poeta um ciclo inteiro de anedotas eróticas e de sátiras picarescas que consagraram uma linguagem original capaz de acirrar as antipatias de raça e trazer uma nova feição ao temperamento nacional, fazendo de

---

[36] Ver Oliveira Lima, "A evolução da literatura brasileira", *Revista de Portugal*, Lisboa, vol. 1, out. 1889, pp. 645-6.

[37] *Idem, ibidem*, p. 648.

Imaginário do primeiro exílio

Gregório de Matos, nos termos de Oliveira Lima, o verdadeiro fundador da literatura brasileira.[38] Desentranhado de seus versos, nos diz o crítico que daí se expandiu um traço característico do nosso espírito, o da "ironia alada", que, de par com a poesia patriótica, marcará a produção lírica do período, culminando numa série de poemas herói-cômicos cuja expressão mais avançada serão depois as célebres *Cartas chilenas*.

Olhando em perspectiva, no entanto, pouca coisa ultrapassa aí a impressão de um desarranjo isolado na organização do conjunto. Ao contrário, a "ironia alada", a "expansão patriótica" ou o "lirismo de comicidade heroica" da poesia de Gregório de Matos — como depois o indianismo de Gonçalves Dias, o romance de José de Alencar e mesmo o teatro romântico — entram aí como produtos precários de uma "sociedade flutuante e incolor" cujo isolamento pouco ou mal se articulava com as tendências redentoras do "individualismo excessivo" que veio no bojo de uma "época de inteira remodelação", mas que trouxe igualmente consigo — como assinala o crítico — a literatura piedosa e as emoções cristãs de Chateaubriand, além do "proselitismo suave" de Lamartine.[39]

Nesse aspecto, para Oliveira Lima, o que amarra a irreverência sardônica do Boca do Inferno aos pruridos particularistas de Gonçalves de Magalhães, ao nacionalismo indianista artificialmente recheado da semântica selvagem do léxico tupi, repassada de pessimismo e de desgostos íntimos, não é propriamente a singularidade de um projeto literário que vinculasse os autores locais a uma atitude amadurecida de liberdade intelectual e estética. É, antes, um gesto veemente de exaltação patriótica inspirado no ideal da autonomia republicana e marcado em geral por uma escrita lânguida e saudosa, recortada de estremecimentos pessoais, próprios "de almas ingênuas arrebatadas por ilusões políticas e

---

[38] *Idem, ibidem*, pp. 648-9.
[39] *Idem, ibidem*, pp. 653-4.

devaneios amorosos".[40] Ou seja, nosso autor justifica tal irreverência apenas como expansão natural do realinhamento político da Colônia a um ciclo de transformação libertária que vinha da Europa, mas não como produção intelectual autônoma, que a seu ver só ganha especificidade quando recorta a própria fisionomia no interior do universo espiritual que herdou da Metrópole.

É desse ângulo, por exemplo, que o crítico reduz o indianismo a uma "deturpação romântica" que, interpretando falsamente o espírito nacional e movido pelo "ódio ao lusismo reinante", fez reverter as nossas origens para o "mundo tupi", como se fosse este o marco inaugural da evolução brasileira.[41] Aqui, o entusiasmo ante a afirmação localista, bem como o apreço ao sentimento de emancipação literária com base no ineditismo da emoção criadora valorizado agora pela natureza que se incorporava à nova mítica do país redescoberto, ao mesmo tempo que saúda o desvio em relação aos padrões estéticos da tradição europeia, não vai ao ponto de assimilar o excessivo rancor concentrado contra a Metrópole toda vez que ele se manifesta. E deixa claro esse recuo ao ironizar a tentativa de alguns românticos — o Magalhães de *A Confederação dos Tamoios*, o Alencar de *Os filhos de Tupã*, o Gonçalves Dias de *Os timbiras* — de "insuflar fogo à epopeia literária" brasileira para buscar assunto no passado heroico dos índios, num momento, argumenta ele, em que já se sabia que o gênero épico nada mais significava em face da configuração medíocre do cotidiano burguês.[42]

Deslocar o primado da alma nacional para o passado lendário dos índios representa, para o crítico, uma forma de excluir da esplêndida floração da poesia brasileira — por ele considerada a mais bela "expansão emocional" da América do Sul — uma de suas fontes mais depuradas, justamente a que irradiava do "doce

[40] *Idem, ibidem*, p. 650.
[41] *Idem, ibidem*, p. 653.
[42] *Idem, ibidem*, pp. 655-6.

e melancólico lirismo português" cifrado nas vozes de Bernardim Ribeiro e Cristóvão Falcão, já no século XVI.[43]

Desse modo, se de um lado a adesão intelectual aos ideais nativistas da literatura romântica conduz o crítico a identificá-los como produto de uma mentalidade posterior "ao baque das instituições caducas", contra as quais parece igualmente rebelar-se, de outro lado não impede que os refreie como uma espécie de censor dos "radicalismos antilusitanos", segundo ele incompatíveis com a tradição de integridade do patrimônio cultural que nos legitimou como nação civilizada.

Isso explica que, mesmo reconhecendo no lirismo dos árcades mineiros uma antecipação da subjetividade romântica, Oliveira Lima não deixe de assinalar, na base desse processo, o mérito de eles terem buscado a renovação das formas poéticas no legado das tradições medievais portuguesas,[44] aqui remoçadas, segundo ele, pelo "bafo da natureza americana", enriquecida pelo sangue novo de outras etnias.

Na mesma direção, ao discordar do nativismo exasperado que julgou definir na prosa de José de Alencar — autor em que via, aliás, como nos românticos de um modo geral, um tipo de beleza preconcebida que desvirtuava o romance enquanto "documento humano" para forçar a convergência entre ideal e realidade —, não hesitou em interpretá-lo como uma decisão infundada e sem a "exata compreensão" do caráter brasileiro.[45]

Ora, compreender o caráter brasileiro pressupõe justamente, como assinala nesse mesmo ensaio, atenuar a imaginação vigorosa dos temperamentos radicais predispostos ao "improviso e à desordenada carreira" e que, como no caso de Alencar, tentavam "mais ardentemente procurar extremar a diferenciação intelectual da antiga colônia portuguesa".[46] Por mais que nos deixemos en-

---

[43] *Idem, ibidem*, p. 645.
[44] *Idem, ibidem*, p. 649.
[45] *Idem, ibidem*, p. 859.
[46] *Idem, ibidem*.

levar pelos "deliciosos poemas em prosa" que nos legou, diz ele ao destacar a "fluente nitidez" da linguagem melodiosa que verte das páginas de *Iracema* e de *O guarani*, não há como reconhecer a fragilidade desse "indianismo exacerbado", tão falso para o crítico quanto o tosco "sertanismo" de seus heróis e matutos, em geral concebidos sem a justa noção do temperamento dos "nossos fortes produtos mestiços".[47]

A seu ver, mais integrados à "história íntima e sentimental" das nossas raízes foram Joaquim Távora e Bernardo Guimarães, autores que souberam fixar a alma popular brasileira "na revivescência das sanguinárias tradições locais", sem precisar com isso forçar a nota da diferenciação espiritual da Colônia, que Oliveira Lima prefere substituir pela noção de "integração do espírito nacional",[48] com a qual passa a identificar certa vertente da prosa romântica (além de Távora e Guimarães, a crônica romantizada de Manuel Antônio de Almeida e Joaquim Manuel de Macedo, por exemplo), para ele mais afinada com as nossas raízes primitivas e muito mais próxima do espírito de unidade imanente aos ideais republicanos da Federação.

O dado novo, entretanto, é que, além de ampliar a imagem da "nação reconstruída", por corresponder a um momento em que o Brasil sentia "pulsar a vida em suas artérias" depois da derrocada da oligarquia territorial, essa "integração" coincide com a hegemonia de Pernambuco como centro difusor do "espírito latino", responsável, segundo ele, pela renovação científica e intelectual do país. Para o jovem Oliveira Lima, é da reação positivista plantada em Recife que nasce a "revolta emancipadora" que se alastra para todo o Brasil e rompe com o "teologismo atrasado" com que a educação jesuítica emperrou o desenvolvimento da Colônia. Contra a "metafísica improdutiva" de sua retórica palavrosa, nos diz ele, irradia de Pernambuco uma nova "inoculação de espírito" que transcende os vínculos com a antiga mentalidade e abre outros

---

[47] *Idem, ibidem*, p. 661.

[48] *Idem, ibidem*, pp. 661-3.

horizontes para "o gênio brasileiro e a regeneração de todos os estudos no Brasil".[49]

Aqui, o exagero da notação regionalista é que garante ao crítico a certeza de que chegávamos à consciência da nossa própria realidade sem nos desviar da estirpe europeia presente na base humanista revelada havia muito no classicismo de um Odorico Mendes e de um Sotero dos Reis. Tobias Barreto e Sílvio Romero, que figuram em suas análises como os responsáveis "pela libertação científica do país", entram agora como articuladores do esforço crítico decisivo que introduziu no Brasil as modernas conquistas do espírito humano, de Augusto Comte ao transformismo de Darwin, do monismo haeckeliano ao evolucionismo de Spencer. Em seu entusiasmo de juventude, o crítico chega a compará-los à "extraordinária fermentação de vida" sem a qual, nos termos de Matthew Arnold, seria impossível chegar às condições que prepararam na Europa o advento de um Shakespeare ou de um Goethe.

No legado de Tobias Barreto, nosso crítico situa toda uma geração de "pensadores e de homens de ciência" em que destaca a "capacidade filosófica" de Celso de Magalhães — autor, segundo ele, do primeiro romance brasileiro[50] em que se aplicaram processos literários científicos que o equiparam às melhores páginas de "observação patológica" de Aluísio Azevedo e Júlio Ribeiro — e a ação renovadora de homens como Clóvis Bevilacqua, Rocha Lima, Isidoro Martins Júnior e Artur Orlando. No temperamento "bilioso e obstinado" de Sílvio Romero, a quem considerava o introdutor do espírito crítico no Brasil, Oliveira Lima identifica não apenas o pesquisador da integração nacional, como também o articulador incansável das condições materiais indispensáveis

---

[49] *Idem, ibidem*, pp. 664-6.

[50] Oliveira Lima refere-se, sem nomeá-lo, ao romance *Um estudo de temperamento*, do maranhense Celso de Magalhães (1849-1879). A obra foi publicada postumamente, de forma não integral, na *Revista Brasileira* em 1881.

ao aparecimento "desses grandes gênios criadores da literatura que trabalham sobre exposições das ideias correntes no seu tempo".[51]

Define-se assim um primeiro argumento de fundo no ideário do crítico que surgia. Decisivo nesses escritos de mocidade, um de seus aspectos centrais é o de que a conquista da independência política não podia implicar, no Brasil, a conquista da independência espiritual, uma vez que partilhávamos de uma alma comum através de cujas raízes nos integrávamos ao patrimônio da civilização europeia transplantada no sangue do colonizador português.

Não bastasse aqui o argumento da origem da língua e do "sentimento da raça", esse emblema de Pernambuco como centro difusor do espírito latino não apenas vem recuperar a tradição humanista que garantia a importância histórica da crítica filológica em sua missão de depurar a linguagem popular para transformá-la numa língua diferenciada, como também justifica a recusa da "deturpação indianista" que, como vimos, desqualificou o regionalismo excessivo da prosa de Alencar, mesmo reconhecendo nela a beleza da melodia, a força da pesquisa histórica e das lendas populares e, sobretudo, "a determinação exata do elemento português".[52]

Assim, não será em vão que, no raciocínio do crítico, o equivalente político da "revolta emancipadora" de Pernambuco — racional, moderna, filosófica e cientificamente articulada com o pensamento mais vivo que a vinculava à Europa — seja justamente a "integração nacional", cujo papel é identificar a homogeneidade da pátria com as bases que a sustentam na dimensão secular de seu passado histórico.[53] Bom e literariamente forte — nos cri-

---

[51] Ver "A evolução da literatura brasileira", *Revista de Portugal*, Lisboa, vol. 1, out. 1889, pp. 664-5.

[52] *Idem, ibidem*, p. 659.

[53] Em seu discurso de posse na Academia Pernambucana de Letras, na cadeira de Gilberto Osório de Andrade, na noite de 11 de novembro de 1986, Gilberto Freyre nos traça uma imagem dessa revolta emancipadora ao falar da "pernambucanidade consagrada": "Estava reservado a Pernambuco", diz ele na ocasião, "vir a ser, na América que tocou a portugueses civilizar, um

térios do jovem Oliveira Lima —, esse passado era o que harmonizava o radicalismo nativista com as tradições da cultura e da "história edificante" através da reconciliação filológica da Academia e da obra integradora dos grandes "espíritos construtores". Em relação a eles — os artífices da "nação reconstruída" —, pouco valem o romance e o drama românticos, sôfregos painéis dos costumes destituídos de personagens representativas do nosso verdadeiro caráter. Alencar, a seu ver, não tem a força de Alexandre Dumas para animar os quadros da tosca província. Suas heroínas, apesar de singulares e mimosas, nem de longe recordam "as pálidas castelãs de Walter Scott e as selvagens etéreas de Chateaubriand", já que lhes falta, segundo o crítico, o rigor da análise e da interpretação psicológica. A veemência dramática de Gonçalves Dias não vale o *Calabar*, de Agrário de Meneses, mais afinado com a cor local e a mentalidade da nossa gente. E a veia burlesca das "comédias folgazãs" de Domingos Olímpio, Martins Pena e França Júnior, malgrado o *savoir-faire*, pouco representara além de "triunfos efêmeros".[54]

Longe, pois, de reconhecer os traços da independência espiritual, a que em princípio parece remeter, o argumento crítico da "integração nacional" vale-se da unidade histórica das origens comuns para definir a nossa modernidade. Destruída a centralização monárquica, continuamos irmanados à Metrópole pela homo-

---

harmonizador de dessemelhanças. Harmonização realizada com amores líricos ao lado de ânimos épicos. Um completando o outro, um aperfeiçoando o outro. Os dois se fundindo num só e abrangendo amor plural, animado, romantizado, exaltado por seus adeptos. Amor como não houve", ele emenda, "nas construções de Brasis em trópicos americanos, outro mais completo no seu modo de expandir, em terras ignoradas, valores particularmente ibéricos, representados, quer por lusitanos fixados no Brasil, quer já por brasileiros dos aqui fixados, quer, ainda, dos que passaram a ser brasileiros plenos em diferentes setores expressivamente culturais, como escritores, literatos, homens de letras". Ver Gilberto Freyre e Waldemar Lopes, *Pernambucanidade consagrada*, Recife, Fundaj/Massangana, 1987, p. 18.

[54] Oliveira Lima, "A evolução da literatura brasileira", *Revista de Portugal*, Lisboa, vol. 1, out. 1889, pp. 662-3.

geneidade do tronco espiritual comum às duas pátrias, agora revigorado pela vanguarda pernambucana.

Movidos assim pelo entusiasmo de associar-se ao empenho restaurador inaugurado pela obra de Tobias Barreto e Sílvio Romero, esses primeiros movimentos da crítica de Oliveira Lima não escondem o ufanismo de figurar como parte de um período de expansão promissora tanto no campo das ciências experimentais quanto no da renovação dos estudos humanísticos. Daí a entonação positiva que parece transformá-los numa espécie de celebração das origens, embalada de um lado pela nova historiografia de um João Francisco Lisboa, um Varnhagen ou um Capistrano de Abreu e, de outro, pelo avanço dos estudos filosóficos, da antropologia e da erudição filológica.

Atraso e Ilustração

O otimismo do crítico, no entanto, parecia mais afinado com a insatisfação intelectual e política dos monarquistas do que propriamente com o discurso progressista dos republicanos. Afinal, por mais auspiciosa que fosse, a presença das elites ilustradas do Recife impõe-se num momento em que só se falava em "República" e na "questão federativa do Brasil" para esvaziar a tese de que a unidade nacional do país havia sido a grande herança da monarquia. Mais do que isso: as elites se manifestam num contexto de dissidência em que os monarquistas insistiam em mostrar o grave retrocesso da federalização republicana quando comparada ao adiantado sistema imperial, mais lógico e mais complexo e que só não se adaptou inteiramente ao país devido ao atraso de seu desenvolvimento histórico.

É esse o momento em que Eduardo Prado — um dos mais ilustres defensores do antigo regime —, ao chamar a atenção para a desproporção entre a "civilização real do país" e o adiantamento de suas instituições, atribui ao grosso da população não assimilada pela "raça civilizada" ("os analfabetos, os rústicos, os representantes das raças inferiores ainda não extintas") a origem do "desequilíbrio sensível" que acabou arruinando o destino do Império.[55] Dentre as consequências desse desequilíbrio, a mais ruinosa apontada por ele é justamente a perda da integridade do "caráter latino da nacionalidade", tão exaltado pelo espírito emancipador da ilustração pernambucana e tão caro, como vimos, aos argumentos históricos e estéticos do crítico Oliveira Lima.

Assim, do mesmo modo que este último afaga os literatos voltados para os temas da afirmação localista sem deixar de avaliá-los a partir das bases tradicionais das origens ibéricas, Eduardo Prado lastima que a gente rude da terra tenha desfigurado a marcha vitoriosa do nosso Império sob o céu dos trópicos. Mas isso não o impede de lamentar a ausência do povo na vida institucional do Brasil, nem mesmo de transformá-la em instrumento para a leitura e a análise das obras de arte.

Detendo-se por exemplo no exame do quadro *Independência ou morte*, de Pedro Américo, o primeiro traço que Eduardo Prado assinala é o da "verdade filosófica" com que o acontecimento é reproduzido na tela. "Vê-se nessa pintura", diz ele, "o príncipe regente, a cavalo, de espada desembainhada, cercado da sua guarda de honra, dos gentis-homens da sua Câmara, de vários capitães-mores e de oficiais de ordenanças. Os couraceiros, os oficiais, os da Corte brandem as espadas ou agitam os chapéus e no quadro há a vida admirável daquele momento." Mas esse primeiro plano do que parece ser uma celebração congregada logo se desfigura, pois num canto da tela, distingue ele, "um homem de cor, guiando um carro, arreda os seus bois da estrada e olha admirado para o grupo militar, [enquanto] ao longe, destacando-se no fundo iluminado de uma tarde que cai sobre a paisagem melancólica, um homem do campo, um *caipira*, retém o passo à cavalgadura e voltando tranquilamente o rosto vê, de longe, a cena que não compreende". E então arremata: "Esses dois homens são o povo brasileiro, o povo real, a maioria da população que não participou da

---

[55] Eduardo Prado, "Desastres políticos do Brasil", *Revista de Portugal*, Porto, vol. 1, nº 4, 1º out. 1889, p. 469.

Independência e muito menos toma parte na agitação republicana promovida em nome dela".[56]

Uma população, portanto, que não participou da Independência, da proclamação da República e tampouco foi reconhecida pelo Império, para cuja derrocada — como o próprio Eduardo Prado sustenta — contribuiu a sua "rudeza de gente tosca e despreparada", sem qualquer afinidade para a convivência civilizada com a ordem institucional avançada que a aristocracia portuguesa nos trouxe pronta da secular tradição europeia.

Mas o momento, como dissemos, era de confronto, e ao autor da *A ilusão americana* só interessava registrar a realidade do "regime sem povo" a partir do advento da solução republicana, cuja maior contribuição, segundo ele, foi a de ter transformado o cidadão mediano e representante da classe política local — "entidade falante e escrevente no meio brasileiro" — num especialista em ganhar eleições e conquistar empregos, que "fala ao povo em nome dele, povo, sem que este o ouça ou o tenha nomeado seu representante".[57] Essa imagem do bacharel como "solerte rebento da República" — "um misto de Julião de Eça de Queirós e do Homais de Flaubert", diz ele — corresponde ao perfil do oportunista que de mero comensal protegido dos proprietários rurais da época do Império, "um assalariado de certa ordem", se transforma sob o novo regime no "porta-voz do escravista despeitado"[58] e detrator da monarquia por esta haver "arrancado o negro à tirania" de seus patronos.

Notemos que a atitude de Eduardo Prado não é diferente da de Oliveira Lima, e, a propósito, nem será preciso lembrar que ambos manterão amistosa correspondência no plano dos estudos históricos da Colônia, além de permanecerem fiéis ao passado imperial e à figura do imperador.[59] Ou seja, com o mesmo espírito

---

[56] *Idem, ibidem*, pp. 470-1.

[57] *Idem, ibidem*, pp. 474-5.

[58] *Idem, ibidem*, p. 475.

[59] Ao lado, entre outros, do barão de Loreto, do barão da Estrela e do

Imaginário do primeiro exílio

com que o crítico Oliveira Lima destaca a novidade dos índios de Alencar e de Gonçalves Dias para enfatizar que, fora da tradição literária da Metrópole, eles não passavam de motivos postiços no contexto europeu das tradições literárias da língua e da cultura, Eduardo Prado sublinha a "inovação" política do bacharel republicano para destacá-la como excrescência perversa no âmbito das fontes históricas e institucionais do Brasil monárquico, de "identidade latina e profundas raízes ibéricas", agora em sério risco de desagregação.

Além disso, hoje se sabe que Oliveira Lima não escondia a própria indignação ante as sucessivas bravatas republicanas de um desses "perversos bacharéis", o poeta Silva Jardim, àquele tempo em luta aberta contra a monarquia. A primeira delas ao vê-lo jactar-se de haver provocado o próprio conde d'Eu com vivas à República no tombadilho do navio em que ambos viajavam para o Norte do Brasil em junho de 1889, quando o poeta iniciava mais uma de suas tumultuosas jornadas de propaganda em prol do novo regime. E a segunda diante da crueza com que este se referia à brutalidade do regime prestes a ser deposto, e mesmo a de alguns

---

próprio Eduardo Prado — antes mesmo de se haver indisposto com o regime republicano a que então servia na Europa —, Oliveira Lima estava entre os brasileiros que, em dezembro de 1889, aguardavam a entrada do *Alagoas* pela barra do Tejo trazendo a família imperial exilada que vinha de Paris. Diante da nobre fisionomia do monarca — ele escreve em suas memórias —, sentiu o mesmo impulso de Heinrich Heine em presença de Goethe, tomando como um ser superior aquele homem "que simbolizava na verdade o piloto que o Brasil indiferente e ingrato desembarcara quando julgara passados todos os escolhos" (ver *Memórias, op. cit.*, p. 60). De Eduardo Prado, entre tantas outras manifestações, ficaram célebres as palavras que proferiu, num discurso no Instituto Histórico Brasileiro, diante da cadeira vazia de Pedro II, ali conservada em lugar de honra, ao lado de seu busto. "Aquela simples cadeira para sempre vazia", afirmou ele, "vale mais do que um trono resplandecente; é uma cadeira de onde sempre se ouvirá uma lição perpétua e eloquente, a lição do exemplo da virtude." *Apud* Max Fleiuss, *Férias: antologia dos atuais escritores brasileiros*, 2ª ed., Lisboa, Gomes de Carvalho Editor, 1902, p. 278.

de seus mais ilustres representantes — em particular o ministro João Alfredo e o venerável visconde de Ouro Preto —, transformados por Silva Jardim, para o mais vivo desgosto do nosso crítico, em "chefes de capadócios" e cabeças da temível Guarda Negra, encarregada de reprimir os avanços das hostes republicanas.[60]

---

[60] No confronto de 16 de junho de 1889, na Bahia, narra Silva Jardim que ele e seus companheiros de partido se viram cercados, na ladeira do Taboão, por "mais de cem capadócios, homens de cor, policiais disfarçados e armados de cacetes, facas e pedras", e, mesmo estando desarmados, foram duramente agredidos enquanto se dispersavam na praça dos Tamarineiros em busca de abrigo nas casas particulares. Ver Silva Jardim, *Memórias e viagens: campanha de um propagandista (1887-1890)*, Lisboa, Tipografia da Companhia Nacional Editora, 1891, vol. 1, especialmente pp. 359-62.

Oliveira Lima e a esposa Flora em Tóquio, 1902.
Arquivo da Biblioteca Oliveira Lima, Washington.

2.
Tradição e invenção

Com os letrados da Colônia

No prefácio de seu complexo ensaio sobre os *Aspectos da literatura colonial brasileira* (1896), Oliveira Lima alude pela primeira vez de forma cabal à "robustez do regime substituído em 1889" e refere-se às "novas condições espirituais" que se estabeleceram no país com o advento da República. Por essa altura, estava deixando o cargo de secretário da legação em Berlim, para onde fora transferido em 1892, e mostrava-se bastante interessado em reavaliar o panorama que a crítica naturalista havia traçado das letras do período.[61]

O pretexto era fazer do ensaio uma introdução ao estudo do Romantismo no Brasil a partir das sugestões de Sílvio Romero, em especial no que diz respeito à conhecida hipótese dos "três fatores étnicos para a formação do produto nacional" — que segundo Oliveira Lima iluminava todo o percurso da nossa evolução intelectual —, sem no entanto deixar de fazer reparos pessoais acerca das peculiaridades de cada escritor e do "caráter diferenciado de suas elucubrações".

A verdade é que já estávamos diante de uma voz influente no panorama da cultura e que acabava de publicar no Brasil um elogiado estudo sobre *Pernambuco e seu desenvolvimento histórico* (1895), que o levou inclusive a viajar para o Rio de Janeiro e a

---

[61] Oliveira Lima, "Prefácio" aos *Aspectos da literatura colonial brasileira*, Leipzig, Brockhaus, 1896, p. V.

frequentar o círculo da livraria Laemmert, num momento em que passa a atuar como sócio correspondente do Instituto Histórico e Geográfico Brasileiro e a escrever para alguns dos periódicos mais importantes do Rio de Janeiro, como a *Revista Brasileira* e, logo depois, o *Jornal do Commercio*.

Essa incursão pelo país buscava repercutir no plano interno o prestígio de uma ação intelectual programada na Europa para divulgar as coisas nacionais, como o demonstra a publicação, no mesmo ano de 1896, pelas páginas da *Nouvelle Revue*, de Paris, da série de artigos "Sept Ans de République au Brésil", que culminaria no ano seguinte com a eleição de Oliveira Lima para a Academia Brasileira de Letras.[62]

Nessa ocasião, já designado para a função de primeiro secretário na legação do Brasil em Washington, resolve demonstrar a sua vivência de crítico familiarizado com a literatura estrangeira, escrevendo para a *Revista Brasileira* um balanço sobre "O romance francês em 1895".[63] Seu empenho aparente é o de demonstrar

---

[62] Teresa Malatian vincula os artigos publicados nos "Sept Ans de République au Brésil" — em que Oliveira Lima procura, no âmbito diplomático, traçar uma imagem positiva dos primeiros anos do Brasil republicano, marcados pela instabilidade política em face das sucessivas revoltas e da precariedade das finanças — não apenas à defesa do regime, mas também à sua própria posição no corpo diplomático. Afirmando sua adesão pessoal ao novo regime "para atender às solicitações do momento", sobretudo em face dos investidores europeus (mas sem deixar de reconhecer a retidão do imperador e a importância da família real), Oliveira Lima assegurava a marcha de sua própria carreira, abrindo caminho para a sua indicação para a legação de Washington, em lugar da prevista remoção para o Peru. Ver "No corredor do Itamaraty", em *Oliveira Lima e a formação da nacionalidade*, op. cit., pp. 98-113.

[63] A correspondência com intelectuais e críticos brasileiros da época nos revela o quanto pesava a bagagem europeia de Oliveira Lima. José Veríssimo, por exemplo, em carta de 3 de dezembro de 1897, agradece a remessa de romances americanos e as indicações de leitura que recebera do amigo, pedindo a Oliveira Lima que, "quando aí aparecer alguma coisa realmente notável, [...] tenha a bondade de mandar-me". E Eduardo Prado, dez anos antes, em carta de 27 de novembro de 1887, já o tratava como um bibliôma-

uma visão integrada do processo literário europeu com base não apenas na extensão de um repertório indisponível no âmbito nacional, como também na "consciência atualizada" daquele momento da transição pós-romântica que se seguiu à diluição do Naturalismo na Europa.

O crítico que agora nos fala alarga-se na familiaridade com as obscenidades do Realismo de Zola, a quem chama de "patriarca do escândalo e da porcaria literária" e cuja "preocupação da imundície" faz contrastar com o romance de análise de Stendhal e de Bourget, nos quais localiza as origens de *La petite paroisse*, de Alphonse Daudet, para dizer que representa uma tendência carregada de subjetividade, próxima dos romances de Dickens.[64] No passo seguinte, atira-se aos escaninhos do romance *Renouveau*, de Rosny, para destacar a evolução moral das personagens já desligadas das "análises do ciúme" e assim integrar um quadro "com mais aparato psicológico"; mergulha na conversão de Huysmans em *La route*, interessado nas metamorfoses de um temperamento sensualista eivado de misticismo, aberto às sugestões da vida monástica, mas misturando luxúria e elevação sem diluir o fantasma da dúvida, que a seu ver legitima o tema da "crise católica" como um dos traços característicos do romance francês de 1895; por fim, vale-se do libelo de Brunetière contra a ciência experimental, acusando-a pelas páginas da *Revue des Deux Mondes* de ter faltado a seus compromissos com a metafísica e aos fundamentos morais da ordem vigente.

O discurso é propositalmente elevado e nele se integram o saber literário e o saber histórico, a definição de contexto e as ressalvas da ética, em que o crítico vai filtrando um diagnóstico de época para nos mostrar que "no país de Molière já se deu o fato extraordinário de um Sganarello deixar de ser ridículo". A seu

---

no indispensável a todo intelectual interessado em livros raros e edições inacessíveis, além de um consultor bibliográfico insubstituível na área da história e da cultura do Brasil.

[64] Ver "O romance francês em 1895", *Revista Brasileira*, ano 2, nº 5, 1896, pp. 31-42, publicação a que remetemos as demais citações deste tópico.

juízo, a brandura de Daudet e de Paul Bourget, os paradoxos de Jules Lemaître, a crença compadecida do *Flos sanctorum* de Anatole France, a crítica corrosiva do *L'armature* de Paul Hervieu, ou do *Frisson de Paris*, de Abel Hermant, não apenas revelam o isolamento intelectual que vai sendo imposto "à nobreza e à riqueza", como também inauguram uma prosa "socialista" inspirada nas virtudes dos pobres, numa certa aura de altruísmo que deixa longe a atmosfera do *Germinal* para afinar uma tolerância gerada pelo cosmopolitismo das literaturas do Norte, dos escritores russos e escandinavos, Ibsen e Tolstói à frente.

Essa afirmação cosmopolita que fala de autores e temas novos, de tendências e rupturas estéticas irradiadas da Europa — e que chega a distingui-las no interior do processo literário, quando Oliveira Lima se detém nas "alterações no modo de conduzir a ação", na "evolução psicofisiológica" das personagens, na crise das "cenas panorâmicas" ou no recuo dos "quadros de gênero" para ressaltar a conversão da paisagem em esboços impressionistas e o enriquecimento da língua que já não é mais a dos clássicos, dos românticos e dos naturalistas, para "ser tudo isso, e alguma coisa mais" —, é a afirmação que, afinal, corresponde ao cosmopolitismo com que Nabuco concebeu a Academia e que a vanguarda dos humanistas de Recife, já o vimos, propunha como bandeira.

De sua perspectiva, a literatura e a arte são vistas como sintomas da imaginação "orientada pelo espírito filosófico da época", antecipando-se mesmo às suas vertentes mais expressivas. Nesse momento em que a voga do cosmopolitismo impulsionava a divulgação dos escritores brasileiros na Europa e diluía o apego exagerado à afirmação localista, Oliveira Lima procura fazer valer a notação eclética de sua cultura diplomática e a variedade da vivência no exterior para impor-se ante a crítica local e, assim, aspirar à consagração da Academia Brasileira de Letras.

Com esse espírito é que sugeriu a Teixeira Bastos, no ano anterior, nomes de alguns poetas brasileiros para uma antologia que acabava de sair na Europa, com a finalidade — como o próprio Teixeira Bastos escreve no "Cavaco prévio" que abre a coletânea — de "estreitar as relações literárias entre povos unidos pela identidade de sangue, de tradições e de língua".[65] Dois anos depois, o nosso crítico aparece numa publicação do *Cercle Polyglotte de Bruxelles*, organizado pelo amigo Victor Orban, ao lado de ninguém menos que Machado de Assis, José de Alencar e Gonçalves Dias, sendo então apresentado — numa seleção claramente favorável às suas ambições pessoais — como jornalista, conferencista, diplomata e homem de letras dos mais influentes na vida intelectual brasileira e dos que mais contribuíram para fazer conhecer e apreciar o Brasil no estrangeiro.[66]

É com esses atributos que vai aos poucos procurando impor-se como voz de contraste num horizonte crítico cada vez mais desordenado. A partir de 1899, fazem parte de suas preocupações não apenas a literatura da Europa, como também a descrição das principais tendências da literatura americana, das raízes do humor de Mark Twain mergulhadas na literatura saxônica dos séculos XI e XII — que fazem dele, segundo o crítico, "a personificação do americanismo" — ao idealismo europeizante de Marion Crawford de *Innocents Abroad*, passando pelo espiritualismo e pela "teoria psicomórfica" de Deus, de John Fiske, numa direção inteiramente oposta àquela de Mark Twain, que ele define como "um *yankee*

---

[65] Integram a antologia poemas de Raimundo Correia, Alberto de Oliveira, Valentim Magalhães, Fontoura Xavier, Teófilo Dias, Múcio Teixeira, Isidoro Martins Jr., Sílvio Romero, Filinto de Almeida e Hugo Leal, todos eles, segundo Teixeira Bastos, representantes "da laureada mocidade cujos nomes a tuba da imprensa diária apregoa por toda a terra americana, onde se fala a língua de Camões, como notabilidades indiscutíveis" e em busca da lira de primeiro poeta do Brasil. Ver Teixeira Bastos, *Poetas brasileiros*, Porto, Chardron, 1895, pp. 5-8.

[66] O texto exalta o "espírito aberto e a independência de caráter" de Oliveira Lima, cuja erudição e capacidade de trabalho, segundo a revista, lhe permitiram elevar bastante "a reputação literária e artística do Brasil na Europa, fornecendo a prova e dando ele mesmo o exemplo de uma cultura intelectual que honra o seu país". Ver Victor Orban, "Littérature brésilienne", *Cercle Polyglotte de Bruxelles*, Bruxelas, ano 2, nº 3, 1898, p. 16. O texto de Oliveira Lima intitula-se "A evolução do Rio de Janeiro" e enfoca as transformações da cidade que, afinal, só se expandiria com a chegada da família real em 1808.

em busca da sensação de cultura própria e tradicional", em contraste com o espírito europeu.[67]

Um dos efeitos dessa versatilidade é ler a literatura da Colônia como uma espécie de arranjo secundário da literatura maior da Metrópole. Aqui, ao repassar a função dos três fatores étnicos de Sílvio Romero, ajustando-os — para completá-los — a uma visão pessoal interessada em fazer o que este supostamente não fez, Oliveira Lima projeta atalhos que na realidade conduzem ao mesmo caminho. Não que a sua leitura refaça o percurso do autor da *História da literatura brasileira*: menos que refazê-lo, ao propor "reparos pessoais" acerca do "caráter diferenciado" dos nossos autores coloniais, o que faz na verdade é confirmar com outras palavras algumas ideias centrais do pensamento de Romero.

Sem pensar na hipótese de Sílvio — decisiva para compreendermos a crítica de Oliveira Lima — de que a missão dos intelectuais brasileiros os convertia necessariamente em "depositários da cultura greco-ibero-latina própria do meio-dia da Europa, que deverá continuar a ter os seus representantes nos continentes do Sul" e que, segundo ele, juntaria naturalmente o destino desta "porção oriental da América [...] ao império luso-africano, que há de se formar na costa fronteira da África",[68] muitas de suas outras teses reaparecem nas análises do nosso crítico.

No plano propriamente etnográfico, Oliveira Lima assimila a ideia do "nivelamento cosmopolítico" de Sílvio, quando este nos fala da transformação do português em contato com "as duas raças inferiores", que tenderão a uma desaparição progressiva, mesmo que lenta, e a uma "integração num produto novo pela mestiçagem".[69] No entanto, não argumenta na perspectiva desse

---

[67] Ver Oliveira Lima, "Escritores americanos", *Revista Brasileira*, ano 5, nº 18, 1899, p. 139.

[68] Sílvio Romero, "Como se deve escrever a história do Brasil", em Max Fleiuss, *Férias: antologia dos atuais escritores brasileiros*, 2ª ed., Lisboa, Gomes de Carvalho Editor, 1902 [1ª ed. de 1897], pp. 416-9.

[69] As citações neste tópico remetem à 5ª ed. da *História da literatura brasileira*, Rio de Janeiro, José Olympio, 1953, pp. 454-529.

novo produto e tampouco se fixa numa dimensão literária de sua autonomia. Ao contrário de Romero, que sustenta a existência de um "caráter nacional" que nasce "espontaneamente no ar da pátria" mesmo reconhecendo a indefinição das qualidades intrínsecas do povo brasileiro e a nossa escassa coesão histórica e etnológica, Oliveira Lima prefere falar nos "pendores ancestrais" do novo indivíduo literário que desponta, marcado pelo lirismo e a autoafirmação de seu passado cultural, mesmo consciente "de pertencer a uma nação a que só falta a independência política".[70]

Na leitura específica das obras, por outro lado, reduz os textos da Colônia aos traços previsíveis de uma tradição que se rearticula: a "naturalidade" dos versos de Antonio José se justifica por fecundar depois a lírica portuguesa; o "estilo exterior" de Rocha Pita ("sentimento da diversidade das épocas históricas") é um traço do humanismo clássico que entronca no culteranismo europeu do século XVIII, sem se diluir no apelo localista, mais voltado para a natureza; o arcadismo mineiro só se sustenta por ser fruto da "mudança de rumo da civilização", que o fez "acordar" a tradição lírica de Portugal; o indianismo de Basílio da Gama, tão falso quanto o de Alencar para Oliveira Lima, antecipa o dos românticos, mas não faz do *Uraguai* o melhor poema épico do período. Esta láurea pertence — como aliás indicou o próprio Sílvio Romero — ao *Caramuru*, de Santa Rita Durão, que, mesmo inferior "no estilo e na forma", se constitui, segundo Sílvio, "no poema mais brasileiro que possuímos", seja porque representa "uma espécie de resumo da vida histórica do Brasil", seja porque estabelece o justo equilíbrio entre o colono português e os elementos nativos, entre os quais o português e o índio, que, juntos, convertem o poema — a seu ver — na expressão "de uma nação nova, de um povo infantil dos nossos dias". Se é verdade — nos diz Romero — que o *Caramuru* "canta Portugal renascido no Brasil", não podemos esquecer que canta igualmente "o povo do Brasil convul-

---

[70] Oliveira Lima, *Aspectos da literatura colonial brasileira*, op. cit., pp. 239-40, texto ao qual remetemos as demais citações do autor no âmbito deste tópico.

so", esse Brasil que, mesmo sendo uma "prolação de Portugal", representa um amálgama "a que se ligaram outros elementos" que moldarão o novo magma dos futuros "representantes da América na civilização ibero-latina".

Em vez de se fixar na fusão desse "novo Brasil convulso" que emerge do *Caramuru*, Oliveira Lima prefere contrastar no corpo do poema a antinomia entre a profusão dos "elementos de legenda" (segundo ele, muito mais fértil que no *Uraguai*) e a escassez do talento de Durão (um autor que, para ele, está abaixo da missão a que se propôs). Se de um lado é certo que o poema suscita "um fervor sincero pelo precioso Brasil" ("País de gentes, e prodígios cheio/ Da América feliz porção mais rica"), o fato é que, de outro lado, o curso da análise se volta para o "filão das tradições" dessa nova nacionalidade, na qual — diz o nosso crítico — "os portugueses entravam com justiça como fator principal".

Na verdade, o *Caramuru*, tanto quanto o *Uraguai*, deriva para ele de uma tradição histórica que encerra "uma interpretação heroica e sugestiva dos antecedentes do povo brasileiro". É filtrado por ela que, a seu ver, o poema de Durão identifica no indígena "o elemento particular e pinturesco de um poema brasileiro", mas sem esquecer que essa singularidade decorre da importância de sua integração no universo da cultura que o revelou. Outro não é o sentido, por exemplo, do elogio à Colônia feito pelo herói Diogo Álvares Correia quando, em Paris, presta seu tributo de respeito ao rei da França e que, para Oliveira Lima, é o traço "de maior valor" do poema: "O Brasil, Sire, infunde-me a confiança/ Que ali renasça o Português Império/ [...] Tempo virá, se o vaticínio alcança/ Que o cadente esplendor do nome Hespério [...]/ E lhe cinja o Brasil mais nobre louro". Neste particular, é expressivo o resumo que aparece na visão de Catarina Álvares (Paraguaçu) a bordo da nau que a reconduz da França à sua Bahia, compendiando os gloriosos eventos da nossa história — a colonização, a expulsão dos holandeses, a agressão francesa, as expedições dos jesuítas, a reconquista da baía do Rio de Janeiro —, todos eles harmonizando a bravura da Colônia congregada na defesa de um patrimônio comum que fundia o nativo e o reinol.

A ênfase, assim, é diferente. Sílvio Romero não aceitava a superioridade da literatura portuguesa sobre a nossa no período, e tampouco admitia que imitássemos os lusitanos servilmente, uma vez que, para ele, a literatura da Metrópole à época "era quase nula". Isso para não falar na evolução brasileira que marca o meado e o final do século XVIII, quando o Rio de Janeiro já era a capital e contava inclusive com algumas sociedades literárias como a Academia dos Felizes, de 1736, e a dos Seletos, de 1752, ambas na esteira de uma tradição que vinha dos Esquecidos e dos Renascidos. Daí que Sílvio valorize a literatura dos árcades não pelo que esta incorpora dos elementos da tradição, mas pelas novidades dos temas que suscita, entre eles o de dar entrada ao indígena na poesia brasileira, apesar de reconhecer neste último — como mostra Antonio Candido — um elemento superado em relação ao africano enquanto fator de cultura.[71]

Tal pessimismo diante do índio não deixa de ajustar-se às teses de Oliveira Lima. Apoiado em Brunetière — as leis de Darwin migrando para o território das letras —, o que prevalece no espírito do nosso crítico é a imagem do lirismo português como uma espécie de fonte essencial às modulações da Metrópole. De sua perspectiva, a grande consequência é que a aura dos nossos árcades é inseparável do imaginário da Colônia, a ponto de um lírico como Alvarenga Peixoto, por exemplo, convidar a própria D. Maria I para vir ser coroada na América e aqui fundar o império brasileiro.

---

[71] A propósito desse pessimismo, Antonio Candido nos diz que, para Sílvio Romero, "os índios não tinham grau de civilização suficiente para torná-los fatores ponderáveis no processo [civilizatório]". E completa, citando o próprio Romero: "Muito maior que a do aborígene foi a influência do africano [...]. O que notardes de diverso entre o brasileiro e seu ascendente europeu atribuí-o em sua máxima parte ao preto [...]. O caráter nacional não pôde contar outro agente que mais se estampasse na sua moldura". Ver Antonio Candido, *O método crítico de Sílvio Romero*, São Paulo, Edusp, 1988, pp. 42-3.

No conjunto, o retrospecto da nossa evolução histórica, de um lado, e o individualismo filtrado pelo sentimento da natureza, de outro, ao mesmo tempo que abrem duas grandes sendas no coração da literatura romântica, só ganham autonomia no quadro de referências de uma tradição que as explica e incorpora. É nessa chave que se integram as notações críticas mais reveladoras da arte e dos recursos dos poetas da Colônia — do lirismo empenhado de Alvarenga Peixoto, que amplia os "temas gerais alheios" (aulicismo?) em lugar de auscultar as paixões mais íntimas do coração, ao individualismo multifacetado de Silva Alvarenga, que, segundo Oliveira Lima, é "o mais completo dos árcades brasileiros" por resumir "com o brilho nacional da sua linguagem" a expressividade de Cláudio Manuel da Costa, o sentimentalismo amoroso de Tomás Antônio Gonzaga e a suntuosidade de Alvarenga Peixoto.

A modinha e o estro localista, a libertação da influência arcádica, o novo corte das variações formais (rondós, sátiras e galhofas), ao mesmo tempo que revelam "o poeta duplamente brasileiro", entre o amor convencional e o amor exótico que emanava da terra, combinam a "vibração psíquica por escapar aos moldes clássicos" (os madrigais, a cadência dos nossos músicos populares) aos apelos do amor natural e erótico, dominado pelos sentidos, no qual desponta "alguma coisa mais do que o regrado bucolismo arcádico".

Em 1899, José Veríssimo retomava uma observação de Almeida Garrett sobre o lirismo de Cláudio Manuel da Costa para assinalar que a literatura portuguesa, nos termos do autor de *Dona Branca*, começava "a avultar e a enriquecer com as produções dos engenhos brasileiros", ainda que estes se mostrassem "tímidos em experimentar um estilo livre moldado na originalidade da natureza que os envolvia". A educação europeia que os disciplinava — dizia Garrett — "apagou-lhes o espírito nacional" a ponto de recearem de se mostrar americanos, vindo daí um dos mais graves empecilhos à floração de uma autêntica poesia brasileira: a afetação e a impropriedade retórica que, segundo ele, fizeram com que se repetissem no Brasil "cenas da Arcádia [e] quadros inteiramente europeus" onde o sabiá foi apagado pelo cardeal, a cotia pela lebre e os "bagos vermelhos do lustroso cafeeiro" pela rosa e o jasmim.[72]

No outro extremo, Sílvio Romero, considerando o Brasil um país ainda muito novo "para haver tido uma missão já cumprida" na história, prefere valorizar a originalidade da literatura local e a contribuição do espírito da Colônia nesse ressurgir da literatura portuguesa. Mas em 1897, comparando-nos com os Estados Unidos — cuja missão, segundo ele, era a de "preparar, pela indústria, pela riqueza, a pátria democrática em que venham a descansar os proletários, os deserdados da velha Europa" —, prefere conjecturar uma outra forma de singularidade cultural que José Veríssimo, por meio de Garrett, via como decisiva na afirmação das novas gerações letradas. "Os brasileiros", propunha Sílvio Romero, "queremos formar aqui a mansão democrática do congraçamento, não dos deserdados da Europa somente, mas dos deserdados de todo o mundo e, pela reunião, pela igualdade de todos, formar o povo do porvir, o tipo novo, que não é oriundo do exclusivismo europeu, ou africano, ou asiático, ou americano, o tipo novo que há de ser a mais forte encarnação do cosmopolitismo do futuro."[73]

A meia distância entre os dois críticos, Oliveira Lima — em conferência sobre o Brasil proferida em inglês no Getsu Yo Kwai (Mondey Club de Tóquio), em 10 de março de 1902 — ressente-se do fato de que os românticos brasileiros, contaminados pela "influência erradia e sugestiva" de Chateaubriand, "pretendiam gravemente ser os representantes genuínos dos selvagens aborígenes da América do Sul", a ponto de recusarem altivamente "qualquer conexão com os seus verdadeiros ancestrais" (os europeus), chamando-os de "cruéis invasores de seu sagrado solo".[74] Para Oli-

---

[72] José Veríssimo, "Garrett e a literatura brasileira", *Revista Brasileira*, ano 5, n° 17, 1899, pp. 166-7.

[73] Ver Sílvio Romero, "Como se deve escrever a história do Brasil", *apud* Max Fleiuss, *op. cit.*, p. 418.

[74] Valho-me da tradução do texto que o próprio Oliveira Lima fez publicar sob o título de "O Brasil" na *Revista do Instituto Arqueológico e*

veira Lima — que, então embaixador no Japão, falava às senhoras japonesas como uma espécie de paraninfo da nossa cultura —, o que ocorria era justamente o contrário: os brasileiros se orgulhavam de ver os seus "destinos moldados num padrão europeu" porque, a seu ver, além de estarmos "sempre prontos a adotar os ideais da Europa", para nós, enquanto povo, "o europeísmo não é somente um desejo, mas o natural resultado da colonização de ambos os continentes pelos ingleses, espanhóis e portugueses". Com a vantagem, no caso do Brasil, de que nos coube "a sorte de ser colonizados pelos portugueses", circunstância que se reflete na própria índole da nossa gente: "os brasileiros são, em regra, afáveis, hospitaleiros, divertidos e brilhantes", sem contar que vivem cercados de uma paisagem que, "em magnitude e beleza a nenhuma outra é inferior, merecendo até de Américo Vespúcio [...] a comparação com o paraíso terrestre, e de Alexandre von Humboldt, o tributo da mais ardente admiração".

No teatro da história

Comentando as impressões de viagem de Oliveira Lima sobre os Estados Unidos, Maria Amélia Vaz de Carvalho, depois de destacar "o ponto de vista mais universal e mais simpático" do livro e de equiparar o nosso crítico a autores como Tocqueville, Varigny e o visconde de Meaux, detém-se numa particularidade que o distingue de todos os outros: o preconceito em relação ao negro. Estranha a autora, nesse passo, a restrição "altiva como poucas" ao cruzamento da raça branca naquele país "com outra a muitos respeitos inferior", apesar do imenso progresso material logrado pela poderosa república do Norte.

No caso do Brasil — que é de fato o que interessa à ensaísta —, mesmo se admitindo, como quer Oliveira Lima, que a nação tenha "perdido etnicamente" com a mistura de raças, não se pode

Geográfico Pernambucano (Recife, Imprensa Industrial, 1914, pp. 41-9), ao qual remetemos as demais referências ao tema.

deixar de reconhecer, nos diz ela, que a fusão, apesar de juntar raças intelectualmente distintas, foi inegavelmente rica na mescla das qualidades afetivas, no ganho da intuição poética e na graça "misteriosa e ingênua [que] tem dado ao mundo algumas individualidades típicas de tão extraordinário brilho que não podemos de coração deixar de abençoar". E acrescenta, na contramão do crítico, que é exatamente em razão da "completa ausência desse feroz preconceito" que a poesia brasileira inclui entre os seus cultores alguns artistas dos mais adoráveis e representativos.

A observação é importante não apenas por indicar o traço redutor do preconceito no ideário do nosso crítico, como também por situá-lo entre os elementos decisivos no quadro mais amplo da interpretação da cultura. Na realidade, ao tratar dos efeitos da imigração, Oliveira Lima faz depender a superioridade incontestável da raça branca justamente da sua força de resistência à penetração de todas as outras. No Brasil, de acordo com ele — como explica Maria Amélia —, a reação violenta e nacionalista, "nociva em quase toda parte, pode vir a exercer uma ação benéfica, obstando à desnacionalização gradual desse país que é tão vasto como a América do Norte e cujos recursos naturais não são inferiores aos dela". Do ponto de vista da nossa análise, entretanto, o alcance desse preconceito, mais que a defesa do nacionalismo, converge para uma consequência mais ampla presente na leitura da ensaísta: a de que Oliveira Lima na verdade lamenta que — ao contrário do que sucede na América do Norte — "a imigração no Brasil, menos caudalosa, tende, contudo, a fazer desaparecer mais e mais o velho Brasil português, o tradicional, o que, afinal de contas, nós, portugueses, temos razão de amar como um filho nosso".[75]

É aliás ao espírito desse velho Brasil português que recorre Salvador de Mendonça quando, em resposta à saudação de Oliveira Lima em sessão solene da Academia Brasileira de Letras na noite de 17 de julho do ano seguinte, lembra aos confrades acadê-

---

[75] Ver Maria Amélia Vaz de Carvalho, "Nos Estados Unidos: impressões políticas e sociais por Oliveira Lima", em *Figuras de hoje e de ontem*, Lisboa, Parceria A. M. Pereira, 1902, pp. 105-11.

micos que "se já não somos o Reino Unido de Portugal e Brasil, [...] podemos com a íntima fraternidade dos ânimos libertos das leis naturais considerar-nos ainda a República Unida das Letras Portuguesas". Por isso, depois de invocar o "período heroico da nossa raça", que consagra o "ideal da heroicidade" dos dois povos e converte a Academia Brasileira "na casa de Camões, que ora nos hospeda", Mendonça invoca o testemunho de Oliveira Lima contra a blasfêmia dos que não se rendem ao culto daquele templo mais que venerável.[76]

Note-se que todos esses temas, originalmente trabalhados pela imaginação crítica, a partir desse momento se ampliam para outros segmentos da atividade intelectual de Oliveira Lima, reaparecendo não apenas no plano da imaginação estética, como também no das leituras documentais que servirão de base às análises que se nutrem da imaginação histórica. Em 1905, num belo ensaio sobre o Japão, é como autêntico português que Oliveira Lima celebra a intrepidez dos navegantes lusitanos ante "a realidade misteriosa e ameaçadora imposta pelo difícil cruzar dos mares", em cujas águas "se baloiçaram com donaire ou se abismaram com horror centenas de naus, caravelas e galeras".

A abertura do ensaio, que se vale das oitavas de Camões ("da ocidental praia lusitana") para recordar as glórias perenes que fazem "o nome português brilhar para nós no Oriente como uma luz vivíssima", mescla-se, no entanto, ao desengano sentido pelo narrador quando se põe a comparar a ruína do espírito português no Oriente com a imagem de Portugal no presente. "É triste registrar" — lamenta-se então — "que os portugueses do Oriente agora pela maior parte se acanham de ser portugueses. A decadência de hoje, comparada com a passada grandeza e com a prosperidade presente de outras metrópoles poderosas, os move a acolherem-se de preferência à larga sombra da bandeira britânica, esquecendo

---

[76] Salvador de Mendonça, "Discurso-resposta à saudação de Oliveira Lima", em *Discursos pronunciados na sessão solene de 17 de julho de 1903 na Academia Brasileira de Letras*, Rio de Janeiro, Tipografia do Jornal do Commercio, 1903, p. 54.

a nacionalidade e em muitos casos até a língua dos seus maiores."
Só o Brasil, na opinião do crítico, parecia destoar desse abatimento, tão forte era a presença do legado português em nossa alma. Ainda aqui, entretanto, não fala propriamente como brasileiro quando assinala que, em face das nossas origens portuguesas — diferentemente do que ocorria com as outras colônias de além-mar —, não tínhamos motivos para "olvidar a ascendência" lusitana cada vez mais presente em nossa história, a ponto de "mal poderemos furtar-nos aos pensamentos grandíloquos, privilégios noutras eras dos espíritos cultos".[77]

Não é suficiente retomar aqui o modo como o crítico Oliveira Lima, poucos meses depois, diluirá o sentido da afirmação nacional do nosso indianismo na "tormenta da sensibilidade" que sacudiu o espírito europeu,[78] para compreender o quanto os "privilégios de outras eras" nos atrelavam aos humores dos "espíritos cultos" que irradiavam da Metrópole. Bastará percorrer, por exemplo, as páginas de seu drama histórico *Secretário d'El-Rey*, escrito dois anos antes, para constatar em que medida a imagem ali urdida do Brasil não passa de vaga metáfora secundária na órbita das possessões do reino destinadas exclusivamente a garantir, como "terra de refúgio", a estabilidade material da Metrópole, àquela altura "corroída até os ossos, até a medula".

No drama, que Oliveira Lima batizou de "peça histórica nacional em três atos", o diplomata e fidalgo brasileiro Alexandre de Gusmão, secretário de D. João V, contracena não apenas com as indecisões do rei naquele momento delicado da vida portuguesa, como também — infiltrado nos bastidores da Corte — encarna a

---

[77] Oliveira Lima, *No Japão: impressões da terra e da gente*, 2ª ed., Rio de Janeiro, Laemmert, 1905, pp. 1-2.

[78] Conforme Oliveira Lima, ao mesmo tempo que se constituiu num "protesto curioso pronunciado contra o invasor europeu pelos seus próprios descendentes, livres agora de toda tutela política", o indianismo no Brasil foi também a "manifestação de um tardio remorso pela usurpação praticada". Ver "Literatura ocidental", *apud* João Ribeiro (org.), *Páginas recolhidas*, Paris/Rio de Janeiro, Garnier, 1906, vol. 2, pp. 213-5.

servidão do intelectual da Colônia agregado pela Metrópole e capaz tanto de igualar-se aos serviçais (o escudeiro João Brás) quanto de bisbilhotar com a gente do clero (frei Bernardo), apaixonar-se pela bela noiva (dona Luz de Meneses) de um quase condenado (D. Fernando da Cunha), interceder pela salvação do réu junto ao soberano (o casal é desterrado para a capitania de Goiás) e, sobretudo, oficializar uma visão idílica do Brasil, transfigurado no texto numa espécie de gleba paradisíaca de reserva à disposição da Coroa portuguesa, que a mereceu pelo esforço ingente de seus heroicos navegantes.

Assim diz ele na cena 6 do ato II, respondendo a D. Fernando: "O Brasil encerra tudo quanto falece a Portugal: extensão, fartura, futuro. Seus territórios são imensos, suas riquezas inexauríveis, seu porvir incalculável. Falta-lhe gente por ora mas porque assim o quer o reino".[79] Para Gusmão, assim que o Brasil for aberto — como as colônias inglesas da América — "àqueles cujas crenças são perseguidas e cujos ideais são combatidos, quando lá se receberem judeus, mouros, protestantes, tudo, o Brasil será a grande terra de refúgio do pensamento e do trabalho, será a Holanda com espaço, será a Suíça com abastança".

Longe dele, entretanto, aludir com isso ao florescimento de sua própria pátria. Muito pelo contrário: como "terra de refúgio", o que está em jogo no destino exuberante do Brasil imaginado pelo drama de Oliveira Lima é o ressurgimento, em terras americanas, da velha Metrópole portuguesa tão celebrada pelo talento do personagem Gusmão. Para ele, a importância de Portugal na Europa estava terminada: "De grande potência que foi, está reduzida a satélite mesquinho, só possuindo ouro, que de nada lhe aproveita. Mais dia menos dia o espanhol se apoderará disto, ou nos colocará a canga o inglês". E arremata, conjecturando que Portugal venha a dar leis à Colônia e, mais do que isso, um novo destino: "A sede da monarquia, a sede do governo, deve ser além do Atlântico.

---

[79] Oliveira Lima, *Secretário d'El-Rey: peça histórica nacional em três atos*, Rio de Janeiro, Garnier, 1904, edição a que remetemos as demais citações.

Portugal tem proporções para ser a maior potência na América, poderá vir a dar leis ao Novo Mundo".

Em tal juízo escora-se um eixo temático decisivo na estrutura do drama, visto que, aos olhos de El Rey, Gusmão é o funcionário mais importante da Metrópole, o homem que, como podemos ler na cena 10 do ato I, mais que o zelo pela própria identidade, "havia tomado a peito a defesa do brio português e do prestígio da Coroa".[80] Em seus atos e virtudes, como o próprio autor assinala, revela-se "a energia dos que nasceram para realizar", e é essa energia, aliás, que valerá como um dos maiores trunfos de Gusmão em benefício da Coroa: na cena 12 do ato III, por exemplo, é o secretário brasileiro do rei que o aconselha a enviar D. Fernando da Cunha para gerir a capitania de Goiás, pois só assim continuaria "a chover ouro e diamantes das minas" brasileiras, garantindo a Portugal os recursos necessários para fazer frente a uma eventual invasão espanhola.

Curiosamente, no drama de Oliveira Lima, o ideário do protagonista — um emigrado que se alia a Portugal para só à distância refletir no "desterro dos brasileiros dentro de sua própria terra" — como que converge para a trajetória do próprio autor. Tanto num quanto noutro prevalece a imagem utópica da Colônia como o lugar do futuro a garantir a unidade e a integridade política do reino nesse momento em que "Portugal, politicamente, funcionava como um joguete da Europa". Visto sempre dessa perspectiva de fora, o Brasil, na concepção de ambos — a generosa mas atrasada terra da promissão que um autor como Graça Aranha acabava de descrever em seu romance *Canaã* —, era o lugar da abastança e do porvir "onde as brisas são puras, a extensão é infinita, a gran-

---

[80] D. Fernando da Cunha, preso pelo atentado contra o infante D. Francisco, numa cena do ato II em que conversa com dona Luz de Meneses, nos dá bem uma ideia da subserviência de Gusmão, ao saber por ela que seria visitado pessoalmente pelo secretário: "Procurar-me, esse homem! Lamento o ficar assim tolhido de lançar-lhe em rosto todo meu desprezo pela sua subserviência ao rei, pela sua influência nefasta sobre a administração do nosso pobre Portugal, pelo seu cinismo a que chamam espírito".

deza é entontecedora, a opulência é sem rival", para aqui retomar uma descrição do próprio Alexandre de Gusmão num diálogo com o escudeiro João Brás na cena 14 do ato I.[81]

A exemplo do dramaturgo, o crítico Oliveira Lima era um ensaísta da celebração à distância, especializado em interpretar o Brasil para as plateias da Europa, de onde nos via como "extensão promissora de um secular sistema de ideias", de um ciclo de civilização em cuja matriz localizava a própria expressão da sua cultura e da sua identidade. Um exemplo notável é a maneira com a qual, numa conferência em Bruxelas sobre a conquista do Brasil, faz convergir a "placidez idílica da nossa natureza" para a brandura, sob todos os aspectos discutível, do colonizador português. Ali, nas latitudes do Sul, sob aquele céu azul — afirma ele, contemplando a Colônia de um dos salões da Real Sociedade Belga de Geografia —, as raças se juntaram num abraço sensual. Os índios, "sempre protegidos pelo governo de Lisboa", desde o século XVIII foram reconhecidos "não apenas como súditos livres, mas também como seres que desfrutavam da plenitude dos direitos civis". Isso para não falar dos negros, cuja alforria foi celebrada com grande alegria e com festas populares: no Brasil, anota ele, "jamais tiveram seus direitos políticos sonegados a partir do momento em que lhes foram outorgados".[82]

---

[81] É verdade que o escudeiro — como de resto as demais personagens da Corte portuguesa — não participava desse entusiasmo. O próprio João Brás, nessa mesma cena com Alexandre de Gusmão, não contém a indignação e nem se constrange em revelá-la ao brasileiro: "O senhor D. Alexandre não larga essa nem à mão de Deus Padre. Dizer-me essas cousas a mim, que lá [no Brasil] só fui buscar miséria".

[82] Oliveira Lima, "La conquête du Brésil" (conferência), extrato do *Bulletin de la Société Royale Belge de Géographie*, Bruxelas, Tipographie--Lithographie Générale, 1910, p. 20.

ARTE E DOCUMENTO

A ideia de recorrer ao teatro para "esclarecer os fatos históricos controversos", que Oliveira Lima foi buscar em Varnhagen, vincula-se a um outro preceito, este aplicado ao próprio autor do *Florilégio da poesia brasileira* e decisivo para o nosso crítico: o de que o moderno historiador, como o moderno crítico, "carece de ser, além de um erudito, um artista".[83] Não basta, para ele, assinalar a competência do Varnhagen historiador, destacando apenas a erudição e a paixão da investigação documental. Para Oliveira Lima, essa qualidade, por mais indispensável que seja, deve necessariamente estar subordinada a uma segunda, mais engenhosa e abrangente: a da articulação literária dos materiais pesquisados, responsável pela expressividade dos conteúdos descritos. Sem considerar essa faculdade decorrente "das manifestações de escritor", será impossível alcançar — nos diz ele — a verdadeira expressão dos episódios históricos, sua dramaticidade, o aleatório que os envolve, a dimensão latente das causalidades que encobrem.

Na verdade, como escritor e amigo de escritores — entre os quais Almeida Garrett e Alexandre Herculano, com quem colaborou em *O Panorama* — é que Varnhagen serviu de modelo ao nosso crítico. Sem contar que, como Oliveira Lima, foi também ele um intelectual brasileiro modelado em Portugal, para onde se mudou com a família em 1823 com apenas oito anos de idade. Em Lisboa frequentou o Real Colégio da Luz e a Academia de Marinha, cursou a Academia de Fortificações e colou grau como engenheiro militar, o que lhe valeu o posto de tenente de artilharia do Exército português, no qual se alistou como voluntário para combater em defesa de D. Pedro I, que abdicara ao trono de imperador do Brasil para lutar na Europa pela Coroa de Portugal, usurpada por D. Miguel. Também como Oliveira Lima, Varnhagen celebrou o Brasil à distância. Como aquele, foi sócio correspondente do

---

[83] Ver Oliveira Lima, "Francisco Adolfo Varnhagen, visconde de Porto Seguro", *Revista do Instituto Histórico e Geográfico de São Paulo*, n° 13, 1908, p. 64.

Instituto Histórico e Geográfico Brasileiro e, estreando na diplomacia por Lisboa, passou a maior parte do tempo fora da pátria — Madri, Assunção, Caracas, Nova Granada, Quito, Lima, Viena —, longe da qual, a exemplo do nosso autor, morreu e foi sepultado.

Assim, tudo faz crer que na origem do *Secretário d'El-Rey* esteja o *Amador Bueno: drama épico e histórico* (1847), de Varnhagen, que exaltou em sua peça um outro exemplo de fidelidade à Coroa portuguesa: a de Amador Bueno, que, como se sabe, confirmada a notícia da Restauração de Portugal em 1641, preferiu manifestar lealdade a D. João IV, recusando-se a ser aclamado rei por um grupo de insurretos espanhóis da vila de São Paulo.

No âmbito ideológico, porém, outros traços de convergência confirmam a presença de Varnhagen nos temas do *Secretário d'El-Rey*, entre eles "o desprezo fundamental pelas raças inferiores", que se manifestava na aversão ao indianismo e na quase intolerância em relação aos negros, acusados por ele de "haverem estragado no Brasil a língua portuguesa".[84] A Oliveira Lima importava sobretudo o Varnhagen historiador e erudito, para quem o estudo da pátria jamais consistiu numa "tarefa simpática e agradável" aos interesses da nação. Para ele, na esteira de Varnhagen, o verdadeiro estudo da pátria era aquele que se voltava para "a satisfação de uma tendência da alma nacional", em cuja busca se revelava, a seu ver, o talento do historiador familiarizado com os clássicos e identificado "na categoria dos escritores de variedade a que os alemães dão o nome de *história pragmática*", que vai além da "simples exposição dos fatos", fazendo-os acompanhar de "reflexões e considerações sociológicas".[85]

A rigor, o compromisso de desvendar essa "tendência da alma nacional" não apenas define a função do passado para Varnhagen e Oliveira Lima, como também determina os critérios de sua representação no curso da evolução material e da construção sim-

---

[84] *Idem, ibidem*, pp. 71-2.
[85] *Idem, ibidem*, p. 73.

bólica das relações da Metrópole com a Colônia. De um lado, a erudição, o saber e "a boa vernaculidade", que habilitam o intérprete a distinguir as diferenças entre as fontes históricas e culturais idôneas e os sinais desagregadores da barbárie, entre o legado espiritual português e o substrato das "raças inferiores", vistas como atavios desengonçados que ameaçam a integridade milenar do conjunto. De outro, a familiaridade com o espírito da civilização latina, de que Portugal é um núcleo a que se prende a Colônia como expressão de um ramo apenas secundário.

Nesse aspecto, para Oliveira Lima, estudar e compreender a Colônia é sobretudo entender que "o passado não só envolve a tradição, como gera o incentivo da ação pela lembrança dos feitos gloriosos de outras gerações que com a distância do tempo perdem as asperidades e imperfeições".[86] A força desse passado "pesa sobre o presente" — nos diz ele —, e é dessa perspectiva que produz efeitos no conjunto do "patrimônio intelectual" de origem, de que aliás Varnhagen foi, segundo ele, um dos principais "fundadores". Isso explica que, a exemplo deste último, os índios não lhe mereçam simpatia alguma, e que os direitos que lhes reconheceu "perante a civilização europeia" não passem de expedientes de retórica. A decantada fé do historiador é, além disso, a mesma que alimenta o ceticismo de Oliveira Lima ante os poderes da catequese para amansar os selvagens. Em face destes, como Varnhagen, o nosso crítico sempre se manteve como um anglo-saxão em seu "orgulho de ser branco".

A imagem de D. Carlota Joaquina chorando convulsivamente na chegada da Corte portuguesa ao Brasil em 1808, ferida em seu orgulho "com a sua degradação para rainha colonial" e aflita ante a rusticidade do ambiente em que se refugiava, pode bem valer como epígrafe para este verdadeiro ensaio de celebração do engenho imperial português que é o *D. João VI no Brasil*, publicado por Oliveira Lima em comemoração ao centenário da abertura dos portos às nações amigas.

---

[86] *Idem, ibidem*, pp. 76-7.

O argumento do livro, além de confirmar a perspectiva da figuração antinômica com que o autor vinha procurando interpretar a afirmação da Colônia ora como "possessão de refúgio" — espécie de vastidão incivilizada onde tudo se permitia —, ora como "gleba paradisíaca de reserva" em cuja natureza se achavam todos os recursos de que a Metrópole necessitava, vem demonstrar que, antes de D. João VI, tanto uma imagem quanto a outra eram destituídas de qualquer significação histórica fora do universo espiritual português.

De fato, concebida como uma espécie de elo de fusão entre a civilização e a Colônia, a vinda de D. João VI é vista pelo crítico não só como um momento de transformação fundamental na vida institucional do Brasil, mas também como o seu primeiro reconhecimento baseado em foros de nação soberana. Aqui, não se trata apenas de constatar que, a partir de D. João VI, Portugal "se tornava americano" — segundo afirma o próprio Oliveira Lima ao nos lembrar que a política estrangeira da Metrópole, antes "essencialmente europeia", voltava-se agora para o equilíbrio político do Novo Mundo, com vistas à "valia moral" da terra que desde então "deixava de ser Colônia" —, mas trata-se principalmente de registrar que, com a vinda da família real, o Brasil se tornava "essencialmente português", incorporando ao império lusitano a imensa série de precários atributos que faziam de sua soberania uma afirmação bizarra e surpreendente num continente coalhado de repúblicas.

"Ao pisar em terras brasileiras, com o pessoal e os acessórios que o acompanhavam, o príncipe regente exclamou sem ambages que nelas vinha fundar um novo império" e estabelecer uma "monarquia híbrida" que se adaptasse à possessão do Novo Mundo.[87] Nesse primeiro anúncio da empreitada, central também na definição da acuidade política do príncipe, mais importantes que a vasta erudição do *historiador* serão os movimentos com que o talento literário do *escritor* Oliveira Lima compensará, ao longo de toda

[87] Ver Oliveira Lima, *D. João VI no Brasil (1808-1821)*, Rio de Janeiro, Tipografia do Jornal do Commercio, 1908, vol. 1, pp. 58-9.

a obra, o interminável desfile das fontes e documentos utilizados, fazendo com que da fria materialidade dos papéis se erga no imaginário do leitor um rico flagrante "da alma nacional" portuguesa que chegava para civilizar o Brasil.[88]

Importa no caso assinalar como a intuição desse narrador quase onisciente — pois é disso que se trata — vai se introduzindo na sensibilidade do monarca, transformado em personagem principal de uma aventura de ódios e repulsas, de trapaças e traições, para a partir daí ir descrevendo o cortejo dos figurantes — fâmulos e ministros, áulicos e fidalgos, personalidades da diplomacia e da Igreja, gente do povo —, a tudo se impondo o teatro das desventuras desencadeado pelo "gênio varonil" de D. Carlota Joaquina, sempre em destaque nos bastidores da ação principal.

Por aí conhecemos as virtudes patrióticas do conde de Linhares, as temeridades octogenárias do duque de Lafões, o infortúnio da aristocracia transplantada (Belmonte, Caparica, Pombeiro e Redondo, o malogrado Cadaval à frente), Barca e Palmela como cordéis nas mãos da princesa — o primeiro devorado pela ambição que o desfigurava, o segundo perdido na utopia do colossal Império Ultramarino que nunca existiu, para o mais vivo desgosto da soberana. Todos eles, no conjunto, vivendo uma espécie de trama sem contexto num espaço desligado das motivações locais. Protagonistas ambiciosos no âmbito inóspito de um ambiente estranho, o tempo de sua existência não é o mesmo que rege a rotação acanhada dos dias da Colônia, já que pensam, planejam e reagem a partir de objetivos projetados na Europa, para onde remetem os atos de cada dia e o sonho obsessivo do esperado retorno.

Vista de sua perspectiva, a imagem do Brasil mal conforma a do vislumbre incerto do "lugar qualquer", como o demonstram as

---

[88] Maria Amélia Vaz de Carvalho, comentando o livro de Oliveira Lima, declara que se "o extremo da desgraça sacudiu e galvanizou Portugal" e marcou a sua decadência, esse momento significou para o Brasil a data da sua "franca e triunfal entrada no mundo civilizado e culto, o impulso máximo da sua independência". Ver "*D. João VI no Brasil*, por Oliveira Lima", em *Impressões de história*, Lisboa, Parceria A. M. Pereira, 1910, p. 253.

cenas do alvoroço que precedeu a partida da Corte na descrição do visconde do Rio Seco — "secretário particular do regente e a quem este incumbira especialmente dos aprestos da travessia" —, que Oliveira Lima transcreve em seu livro. Tragado pela multidão que vagava em tumulto pelas praças, o visconde viu-se cercado, em seu regresso para o cais de Belém, por gente que "desafogava em lágrimas e imprecações a opressão dolorosa" que sentia no peito e, em desespero, lhe pedia satisfações, inconformada com a "traição" do monarca.[89]

Definitiva para quem reflete na cena é a impressão de debandada sem freio vivida pelos membros da Corte, "acossados apenas pelo terror" — nos termos de Oliveira Lima — e indiferentes ao destino que os aguardava, que podia ser tanto o Brasil quanto a Barataria de Sancho Pança, desde que escapassem seguros à fúria napoleônica já às portas de Lisboa. O que D. João VI quis "foi pôr-se a salvo, raspar-se, desaparecer", escreve Medeiros e Albuquerque, em carta polêmica enviada a Oliveira Lima. "Se pudesse, ele teria ido para Júpiter ou para Saturno", emenda com sarcasmo o poeta das *Canções da decadência*, que considerava o ensaio de Oliveira Lima "uma apologia cada vez mais paradoxal".[90]

O certo é que no conjunto da ampla reconstrução dos costumes que, segundo Otávio Tarquínio de Souza, permitiu ao nosso crítico recompor os elementos mais característicos do Brasil das duas primeiras décadas do século XIX, superando o próprio Varnhagen, o que prevaleceu em relação à Colônia foi o "orgulho da aristocracia transplantada" em face da qual o Rio de Janeiro não passava "de uma mesquinha sede da monarquia", cheia de ruas estreitas e casas "sem quaisquer vislumbres de arquitetura", lembrando, ainda que de longe, "uma Lisboa irregular e ainda assim banal, com documentos artísticos de menos e uma frondosíssima vegetação a mais".[91]

---

[89] Ver *D. João VI no Brasil*, op. cit., vol. 1, pp. 53-4.

[90] Ver "O Brasil na Sorbonne", *O Estado de S. Paulo*, 16 jul. 1912.

[91] Ver *D. João VI no Brasil*, op. cit., vol. 1, pp. 74-5.

O primeiro efeito desencadeado pela nova paisagem é que, diante dela, o monarca corrige o "abandono bonacheirão" de origem para assumir "a altivez instintiva do soberano", mais afeita, segundo o narrador, à natureza da sociedade local, "acostumada a obedecer, atreita na sua generalidade à dependência e à lisonja", a ponto de os nativos se ajoelharem ao se aproximar a carruagem do vice-rei e tirarem o chapéu diante de uma sentinela ou até mesmo de um edital da Corte.[92] No ano de 1808, relata o autor, a população do Rio "vegetava" cercada de esplendores naturais, "atrelada na modorra da vida inexpressiva" em meio à sucessão de becos e casinholas, margeadas por pântanos e matas igualmente hostis, vivendo uma existência sem lazer que acotovelava "um mundo de escravos, ciganos e mendigos sórdidos".[93]

Jogado num ambiente como esse, diz-nos Oliveira Lima, o príncipe entrava como uma espécie de herói de sacrifício, distante dos prazeres da "arte elevada" (as orquestras eram deficientes; as peças eram ruins e "desempenhadas por autores piores"), impedido pela etiqueta de ir, como costumava, às casas das "pessoas gradas" e restringindo-se a viver "metido em mesquinhos palácios entre sete filhos quase todos malcriados, uma velha louca, uma

---

[92] *Idem, ibidem*, p. 64. Essa imposição reverencial, que obrigava os súditos da Corte a desmontarem de seus cavalos ou descerem de suas carruagens, sempre tirando o chapéu com o dorso curvado, era extensiva aos estrangeiros, inclusive os da representação diplomática, que obviamente não concordavam com tais excessos de vassalagem. Lorde Strangford, ministro da corte aliada inglesa, por exemplo, ao se recusar a descer do cavalo e reverenciar a soberana, foi chicoteado em plena estrada por um estribeiro de D. Carlota, indo o caso parar nas páginas do *Times*. O comodoro Bowles, chefe da estação naval inglesa no rio da Prata e mar do Sul, por tentar se desviar do caminho em que vinha a comitiva real, "foi posto abaixo a pranchadas do cavalo que montava". Só reagiu ao castigo iminente o ministro americano Sumter, que puxou duas pistolas e fez os lacaios retrocederem, sob a ameaça de passar-lhes fogo. Ver *D. João VI no Brasil (1808-1821), op. cit.*, vol. 1, pp. 268-9.

[93] *Idem, ibidem*, pp. 90-1.

mulher de péssimo gênio e maneiras vulgaríssimas e uma chusma de fâmulos mexeriqueiros ou tediosos".[94]

Como aconteceria também aos românticos e a Pedro I, Oliveira Lima sustenta que D. João VI se rendeu à influência da natureza e da paisagem brasileira, a ponto de a Corte portuguesa ter chegado "quase a alterar a sua designação", ao ser proclamada pelos estrangeiros não mais como a Corte de Lisboa, e sim como a Corte do Rio, ficando o regente — como queria Lesseps, o cônsul-geral da França — conhecido como *"roi du Brésil"*. E aqui a imaginação artística do nosso autor — por mais positivas que sejam as razões com que procura retratar a ação transformadora do "monarca civilizador do Brasil" contra um "meio hostil, por excesso de apatia, natural e voluntária"[95] — se ajusta às ambiguidades de D. João VI em face da cidade e da natureza que a envolvia.

Em relação à cidade, com efeito, prevalecem as restrições de quem guarda distância e se refugia no espetáculo das "imagens noturnas", solitárias e até certo ponto anônimas, vistas das janelas do paço e perante as quais — como revela o narrador — "a aglomeração humana lucrava com ser vista à luz fantástica das iluminações" que transformavam tudo num "clarão festivo" que se misturava ao rumor confuso e prazenteiro da multidão, proporcionando ao regente a indispensável "ilusão de grandeza" tão necessária à afirmação da nova sede do reino. Afastado do povo, mas fascinado pela alegria descomedida com a qual este festejava a chegada da Corte, o D. João VI retratado por Oliveira Lima só tem olhos afetuosos para o esplendor da natureza, vista sempre à luz do dia, com suas "galas expostas" ao sol, "sob o mais luminoso firmamento da criação", como extensão natural da Metrópole.[96]

Isso explica, no corpo do livro, que a Corte, composta em geral de gente de "questionável valia", olhasse a cidade — numa dimensão oposta à da natureza — como "domínio conquistado",

---

[94] *Idem, ibidem*, p. 92.
[95] *Idem, ibidem*, p. 181.
[96] *Idem, ibidem*, pp.74-7.

"encarando-a sempre como um ponto de residência obrigada, porém efêmera e desagradável",[97] e ao mesmo tempo como uma espécie de síntese do meio atrasado, que o livro converte num óbice insanável para a ação civilizadora do monarca.

Um panteão no além-mar

Já vimos a importância que para o crítico Oliveira Lima assume a literatura da Metrópole como agente civilizador da Colônia. E também assinalamos, com o necessário destaque, o contraste original apontado por ele entre a "literatura completa" de Portugal (à época da descoberta num de seus períodos mais exuberantes) e "a vida de um país *tout à fait* selvagem, percorrido por tribos indígenas que viviam quase que exclusivamente da caça e da pesca".[98]

Trata-se agora de verificar que a mesma medida europeizante de ilustração lusocêntrica que serve de base para a explicação das letras coloniais — o papel civilizador dos jesuítas revelado na *Prosopopeia*, a contribuição didática do *Tratado descritivo do Brasil*, o caráter "sempre liberal e tolerante" da imaginação literária que vem das academias para Gregório de Matos, decisivo na emancipação política consumada em 1822[99] — dará o tom para a análise da literatura do período autônomo, quando esse legado humanizador se transforma no jornalismo livre nascido com a Independência, na expansão rousseauniana do indianismo romântico (Gonçalves Dias surge como "um *chantre* da raça indígena"), nas associações de Gonçalves de Magalhães com Manzoni, de Álvares de Azevedo com Byron, tudo confirmando, segundo o crítico, que "as grandes correntes literárias da nossa raça desbordam sem-

---

[97] *Idem, ibidem*, p. 187.

[98] Ver Oliveira Lima, "La langue portugaise" e "La littérature brésilienne", *Conférences à l'Université de Louvain, op. cit.*, pp. 3-19.

[99] *Idem, ibidem*, especialmente pp. 24-8.

pre de seu leito primitivo e inundam todo o mundo da cultura europeia".[100]

Isso para não mencionar que, mesmo diante das inovações de linguagem operadas por José de Alencar e Gonçalves Dias, reconhecidas pelo nosso crítico como decisivas na tradução de um sentimento nacional interessado em "afirmar o divórcio absoluto em relação à pátria-mãe", a crença na afirmação localista do indianismo é muito atenuada pela convicção de que, nesses dois autores, os "liames naturais" são tão poderosos que, mesmo se esforçando por criar uma língua nova, eles permanecem ligados "às tradições e às belezas da linguagem tradicional", preservada com tanto desvelo pelos mestres do passado.[101]

É com esse espírito que o crítico Oliveira Lima inaugura a construção do panteão literário nacional, para o qual seleciona uma plêiade de escritores e poetas que, a seu ver, estavam alinhados à perspectiva da integração cultural que celebrava as origens da cultura e da língua, sem descurar do legado espiritual herdado pela Colônia. Machado de Assis é, a propósito, o primeiro nome consagrado por ele para figurar no espaço comum da vida intelectual que agora nos unia à Europa. Seu ensaio "Machado de Assis et son oeuvre littéraire", que integra o volume dedicado ao romancista do *Dom Casmurro*, homenageado no anfiteatro Richelieu da Sorbonne no dia 3 de abril de 1909 por iniciativa da Sociedade de Estudos Portugueses de Paris, é prefaciado por Anatole France, para quem o reconhecimento da "genialidade" de Machado equivalia ao reconhecimento do próprio gênio latino dos dois mundos que agora se uniam, o da Europa e o da América, numa espiritualidade francamente hegemônica a gerar mais liberdade, mais ciência e mais beleza.[102]

---

[100] *Idem, ibidem*, pp. 29-32 e pp. 42-3.

[101] *Idem, ibidem*, p. 43.

[102] Anatole France, "Avant propos", em *Machado de Assis*, Paris, Louis-Michaud, 1909, pp. 12-4.

O mote serve ao nosso crítico para destacar "o avançado estágio de cultura do povo brasileiro", que, por meio do romancista carioca, ilustrava o vigor da "raça latina" no além-mar[103] — nada, portanto, que aludisse às origens de Machado no ambiente das camadas humildes do Rio de Janeiro. Visto por Oliveira Lima, o homem, como o escritor, já vem pronto, e nem mesmo se pode dizer, segundo ele, que Machado fosse um autor interessado na paisagem brasileira, apesar de amar profundamente a sua cidade. A verdade, para o crítico, é que nos romances de Machado de Assis não se projeta a mais ligeira sombra das nossas cidades ou dos nossos campos; a natureza, nos diz ele, só lhe interessava quando vinculada a algum aspecto humano que viesse das personagens ou nelas interferisse. Daí que, ao contrário dos românticos, o escritor repelisse a *nature sauvage* que tantos encantos e mistérios inoculou no imaginário do nosso indianismo. Um claro indício dessa atitude pode ser observado, segundo ele, no fato de que a "alma indígena" que inspirou a Machado o seu livro de poemas *Americanas*, apesar de alusiva à "sensação vivida no meio dos nativos", transforma o afeto de suas índias numa expansão claramente tributária da sensibilidade da mulher europeia. Por isso, nos diz Oliveira Lima que não se pode falar num "escritor patriótico" identificado com a terra, como foram os casos de José de Alencar e Gonçalves Dias, ou mesmo Castro Alves.[104]

Todas essas observações, é verdade, já haviam sido em parte objeto da crítica daquele tempo, mas numa direção inteiramente oposta à das reflexões do nosso autor. Ao contrário de Sílvio Romero, por exemplo, que se fixa no atraso da realidade local e no "embotamento da raça inferior" para desqualificar a afinidade espiritual — para ele impensável — de um mestiço da periferia carioca com o sofisticado *sense of humour* dos ingleses, Oliveira Lima prefere desligar o grande romancista "dos liames estreitos"

---

[103] *Idem, ibidem*, p. 19.
[104] *Idem, ibidem*, p. 56.

do contexto local para vê-lo integrado ao "orbe luminoso" dos grandes ficcionistas europeus.

Nesse aspecto, "a intimidade com os escritores ingleses" — seja com os humoristas do século XVIII (Sterne, Fielding, Swift), seja com os romancistas do século XIX (Dickens, George Eliot, Thackeray), além de Shakespeare — deixa de ser uma inaptidão racial para se transformar num diálogo estético dos mais fecundos. Está claro que as perspectivas críticas são diferentes: Romero pensava com os olhos postos nos critérios inabaláveis da ciência de seu tempo, e em nome deles foi responsável por não poucos disparates; Oliveira Lima, favorecido pelo cosmopolitismo da carreira diplomática, pensava Machado de Assis interessado em mostrar "a evolução do nosso pensamento literário e filosófico"[105] como forma de nos soldar à Europa, de cujo centro nos enxergava, preocupado em definir uma visão moderna e refinada, em oposição ao provincianismo dos críticos locais. Literariamente, suas análises desviam-se do quadro traçado por Sílvio Romero e nos apresentam um Machado de Assis integrado à grande tradição dos romancistas modernos. Suas personagens, por exemplo, por mais "sintéticas" e coladas à realidade que possam parecer, revelam uma inegável tendência a se tornar universais; a intriga aparentemente curta e "elementar" de seus contos e romances, nos quais a crítica em geral assinalava "a falta de robustez da armadura", escondia, segundo Oliveira Lima, um artifício que, em sua sutileza, articulava uma nova maneira de narrar, um novo atrativo que camuflava na própria estrutura do relato a filosofia original do escritor, dissimulada pela flexibilidade do conjunto, harmonioso e imprevisível.[106] Isso talvez explique o fato de que não podemos considerar o autor do *Dom Casmurro* um escritor "intencionalmente patriótico", apesar de ter-se revelado um narrador brasileiro "de alma", capaz

---

[105] Ver Oliveira Lima, "Un grand poète brésilien", *La Revue*, Paris, ano 20, vol. 80, nº 10, 15 maio 1909, p. 242.

[106] Ver Oliveira Lima, "Machado de Assis et son oeuvre littéraire", em *Machado de Assis, op. cit.*, p. 24.

— como na apreciação literária que dedicou a José de Alencar — de auscultar, numa dimensão mais ampla, a vibração da "nota íntima da nacionalidade", independente e mesmo desligada da fisionomia exterior das coisas, e em relação à qual Oliveira Lima guarda uma distância prudente para alinhar-se à "concepção mais universal e humana" da obra de Machado de Assis.

É inegável que, ao propor um outro ângulo para tratar da obra do romancista, Oliveira Lima supera o relativismo hermenêutico de Sílvio Romero e desvia-se dos temas traçados pela crítica naturalista. Concebendo-o como um autor integrado à tradição heurística dos romancistas da Europa, o crítico o separa da mera notação nacionalista dos nossos narradores, para assim ampliar a chave humanista de uma linhagem que servia de fundamento à sua concepção do Brasil e da formação de sua cultura.

Ao contrário de Sílvio Romero, Oliveira Lima nos mostra Machado como um autor que se formou em contato com "as obras-primas das literaturas estrangeiras, de Sterne a Renan, de Heine a Anatole France",[107] mas de um ângulo inteiramente novo para a época, já que os via através do filtro de sua própria intuição autoral, que vinha — nos diz o crítico — de uma ironia cética e calma amadurecida nos modelos superiores e que se dissimulava o quanto podia, mantendo-se na mais ostensiva impessoalidade, num período dos mais pessoais das letras brasileiras, como foi o caso do Romantismo.

Em razão desse "querer impessoal", Machado de Assis se converteu numa personagem à parte da literatura brasileira, não cabendo por isso filiá-lo a qualquer escola. Aqui, o que parece a mera constatação de um juízo literário é na verdade a expressão de uma intenção mais ampla que permite ao crítico atrelar a singularidade da arte narrativa de Machado à linha inventiva dos escritores da Europa, não apenas enquanto leitor incansável e disciplinado de obras-primas — sobre as quais meditava longamente à luz da comparação e da análise —, mas sobretudo enquan-

---

[107] *Idem, ibidem.*

to "autor em formação", capaz de amadurecer nos modelos dos melhores engenhos e de transcendê-los a partir de seu próprio temperamento.

Homem cético e extremamente tímido, diz Oliveira Lima que Machado de Assis não manteve jamais o "ar distante" de um Mérimée — uma de suas admirações, ao lado de Renan —, do mesmo modo que não lhe bastaram o lirismo e a imaginação retórica de Musset e de Lamartine. A prova disso é que o amor nunca foi suficiente para acender-lhe a alma: "Era-lhe necessária a vibração do cérebro ao mesmo tempo que a do coração",[108] nos diz o crítico. Eis porque os transcende em busca de um "estimulante trágico" como os de Edgar Allan Poe ou de um "condimento imaginativo" à maneira de Henrik Ibsen. Do mesmo modo, rejeitou acomodar-se aos artifícios visíveis dos parnasianos, despojando-se de toda convenção: eliminou lugares-comuns sem recorrer à bizarria, "com uma falta de pretensão que junta a pesquisa do belo à simplicidade das coisas", observa Oliveira Lima. Por isso, acrescenta, em Machado de Assis os traços característicos trazem o "selo ateniense" que amadureceu no contato com os grandes modelos para resultar num mistério que só ele era capaz de exprimir.

Legitimado assim pelas matrizes da Europa, o Machado de Assis visto por Oliveira Lima é um discípulo dos clássicos portugueses, a quem se teria igualado — sobretudo a partir de Garrett — na simplicidade de estilo e no espírito de novidade que supera as formas antigas e que em suas mãos se abre em formulações literárias diferentes, movidas pela "graça pessoal inconfundível, um modo todo dele de considerar os acontecimentos" — nos diz Oliveira Lima —, e por um "jeito de não se mostrar supremo; de explicar as coisas por asserções dubitativas; um semblante de precaução misturado a hipóteses engenhosas", tudo entrecortado por interrogações curiosas, juntando fantasia e sedução.[109]

---

[108] *Idem, ibidem.*
[109] *Idem, ibidem*, p. 46.

Mas ao contrário dos críticos modernistas, particularmente Mário de Andrade — para quem o "mestre" Machado de Assis, mesmo não podendo ser considerado o "protótipo do homem brasileiro", teria extraído de suas preferências europeias "o mais perfeito exemplo de arianização e de civilização de nossa gente",[110] transformando o seu "academismo ideal" num traço de afirmação do nosso "mestiçamento" —, ao contrário de Mário de Andrade, a leitura de Oliveira Lima propõe a continuidade do sistema literário com base em suas matrizes históricas, em face das quais a filiação do autor do *Brás Cubas* surge como um traço inegável de distinção e superioridade em relação ao meio.

Posto no centro desse panteão acadêmico, Machado de Assis brilha solitário numa espécie de mônada que vai sendo cuidadosamente elaborada pelo crítico. Ao redor dele, giram alguns "espíritos superiores" que, apesar de bem mais acanhados na concepção e no engenho, ganham qualidades excepcionais tanto mais expressivas quanto mais próximos eles estejam do centro de irradiação cultural da Metrópole. Coelho Neto, por exemplo, aparece como o mais fecundo dos "modernos escritores de pura imaginação" do Brasil. Não que esteja livre de alguns defeitos e imperfeições: legitima-o claramente o fato de haver herdado as qualidades permanentes do legado intelectual português, disseminado em sua obra e jamais toldado — como sugere o crítico — pela exuberância da "linguagem indígena e dos dialetos africanos" que a ela se fundem, juntando o pitoresco a um novo traço de estilo.[111]

Assim é que, a partir de Oliveira Lima, o Coelho Neto "acadêmico e fecundo" — marca maior de seu vínculo com a tradição portuguesa — é divulgado na Europa como uma espécie de reve-

---

[110] Ver "Machado de Assis", em *Aspectos da literatura colonial brasileira*, 5ª ed., São Paulo, Martins, 1974, pp. 89 ss.

[111] Remeto as referências a Coelho Neto ao artigo da série que Oliveira Lima fez sobre escritores brasileiros contemporâneos, publicado por *La Revue*, Paris, ano 20, vol. 81, nº 13, 1º jul. 1909, pp. 60-6.

lador da crueza da terra, como voz que vinha harmonizar o dado bruto dos sertões e da floresta inóspita ao registro superior da cultura letrada que ele trazia no sangue.

Uma carta de 6 de agosto de 1909, com a qual o autor de *A conquista* agradecia a Oliveira Lima o "formoso artigo" com que o "apresentara ao mundo", confirma essa versão, que parece mesmo intencional. "O francês recuará diante de mim espavorido ou rirá escanceladamente do meu aspecto selvagem", escreve Coelho Neto, que então se confessa um "homem da natureza" interessado na "necessidade de escrever sobre o sertão brasileiro", mas, curiosamente, sem fazer qualquer menção ao livro de Euclides da Cunha, publicado sete anos antes. Esse traço, aliás, está claramente implícito no que nos dirá a seguir, quando reforça a intenção de retratar o sertão, de "viver algum tempo na sua craveira, estudar as almas sinistras que o povoam" e — impossível não pensarmos em Euclides — "ver um assassino limpar a faca gotejante e, tocado de súbito arrependimento, cobrir-se de um burel, deixar crescer os cabelos e a barba e subir pregando a misericórdia de Deus, levando no seu rastro multidões fanatizadas".

Para esse discípulo contumaz dos retóricos e dos mestres portugueses — verdadeiro diletante das cidades que, nos relatos que enfeixou sob o título de *Sertão*, burilou o substrato de lendas e crenças nativas, enxertando-lhes a gramática, o léxico e a prosódia dos acadêmicos —, para esse imaginoso construtor da "mágica singularidade da terra inóspita", os temas e problemas da nossa terra passavam antes, como propunha Oliveira Lima, pelo filtro da tradição erudita da língua. Foi aliás em nome da Academia Brasileira de Letras, quando convidou Guerra Junqueiro a visitar o Brasil por ocasião das comemorações do centenário da Independência, que Coelho Neto pôde sublinhar com clareza essa linha de submissão vernácula, ao lembrar que na alma da "terra moça", que havia sido "prodigamente semeada" pelos seus maiores, Guerra Junqueiro reencontraria os fulgores emanados dos *Lusíadas* e as suas reverberações mais importantes a partir dos escritos de Herculano, Camilo, Eça de Queirós e Fialho de Almeida. "Vereis que a língua é estimada com devoção pelos que nela procuram criar Beleza, como as que tendes realizado, mantendo-se à altura a que a elevaram os mestres",[112] arremata o autor de *Sertão*.

É com essas "qualidades permanentes" que Oliveira Lima incorpora a figura de Coelho Neto ao seu panteão literário, curiosamente para ajustá-lo — como ficou dito — à singularidade da terra, tão desconhecida dos europeus, mas àquela altura ainda vislumbrada como uma paisagem informe. Assim, na pena do crítico que apresentava o romancista de *A conquista* aos franceses, descontado aqui e ali algum "descritivismo excessivo" em "fraseologia de pletora", a literatura de Coelho Neto teria enriquecido de novas luzes o pitoresco da terra, a ponto de alterar o antigo aspecto daquele "cenário de convivência pastoral".

Seguem-no as luzes de três oráculos da tradição. O primeiro deles, Joaquim Nabuco, distinguido como "o menos nacional dos escritores do seu país", aparece como exemplo mais elevado de intelectual cujo "sentimento é brasileiro, mas a imaginação é europeia".[113] A ideia de Nabuco de que a América se constituía numa nova Europa em que as raças ancestrais se entrecruzam e perdem as lembranças de sua antiga vassalagem completa-se com a visão do continente americano — em particular o do Norte — transformado numa espécie de *foyer* das velhas raças europeias, que nele se encontrarão e que, misturadas, "falarão a mesma língua, enquanto os velhos troncos" — argumenta Oliveira Lima — "crescerão separados do solo natal", realizando um fato jamais visto, qual seja o de "uma humanidade formada por sua própria seleção".[114]

Intelectualmente, Joaquim Nabuco impõe-se pelo personalismo — o personalismo de um espírito cultivado pela diplomacia, liberal e antiescravista — que lhe permitiu criticar as ideias de seu

---

[112] Ver Coelho Neto, "Mensagem a Guerra Junqueiro", em Paulo Coelho Neto (org.), *Páginas escolhidas*, 2ª ed., Rio de Janeiro, Livraria São José, 1957, pp. 168-9.

[113] Ver Oliveira Lima, "Joaquim Nabuco", *La Revue*, Paris, ano 21, vol. 87, nº 15, 1º ago. 1910, p. 341.

[114] *Idem, ibidem*, p. 342.

tempo, elaborando uma espécie de "história de sua formação moral" sem cair na autobiografia pura e registrando as influências que se exerceram sobre o seu espírito. Isso fez dele um "escritor nostálgico da escravidão", que, segundo Oliveira Lima, "permanecerá por muito tempo a característica nacional do Brasil". Tal vínculo fez de Nabuco um intelectual ligado basicamente ao "sentimento aristocrático", que interessa ao nosso crítico na medida em que se curva à hierarquia e ao culto das tradições — tema de grande relevância para as convicções de Oliveira Lima, como sabemos. Daí que o estilo de Joaquim Nabuco o transforme numa "personalidade de elite" — vinculado à terra, é verdade, mas preso às suas duas "máximas influências", Chateaubriand e Renan, não obstante a admiração pela cultura anglo-saxônica. Foi por isso um idealista "determinado pela ação" que interessava revelar aos europeus: de um lado, pela submissão consciente às "grandes ideias", pensando na "vibração constante e eloquentemente dedicada à alma sedenta do ideal"; de outro, mais próximo da expressão nacional, pela ausência de severidade dogmática, pela "falta de sinceridade se disfarçando sob a forma da dúvida amável que se diverte através de um estilo límpido a que a clareza empresta uma elegância maravilhosa".[115]

É verdade que Nabuco não é Rui Barbosa, estando longe — ele argumenta — "da expressão verbal elevada deste último", que soube evitar a "mundanidade transcendente" do autor de *Minha formação*, um livro caro às afinidades eletivas de Oliveira Lima, para o qual vale como sinal inequívoco de uma das vocações mais sedutoras das letras brasileiras.

Dos dois outros numes no panteão literário de Oliveira Lima, um é o já citado Rui Barbosa, "indubitavelmente o homem mais notável e bem-dotado, do ponto de vista intelectual, do Brasil contemporâneo".[116] E o outro é João Ribeiro, considerado por ele como uma espécie de guardião moral a quem compete a tarefa

---

[115] Idem, ibidem, pp. 345-8.

[116] Ver Oliveira Lima, "Rui Barbosa", *La Revue*, Paris, ano 21, vol. 84, nº 3, 1º fev. 1910, p. 367.

"útil e interessante" de "manter a pureza da língua portuguesa" contra a tendência — comum no Brasil, ele sublinha — para envilecer a língua, em primeiro lugar por causa do "cruzamento filológico com as raças inferiores" e depois em razão do "afastamento geográfico e moral do país de seu berço de cultura".[117]

De Rui, o crítico seleciona para o público distinto da Sorbonne aquilo que a seu ver é a maior virtude do Águia de Haia: a erudição assustadora, aliada a uma "extraordinária vocação" para animar as ideias, resultado de um "labor intelectual" incomparável, dada a "surpreendente assimilação da leitura assídua, variada, prodigiosa e insaciável". Esse saber enciclopédico, que marca aliás a reputação da inteligência brasileira no período dominado pela retórica dos bacharéis, ao mesmo tempo que motiva o crítico — realmente impressionado com a "opulência lexicográfica, a seleção cuidadosa dos vocábulos, os giros inesperados de frase, a abundância das imagens" —, leva-o a justificar em Rui Barbosa a pouca concisão de seu estilo, defeito que, apesar de reconhecer, Oliveira Lima procura explicar como inevitável ante o fato de que o cérebro do escritor "é muito carregado de pensamentos e de imagens para que ele possa ser conciso", de tal modo que recriminá-lo por isso seria o mesmo que pedir a Balzac para ser sóbrio em seus relatos ou a Victor Hugo para ser contido em suas metáforas, justifica crítico.

Notemos que, mesmo lamentando que as circunstâncias não tivessem permitido a Rui Barbosa ter-se convertido num "letrado puro", o fato de alinhá-lo a João Ribeiro entra como uma autêntica articulação de princípios. Oliveira Lima sabe — conforme o demonstra a argumentação posterior do ensaio — que, para João Ribeiro, Rui Barbosa, ao lado de Vieira, compunha a referência letrada que se instituía necessariamente como modelo de estilo num país que, segundo ele, não podia ter estilo próprio em face do "atraso espiritual" e da "mistura de raças" cuja tosca expressão lembrava o antigo estilo das bacantes, o "parentirso" dos gregos,

---

[117] *Idem, ibidem*, pp. 367 e 369, às quais remetemos as demais citações do tópico.

nos diz ele. E ainda que recorte na obra de João Ribeiro alguns desvios para ele inevitáveis (o espírito paradoxal e irônico, a aversão aos modernismos, o pessimismo excessivo), Oliveira Lima, a exemplo do que faz com Rui Barbosa, justifica como virtude o que em João Ribeiro se apresenta claramente como um enrijecimento filológico e cultural em busca da legitimação retórica para a vida do espírito e para a nossa produção intelectual e artística.

Assim, se em Rui Barbosa a "sedução literária" não sofre qualquer prejuízo, nem o interesse de suas ideias resulta diminuído pela extensão de sua exposição detalhada (jornalista, orador, jurisconsulto, filólogo, letrado, publicista — todas essas faces se fundem sob a máscara humanística que o inclui no rol dos grandes intelectuais da Europa), em João Ribeiro define-se a instância que o legitima na crítica. Desse modo, o espírito que se nutriu das convicções democráticas na fonte do direito inglês — que compreendeu Carlyle, ergueu a voz em Haia e foi capaz de saudar em francês literário o grande Anatole France, lido por João Ribeiro — transforma-se num arauto das razões civilizadas que, segundo Oliveira Lima, alçavam os intelectuais brasileiros ao mesmo nível dos da Metrópole.

O círculo dos eleitos se fecha com o poeta Olavo Bilac, curiosamente apresentado como prosador — o cronista, o conferencista e o jornalista diário — que, mesmo sem deixar de ser "um grande poeta" em todas essas intervenções, parece revelar ao crítico um lirismo inteiramente diverso da elocução parnasiano--romântica com a qual se impôs aos poetas de sua geração.[118] A Oliveira Lima não interessava o poeta aplicado e discípulo da sensibilidade francesa, fria e minimalista. Preferia recuperar o talento inegável do artista, considerado por ele o poeta de maior "senso artístico" de seu tempo. A par disso, ao referir-se ao "temperamento vibrante e inigualável" do cronista Bilac, interessa-lhe sublinhar a voz "solidária e idealista" que o autor de *Tarde* reconhecia nas

---

[118] Ver Oliveira Lima, "Olavo Bilac", *La Revue*, Paris, ano 20, vol. 83, nº 21, 1º nov. 1909, pp. 68 ss., às quais remetemos as demais citações do tópico.

conspirações abertas do Brasil, diferentes das sedições silenciosas da Europa, como forma talvez de aludir ao peso de sua adesão às bandeiras da campanha civilista que, através de Rui Barbosa, se bateriam contra o militarismo republicano de Hermes da Fonseca em 1910.

Desse modo, o crítico como que propõe a vocação social da obra de Olavo Bilac, afastando-o, de um lado, da "alma pagã" presente na voga neoclássica com que trabalhava os seus versos, e valorizando, de outro, a "alma cristã", que a seu ver se expandia em sua prosa, muito embora o poeta não acreditasse na renúncia como "base de toda moral religiosa", conforme sustenta Oliveira Lima.

Oliveira Lima em desenho de Nair de Teffé,
com a inscrição "No Lyrico — Saison de 1907".
Arquivo da Biblioteca Oliveira Lima, Washington.

3.
Reconstrução do passado

AFINIDADES EMOTIVAS

Outros autores fecham a coleção dos eleitos de Oliveira Lima, entre eles Carlos de Laet, Rodolfo Teófilo, Euclides da Cunha, Aluísio Azevedo e Júlia Lopes de Almeida, sem falar na longa apreciação ao crítico Sílvio Romero, que ele trata de igual para igual, numa espécie de acerto de contas intelectual. Suas análises saíam agora em artigos que enviava para o jornal *O Estado de S. Paulo*, para o qual fora levado por Euclides da Cunha, que o havia apresentado a Júlio de Mesquita durante uma visita ao Guarujá, onde o jornalista veraneava.

Vistos em conjunto, os novos integrantes trazem para o crítico cada qual uma virtude. Laet desperta a admiração de Oliveira Lima não apenas como jornalista, mas sobretudo como político e polemista, em quem a seu ver luziam "o espírito, a distinção literária e a cultura intelectual". Neste ponto revela-se em particular o interesse de mostrar o homem "quase solitário na defesa do ideal monárquico", em que o crítico destaca a impressionante fidelidade para com a dinastia deposta, sem deixar de acentuar "a desapiedada aspereza para com o regime dominante", que fazia dele um homem intratável e mesmo grosseiro.[119]

O dado relevante, mesmo ressalvando-se que em nenhum momento Oliveira Lima deixe entrever a sua concordância com as posições políticas de Laet, é o desinteresse do crítico pelo escritor propriamente dito. Embora reconhecendo o valor dos textos de

---

[119] Ver Oliveira Lima, "Carlos de Laet", *O Estado de S. Paulo*, 20 nov. 1910, artigo para o qual remetemos as demais citações do tópico.

Carlos de Laet — "leem-se com um vivo prazer intelectual" —, Oliveira Lima considera acertada a atitude por ele tomada de não publicá-los, pela simples razão da transitoriedade do texto jornalístico. Mais interessante para ele eram os atos de afirmação política do polemista: por exemplo, a convicção de que um presidente da República, ao chegar ao poder, não passava de um "prisioneiro do grupo" que ali o elevou e que, "faminto, espreita as suas mãos dadivosas", bem ao contrário do que se passa com a monarquia, na qual "a pessoa do soberano é inviolável, não merece uma superstição fetichista". À ideia de que o monarca não está exposto — pelo próprio significado da função — aos ataques da imprensa, que pode sempre desmoralizar um presidente a qualquer pretexto (mesmo reconhecendo-se o papel inestimável da imprensa livre, forjada segundo crê pelo Império), Oliveira Lima agrega a observação de Laet de que o monarca governa como "um magistrado supremo a uma altura inacessível aos assaltos da polêmica". Chega mesmo a dizer — depois de ressaltar a contribuição decisiva do coautor da *Antologia nacional* para o desenvolvimento do pensamento brasileiro — que "se o senhor Carlos de Laet não existisse, seria mister inventá-lo", tanto o impressionavam as suas ideias de grande paladino da causa imperial no Brasil.

Rodolfo Teófilo vale por ter mostrado a diversidade com que cada estado entra no universo cultural brasileiro, revelando cada qual uma tradição diferente dentro da identidade de raça, de religião e de língua. Acreditando que a unidade política do Brasil não passava de uma criação artificial, já que "não tinha raízes profundas no passado nacional", Oliveira Lima — valendo-se de Teófilo — reafirma alguns pressupostos que vinham se mostrando decisivos para a afirmação das suas ideias críticas. Um deles era o de que o "espírito de pátria comum" se teria formado sob a monarquia "pelos esforços conjuntos da Independência", numa saga de heroísmo e de glórias para cujo sucesso "todos os brasileiros deram o seu quinhão".[120] E outro era o de que, no conjunto dessa diver-

---

[120] Oliveira Lima, "Rodolfo Teófilo", *O Estado de S. Paulo*, 5 mar. 1911.

sidade, a literatura regional teria desempenhado um papel decisivo por ter posto em circulação os aspectos mais pitorescos e expressivos da cultura brasileira que a vida mais exuberante das capitais havia relegado a um segundo plano.

Com a literatura de Teófilo, nos diz o crítico, ganham relevo os "intelectuais da província" (outro exemplo lembrado é o do barão de Studart, no campo da pesquisa histórica) que, mesmo sem atingir a finura de concepção dos nossos escritores urbanos, mostram "um cunho próprio e um encanto especial que não são para desprezar". Num dos livros mais expressivos de Rodolfo Teófilo, *O paroara* — que retrata a vida do "emigrante de torna-viagem que da Amazônia regressa ao torrão natal do Ceará com as algibeiras cheias de cédulas, mas o baço ingurgitado e doente de febre" —, Oliveira Lima sublinha a oposição que então se estabelece entre o "mundo edênico" ali imaginado pelos românticos e a verdade do "inferno verde" amazônico, cheio de jacarés, mosquitos e impaludismo e capaz de fazer vergar toda uma população de trabalhadores iludidos com a exuberância dos seringais.

Segundo o crítico, a força do livro de Rodolfo Teófilo é que ele recorta de maneira inédita a paisagem da vida local em duas faces: uma voltada para a "alegria de viver no Ceará de praias de branca areia [...] e de céu anil recobrindo como um zimbório as gordas pastagens"; e outra nos mostrando que a jovialidade tão característica dessa população de centauros-pastores cedeu lugar em tais seres doentios a uma incurável hipocondria, que não consegue desvanecer "violentos desejos e cobiças sensuais". E assim o faz ao acompanhar a evolução da doença de João das Neves, agravada pela morte da esposa Chiquinha; ao retomar a figura emblemática do paroara José Simão, com seus "ares de importância e o seu correntão de ouro, que atraía para a sua pessoa todas as vistas e todos os pensamentos"; ou, ainda, ao retratar a personagem do advogado Vasconcelos, que vai para o Amazonas a fim de enriquecer e lá, na faina do cotidiano, impressiona-se com aquela "tulha de infelizes" e conclui que "não valeria a pena advogar a causa de semelhantes bestas" que nem sentimento humano tinham. Ao repassar esses tópicos do livro de Rodolfo Teófilo, Oliveira Lima descobre um filão regional a seu ver inestimável de um Brasil desconhecido em que tipos egoístas e aventureiros convivem com outros "uniformemente simpáticos", os sertanejos ignaros e bons que "desconhecem o valor teórico dos deveres morais, mas sabem perfeitamente ajudar-se uns aos outros", retratados de um modo em que os costumes são narrados com verdadeira "emoção solidarista".

Em face da descoberta desses novos Brasis, a presença de Sílvio Romero parece entrar como uma dissonância. Para Oliveira Lima, Romero foi um crítico que nunca se preocupou com o lado artístico da produção intelectual. Antes, era um seguidor das ideias de Tobias Barreto, interessado numa "concepção geral do Universo aplicada a problemas particulares", o que fez dele, apesar da intenção cientificista, um crítico eclético, impressionado com "um montão de teoria dos outros".[121] A sua preocupação central de "definir o brasileiro, caracterizando-o em face do português, cuja língua ele fala na América, cuja civilização ele representa no Novo Mundo", merece do nosso crítico uma série de reparos, em especial ao espírito desordenado e à aparência caótica que deixam em seus escritos uma impressão preliminar de indisciplina. Nele, a desordem se deve "ao estilo ou antes à falta de estilo", nos diz Oliveira Lima, não sem deixar de observar que a sua marca é "a autoridade e a extrema sinceridade" dos juízos, que em "alguns trechos se fazem notar pela sua eloquência ou pela sua maneira agradável", como é o caso da comparação que ele faz entre José de Alencar e Machado de Assis.

Essas restrições fazem com que Sílvio Romero seja considerado por Oliveira Lima mais um historiador da literatura do que propriamente um crítico literário. E neste particular, ao fato de o autor da *História da literatura brasileira* repudiar a crítica estética em favor da crítica filosófica, Oliveira Lima acrescenta um outro "equívoco" de Romero, que, para ele, consistiu em considerar a

---

[121] Ver Oliveira Lima, "Sílvio Romero", *O Estado de S. Paulo*, 26 mar. 1911.

biografia apenas um dado secundário no campo da literatura e das artes, como se fosse possível obliterá-la em si mesma ou nas séries de biografias ligadas entre si pelos gêneros literários. Discordando de que o que vale são as ideias e não as personagens, Oliveira Lima refuta a tese de Romero de que o meticuloso estudo das coletividades acarrete o desaparecimento dos indivíduos no conjunto. Tampouco lhe parece acertada a noção sustentada por Romero de que aos críticos brasileiros não cabia nem a contemplação exclusiva das coisas do país, nem o andar pelo estrangeiro à busca de modelos a serem seguidos; ou, ainda, a afirmação de Romero de que o que lhes cabia era juntar as duas tendências: tomar à nação os assuntos e à cultura hodierna o critério diretor das ideias, tudo sob a luz de uma filosofia ampla, sugestiva e salutar.

A adesão às fontes ibéricas de cultura e do sistema literário do Brasil não permitia a Oliveira Lima concordar com tal orientação. Num primeiro plano porque — como já ficou dito — não havia como conceber a necessidade de tomar a vida intelectual e afetiva do povo em seu conjunto numa história geral, e sim através de tipos isolados e admirados por qualquer motivo. E depois, o que seria uma consequência mais grave, não era possível assentar essa nova perspectiva exclusivamente no critério etnográfico, no qual Sílvio Romero situava a base de todo o nosso desenvolvimento. Além disso, não havia como retirar da literatura a sua dimensão estética e concebê-la como uma parte da lógica que, estudadas as condições que dão origem e as leis que regem a evolução de todas as criações do espírito humano — artísticas, religiosas, políticas, jurídicas, industriais e morais —, "aprecia e julga as obras dos escritores que de tais fatos se ocuparam".

É por aí que, discordando das restrições feitas por Romero ao "psicologismo excessivo" de Araripe Júnior e à leitura "eminentemente estética" de José Veríssimo — que Romero considerava "uma retrogradação completa" —, Oliveira Lima sintetiza a sua crítica ao que chama de "temperamento literário muito pessoal" do autor das *Canções do fim do século*, caracterizando-o como um polemista marcado pelo desejo de originalidade e pelo estilo agressivo que não hesitava em demolir os seus adversários para fazer valer as suas teses. "Todos os seus livros têm um cunho de polêmica", observa ele, depois de mencionar os comentários de Sílvio Romero ao livro *A pátria portuguesa*, de Teófilo Braga, que a seu ver encerrava uma "crítica rabugenta, feita de capítulo a capítulo". Esse temperamento é marcado por uma "exuberância de jovialidade" que, segundo Oliveira Lima, se exerce à custa dos outros e toma a forma de sarcasmo, mas um sarcasmo por vezes entremeado de bom humor, uma espécie de "zombaria plebeia no seu feitio científico", quer dizer, uma expressão pouco elegante de uma cultura periférica a serviço "de um entusiasmo de apóstolo da inteligência", como nos diz o crítico.

Sílvio Romero aparece como um discípulo pouco talentoso de Tobias Barreto, mas isso em nada prejudica o seu importante papel em relação ao que Oliveira Lima chama de "evolução mental do Brasil", em que reconhece a sua participação decisiva, tão grande quanto a de Teófilo Braga sobre a mentalidade portuguesa, "ambos poderosos reformadores mas pobres estilistas", assinala o crítico. Na verdade, incomodava-o o "excesso de ciência social" que, segundo ele, operava em Sílvio Romero como autêntica "questão de fé" em busca sobretudo de tipos abstratos calcados num projeto retórico de interpretação do Brasil, desligado do universo cultural que lhe deu origem e mais interessado na miscigenação de onde surgiria o novo povo brasileiro, em tudo oposto ao universo do colonizador. Para Oliveira Lima, um exemplo desses "excessos" de Sílvio Romero está na convicção antropológica com que ele se refere à nossa "fantasia demasiado inflamável" que se impõe como uma "dádiva do meio" e que revela em nós, "em se tratando peculiarmente de nosso valor, de nossas grandezas, de nosso prestígio, [...] essa embriaguez dionisíaca, para falar com Nietzsche, por tudo quanto é nosso". É contra esse "otimismo às avessas", por contrastar com a atitude externa, sempre marcada de um insopitável pessimismo, que Oliveira Lima se insurge, detendo-se nas incongruências de Romero, um crítico que, a seu ver, alardeia o domínio pleno da ciência estrangeira e ao mesmo tempo repele a influência do exterior, como no caso da germanização da ciência: partidário confesso dessa realidade moderna, Sílvio era no entanto um enérgico adversário do *Deutschtum*, a extensão da influência alemã através do Império de Bismark "às populações saídas de suas próprias praias e fixadas em países de além-mar".

Sobre Euclides da Cunha, diz Oliveira Lima que, nele, o "gongorismo literário" separa-se da imaginação científica, indicando com isso a "correlação íntima entre o meio e o artista" que, segundo o crítico, José Veríssimo "foi o primeiro a qualificar de bárbaro na sua estranha pujança".[122] A referência a Veríssimo e depois a Jean Jaurès — para quem Euclides aparece como o "primeiro bandeirante dessa entrada nova pela alma da nacionalidade brasileira" — nos revela a disposição de examinar o autor de *Os sertões* a partir dos postulados convencionais da crítica, dado que, em 1909 e 1910, quando divulgou na Europa a obra dos escritores que lhe pareciam os mais importantes no Brasil, o nome de Euclides não figurava, estando em seu lugar o de Coelho Neto, cujo romance *Sertão*, como vimos, entrava como a mais recente novidade — ainda que bem posterior ao livro de Euclides — nos temas do fanatismo religioso, dos jagunços facinorosos e das hordas de fanáticos sertanejos.

Morto Euclides em 1909, Oliveira Lima publica dois anos depois, entre outubro e novembro de 1911, quatro artigos pelo jornal *O Estado de S. Paulo*, nos quais — a pretexto de comentar as "recordações pessoais" que preservava do escritor — fala-nos de sua correspondência com Euclides, que se estendeu em duas etapas: a primeira entre 1904 e 1906 e a segunda entre 1908 e 1909, depois que Oliveira Lima segue em missão diplomática para a Venezuela. Trata-se, no entanto, de uma rememoração por assim dizer sentimental da convivência do crítico com o amigo e autor de *Os sertões*, muito mais com o propósito de exaltar as suas qualidades morais e a sua personalidade intelectual do que propriamente avaliar a sua configuração literária. Sobre *Os sertões*, aliás — que Oliveira Lima diz ter recebido nos vagares japoneses de

---

[122] Ver Oliveira Lima, "Euclides da Cunha (recordações pessoais)", *O Estado de S. Paulo*, 29 out. a 12 nov. 1911.

uma temporada de verão nas cercanias "do vulcão fumegante do Asamayama", quando era cônsul naquele país —, escreve apenas que lhe pareceu um "livro vulcânico", que só pôde ler "de muitos tragos" e não "de um trago apenas", visto tratar-se de um texto "impetuoso e explosivo; interessante, porém, e sugestivo ao extremo". E acrescenta: "Pareceu-me uma verdadeira revelação literária, a mais notável que eu jamais presenciara em minha terra".

Infelizmente, esse entusiasmo intelectual não foi suficiente para que Euclides fosse incluído entre os "escritores mais representativos" do Brasil apresentados na Europa, como vimos, numa série de artigos assinados pelo autor do *D. João VI no Brasil*. Mas de qualquer forma serviu para alicerçar uma amizade: de volta ao Brasil em 1903, Oliveira Lima antecipa o seu voto em Euclides da Cunha para ingresso na Academia, indica-o para integrar a comissão que visitou o Alto Purus e é levado pelo escritor a colaborar no jornal *O Estado de S. Paulo*. Euclides, por sua vez, quando viaja para o Purus, desce em Pernambuco e vai, acompanhado por Oliveira Lima, visitar Olinda, "que ele tinha grande empenho em conhecer, no seu crescente apego às tradições nacionais desde que tão vivamente [...] retratara no jagunço a nossa mais autêntica e mais desamparada população nacional".

A correspondência entre ambos nasce quando Oliveira Lima é enviado para a Venezuela, no ano seguinte. Surgem aí os primeiros esboços da personalidade exaltada do autor de *Os sertões*, que então morava na rua Humaitá, no Rio de Janeiro, e costumava aparecer no Hotel dos Estrangeiros, onde Oliveira Lima e dona Flora geralmente se hospedavam quando em visita ao Brasil. Chegava sempre "apreensivo, não raro agitado e febril", relata o crítico, que se refere ainda "às crises de malária e também de orgulho" que atormentavam Euclides principalmente "em seguida a decepções que a sua imaginação intensava" e que os amigos, mesmo ignorando as causas, testemunhavam, em face do sofrimento e das preocupações mais íntimas e dilacerantes.

Essa primeira imagem retrata a personalidade "curiosa e atraente, conquanto à primeira vista pouco expansiva", que então se revelava. Em seu primeiro artigo sobre o escritor, publicado em

29 de outubro de 1911, diz-nos o crítico que nas cartas de Euclides da Cunha há excelentes observações "sobre o nosso meio político e principalmente sobre as nossas relações externas — reflexos, todas, do caráter nacional visto pelo prisma do seu talento". Destaca ainda "as páginas de alta e flageladora ironia", que entretanto prefere não trazer a público para que não "impliquem com personalidades nem desafiem as conveniências do momento".

No segundo dos artigos que escreve sobre Euclides, datado de 3 de novembro, Oliveira Lima nos fala do concurso de lógica, que transformaria de um golpe o engenheiro em professor. Alude à "boa inveja" que tinha o amigo em relação às vantagens da sua condição de cônsul na Europa, que lhe permitia dedicar-se com calma aos estudos e ao trato com os livros, ao contrário dele, Euclides, habituado a repartir os seus dias "não em horas, mas em minutos, tão atrapalhados e cindidos de preocupações diversas eles correm". E recorda a carta de 5 de maio de 1909, na qual Euclides lhe confessa estar perdido na caverna de Platão, em cujo pós-escrito, integralmente transcrito por Oliveira Lima, o autor de *Contrastes e confrontos* refere-se à incoerência de Kant ("é apenas um Aristóteles estragado") e desabafa-se contra a lógica oficial: pela natureza dos pontos que caíram ("a Verdade", "a ideia do Ser"), ficamos sabendo através de Euclides "quão aberrados andaram os homens da verdadeira lógica".

No terceiro artigo, este de 6 de novembro, Oliveira Lima destaca em Euclides os traços de caráter "que mais simpáticos me eram" e que consistiam no afã do escritor de recusar a benevolência alheia para galgar postos na vida. Euclides da Cunha tinha horror "de servir-se dos amigos altamente colocados", e isso ele não fez nem mesmo no concurso de lógica, no qual foi o escolhido, anota o crítico. Curioso é que esse "orgulho legítimo e respeitável [...] devia fatalmente gerar pessimismo numa alma à qual a vida não sorria com os seus consolos e os seus encantos". Pior ainda: de acordo com Oliveira Lima, esse pessimismo "ia cavando fundo no espírito atormentado e soberbo de Euclides, que se via conhecido e festejado, mas não se sentia chamado a cooperar ativamente, como lhe parecia merecer, e de fato merecia, na evolução do país".

"Outra coisa não faço — a não ser ver navios — nesta adorável República, loureira de espírito curto que me deixa sistematicamente de lado [...]", escreve ao nosso crítico o autor de *Os sertões* em carta de 18 de junho de 1909.

Daí a melancolia tão acentuada no coração desse "visionário rugidor e lúgubre" que no entanto, segundo Oliveira Lima, não passava de "um taciturno a quem a consciência do próprio valor tornava tímido para o assalto aos despojos do poder, mas a quem não faltava nem a iniciativa para destruir os abusos, nem a coragem moral para denunciar os crimes". É verdade que essa "coragem moral", no caso de Euclides, desaguava quase sempre num "personalismo" inseparável das ideias, dos atos e do próprio estilo, a ponto de não podermos afirmar com segurança que fosse um "sinal de uma cultura atrasada" ou ainda "o indício de um requinte de civilização". Ao autor do *D. João VI no Brasil* parecia melhor considerar essa coragem moral "mera idiossincrasia individual" de um personalismo do melhor gênero, o de "natureza ativa" que incomodava a inatividade, mas que nada tinha de egoísta: "A inveja não tinha presa sobre esse belo espírito", arremata o crítico.

Isso não impedia — conforme lemos no quarto artigo de Oliveira Lima sobre Euclides, publicado em *O Estado de S. Paulo* a 12 de novembro de 1911 — que as antipatias e simpatias fossem nele "tão marcadas quanto as palavras e as frases", segundo notou Afrânio Peixoto, não sem observar "essa perfeita correlação entre o seu caráter e o seu estilo". Oliveira Lima confirma a hipótese argumentando com base nas reuniões da Academia, onde, segundo assinala, "eleição alguma lhe era indiferente", ficando sempre clara a sua posição frente a este ou aquele candidato. Esse empenho fica evidente na revolta de Euclides ante o silêncio com que a crítica recebeu o livro *D. João VI no Brasil*, o que, segundo ele, se devia ao fato de o país estar atravessando um "período de estéreis e exclusivas preocupações políticas". Assim escreve ao crítico (que, aliás, não hesita em transcrever o elogio a si mesmo): "Ninguém lê, ninguém escreve, ninguém pensa. A mofina literatura nacional traduz-se, naturalmente, numa vasta polianteia a cem réis por linha, [...] e de certo não escutará a grande voz do historiador que nos revela uma das fases mais interessantes do nosso passado".

Quando escreve sobre Aluísio Azevedo, diz Oliveira Lima que o Naturalismo aclimatou-se a todos os países graças "à influência da Verdade", que então se opunha às convenções da escola romântica. Mas declara no contexto que autores como Zola e Flaubert se impuseram naqueles países onde "é maior o prestígio da França", como Portugal (onde houve legiões de seguidores) e o Brasil, país em que pontificava Aluísio Azevedo, cujos livros no gênero, nos diz ele, "figuram entre os melhores da produção nacional", sobretudo O *mulato*, *Casa de pensão*, *O cortiço* e *O homem*.

Se por um lado é verdade que não escapa a Oliveira Lima a noção — veiculada pela crítica da época — de que tais obras nos ofereciam quadros precisos da paisagem urbana (tanto das províncias como da capital), fica claro, por outro lado, que o autor do *Livro de uma sogra* se destacou literariamente "numa época bem perto da atual e [...] que já não é a nossa sob muitos aspectos, quando a escravidão ainda existia e os progressos eram menos rápidos".[123] A observação tem interesse porque, ao mesmo tempo que nos remete à conformação ideológica da prosa de Aluísio — especificamente nos quatro livros destacados acima por Oliveira Lima, num período de grande "fertilidade intelectual" —, também indica uma espécie de desencantamento do crítico ante a decisão do romancista de bruscamente interromper a carreira literária para dedicar-se somente à diplomacia.

Para a fisionomia do literato, segundo Oliveira Lima, foi decisiva a sua formação intelectual no âmbito da chamada "Atenas brasileira", como era então conhecido o Maranhão, à época "o ponto do Brasil onde com mais paixão e saber se cultivava a língua portuguesa", nos diz ele, interessado em sublinhar essa "autêntica sementeira" de gramáticos e letrados inspirada nos lineamentos intelectuais do legado espiritual português. Foi sobretudo essa cir-

---

[123] Ver Oliveira Lima, "Aluísio Azevedo", *O Estado de S. Paulo*, 22 fev. 1912.

cunstância que, segundo o crítico, permitiu a Aluísio estabelecer os primeiros esboços daquela sociedade atrasada em comparação com o Rio de Janeiro, uma vez que esse contato privilegiado com a matriz europeia abriu para o narrador de O *mulato* a perspectiva — já depurada através da influência francesa em Portugal — de que a busca naturalista da verdade, com Balzac à frente, encaixava-se bem melhor no meio provinciano, "mais estreito e mesquinho" e, nesse sentido, mais fértil de "assuntos para uma ficção preocupada de verdade".

Daí surgir com Aluísio esse "bom cuidado" no momento certo para retratar o atraso da província, conservando em seus escritos as suas ligações com a tradição, "manchada pela degradação social da escravidão e já moralmente incompatível com essa instituição do passado, que antes se prolongava nos prejuízos de raça, de cor e de classe".

Ante o Naturalismo como forma de revelação das profundas dissonâncias que poderiam ser exploradas entre o Brasil e a ex-Metrópole, Oliveira Lima praticamente silencia, sob o argumento de que Aluísio era um autor que "tinha sentimento" e que discordava do plano naturalista de "querer fazer feio demais" para contrastar com o Romantismo, que segundo o crítico "aformoseara em extremo as coisas e as pessoas". Não que o romancista deixasse de seguir as regras da escola de Zola: a diferença é que ele se recompunha a cada passo, porque nele "havia o que faltava ou fora voluntariamente abafado em vários dos seus contemporâneos da mesma escola, quero dizer o *sentimento*, através do qual o equilíbrio depressa se restabeleceu".

Ao alegar que na prosa de Aluísio não descobrimos a "preocupação do ruim [...] porque o ruim pessoalmente lhe desagrada e repugna", Oliveira Lima — ao contrário dos críticos que o antecederam — imagina recuperar no ficcionista de O *cortiço* o que ele considera um "sentimento de compaixão", que, segundo afirma, é de "procedência bem nacional" e leva o romancista "a pintar com cautelas, na sua crueza, aqueles dentre os seus personagens que mais se impõem ao seu coração". Por isso, num romance como O *cortiço*, argumenta ele, o mundo degradado dos trabalhadores aparece digno de piedade, embora isso não nos deva fazer confundir degradação com abjeção, pois verdadeiramente abjeto é, a seu ver, "o especulador [João Romão] avaro e sórdido sem asseio nas entranhas".

Aqui o juízo impressionista parece aderir às imagens da exploração do ridículo com que Aluísio Azevedo, nas palavras do crítico, se aproximava das teses do Naturalismo, escola em que Oliveira Lima enxergava uma certa "propensão para a sátira, [...] quando mais não fosse para achincalhar as criações etéreas" do Romantismo, de que é exemplo o trecho em que Aluísio descreve no romance — quase como uma caçoada — o simplismo de Freitas, homem desquitado da mulher. Isso explica que em sua prosa não haja um cuidado específico — como nos autores de seu tempo — para com a análise psicológica individual: antes disso, oferece grupos de caracteres isolados, pendendo menos para o "retrato" e mais para os "quadros de gênero" ou para a densidade das "situações dramáticas", em cenas como a do assassínio de Amâncio pelo irmão da jovem que ele seduzira, em *Casa de pensão*, ou a do suicídio de Bertoleza, tratada como escrava e agora abandonada por João Romão, em *O cortiço*. Diz-nos Oliveira Lima que, em ambos os casos, predomina a "impessoalidade brutal dos fatos", disfarçando uma adesão incondicional à escola de Zola, mas abrindo para o pendor romântico que o faz revelar a alma das personagens "por meio de seus atos", em vez de aprofundar-lhes os conflitos morais. Daí a sua habilidade para a "criação de desfechos" em que as personagens deságuam no desenlace trágico, sem impedir que, por vezes, apareçam no corpo da obra "observações comoventes".

É verdade que a rareza dessas notações revela a acuidade de Oliveira Lima em face do contexto da época: ela se deve ou à obediência aos princípios do Naturalismo, ou ao fato de que "os romances do senhor Aluísio Azevedo ocupam-se muito de classes sociais onde são mais grosseiras as paixões e menos refinadas as afeições", nos diz o crítico. Quer dizer: a alma romântica de Aluísio, como a de Olavo Bilac em face do Parnasianismo, é abafada tanto pelo "critério estético" exigido pelos naturalistas quanto pelos "princípios ideológicos" em jogo sob a nova ordem. Se a alma romântica do autor tende por vezes a diluir a notação verista da escola, sua vocação ideológica o salva da gratuidade ao lograr as vantagens da visão documental e do conflito de sentimentos. Entram aqui como desdobramentos de sua ficção a "sensualidade" da nossa gente (visível na ênfase sobre o importante papel exercido pelos "apetites fisiológicos" nos romances do autor — o sensualismo dos trópicos, muito explorado em *O cortiço*, paralisando o imigrante, segundo Oliveira Lima); a "psicologia patológica" ensaiada no romance *O homem*; a "nota dramática" presente em seus escritos, de modo a tornar o "diálogo" mais fácil do que a "imagem", fazendo com que cada personagem fale "a linguagem que lhe pertence"; o "predomínio da narração" ("só a ação é que interessa") em detrimento da descrição; a obsessão pelo "documento humano", sobretudo o doentio, que se de um lado atende às exigências do Naturalismo, de outro "chega a emprestar à natureza uma fisionomia humana".

No plano geral, o crítico encerra a sua análise afirmando existir também um "romantismo recôndito" no gênero do conto e na obra teatral de Aluísio Azevedo, e isso "mesmo quando mais ousadamente se entrega ao Naturalismo", significando que Aluísio é um autor que se sente melhor na perseguição de um ideal do que na elaboração de cenas de uma "impressiva crueza fisiológica". No limite, a intenção é fazer valer a tese de que, num livro menor como *O coruja*, o autor já não está sob a influência naturalista de Zola e Eça de Queirós, tão evidente em obras como *O cortiço* e *Casa de pensão*, e sim sob o signo de Machado de Assis, seu mestre de ironia e pessimismo.

Um prefácio civilizador

Em 1910, sai em Paris pela editora Garnier a *Anthologie française des écrivains brésiliens*, organizada por Victor Orban, um desconhecido estudioso das nossas letras que àquela altura surgia não apenas como admirador da nossa cultura, mas também como um divulgador da vida literária brasileira na Europa.[124] O subtítulo do livro não deixa margem a dúvidas: Orban apresentava ao leitor europeu uma longa série de "prosadores e poetas brasileiros da Colônia à atualidade",[125] encerrada num belo volume que vinha ilustrado em seu frontispício por uma gravura do pintor fluminense Antonio Parreiras (amigo e então protegido de Oliveira Lima) contendo uma bela imagem de Ceci nas praias cearenses, encimada no canto esquerdo pelo vulto barbado de D. Antonio de Mariz com uma portentosa adaga nas mãos. A epígrafe, recolhida de uma passagem clássica de Ferdinand Wolf, como que legitimava a extensão da tarefa, ao afirmar que a literatura brasileira, naquela altura do século, já podia ser considerada "uma literatura verdadeiramente nacional", com todo direito a um lugar destacado "no conjunto das literaturas do mundo civilizado".

Entretanto, uma circunstância pouco evidente na realidade dos fatos é que Orban, por si só — como o revela a correspondência que ele manteve com Oliveira Lima no ano anterior ao da publicação da antologia —, não teria levado a cabo o projeto, nem talvez os seus complexos lineamentos, sem a condução intelectual do crítico brasileiro. Chega-se mesmo a pensar, diante das cartas que trocaram, em até que ponto a contribuição do nosso crítico não seria ela própria o projeto com o qual Oliveira Lima buscava destacar na Europa o lugar de sua crítica em face de nossa cultura e de cada uma das etapas da evolução de nossas letras.

Lembremos que, quinze anos antes, Teixeira Bastos publicara no Porto a sua antologia de poetas brasileiros contemporâneos, que reunia em livro a série de artigos antes publicados por ele no

---

[124] Orban havia publicado no ano anterior o estudo "Machado de Assis: romancier, conteur et poète", recolhido em *Machado de Assis* (Paris, Louis-Michaud, 1909), trabalho que desde então sedimentou a sua amizade literária com Oliveira Lima.

[125] Em conferência que homenageou a memória de Oliveira Lima no Instituto Histórico Brasileiro a 23 de maio de 1928, Max Fleiuss lembra "a frase feliz" do sueco Goran Bjorkman, referindo-se à antologia de Victor Orban como "a primeira publicada dos escritores brasileiros, em ordem cronológica, desde o século XVI aos nossos dias".

Diário Mercantil de São Paulo;[126] e que, em 1902, surgia em Lisboa a segunda edição da coletânea de Max Fleiuss sobre os escritores brasileiros da atualidade,[127] ambas com interesse em "divulgar a nossa literatura". Tanto assim que Teixeira Bastos, em seu "Cavaco prévio", falava do inteiro desconhecimento dos autores brasileiros pelo público português e insistia na necessidade de "estreitar as relações literárias entre povos unidos pela identidade de sangue, de tradições e de língua".

Entusiasmado com as conferências que Valentim Magalhães vinha de pronunciar na Sociedade de Geografia de Lisboa e convencido de que só "o ponto de vista humano" servia de critério para a escolha dos dez poetas que integravam a sua coletânea, Bastos falava em nome de um tempo em que os "nacionalismos se estiolavam e as literaturas do mundo tendiam a fundir-se numa só". Se, por esse critério, reunia alguns dos nossos poetas mais conhecidos de então — entre eles Raimundo Correia, Alberto de Oliveira, Fontoura Xavier e Teófilo Dias —, não deixava de incluir com destaque o nome do crítico Sílvio Romero, que a seleta de Fleiuss, apesar de didática e quase escolar, trazia como uma de suas grandes referências, em meio a poetas, publicistas, romancistas e escritores de outros gêneros.

Diante do grande crítico, o nome de Oliveira Lima ou desaparecia ou não entrava com a importância que ele próprio — um diplomata conhecido na Europa por seu desempenho no campo das artes e da cultura — julgava merecer de seus pares no quadro geral da *intelligentsia* brasileira. Daí o seu esforço para transformar o "Préface" numa espécie de aula magna sobre as letras brasileiras, onde a consciência autoral do crítico não apenas revelasse a origem e a distribuição do conteúdo, mas também ampliasse as distinções dos tópicos ignorados pelos antologistas que o precederam e impossíveis num organizador como Victor Orban, que meses

---

[126] Ver Teixeira Bastos, *Poetas brasileiros*, Porto, Chardron, 1895.

[127] Max Fleiuss, *Férias: antologia dos atuais escritores brasileiros*, 2ª ed., Lisboa, Gomes de Carvalho Editor, 1902.

antes pouco sabia sobre Ferdinand Denis e parecia desconhecer inteiramente os manuais de história literária do Brasil.

Das hesitações de Orban ficamos sabendo através das cartas que seguidamente enviava a Oliveira Lima. "Em uma semana ou duas", escreve a 8 de novembro de 1909,[128] "terei um bom terço concluído. O resto não irá bem se você não me ajudar um pouco. O que fiz até agora foi preparar a matéria para o meio e o fim da obra." E adiante: "Eu espero que os documentos que você pediu, textos e retratos, não tardem a chegar [...]. Não sei se as histórias da literatura brasileira são importantes, mas acredito que é pelo menos útil percorrê-las. A de Denis é já um pouco antiga; quando você me escrever, tenha a bondade de me dizer o que você pensa a respeito". Noutra carta, esta de 24 de novembro, nos informa da participação decisiva de Oliveira Lima, não apenas enviando revistas, livros, sugestões bibliográficas e ilustrações (já nos referimos à ilustração do amigo Antonio Parreiras na capa), como também sugerindo autores a serem traduzidos por Orban. Este, na realidade, era o trabalho de Orban: traduzir, na sequência proposta por Oliveira Lima, os autores, as notas biobibliográficas e as referências que o crítico generosamente enviava ao amigo.

Logo nos primeiros parágrafos, vemos Orban lamentar-se de não poder contar com uma das indicações de Oliveira Lima: o panorama de Émile Alain,[129] que *"bien à mal a propos"* não pôde

---

[128] Ver os manuscritos das cartas de Victor Orban a Oliveira Lima que se encontram no acervo da Biblioteca Oliveira Lima, da Universidade Católica de Washington, a que remetemos as citações deste tópico.

[129] Referência a Émile-Auguste Chartier, dito Émile Alain (1868-1951), ensaísta e filósofo francês cujo cartesianismo ético voltava-se para a salvaguarda do indivíduo contra toda e qualquer tirania. A indicação de Oliveira Lima a Victor Orban possivelmente se refere à reunião de crônicas que Alain escreveu a partir de 1906 para o jornal *Dépêche de Rouen* sob o título de "Propos", enfocando os mais variados temas da vida cotidiana e mais tarde enfeixadas no livro *Système des beaux-arts* (1926). No caso de Orban, interessavam sobretudo os seus *Propos de littérature*. Através de discípulos como André Maurois, Henri Massis e Jean Prévot, Émile Alain marcou grande presença espiritual na inteligência francesa do período.

ser localizado. A resposta do editor Chadenal "não deixava qualquer esperança" — lastimava-se. "Eu lhe agradeceria muito se pudesse me encontrar essa obra! Não seria possível fazê-la vir de Londres?[130] Ela deve conter muitas traduções já prontas dos escritores indianistas." E em seguida: "Se eu pudesse servir-me dela, teria poupado uma obrigação muito árida".

Era o tradutor Orban que em carta de 13 de novembro "agradecia infinitamente" a Oliveira Lima a remessa do "manuscrito contendo o *Diálogo das grandezas de Salvador*, de Soares de Sousa",[131] que ele já havia traduzido, mesmo ressentindo-se de que a antologia "lhe ocupasse muitas horas por dia". Daí o desejo de contar com o texto de Émile Alain, que com tanto empenho solicitava ao nosso crítico, na quase certeza de que "ele contém grande número de traduções francesas de autores brasileiros", o que por certo lhe facilitaria a tarefa. "Deve ser fácil descobri-lo no Rio [...]. Um amigo entendido nesse tipo de obras certamente o encontraria no Laemmert", emendava. E prossegue insistindo com o crítico para solicitá-lo a algum conhecido de lá.

O "Préface" em si já dá de início uma espécie de caracterização da *Anthologie* de Orban: escapa ao vago e indeterminado da literatura exótica que tanto interesse despertou em Denis e Ferdinand Wolf. Com Orban (e aqui a referência, pelo que mostramos, é ele próprio), o texto traz — nos diz Oliveira Lima — "uma documentação indispensável da evolução das obras", confirmando

---

[130] Ver carta de Vitor Orban a Oliveira Lima datada de 24 de novembro de 1909. E "de Londres" porque era na capital inglesa que, àquela altura, se encontrava a maior parte da biblioteca pessoal de Oliveira Lima, depois definitivamente transferida para a Universidade Católica de Washington por decisão irrevogável.

[131] Nessa carta, há erros de informação por parte de Orban, que confunde o título da obra e o nome do autor em questão. Na verdade, trata-se do livro *Diálogos das grandezas do Brasil* (*c.* 1618), cuja autoria é hoje atribuída a Ambrósio Fernandes Brandão. Já Gabriel Soares de Sousa é o autor do *Tratado descritivo do Brasil* (1587), diferentemente do que está escrito na missiva.

não apenas o valor das nossas letras na Europa, como também o novo testemunho (e eis aqui uma das pedras de toque de sua teoria) da "importância mundial de uma língua que não foi ainda apreciada e estimada como deveria sê-lo, anulando-se um pouco aos olhos do mundo cultivado sob a penumbra dos brilhos da sua vizinha, a espanhola". E ao referir-se ao extenso universo coberto pela língua portuguesa, o crítico se detém nas duas literaturas que ela produziu: a primeira pode reivindicar "os mais veneráveis pergaminhos filológicos da humanidade" e "vale só pelo nome de Camões"; a segunda, nos diz ele, já registra os seus anais e tende a expandir-se a cada dia, firmando-se a justo título no "mundo latino [...] como a mais notável manifestação do pensamento escrito".

No entanto, para o nosso crítico, os anais e a tradição cujo mérito "a antologia do sr. Victor Orban permitirá julgar" estabelecem alguns critérios que, longe de serem literários, mais se revelam como critérios ideológicos do prefaciador. Se de um lado preenchem o vazio da literatura da terra com os conteúdos aristocráticos da evolução cultural da Metrópole, de outro só avaliam o cenário em que as obras foram pensadas a partir do traço forte da imaginação europeia, mais particularmente a lusitana.

Para os escritos da Colônia, por exemplo, Oliveira Lima repassa à *Anthologie* assinada por Orban grande parte do que já havia escrito nos seus *Aspectos da literatura colonial brasileira* (1896). Gabriel Soares de Sousa, por exemplo, continua o mesmo autor de um perfeito "manual de propaganda da Colônia" (*Tratado descritivo do Brasil*) para uso dos governadores: seu estilo "primitivo e pouco polido", mesmo que rude, vale por ser ele um "senhor de engenho" português já habituado à rotina da terra, da qual nos dá, a seu ver, um testemunho tão sedutor quanto minucioso.

Nos *Diálogos das grandezas do Brasil*, que ele atribui a Bento Teixeira, o confronto entre "a ignorância e a má-fé dos europeus" e a "lealdade brasileira" perde-se — ainda que se releve o patriotismo — "nas extravagâncias que o espírito da época explica". Já na *Prosopopeia*, "a principal obra de Teixeira Pinto", nada de novo acrescenta para além do que deixara escrito em seu estudo sobre a literatura colonial — a excessiva imitação de Camões, o gongorismo medíocre e o valor do poema como marco histórico em nossas letras. Frei Vicente do Salvador (*História do Brasil*), a exemplo de Gabriel Soares de Sousa, entra como testemunha ocular de muitos acontecimentos que soube reproduzir com o "talento de narrador" herdado da velha tradição dos cronistas.

Sintomático, a propósito, é o seu comentário acerca da obra de Gregório de Matos: nenhuma palavra sobre o sentido crítico de sua verve, nem uma referência sequer ao espírito nativo e independente de seus poemas. Inserindo o poeta baiano na atmosfera geral da Contrarreforma — que, segundo entendia, "não deu qualquer estímulo à nossa evolução espiritual, não fora a presença do fúlgido sentimento religioso transplantado de Portugal"[132] —, Oliveira Lima via-o apenas como um poeta malicioso que, apesar do talento, perdia-se pelo obsceno e pela licenciosidade. Com a mesma intenção, no outro extremo, apresenta a figura do árcade Santa Rita Durão, cujo poema *Caramuru* — "uma história semifabulosa da descoberta e da colonização da Bahia de Todos os Santos" — foi recebido friamente em Lisboa: abatido por não lograr merecer a admiração da Metrópole, destruiu toda a poesia inédita que até então escrevera, caindo numa prostração que possivelmente o levou à morte.

Mas é nos românticos e pré-românticos indicados a Orban que melhor identificamos o coração de Oliveira Lima. Com efeito, lá estão em maior destaque os representantes das três vertentes que tão de perto falaram a seu espírito: a nobreza titulada do Império; os acadêmicos; os intelectuais vinculados aos "ideais elevados da nação e das bases tradicionais da Independência". José Bonifácio de Andrada e Silva é o primeiro selecionado num texto dos tempos do exílio (*"je mourrai en exil dans une terre étrangère, puisque dans mon pays seuls de vils esclaves prospèrent"*), antes de voltar

---

[132] Ver Oliveira Lima, *Aspectos da literatura colonial brasileira*, *op. cit.*, p. 80.

ao Brasil em 1829, reconquistar a amizade do imperador e abandonar-se às lutas políticas, para morrer em Niterói a 6 de abril de 1838.

A ele segue-se o marquês de Maricá (Mariano José Pereira da Fonseca), do qual se publica um excerto das *Máximas e pensamentos*, que entram para a antologia como "sentenças de um idoso a demonstrar a prática trabalhada por uma dicção elegante". O destaque a esses escritos vem confirmar um dos elos mais fortes que prendiam Oliveira Lima ao sistema monárquico: a unidade de poder central vinculada ao imperador. O marquês vale aqui pela lembrança, tão cara ao autor do *D. João VI no Brasil*, de que "os anarquistas modernos servem-se com vantagem das doutrinas do federalismo para desunir e exaltar as províncias, deslocar os estados e suprimir as monarquias".

Gonçalves de Magalhães é lembrado não tanto pelo acento lírico-religioso de seus versos lúgubres, mas pelo poema "Napoleão em Waterloo", que transpõe para o cenário elevado da Europa suas cogitações morais em torno do poder e do "destino ínfimo" dos homens e da humanidade. A seu lado, Manuel de Araújo Porto-Alegre alude ao passado glorioso da escola de Sagres ("*Sagres! Sagres! Au fond d'un vaisseau, Sagres fait retentir un cri de joie*"); Maciel Monteiro, da Academia Pernambucana, comparece não apenas com "a fatura impecável" de sua obra, mas também com a reputação intelectual de alguém que "deixou na Europa a lembrança de um belo e elegante *gentilhomme*", um "dândi muito sedutor e perfeito diletante"; Manuel Odorico Mendes confirma o caráter latino da pátria graças ao "espírito de antiguidade" que reina em suas traduções e na límpida dicção de seus versos; Francisco Moniz Barreto aparece com o talento de verdadeiro "Bocage brasileiro", alcunha aliás com que era conhecido; e o maranhense João Francisco Lisboa, escritor "de língua elegante, correta e grave", entra como autor de uma biografia inacabada do padre Vieira, mas principalmente por ter vivido muitos anos em Lisboa, onde pesquisou nos arquivos públicos de Portugal, destacando-se entre os escritores que mais contribuíram para que "a Escola do Maranhão fosse reconhecida pela pureza de sua linguagem".

Nesse espectro de valorização acadêmica da língua vernácula, do culto a seus grandes mestres e do patrimônio espiritual das nossas raízes latinas e ocidentais, encontramos um segundo bloco de autores entre publicistas, historiadores, jornalistas, juristas e políticos. Varnhagen aparece descrevendo o porto do Rio de Janeiro; Couto de Magalhães nos pinta o selvagem; Quintino Bocaiúva, num texto sobre Napoleão, elogia "o soldado da França nos tempos da República"; Tobias Barreto, "representante do germanismo no Brasil", entra como o chefe de escola que renovou o estudo do direito, sendo comparado a Emerson, em sua "simpatia e afinidade espiritual com o pensamento americano"; Tavares Bastos, "um dos grandes publicistas do Império", fala sobre "A diversidade dos municípios", ele que lutou para a abertura do rio Amazonas à navegação e ao comércio universais, um ato que se destaca como dos que "mais honraram o reinado de Pedro II"; Salvador de Mendonça, membro da Academia, diplomata e autor do romance *Marabá*, reflete sobre o "Dever de ofício", no qual expressa sua admiração "pelas qualidades morais de Pedro II" no caso do náufrago Manuel Gomes da Silva, originário de Pernambuco e fugitivo da prisão da ilha de Fernando de Noronha; o barão de Loreto (Franklin Américo de Meneses Dória), "ministro duas vezes sob a monarquia", além de prosador e poeta, membro da Academia e do Instituto Histórico e Geográfico, tem publicado o seu "Cântico comemorativo da Guerra do Paraguai"; Valentim Magalhães, diretor de *A Semana* e também membro da Academia, figura com o texto "Velhos sem mestre"; ao lado de Assis Brasil, companheiro de Oliveira Lima na diplomacia, está o barão do Rio Branco, "um dos diplomatas mais eruditos", com um escrito sobre "A descoberta do Brasil", seguido de versos do crítico do *Jornal do Brasil* Múcio Teixeira, um "poeta muito fecundo e inspirado".

"Banalidades e paradoxos", de Urbano Duarte, acadêmico e professor da Escola Militar, antecipa uma sequência de nomes decisivos na trajetória de Oliveira Lima. O primeiro é Joaquim Nabuco, que entra com o seu conhecido juízo sobre "A alma europeia do americano", seguido do "Discurso na Academia", onde lemos, a certa altura, que "a raça portuguesa, como raça pura, tem mais resistência e conserva melhor, por causa disso, o seu idioma"; e mais: que "devemos nos aplicar a secundar os esforços [...] daqueles que se consagram, em Portugal, à pureza do nosso idioma, a conservar as formas naturais, características de sua grande época. Assim jamais virá o dia em que a Herculano, Garrett e seus sucessores faltará de todo a vassalagem brasileira".

Seguem-se a ele — depois da colação de José do Patrocínio e do abolicionista maranhense Joaquim Serra — os nomes de Rui Barbosa e José Veríssimo. Rui vibra em seu "Elogio a Anatole France", e Veríssimo entra com uma análise sobre o Visconde de Taunay, seguida do juízo crítico "O que falta à nossa literatura". Para explicá-lo, Orban recorre a Oliveira Lima, a quem transcreve no texto: "O sr. José Veríssimo é sem dúvida o primeiro, o mais competente e o mais completo dos críticos literários atuais do Brasil", país onde a crítica, segundo ele, se rendera "à bajulação prodigalizada àqueles que detêm o poder".[133]

Carlos de Laet, Lúcio de Mendonça e Eduardo Prado, três admirações de Oliveira Lima, fecham a série dos "desiludidos da crítica", logo seguidos de um extenso bloco de autores encabeçados justamente por Sílvio Romero. Dos três citados acima, Lúcio de Mendonça, colega de fundação da Academia, tem dois textos reproduzidos: "A alma do sabiá" e "A família". Eduardo Prado, outro companheiro acadêmico de primeira hora, entra com um excerto da *A ilusão americana*, além de ser lembrado por seu discurso de recepção no Instituto Histórico e Geográfico Brasileiro, "muito admirado também".

Ao lado deles, Melo Morais Filho fica apenas com a láurea de ser "doutor em medicina na Bélgica, amigo e diretor do Arquivo Público Municipal", abrindo-se com Sílvio Romero uma série de autores em sua maioria vinculados à literatura e à vida literária. Sílvio Romero aparece com o estudo comparativo "José de Alencar e Machado de Assis" e com um excerto de "Provocações e deba-

---

[133] Orban refere-se ao artigo sobre José Veríssimo que Oliveira Lima publicou em *La Revue*, ano 20, vol. 83, nº 17, 6ª série, 1º set. 1909, pp. 53-60.

tes", além de ser apresentado como "prosador, historiador, crítico e professor"; Luiz Guimarães, diplomata e acadêmico, e Isidoro Martins Júnior, amigo da Academia e "poeta de um charme sutil e penetrante", figuram juntos, o primeiro com "A morte da águia" e o segundo com o poema "Fim de jornada".

Adelino Fontoura, com "Beatriz", vem à frente da quadra composta pelos seguintes poetas: Luís Delfino, reconhecido "pela pureza e a correção parnasianas"; Fontoura Xavier ("Opalas"), companheiro na vida diplomática, "ministro na Guatemala e cônsul em Nova York"; Teófilo Dias ("A voz"), lembrado como "o sobrinho de Gonçalves Dias" e valorizado pela amizade que mantinha com Augusto de Lima, Valentim Magalhães, Raimundo Correia, Lúcio de Mendonça e Afonso Celso Júnior, "os principais poetas contemporâneos"; e Augusto de Lima, colega de Academia e do Instituto Histórico e Geográfico Brasileiro, igualmente apresentado como "um dos mais notáveis poetas contemporâneos, filósofo e erudito".

Coelho Neto, outro companheiro de Academia, abre uma nova série de acadêmicos memoráveis. Celebrado como "o escritor brasileiro mais versátil" (aqui, por exemplo, seu romance *Sertão* ultrapassa de muito a importância que se dá a *Os sertões* de Euclides da Cunha), figura na antologia "como modelo o mais acabado das descrições da natureza tropical"; depois dele aparecem Clóvis Bevilacqua e sua mulher, Amélia de Freitas Bevilacqua, "amiga e esposa do amigo"; Rodrigo Otávio ("Ouvindo Beethoven"); João Ribeiro ("A descoberta da América"); barão de Jaceguai ("Extrato de um diário de bordo"); e Silva Ramos, autor de *Adejos*, com um feixe de versos intitulado "A partida", além de Guimarães Passos, Garcia Redondo, Pedro Lessa e Barbosa Lima.

O autor seguinte é o próprio Oliveira Lima, "membro do Instituto Histórico e Geográfico Brasileiro e da Academia Brasileira de Letras, historiador e publicista imparcial, homem de letras, crítico, jornalista, conferencista e diplomata". Ademais, "sua inteligência aberta, sua elevada independência de caráter" se constituem em "exemplo de uma cultura intelectual que faz honrar a seu país". Oliveira Lima, além de ser o núcleo da *Anthologie* ao lado de Machado de Assis, compõe com o autor do *Dom Casmurro* a dupla de escritores com o maior número de textos recolhidos. Lá estão, de sua autoria, "A viagem de Cabral", *No Japão*, "A evolução do Rio de Janeiro", *D. João VI no Brasil*, "Machado de Assis, íntimo" e o *Secretário d'El-Rey*. Depois dele aparecem os acadêmicos Artur Orlando, redator do *Diário de Pernambuco*; Sousa Bandeira, discípulo de Tobias Barreto; o historiador pernambucano Alfredo de Carvalho; Mário de Alencar; Afonso Arinos; Luís Guimarães Filho, diplomata que também esteve em Tóquio, figurando com o poema "Pátria"; e Magalhães de Azevedo, outro diplomata, que entra com os textos "Na Itália" e "Machado de Assis".

Na sequência vêm Felinto de Almeida ("La rage de Nize"), português naturalizado brasileiro e companheiro de Academia; sua mulher Júlia Lopes de Almeida ("As rosas"), a "admirável cronista de *O País*", acompanhada de Virgílio Várzea, Nestor Vítor ("Duo de sombras" e "O construtor") e Domício da Gama, todos estes contistas, romancistas e críticos, sendo Gama ("Marie-sans-âge") também um representante diplomático na Europa.

Fecham o livro o romancista Rodolfo Teófilo, que "pinta a vida brasileira das províncias do Norte sob aspectos pitorescos e por vezes arrebatadores"; João do Rio com o depoimento de Clóvis Bevilacqua ao seu "Momento literário", julgando que a nossa literatura não atravessava na época um período estacionário, dado que contava com autores como Sílvio Romero, Araripe Júnior, Coelho Neto, Afonso Arinos, Domingos Olímpio e Machado de Assis; Henrique Castriciano, secretário de governo da Paraíba ("de excelentes qualidades de harmonia e correção"), que entra com o volume de versos "Vibrações"; Júlia Cortines ("Indiferente", "O velho africano", "A Giacomo Leopardi"), saudada com mais empenho que o negro Cruz e Sousa e louvada pelo toque leopardiano de seus poemas pessimistas; Tristão da Cunha ("pertence a uma família que exerceu um papel importante na política do Império"), que além de grande *causeur* é elogiado pelo timbre simbolista de seus versos, entrando para a antologia com mais textos que o próprio Cruz e Sousa ("Virgem primitiva", "Vitral da Idade Média",

"Machado de Assis" e "Um Laforgue verdadeiro"); e Tomás Lopes ("secretário da legação do Brasil em Haia e autor de diversos livros de verso e de prosa"), que comparece na antologia com o texto "Os altos Pirineus".

O "Apêndice" do livro é dedicado a D. Pedro II, com uma vasta nota biobibliográfica e grande exaltação ao seu caráter, sabedoria e bondade, reproduzindo-se dele um soneto e o diário "Viagem ao Alto Nilo", tudo perfazendo um total de oito páginas. Segue-se um informe sobre a Academia Brasileira de Letras, com um breve histórico e uma relação dos acadêmicos e dos patronos das cadeiras, complementada pela lista dos membros correspondentes e por uma notícia bibliográfica.

Artifícios da *Formação*

Ao publicar em 1911, em Paris, pela livraria Garnier, a *Formation historique de la nationalité brésilienne*, Oliveira Lima já era conhecido na crítica brasileira por ser um escritor dotado de estilo diferente. O próprio Araripe Júnior não deixou de destacar o "retratista" engenhoso que saía das páginas do *D. João VI no Brasil*, dando-lhe a impressão de que as figuras de Linhares e de D. Carlota "saltavam da tela" mesmo nos momentos em que o autor se desfazia no esforço para contê-las dentro de seu "rígido método científico".[134] Essa virtude de enriquecer com a imaginação criadora o conjunto de seus relatos não deixa também de ser notada por José Veríssimo, que chegou mesmo a afirmar — ainda que com restrições à originalidade do estilo — que Oliveira Lima era um escritor cujo talento sempre foi capaz de nos "convencer da ideia que está formulando". E o faz, nos diz ele, com a certeza de que o ofício das letras envolve encargos e responsabilidades

---

[134] Carta de Araripe Júnior a Oliveira Lima, datada do Rio de Janeiro a 26 de fevereiro de 1910, pertencente ao arquivo da Biblioteca Oliveira Lima.

"perante a civilização e a cultura" e não pode restringir-se a alguns "frívolos exercícios de ornamentação literária".[135]

Sua nota sobre a afirmação do escritor e de seu empenho frente às imposições da história parece ajustar-se às pretensões de Oliveira Lima ao publicar, com o título de *Formation historique de la nationalité brésilienne*, as conferências que leu na Sorbonne em 1911. E isto porque Veríssimo inclui entre os compromissos de seu confrade na Academia o de polir na Europa a reputação de um Brasil "ainda meio colonial, de uma bela natureza selvagem e de imensas riquezas inexploradas", mas "onde crescem e desabrocham a cultura europeia e a civilização ocidental".

À conhecida imagem de representante da intelectualidade brasileira na Europa, de organizador de uma homenagem a Machado de Assis "no templo da inteligência francesa", de introdutor do português entre os idiomas oficiais de congressos científicos ou mesmo de assessor dos nossos autores junto às revistas e jornais estrangeiros, Veríssimo acrescenta a habilidade com que Oliveira Lima se valeu das narrativas dos viajantes estrangeiros e da obra dos nossos poetas e ficcionistas para mostrar a singularidade dos costumes brasileiros e os traços do caráter nacional.

O leitor da *Formation historique de la nationalité brésilienne*, no entanto, não tem como evitar a impressão de artificialismo que se desprende do espírito da maioria das conferências. Já no texto de abertura, a referência a Victor Hugo animando a um desolado Ribeyrolles — célebre proscrito de 1848 então a caminho do Brasil — com estímulos para que ao menos reconhecesse a dupla vantagem de ter sido enviado a uma terra virgem de raça antiga, com "um grande passado histórico que a ligava ao continente civilizador" ("você reúne a luminescência da Europa ao céu da América"), parece dar o tom laudatório com que Oliveira Lima apresentava as virtudes civilizatórias dos nossos colonizadores.

Não que escondesse de seus ouvintes as origens escusas dos primeiros colonos, apresentados com todas as letras que sua con-

---

[135] José Veríssimo, "Prólogo" à *Formação histórica da nacionalidade brasileira*, Rio de Janeiro, Editora Leitura, 1944, pp. IX-XV.

dição exigia, como um escabroso bando de deportados à força, de traficantes inescrupulosos e aventureiros de toda ordem. Mas, segundo ele, gente capaz de fazer frente a todos os perigos, homens que "não recuavam diante da solidão moral" a que se viam expostos num ambiente marcado pela ferocidade dos nativos e as ameaças da terra desconhecida. Se por um lado é verdade que os mostra apresando índios e reduzindo à escravidão as populações que os circundavam, e que teimavam em perseguir, não deixa de lamentar, por outro, que ainda não houvesse surgido um "poeta de raiz" capaz de mostrar ao Brasil a heroicidade e o destemor desses "videntes pioneiros da raça conquistadora".[136]

Contra eles teria prevalecido, no entender de Oliveira Lima, essa "errônea mas sincera concepção patriótica" que permitiu ao Romantismo concebido por Chateaubriand não apenas transformar o primitivismo belicoso de nossos índios em "criaturas superiores pela bravura e a nobreza", mas também atrelar o Brasil tornado independente às virtudes da sua raça. É nessa direção que nos remete ao canto plangente de *Os filhos de Tupã*, poema inacabado do jovem Alencar sobre o lamento do índio frente ao trágico destino de seus ancestrais, que preferiram morrer em defesa da terra a viver como escravos sob o jugo invasor.

Para o nosso crítico existe uma enorme distância que separa esse Brasil maquiado pelos românticos daquele Brasil dos primórdios, ignorado em suas vertentes profundas, habitado por índios ferozes e animais selvagens, à mercê da força desconhecida dos elementos naturais. É aqui que, a seu ver, se manifestou com grandeza o espírito dos colonizadores no cerne da nação a que deram

---

[136] "Os gestos heroicos de antanho", nos diz ele, "ainda esperam o seu cantor. Os índios foram idealizados pelo Romantismo em busca das almas elevadas, mas os valentes pioneiros da raça conquistadora, que bem exibiram o seu talhe épico, estes não mereceram ainda uma simpatia literária semelhante, ainda que Lamartine, nos *Entretiens sur la littérature*, sonhasse com novos *Lusíadas* compostos além-mar, nesta língua portuguesa, mais latina e mais bela que a espanhola." Oliveira Lima, *Formation historique de la nationalité brésilienne*, Paris, Garnier, 1911, p. 25, edição a que remetemos as referências aqui utilizadas.

origem. Longe da convenção poética que alimentava um localismo de fachada, Oliveira Lima nos diz que a atmosfera da época colonial foi sendo obliterada com o tempo, à medida que aqueles que se habituaram a respirá-la "abandonaram pouco a pouco todo o contato físico e moral", a ponto de a extinguirem da lembrança.

Tudo isso faz da *Formation historique de la nationalité brésilienne* uma espécie de balanço dos "padrões civilizados lusitanos" na alma brasileira que surgia. Em seu percurso — que Gilberto Freyre, anos depois, no prefácio da edição brasileira de 1944, classificaria como "uma filosofia da história do Brasil" — estão as diferentes etapas pelas quais essa luta do espírito contra a natureza foi ganhando forma e se amoldando ao ineditismo da experiência local. Assim é que, visto por Oliveira Lima, o *Tratado descritivo do Brasil*, escrito na Bahia por Gabriel Soares de Sousa, converte-se no grande símbolo da "ternura ingênua" dos portugueses para com a nova terra, não apenas por lançar as bases que "farão eclodir mais tarde um novo sentimento patriótico", mas sobretudo por alinhar à bagagem literária lusitana do século XVI a história da formação moral do Brasil.[137] Um de seus efeitos literários mais sugestivos, apesar da dicção convencional, está para Oliveira Lima no flagrante da solidariedade indígena traçado por Gonçalves de Magalhães no poema épico *A Confederação dos Tamoios*, publicado em Paris em 1836, para mostrar a força dos índios reunidos em 1562, dois anos depois da tomada do forte Coligny, quando os franceses foram rechaçados.

É dos *Diálogos* despertados pelas grandezas da Colônia, travados por "um veterano da colonização e um desembarcado recente", que deriva o mapa dessa força — na verdade a raiz dos valores e virtudes que consagram em sua origem o destino grandioso da terra descoberta. E não se restringem apenas ao que nos revelam — ao lado de *Cultura e opulência do Brasil*, de Antonil

---

[137] "Pelo amor que o autor pôs em seu trabalho, pelo espírito local do qual ele inconscientemente impregnou a sua obra", observa Oliveira Lima, "esta última sobreviveu a todas as descrições mais completas, mais exatas e mais literárias que nos foram deixadas em seguida." *Idem, ibidem*, pp. 25-6.

— sobre as riquezas reais e latentes da terra, tão bem "adivinhadas" pelo colonizador em busca de expansão e temeroso da concorrência de outros povos. Para Oliveira Lima, o fato de Portugal querer bastar-se a si mesmo, "ou, antes, que o Brasil lhe bastasse, sobretudo depois que o Oriente começava a escapar-lhe", é coisa que se compensa e nivela, no argumento, pela amplitude do legado espiritual que nos veio integrar à civilização.

Se, como afirma o nosso crítico, o livro de Gabriel Soares de Sousa e o de Antonil desvendaram o manancial das riquezas da terra e da natureza com ensinamentos indispensáveis à interiorização da conquista — Soares de Sousa no primeiro século da colonização e Antonil nos primeiros 250 anos —, o que ressalta de suas páginas é o empenho para transmitir à gente primitiva as imposições naturais do espírito e da razão. Humanamente concebidos, os amores selvagens se foram refinando no curso do tempo, a natureza pujante se amoldando a uma outra imagem de acolhimento e refúgio, o índio apresado ganhando alma e sofreando os ímpetos de sua natural brutalidade, ainda que à custa de muita luta e de muito sangue.

Foi ao gentio dessa terra renovada que, segundo ele, coube avivar o espetáculo da "festa brasileira em Rouen" e influir de forma vigorosa sobre a imaginação dos franceses. Pois não bastasse terem seduzido "um autor ilustre como Montaigne" dois séculos antes de Jean-Jacques Rousseau, chegaram a comover o autor dos *Essais* — como nos lembra Oliveira Lima citando uma passagem de Ferdinand Denis —, que, encantado com o refrão de uma canção indígena brasileira transmitida por um dos companheiros de Villegagnon, fez observações inspiradas "sobre o gênio primitivo, a poesia livre de todas as regras, a ferocidade e o espírito de independência dessa gente cuja simplicidade nos punha diante de uma sociedade cheia de sabedoria".[138]

---

[138] "Só pecavam, segundo Montaigne, por estarem sem calças, e foi assim mesmo, desse modo um tanto ingênuo, que exibiram ao rei da França e à bela Diana de Poitiers a sua *seyaumachie selvagem*, expressão igualmente bárbara e muito conhecida dos eruditos da época, que significa, conforme a

Ao sangue português, que "inoculou a mestiçagem heroica de onde brotaria a unidade e a expansão da terra descoberta", Oliveira Lima passa a dispensar, mais que um tratamento histórico, um registro francamente literário. Caso típico é o da aproximação que estabelece entre as virtudes de uma "sociedade aristocrática" que se expandia no Norte e a "desorganização aparente" da sociedade que se formava no Sul, ambas niveladas em sua origem pela "obra possante" que o sangue lusitano transmitiu aos mamelucos. No caso, a metáfora do historiador português Oliveira Martins, que comparou a Restauração de Pernambuco à guerra heroica de Troia, chamando-a de "a Ilíada brasileira", dá o mote com o qual Oliveira Lima nomeia as explorações dos bandeirantes de São Paulo de "verdadeira Odisseia terrestre", lembrando com Artur Orlando que os bandeirantes, como os épicos conquistadores portugueses, não faziam senão reproduzir historicamente "a clássica saga dos heróis gregos perseguindo o escravo e o tosão de ouro". E não se confundiam com a "imaginação escura" do homem da floresta e dos seres maravilhosos que dali brotavam, "metade indígenas e metade inspiração", como no caso do Caipora e do Curupira. A razão é que "a floresta torna o espírito do homem sombrio como ela", já que Vênus, diz-nos Oliveira Lima, só pode emergir do seio das ondas pelas carícias do sol, enquanto esses entes selvagens não poderiam nascer senão "num recanto de bosque privado de luz".[139]

etimologia grega, *combate com a sua sombra*, por extensão, *simulação de combate*; e, por natureza, *exercício de atletas.*" *Idem, ibidem*, p. 23.

[139] Oliveira Lima expande esse conflito entre o espírito desbravador do "homem da planície" e a força animal do "homem da floresta" valendo-se do conflito central de *Canaã*, de Graça Aranha (a oposição Lentz-Milkau), justamente para assinalar que, mais do que a epopeia das minas, o que ele queria enfatizar na épica dos bandeirantes era a conquista do interior do país simbolizando a vitória do espírito civilizado sobre a imensidão do desconhecido, para ele muito mais expressiva em si do que todos os relatos dos eventos de guerra que costumam ilustrar o passado da nossa história. *Idem, ibidem*, pp. 68-9.

Essa oposição entre o espírito europeu e a alma desconhecida do mundo primitivo, ao mesmo tempo que simboliza o "esforço hercúleo" da conquista, vai nos revelando um universo misterioso de crenças e de mitos sem os quais seria impossível engendrar a épica dos heróis da Colônia em sua tarefa sobre-humana para afirmar os valores da civilização no coração do homem local. É para modular o confronto desigual de um estilo refinado frente ao cenário misterioso de um mundo cheio de encantos que Oliveira Lima segue recortando os contrastes entre o lastro puro da Metrópole e a reprodução deslocada de seus modelos a partir da passagem do século XVII para o XVIII. Isso explica, a seu ver, o exotismo de ser a Bahia, no século de Gregório de Matos, uma cidade "de oradores sacros, de poetas didáticos e de acadêmicos verbosos" cujos "sermões tonitruantes", estranhos à gente do povo, marcavam um contraste grotesco perante a incipiente sociedade local, na medida em que abafavam a comunicação teatral, trocavam a verdade pela retórica e dispensavam a reflexão.

Basta notar que o estilo solene de Rocha Pita, em sua "admiração ingênua" pelas belezas naturais do Brasil, ao retomar o entusiasmo dos *Diálogos das grandezas do Brasil*, transformará o panorama da nossa opulência ali desenhado num mundo concebido pela retórica da bazófia a colorir a adaptação das fábulas locais aos mitos da antiguidade pagã e o relato dos feitos militares e das lutas pela defesa da terra em conquistas épicas inigualáveis. Isso explica que, para Oliveira Lima, "a Bahia só teve de fato o seu *analista solene* depois de ter tido o seu *poeta satírico* [Gregório de Matos]", justamente um letrado da melhor tradição lusíada vivendo na pele e fustigando as convenções e ridicularias daquela sociedade em formação, que ele celebrizou com uma verve incomparável — e divertiu-se muito, como homem ilustrado da Metrópole, com as mazelas que lhe chegavam ao conhecimento naquela terra atrasada.

O curioso é que, pertencendo às camadas superiores, era justamente a estas que o Boca do Inferno desancava sem piedade, aplicando nisso, segundo o crítico, o gosto livre e licencioso da gente das ruas da qual se agradava com o mesmo espírito com que a fazia rir. Isso fez dele, acrescenta Oliveira Lima, "e devemos reconhecê-lo bastante, um *nacional* no sentido de que se adaptou de modo perfeito à sociedade brasileira", sugerindo assim que Gregório soube como poucos misturar-se ao espírito da terra e da gente, particularmente no que diz respeito "à voluptuosidade e à lascívia que predominavam no ambiente", derivadas ambas dos predicados da *mulâtresse*, para o nosso crítico a verdadeira musa inspiradora do poeta.

Mesmo assim, Oliveira Lima não aceita de todo a tese de Araripe Júnior segundo a qual Gregório teria sido um exemplar consumado da "obnubilação brasílica". Não se trata, para o crítico, de um poeta de imaginação moldada pela magia da natureza e pelas forças do meio. Por mais que sentisse a vida e percebesse o mundo como um brasileiro, não é como nativo que se expressava e pensava, apesar da grande influência que exerceu sobre a vida da Bahia, esse "velho fauno" que se destacou por cultivar "o lirismo crioulo e a sátira dirigida contra as três raças". Por isso não deixa de assinalar que a crítica exagera quando valoriza demais a contribuição de Gregório de Matos para o sentimento de nosso nativismo. Para Oliveira Lima, a personalidade marcante do poeta sempre se sobrepôs aos versos, e o mérito de sua obra vem de que devemos tomá-la como "expressão pessoal de atributos coletivos". Ou seja, num contexto em que estes não nascem de seus recursos superiores de poeta ou artesão, mas, ao contrário, de parte integrante da alma brasileira, "sempre predisposta à generosidade dos mais fracos e a escarnecer dos poderosos que querem abusar de seu poder", nos diz ele.

Assim, à proporção que dissocia os atributos da alma brasileira do poder de invenção do Boca do Inferno, que a rigor não devem ser confundidos, Oliveira Lima vai deixando claras as duas linhas que darão o tom de seu argumento. A primeira valoriza o papel formador da tradição portuguesa no espírito da Colônia, com destaque para o sentido moral de seu legado, que, como vimos, se ampliou com o domínio sobre a terra e a gente local e posteriormente com o peso de seus modelos intelectuais e de mando sobre a expressão futura da autonomia. Por esse lado, hesita em aceitar a força nativista na obra de Gregório de Matos, mesmo reconhecendo nele um "fundador da nossa literatura", pois se admite a conversão de "seu humor acre numa explosão de particularismo poético", não vê autenticidade em sua veia satírica, comparada por ele à volubilidade do Gavroche de Victor Hugo,[140] o tipinho bizarro do gaiato mordaz que compensa com inteligência arguta as misérias do dia a dia.

Em consequência, a segunda linha dilui sutilmente nas frestas do argumento o peso localista da consciência nacional que se esboça na transição do Setecentos e ganha uma dimensão concreta com os árcades do Oitocentos. Assim como a sátira de Gregório de Matos é deslocada para o conjunto das "pasquinadas populares" que descaracterizam o despertar dessa consciência, o legado dos árcades mineiros funde-se às matrizes culturais da Metrópole e de sua tradição literária, assumindo a forma de uma expressão meramente acadêmica na qual o projeto insurrecional da ruptura resulta utópico ou quase indiscernível. E de tal forma que, no interior dessa oposição, as alusões ao tema da autonomia e da identificação com a terra — que aliás são frequentes mas nem sempre destacadas como fator isolado — integram-se à metáfora da unidade da cultura, a partir da qual o crítico cede lugar ao historiador e a literatura perde autenticidade local para ser medida pelos padrões da Metrópole sob o princípio de que "os fundamentos da civilização brasileira são portugueses".[141]

Não é outro o motivo para que o roteiro das minas e o universo misterioso do sertão (dois campos de grande interesse para os estudiosos do nosso tempo) venham apensos aos fatores do

---

[140] "Gavroche tem primos no Brasil, que o lembram moralmente mais do que se pensa — só a cor os separa —, e as pasquinadas do Rio de Janeiro no momento da Independência foram tão abundantes e tão maliciosas que aquelas da Roma dos papas." *Idem, ibidem*, p. 91.

[141] "Levantando seu grandioso edifício sobre uma tal base", escreve Oliveira Lima, "Portugal deu à nacionalidade brasileira a perpetuidade e fez-se ele próprio imortal na sua obra." Ver *Aspectos da história e da cultura do Brasil*, Lisboa, Livraria Clássica Editora de A. M. Teixeira & Cia., 1923, p. 40.

povoamento e à bravura do colonizador em sua investida para o interior desconhecido da Colônia. Assim, no cenário que nos é descrito, não cabe o drama dos poetas inconfidentes em sua trágica miragem da pátria livre. E o sertão de Oliveira Lima, que antes era o sertão parnasiano de Coelho Neto, agora é o sertão não menos acadêmico de Euclides da Cunha, um escritor de passo acertado com a cultura europeia[142] que o próprio Oliveira Lima fez questão de ver eleito para a Academia. Tanto que, ao falar aos europeus dos "espaços inóspitos do interior brasileiro", ele dirá que "ninguém descreveu melhor o sertão que um de nossos escritores, morto não faz dois anos em plena juventude e em circunstâncias particularmente dramáticas". Euclides "se revelou um mestre pelo livro poderoso que publicou" [Os sertões], uma obra que, segundo o crítico, se impõe sobretudo por aliar "sólidos conhecimentos científicos a intuições imprevistas de um estilo nervoso e original".

Este o Euclides que lhe interessava exibir na Europa: o representante de uma grei acadêmica polida na literatura e na ciência e ilustrado pelas lições dos grandes filósofos do Velho Mundo, perfil aliás com que o escritor aparece na longa passagem de *Os sertões* transcrita pelo crítico (p. 103), na qual ele trata de Hegel e da definição das três categorias geográficas fundamentais para a formação das diferentes etnias entre os povos. Longe dele o visionário da catástrofe do homem brasileiro condenado pela barbárie e fa-

---

[142] Em carta a Oliveira Lima datada do Rio de Janeiro a 13 de março de 1908, Euclides da Cunha, ainda convalescente de uma crise de impaludismo, deixa clara a sua insatisfação com a vida que levava no Brasil. "Escrevo ainda convalescente" — em falta de melhor termo, esclarece —, "porque afinal a minha vida, aqui, é uma perpétua convalescença." Diz em seguida ter de Oliveira Lima "uma surda e devoradora inveja" a que se junta a tristeza de viver tantos dissabores no Brasil. A inveja, segundo Euclides, vinha do fato de que Oliveira Lima tinha "esta alta, esta deslumbrante, esta excepcional ventura de não viver no Brasil". E emenda: "Para atenuar a minha miséria é debalde que procuro o largo coração de Renan, ou perco-me, longas horas, com as páginas maravilhosas de Diderot". Mas logo registra: "Os *pequenos ecos*, o *binóculo*, a *ordem do dia*, *os de ontem* e outras criações fantásticas da nossa imbecilidade indígena estragam-me o programa salvador". Acervo da Biblioteca Oliveira Lima, Universidade Católica da América, Washington.

dado a desaparecer antes mesmo de chegar ao desenvolvimento. E mais longe ainda os quadros da miséria, o fanatismo, a violência e a mortandade que Euclides registrou como trágicos sinais de uma epifania ignorada pelas ilusões de monarquia e pelo militarismo da República recém-proclamada.

O que ele viu em *Os sertões* não foi o escritor que havia posto em confronto os restos de uma civilização desfigurada e o colonizador que a manteve à deriva, sem impedir a sua luta para fazer valer a expressão da "rocha viva da pátria" em busca de sua própria identidade. Foi o ideólogo que pregava a organização do sistema político antes de declarar a sua própria autonomia. Ou, para usar os termos de Oliveira Lima numa passagem de uma conferência que fez, o intelectual nos mostrou que "mais importante que a Independência era organizar o Império", pois só assim estaria assegurada a unidade que garantiria a viabilidade do próprio sistema. E o demonstra citando um longo trecho em que Euclides da Cunha esclarece essa proposição:

"Legislar para o Brasil em 1823, composto de grupamentos étnicos historicamente distintos, seria tudo menos obedecer à consciência lúcida do meio. Era um trabalho inteiramente subjetivo ou o capricho de uma minoria erudita, indiferente à maneira de ser da maioria. Porque a única tradição generalizada era aquela do ódio contra o patrão recente, ainda em armas; e este, servindo como recurso de ocasião para propagar a sublevação, se expandia com a vitória, deixando para os organizadores da nova pátria um problema formidável, qual seja o de educar, unido, para o regime constitucional, novo mesmo na Europa, um povo disperso que não havia atravessado ainda sequer uma única das fases sociais preparatórias. Um salto desmedido e perigoso."[143]

---

[143] Em Oliveira Lima, *Formation historique de la nationalité brésilienne*, op. cit., p. 169.

O dístico *Libertas quae sera tamen*, no universo do ouro e das minas, foi igualmente a divisa de um sonho de liberdade que Oliveira Lima só viu cristalizado "na imaginação desses poetas que pagaram com a prisão, o exílio e a miséria e mesmo a morte por sua quimera da independência". Cláudio Manuel da Costa, Tomás Antônio Gonzaga e Alvarenga Peixoto aparecem inclusive como poetas inscritos entre os mais ilustres da língua portuguesa, dizendo o crítico que a própria Metrópole "não poderia se orgulhar de ter outros semelhantes nessa mesma época". Mas o fato de destacar o triste fado de terem sido irmanados indissoluvelmente pela tragédia aos olhos da posteridade não impede que os desvincule de um eventual empenho nacionalista fundado na criação de uma arcádia brasileira. Assim nos diz ele: "Inventou-se mesmo em nossa história literária a expressão Escola Mineira (contra a qual se insurgiu José Veríssimo em artigo recente na revista da nossa Academia de Letras) para designar essa plêiade que, falando propriamente, não fundou absolutamente uma escola e não se organizou em nenhuma arcádia de além-mar". Para o crítico, o que os separa dos seus confrades portugueses é tão somente uma variação temática em relação ao quadro mais amplo das convenções que caracterizam o estilo neoclássico então vigente na Europa: coisas como a expressão poética mais sincera, o lirismo mais voltado para a natureza, a notação pessoal pontilhando a rigidez da forma.

No mais, prevalece o equilíbrio do sistema poético haurido da Metrópole. Cláudio Manuel da Costa "não era mais que um neoclássico europeu versificando nas Minas Gerais"; Gonzaga fazia aumentar a suavidade da expressão que a "nota elegíaca do lirismo romântico fará jorrar da contemplação da natureza, mais melancólica que ridente em sua grandeza"; e Alvarenga Peixoto, nos mesmos padrões estilísticos, se diferencia pela presença "de uma nota sobranceira da superioridade" da Colônia sobre a Metrópole, que, nos termos de Oliveira Lima, será o *leitmotiv* da Independência, mas não a ponto de constituir uma ruptura, já que, a seu ver, não houve "literária ou intelectualmente uma ruptura". Prova-o o fato por ele assinalado de que apenas um dos conspiradores de 1789 subiu ao cadafalso, e este não era um intelectual.

Por trás do argumento, é visível a tese da unidade, ainda que literariamente Oliveira Lima destaque a superioridade poética dos árcades mineiros sobre os da Metrópole. Tanto que, mais propriamente do que a unidade do sistema literário, lhe interessa frisar o conjunto mais vasto da cultura e das instituições, que ele confirma por exemplo ao avocar para si as opiniões do mesmo Euclides da Cunha no passo em que atribui às elites republicanas a miragem de acreditar nas tradições do Brasil e na "estranha tarefa de formar uma nacionalidade desprovida da própria base orgânica da unidade da raça".[144] Unidade esta que, como dirá depois Oliveira Lima, só poderá ser compreendida, no plano da cultura, com o significado exemplar do imperador Pedro II e da filosofia de seu reinado, que se confundia com o iluminismo democrático a presidir as artes e a ciência, a política e a circulação das ideias.

Por outro lado, basta ver o seu interesse em exaltar o peso da contribuição estrangeira em registros como os de Barlaeus e Plaute, por exemplo, para compreender não apenas a celebração dos esforços dos nossos colonizadores, mas principalmente a grandeza moral e civilizadora da unidade portuguesa, que em suas próprias palavras foi, "a bem dizer, o fundamento da grandeza nacional".[145] E o foi não porque o auxiliasse a entender o papel importante dos nossos árcades na eliminação da literatura do púlpito e das academias, mas porque estabelecia pela primeira vez o roteiro fecundo da presença espiritual da Europa moderna na revelação cultural do nosso destino, agora livre das "velhas fábulas e sensaborias pastorais" e pronto a "explorar o continente virgem até os limites possíveis da expansão da sua raça".[146]

Esse é, na verdade, o viés que lhe interessa, e não o da evolução gradativa de uma expansão autônoma que se viesse depurando no longo período que se estende desde os primeiros cronistas e

---

[144] *Idem, ibidem*, p. 170.

[145] Ver Oliveira Lima, *Le Brésil et les étrangers* (conferência pronunciada na Société Royale de Géographie), Anvers, J. Van Hille-De Backer, 1912, p. 15.

[146] *Idem, ibidem*.

viajantes, passando pelas academias e as primeiras manifestações nativistas dos árcades e dos pré-românticos, até o despertar da consciência plena da nacionalidade com o localismo indianista e o tradicionalismo antilusitano. O reconhecimento histórico dessa identidade sofreada é substituído pelo brilho metafórico da identidade europeia.

E aqui se mostra decisiva a intervenção do "sopro poético", segundo ele "indispensável para animar a história", e que em autores como Robert Southey e Ferdinand Denis, por exemplo, serviu para nos mostrar o quanto a imaginação embasada na cultura foi capaz de dar vida à revelação dos valores de um povo, fixando a perspectiva de que, sem o conhecimento de seu espírito, de pouco valem os dados meramente exteriores de suas façanhas.

No caso da *História do Brasil*, de Southey, nos diz ele que a viagem exploratória de Ulrich Schmidel ali narrada ganha contornos de verdadeira tonalidade dramática, porque mobiliza a força épica dos valores que a circundam. Sente-se ali que "o autor entremeou a leitura das relações ultramarinas com o romanceiro peninsular, e que as aventuras maravilhosas do Amadis de Gaula, do Palmeirim de Inglaterra e de outros heróis dos livros de cavalaria espanhóis e portugueses — esses livros que tanto escaldaram a imaginação de D. Quixote — exaltaram sua fantasia lírica antes que o historiador se ocupasse de não menos admiráveis façanhas de outros heróis autênticos".[147]

Essa mesma associação que lê em Ferdinand Denis para assinalar a fusão entre o cenário dos trópicos e a ação dos homens, com o objetivo de submeter o peso documental dos acontecimentos da Colônia à "força moral da história europeia",[148] ao mesmo tempo que apaga o significado localista do instinto patriótico, dilui a um plano de falsa equivalência o nosso universo e o universo espiritual da Europa, supostamente irmanados nos mesmos obje-

---

[147] *Idem, ibidem*, p. 22.

[148] "Para isto remontou até as nascentes cavalheirescas ou populares da Meia-Idade, assimilando as lendas anônimas e as tradições fabulosas antes de chegar aos fatos provados e aos gestos pessoais." *Idem, ibidem*, p. 23.

tivos. Nesse aspecto, a explicação de Oliveira Lima é duplamente complementar: se de um lado Southey ensina à Europa que o sentimento de fidelidade à pátria portuguesa é um traço moral dos brasileiros, um erudito como Ferdinand Denis ensina aos brasileiros que o instinto da natureza era um reflexo do sentimento europeu. "Ambos afirmam ao mundo", diz o crítico em sua fala aos europeus, "que os mesmos impulsos morais agem entre vós e entre nós, e que somos na verdade os representantes e os continuadores dessa civilização europeia, que é a mais substancial e a mais levantada que se há jamais conhecido."[149]

Daí a sua convicção de que o estilo sempre se amolda às necessidades do pensamento, mesmo quando subjugado — juízo aliás com que fecha a conferência justamente para enfatizar perante os belgas o "aspecto imaginário" do instinto patriótico, numa peroração voltada para uma espécie de anticonvencionalismo apátrida, próximo da utopia de um universo sem fronteiras em que os nacionais de um país aparecem "fundidos numa massa estrangeira" para não mais se desligarem, com destaque para os filhos de uma nacionalidade que trabalham pela grandeza de outra, com mais dedicação e amor do que os próprios nacionais.

Dessa ideia nasce o argumento do discurso que proferiu na cerimônia de inauguração do monumento a Camões, em Paris, quando aludiu a uma passagem do crítico de Sismondi, que via nos *Lusíadas* "o estranho poder do gênio de um homem que funda a nomeada de um povo", para afirmar que o Brasil era o ramo "mais vivaz" desse povo, por pertencer a esse novo mundo que serviu de campo de proezas aos conquistadores, "intrépidos guerreiros cujo êxito permanecerá sem paralelo, porque já não existem tarefas semelhantes a executar".[150]

E Gilberto Freyre, no "Prefácio" à tradução da *Formação histórica da nacionalidade brasileira*, ao sustentar que o livro en-

---

[149] *Idem, ibidem*, p. 24.

[150] Ver Oliveira Lima, "Camões" (discurso proferido na inauguração do monumento a Camões em Paris), *Bulletin de la Bibliothèque Américaine (Amérique Latine)*, Paris, ano 2, nº 10, jul. 1912, pp. 301-3.

Oliveira Lima discursando na inauguração do busto de Camões em Paris, 14 de junho de 1912.
Arquivo da Bibliothèque Nationale de France.

cerra uma filosofia da história do Brasil, não deixa de ver nele — apesar "daquele otimismo sincero e robusto" lembrado pelo hispanista Ernest Martinenche — os traços melancólicos de um saudosismo monarquista por vezes exagerado. Para Freyre, que tinha clara a certeza de que essa atitude de Oliveira Lima não podia ser vista de uma forma pejorativa e redutora, a marca desse saudosismo é a que se identifica com o "saudosismo moral" de Pedro II, tido pelo nosso crítico como superior a todos os ritos e místicas, sobretudo pelo "culto da dignidade humana, da liberdade política, da honestidade na vida pública e o da própria justiça — menina dos olhos do segundo imperador".[151]

É atraído pelo mais espetaculoso desses excessos — aquele em que, desencantado com a República, chegou a se fazer adepto da restauração com D. Luiz de Orléans e Bragança como imperador — que Oliveira Lima deixa a legação de Bruxelas para viver talvez a mais conflituosa de suas passagens pelo Rio de Janeiro, antes de aposentar-se e de migrar definitivamente para os Estados Unidos.

Paladino da monarquia

No período que se seguiu à publicação da *Formation historique de la nationalité brésilienne*, a vida do nosso crítico entraria em uma fase de alvoroços pessoais que foram decisivos para seu futuro intelectual e diplomático. De fato, em 1912 ele deixava o posto de ministro plenipotenciário na Bélgica para lançar-se — depois de uma viagem de estudos e conferências pelos Estados Unidos — a uma aventura política ao lado de D. Luiz de Bragança, filho da princesa Isabel, o qual, desde 1907, vinha tentando articular com as supostas bases do Diretório Monarquista do Rio de Janeiro uma ação conjunta que o levasse ao poder, de que era o legítimo aspirante depois da renúncia de seu irmão Pedro. Tratava-

---

[151] Gilberto Freyre, "Prefácio", em *Formação histórica da nacionalidade brasileira*, Rio de Janeiro, Editora Leitura, 1944, p. XIII.

-se, a rigor, de uma decisão temerária, sobretudo vindo de um ministro demissionário mais do que nunca interessado em projetar-se politicamente no Brasil para ver realizado o antigo sonho de tornar-se embaixador na Inglaterra.

Quando o jornal *L'Independence Belge*, de Bruxelas, informou em 2 de fevereiro de 1913 a chegada do novo ministro do Brasil na Bélgica, Gastão da Cunha, em substituição ao embaixador Oliveira Lima — que a notícia definia como um diplomata "que soube defender com patriotismo os interesses de seu país" —, pouco se sabia sobre as razões que o levaram a deixar o cargo. Apenas uma carta a um amigo, publicada em *O Estado de S. Paulo* a 12 de setembro de 1912, dava conta de que sua decisão de pedir a aposentadoria devia-se aos desgostos que lhe causaram "alguns atos do Ministério do Exterior". O informe aludia sem dúvida ao convulsivo panorama político brasileiro dos últimos meses de 1912, quando a velha questão da restauração monárquica voltava a agitar o ambiente institucional da República.

Na verdade, a questão de seus vínculos com a monarquia vinha desde os avanços da campanha civilista, em 1909-10, quando se alinhou entre os maiores entusiastas da candidatura de Rui Barbosa à Presidência da República no pleito contra Hermes da Fonseca. Ainda na Bélgica, na Exposição de Bruxelas de 1910, conheceu o príncipe D. Luiz de Orléans e Bragança, pouco depois de este haver lançado, em abril de 1909, pelo jornal *O Estado de S. Paulo*, uma ruidosa carta-manifesto que repercutiria bastante no contexto das ideias civilistas então em marcha. Isso o leva a publicar em 1910, primeiro em Paris e depois em São Paulo, o artigo "Um príncipe brasileiro no pavilhão do Brasil em Bruxelas", no qual não apenas exalta o regime imperial, como também a "figura magnânima" de Pedro II,[152] ambos muito reverenciados,

---

[152] Nesse escrito, refere-se à "personalidade simpática de D. Luiz", que ele então considerava um "príncipe sem pretensões e entretanto dotado de nobreza, que as distrações da Europa, as grandes viagens não fizeram olvidar, menos ainda desprezar, o país maravilhoso que seu bisavô proclamou livre, que seu avô amou como nenhum outro brasileiro o amou melhor, pelo qual

como vimos, nas conferências que pronunciaria no ano seguinte na Sorbonne, depois recolhidas no livro *Formation historique de la nationalité brésilienne*. A ligação entre os dois se formaliza quando, após a publicação do livro, Oliveira Lima passa a coordenar a campanha pela revogação do banimento da família imperial, que segundo ele se "constituía numa iniquidade histórica inaceitável".[153]

É nessas circunstâncias — antipatizado pelos republicanos e malvisto pelos militares[154] — que Oliveira Lima se deixou arrastar pela chamada questão da restauração monárquica, ao deixar a Bélgica em fins de 1912. Em dezembro desse ano, repercutiu na imprensa da capital da República uma série de entrevistas com vários monarquistas ilustres, convidados a informar "o que eles pensavam da possibilidade de uma mudança de regime". Dos que foram procurados pela *Gazeta de Notícias*, João Alfredo se recusou a falar e Carlos de Laet esquivou-se rudemente no saguão do *Jornal do Brasil*. Só Afonso Celso concordou em responder, mesmo assim por carta. Entendia que a resposta, por "envolver questões de grande responsabilidade, não devia ser dada de afogadilho", principalmente naquele momento em que vivia "de todo alheio às agitações políticas". Mas, quando provocado, não se recusou a

---

seu pai expôs a vida nos campos de batalha e que serviu na paz com dignidade e zelo incomparáveis e que sua mãe alforriou de uma infâmia secular". Oliveira Lima, "Um príncipe brasileiro no pavilhão do Brasil em Bruxelas", *O Estado de S. Paulo*, 9 set. 1910.

[153] Sigo no tópico as indicações de Teresa Malatian em seu belo estudo *Oliveira Lima e a construção da nacionalidade*, São Paulo/Bauru, Fapesp/Edusc, 2001, pp. 199 ss.

[154] Pouco antes, um incidente em Bruxelas agravara o estado de suas relações com o governo. É que Oliveira Lima se recusou, como representante do Brasil, a ir assistir ao desembarque de Hermes da Fonseca, recém-eleito presidente da República, então em visita à Bélgica. A partir daí, passou a receber ataques sucessivos da imprensa republicana por essa omissão protocolar, "considerada pelos hermistas uma afronta ao marechal". *Idem, ibidem*, p. 238.

revelar o que pensava: "Permaneço inabalavelmente fiel à bandeira que abracei em 15 de novembro de 1889: os fatos, longe de enfraquecer, têm corroborado a minha convicção de que o regime atual não é o apropriado às tradições e destinos do Brasil".

No dia 9 de dezembro de 1912, o jornal monarquista *O País* noticiava o desembarque de Oliveira Lima e sua esposa, dona Flora, no cais Pharoux, procedentes do Velho Mundo. Depois de aludir ao êxito das conferências que o ex-ministro proferira em Paris, Bruxelas e Nova York, demonstrando "o grande amor que ele votava à sua pátria", diz o jornal que Oliveira Lima era "um verdadeiro *embaixador do Brasil*, não apenas perante um governo ou uma corte, mas perante a civilização ocidental". Sua presença no país, naquele momento de graves atribulações políticas, reacendia o compromisso com a "missão histórica" que Oliveira Lima não poderia deixar de cumprir como "um cuidadoso cultor do passado, procurando, como todos nós, consolar-se talvez das agruras do presente, com a contemplação da grandeza iniludível da nossa história". Por considerá-lo um "apaixonado observador de quanto de nobre possuímos no nosso passado", acrescenta o jornal que Oliveira Lima podia ser considerado um soldado da restauração, não apenas porque conhecia de perto "a força e a energia da nossa raça", mas também porque sabia que um povo, "quando tem uma história feita de glórias nobremente conquistadas, não pode deixar de cumprir a missão histórica que o destino lhe reservou".

Os jornais daquele dia deram em destaque a presença de diversos amigos que foram receber o casal a bordo do paquete *Vazari*, entre eles o barão Homem de Melo, o poeta Augusto de Lima, o ministro Barros Moreira e o crítico José Veríssimo, além de Sílvio Romero filho, que, representando o ministro Lauro Müller, levou flores a dona Flora, momentos antes de a comitiva seguir para o Hotel dos Estrangeiros, onde o casal estava hospedado. Indagado na saída, Oliveira Lima afirmou não saber ao certo qual a sua verdadeira condição naquele momento, "se a de ministro aposentado ou em disponibilidade". Tinha apenas a certeza de que, depois do Rio de Janeiro, iria para São Paulo e em seguida para Pernambuco, onde pretendia descansar. Pouco antes de se retirar, ainda pediu notícias de Rui Barbosa, de cujo último discurso sobre o Governo Provisório acabara de tomar conhecimento.

No dia seguinte, o *Correio da Manhã* informava que, em entrevista concedida no Hotel dos Estrangeiros, Oliveira Lima havia confirmado a sua decisão de aposentar-se. Estava cansado da dura batalha que vinha travando para reunir os seus livros — "cerca de 16 mil volumes, mais de 8 mil dos quais sobre o Brasil" —, em sua maioria espalhados por Lisboa, Paris, Londres e Bruxelas. Sobre a possibilidade de ingressar na política, não fechava de todo as portas: "Com 45 anos, tudo é possível", admitiu ao repórter.

Mas a uma pergunta no final da entrevista, que insistia em saber se ele era de fato monarquista, Oliveira Lima respondeu com altivez: "E quem o não é, hoje, no Brasil? [...] Dos que sabem pensar, raros são ainda os que se mantêm no romantismo de uma preferência republicana", arrematou, pondo fogo na conversa. O repórter, animado, aproveita para lhe pedir uma opinião sobre D. Luiz de Orléans e Bragança e se, "no caso de uma restauração, ele estaria em condições de dirigir os destinos do país". Oliveira Lima garante não ter a menor dúvida de que D. Luiz estava à altura dessa missão, por ser ele "um admirável tipo de príncipe moderno, capaz de assumir a direção de um grande povo, por mais exigente que ele seja nos seus sentimentos liberais". Para surpresa de todos, acrescenta que tinha estado havia poucos dias com o príncipe em Paris e que intercedeu para que suas obras fossem publicadas no Brasil. "D. Luiz é um convicto da restauração que entende, sinceramente, que a repetição histórica, com a monarquia, é a salvação da pátria." E mostrou que sabia do que estava falando, ao enumerar alguns pontos do programa de seu futuro governo, entre os quais a manutenção da Federação, o respeito à autonomia dos estados e a valorização do Exército, "por ser ele um soldado e por não admitir a associação harmônica entre o socialismo e a monarquia", concluiu ao retirar-se.

Pouco tempo depois, surgem os primeiros boatos de que Oliveira Lima assumiria em breve a direção do partido monarquista. Mas que os cidadãos evitassem "lançar mãos de meios extremos" para não provocar a ira do governo, porque logo viria o dia —

REDACÇÃO E OFFICINAS: RUA DA ASSEMBLÉA, 70 — RIO DE JANEIRO

ASSIGNATURAS   NUMERO AVULSO
ANNO ...... 15$000 | SEMESTRE ..... 8$000 ||| CAPITAL .... 3oo Rs. | ESTADOS..... 4oo Rs.

EDIÇÃO DE "KÓSMOS"

N. 109 | RIO DE JANEIRO — Sabbado — 2 — Julho — 1910 | ANNO III

ALMANACH DAS GLORIAS

XI

Oliveira Lima

Oliveira Lima é um homem gordo que toma a sério e desempenha com honra e proveito para o seu paiz a sua missão de ministro do Brasil na Belgica.

E', pois, um diplomata, mas dos seus confrades nacionaes se distingue pela activa propaganda que faz do Brasil nos paizes em que o representa, já celebrando as inexgotaveis opulencias da nossa terra, já espalhando, como conferente e escriptor, as melhores paginas dos nossos escriptores.

E' academico e dos seus confrades da Academia se distingue pela util fecundidade da sua litteratura. E' historiador e dos seus confrades de investigação historica se distingue pela escrupulosa honestidade de suas pesquizas, pela nobre coragem com que expõe as suas idéas nem sempre concordes com as dos poderosos do dia, pelo encanto litterario do seu estylo harmonioso e claro.

Si, no estrangeiro, preterindo, muitas vezes, assumptos mais gratos á sua penna, proclama as excellencias e as maravilhas do Brasil, d'aquelle, neste, ensina, em obras primas, os methodos de trabalho, os habitos politicos, os costumes sociaes, a cultura artistica.

A morte de Joaquim Nabuco deixou vago o posto mais alto da diplomacia brasileira. Si o nosso grande chanceller não abandonou os seus austeros principios de justiça e continúa a preferir os homens de mais merito para os cargos de mais responsabilidade, eu posso hoje, rematando esta biographia, saudar em Oliveira Lima o Embaixador do Brasil nos Estados Unidos.

OLIVEIRA LIMA.

VOL.-TAIRE

Matéria da revista *Careta* em 2 de julho de 1910,
com caricatura de Oliveira Lima por J. Carlos.
Já em 1910, com a morte de Joaquim Nabuco, Oliveira Lima
era cotado para assumir a embaixada brasileira em Washington.
Mesmo sem conseguir o cargo, ele se mudaria para a cidade
em 1913, após se aposentar do serviço diplomático.

profetizava uma folha monarquista — em que a palavra de ordem não mais partiria dos palácios de governo, e sim da própria opinião pública.

Num tom alarmante, a *Gazeta da Tarde* chamava a atenção para a gravidade dos fatos que se desenrolavam no país. Para o jornal, as declarações de Oliveira Lima em favor da monarquia constituíam uma verdadeira ameaça à ordem institucional, exigindo do ministro Lauro Müller — chefe do Itamaraty e responsável pelo futuro do ex-ministro, àquela altura sem cargo — que acompanhasse mais de perto os movimentos daquele diplomata que insistia em ameaçar o regime republicano. Como circulavam pela imprensa rumores de que o chanceler nomearia Oliveira Lima para ministro do Brasil em Londres, a questão que se punha para a *Gazeta* era a de saber se Lauro Müller, "após tudo isso, o manteria na representação do Brasil no estrangeiro".

Na maré montante desse alvoroço, em 18 de dezembro de 1912 um observador político do jornal *A Noite* garantia existir no Brasil "uma propaganda restauradora que se vai tornando intensa" e cuja escalada já preocupava as autoridades. E o pior era que os dados de que dispunha não se circunscreviam apenas ao Rio de Janeiro: "Em São Paulo os monarquistas invadiam todos os meios de comunicação e programavam uma série de conferências; no Norte a campanha alastrava para Manaus, onde acabava de fundar-se um clube monarquista com grande número de sócios e sucursais em outros estados. Falava-se num jornal em Belém, onde circulavam cartões-postais com o retrato e o fac-símile da assinatura de D. Luiz de Orléans e Bragança".

Acuado pelos rumores que se intensificavam, Oliveira Lima apressou-se em atenuar o impacto de suas declarações. Pouco antes, num discurso que *O Imparcial* de 13 de dezembro publicara com o título de "O civilismo é o meu crédito político", ele já falava em termos conciliadores: "Não sou, declaradamente, monarquista. O que afirmei é que a forma de governo monárquico é superior à republicana, porque acaba com as agitações, tão reprováveis, ainda que explicáveis, das eternas, constantes e seguidas sucessões presidenciais" Aos leitores, queria deixar a mensagem de que não tinha vindo ao Brasil, absolutamente, bater-se pela restauração da monarquia, nem declarar-se monárquico, principalmente porque ainda era um funcionário público.

Mas sua explicação não surtiu os efeitos desejados. A imprensa republicana já o identificava ao "sebastianismo dos ressentidos" que retornavam para se contrapor aos avanços sociais e políticos do "Brasil republicano e soberano". Propalava-se mesmo que a campanha sebastianista estava nas ruas de novo, agora escorada num livro programático do príncipe D. Luiz de Orléans e Bragança[155] e na pregação doutrinária de um diplomata que não tinha, em absoluto, o direito de afrontar as instituições, por ser um empregado da nação.

Em 20 de dezembro, compelido pela velocidade dos fatos, sai publicado o próprio "Manifesto de D. Luiz", redigido, segundo os jornais, "quando Sua Alteza se recomendou ao Diretório Monarquista na qualidade de pretendente ao trono do Brasil". Nele vêm estampados os alicerces de seu futuro governo, entre eles o de manter a Federação, não em sua autonomia plena, mas no desenvolvimento integrado de cada estado; o de constituir um Exército e uma Marinha proporcionais à população de nosso vasto território; o de introduzir a instrução livre, mas não obrigatória, bem como o de garantir a instituição da justiça unitária e independente. O governo monarquista garantia todo respaldo às ações individuais, limitando-se o Estado a regularizar a atividade econômica e a fomentar a aliança entre o capital e o trabalho. Outros compromissos eram o de separar a Igreja do Estado, regulamentando as novas relações do Brasil com a Santa Sé; garantir o ensino religioso nas escolas; restabelecer o Conselho de Estado e as ordens honoríficas e recompensar os serviços públicos relevantes, assim como "as virtudes exemplares de certas famílias".[156]

---

[155] Referência ao volume *Sous la Croix-du-Sud: Brésil, Argentine, Chili, Bolivie, Paraguay, Uruguay*, Paris, Plon, 1912.

[156] O jornal *A Época* de 21 de dezembro alarga a divulgação das "Ideias de D. Luiz de Bragança", anexando uma "Carta de D. Isabel", datada de 9 de novembro de 1908, dirigida aos membros do Diretório Monárquico, na

Não demorou muito para que a oposição revertesse aquilo em chacota. Poucos dias depois de uma sátira haver consagrado nas páginas de O *País* "o reinado de D. Lulu I futuro", aparecia na revista *Careta* de 28 de dezembro, assinado por Jean Grimace, o seguinte "Epitáfio diplomático" de Oliveira Lima:

> *Farto de haver da vida contemplado*
> *As comédias e os dramas,*
> *Aqui jaz um varão avantajado,*
> *Do peso de uns duzentos quilogramas.*
> *Ministro brasileiro,*
> *Entendeu que a missão dos diplomatas*
> *Não era apenas esbanjar dinheiro*
> *E variar de gravatas.*
> *Atingir a velhice não logrou:*
> *Tendo-lhe visto o monarquismo forte,*
> *Satanás o levou*
> *Para lugar conspícuo em sua corte.*

Desgastado com a virulência da troça, que tendia a expandir-se, indispondo-o cada vez mais com o Itamaraty e o governo, Oliveira Lima decide afastar-se da cena política e retomar o curso de sua carreira diplomática. Um informe de *A Noite* de 1º de janeiro de 1913 dava como definitivo o seu empenho em não se aposentar e continuar postulando a nomeação para a embaixada de Londres, para onde mostrava desejo de se transferir, apesar de "o sr. Lauro Müller querer confiar-lhe o posto em Buenos Aires".

A verdade é que o ideal da restauração não parecia ter grande futuro. A despeito de "o povo estar visivelmente descontente",

---

qual a soberana agradecia os cumprimentos recebidos por ocasião do casamento de seu filho Luiz, que teve lugar em Cannes no dia 4 daquele mesmo mês, e anunciava o casamento de seu outro filho, D. Pedro de Alcântara, a ser celebrado no dia 14 de novembro. No mesmo documento, a princesa informava que D. Pedro assinara sua renúncia ao trono do Brasil no dia 30 de outubro de 1908, cujo fac-símile vinha estampado em anexo.

segundo palavras de Rui Barbosa divulgadas no jornal *A Notícia* do dia 13 do mesmo mês, nada indicava que Oliveira Lima e os monarquistas tivessem êxito em sua campanha em favor do antigo regime. Rui concordava com o rude Lopes Trovão em que o maior inimigo da República eram os próprios republicanos, responsáveis diretos, a seu ver, pelos "erros governamentais" oferecidos à oposição. Trovão, no entanto, é mais cáustico do que Rui. "Que príncipe é esse?", questionava ele. "Um desconhecido cuja capacidade nos escapa, mesmo no livro a que deu publicidade." E adverte: "E, depois, com que homens pretende governar? Com os estadistas que nos legou o Império? Ouro Preto, Andrade Figueira, João Mendes, Couto de Magalhães, Paranaguá, Sinimbu, Joaquim Nabuco, João Alfredo, Afonso Celso, Martim Francisco — gente em sua maioria morta ou valetudinária?". "A melhor resposta que lhes podemos dar" — ele e outros republicanos como Coelho Lisboa, Avelar Brandão e Pedro do Couto — é a convicção de que "já estamos apalavrados para dar-lhes combate", com a certeza de que a República "já deu uma prova da sua superioridade sobre a monarquia, debelando a pústula que está aí a exigir cautério".

Ante os boatos de que muitos republicanos históricos passavam para o lado dos monarquistas, Francisco Glicério decide convocar uma coligação entre os "homens de boa-fé" para preservar o regime. Enquanto isso, o Exército se entrincheirava, comandado pelo ministro da Guerra, que subira a Petrópolis para despachar com o marechal Hermes e reorganizar os antigos batalhões patrióticos — em meio a vivas da soldadesca, levantados em honra ao batalhão Tiradentes e à memória do marechal Floriano.

D. Luiz, que a essa altura procurava ganhar a confiança das Forças Armadas, denunciava, do outro lado, "a forma pela qual a República vinha explorando os nossos soldados". Depois de haver jurado à bandeira, Sua Alteza declarou aos jornais que as autoridades faziam do Exército e da Marinha "uma espécie de espantalho eleitoral e político, desvirtuando-se a nobilíssima e elevada missão que lhes toca na vida nacional".

No dia seguinte, 23 de janeiro, sua figura aparece estampada no jornal *A Hora*, prometendo "um exército de 100 mil homens", em meio a alusões a monarquistas do Exército e da Marinha, confraternizando os "tenentes de 1889 e os de 1913", enquanto nas ruas "a restauração monárquica seguia conquistando novos adeptos por todo o Brasil".

Por essa época, chegavam de São Paulo notícias desencontradas sobre o destino diplomático de Oliveira Lima. *O Estado de S. Paulo* de 27 de janeiro, diante da disposição de Domício da Gama em permanecer na embaixada de Washington a qualquer preço, sai em defesa do ex-ministro, ao tornar pública a posição do chanceler Lauro Müller, que, segundo o jornal, entendia "com muita razão que não se explicava a conservação do sr. Domício da Gama no posto culminante da nossa representação diplomática no estrangeiro, quando nós temos, afastado de uma comissão condigna, um homem da estatura intelectual do sr. Oliveira Lima". E chega a aventar uma solução para o impasse: Oliveira Lima seria enviado provisoriamente a Buenos Aires, indo depois em caráter definitivo para Washington na direção da embaixada do Brasil.

Mas essa não era a verdade dos fatos. Em 2 de fevereiro de 1913 circula no Rio um informe da *Gazeta de Notícias* segundo o qual o novo ministro do Brasil em Buenos Aires não havia ainda sido escolhido, sendo certo, entretanto, que não seria Oliveira Lima, àquela altura já informado de que lhe concederiam a aposentadoria. Definitivamente afastado dos combates, as notícias sobre o seu destino eram cada vez mais contraditórias.

Em 11 de fevereiro, por exemplo, os jornais voltavam a informar a disposição do ministro Lauro Müller em "fazer grandes remodelações nos serviços de sua pasta", incluindo entre elas a de fazer de Oliveira Lima "representante do Brasil junto de Sua Majestade britânica". O próprio Oliveira Lima, falando informalmente à redação de *A Notícia*, em atitude que nada lembrava o antigo conspirador, mostrava-se "disposto a aceitar qualquer cargo que lhe fosse indicado pelo governo da República, desde que daí não lhe pudessem resultar agravos para o estado precário de sua saúde". Dois dias depois, o que se configurava como um desfecho feliz parecia confirmar-se. *O Estado de S. Paulo* dava a nomeação como fato consumado, ao informar que havia sido "acolhida com satisfação por ser o novo ministro um espírito culto, um historiador consciencioso e um cavalheiro distinto", já conhecido em Londres, onde fora secretário de legação. *A Notícia* daquele mesmo dia 13 de fevereiro confirmava os fatos, sublinhando que "a nomeação do dr. Oliveira Lima para o cargo de ministro do Brasil na Inglaterra causou ótima impressão em todas as rodas diplomáticas", com destaque inclusive no *Financial Times*, onde a notícia teria sido "recebida com aplausos de todos os círculos financeiros".

Os ventos pareciam soprar a favor de Oliveira Lima. No dia seguinte, porém, em matéria assinada, *O Imparcial* informava que mal se noticiou a nomeação do ex-ministro para o posto de embaixador do Brasil em Londres, "começou contra ele uma pequena e insidiosa campanha, com o manifesto fim de demover o governo dessa nomeação", por ser o ministro — explicava a nota — monarquista e inimigo do barão do Rio Branco, recentemente falecido. Mesmo reconhecendo que foram adversários, o artigo não vê em Oliveira Lima um monarquista. Ao contrário: "Desde moço foi republicano e toda a sua vasta obra é uma declaração de republicanismo, embora de um republicanismo inteligente, esclarecido e civilizado, e não do republicanismo anacrônico e bronco dos clubes, dos batalhões patrióticos e dos exploradores da República". Em defesa de Oliveira Lima e de sua postulação, o jornal destacava a sua nobreza de espírito, ao lembrar que, mesmo sem ser amigo de Rio Branco, publicou por ocasião da morte do barão um artigo de dez páginas na *Revue de l'Amérique* que apontava o chanceler como "uma das personalidades mais notáveis não só do seu país como das duas Américas".

No mesmo tom, *A Noite* de 21 de fevereiro noticiava a presença de Oliveira Lima primeiro em São Paulo e depois em Pernambuco. Em São Paulo, onde já se previa a sua recepção como "embaixador em Londres" para a primeira quinzena de maio, o ex-ministro seria homenageado por amigos e admiradores. Seguiria depois para Pernambuco em visita a parentes de sua esposa. De lá — em nota também confirmada pela *Gazeta de Notícias* — finalmente rumaria para Londres, "a fim de assumir o seu posto diplomático".

Esse foi o último despacho auspicioso a dourar na imprensa o sonho europeu da carreira diplomática de Oliveira Lima. Poucos dias depois, em 28 de fevereiro, o *Correio da Manhã* se encarregaria de trazer as coisas para a realidade concreta que as articulava. "Errada e condenável a escolha de Oliveira Lima para Londres", assim abria a nota que devolvia a questão para o antigo argumento da "coerência pessoal e a honestidade dos princípios". "Se Oliveira Lima fosse o *gentleman* e o homem culto que dizem ser", sustentava o jornal, "não aceitaria o cargo por uma simples condição de atitude ética: não pode servir à República e dela beneficiar-se num alto cargo que se declarou monarquista militante."

No contexto das forças discordantes, já se articulava a campanha civilista com Rui Barbosa candidato à sucessão do marechal Hermes da Fonseca. "O civilismo vai voltar a campo e agirá com eficácia", declarou o Águia de Haia ao jornal *Gazeta de Notícias*, que o recomendava aos leitores convencido de que "o espírito sempre luminoso" de Rui marcharia com o povo para a vanguarda das nações civilizadas em que a soberania emanava dos cidadãos comuns. O próprio Rui Barbosa, falando para *O Imparcial* de 7 de março de 1913, afirmava o compromisso de fazer conservar as antigas tradições brasileiras do tempo do padre Feijó, "quando as nossas instituições militares, mais modestas e menos vorazes, asseguravam ao Império o respeito dos nossos vizinhos e uma auréola de consideração geral".

A tese da restauração monárquica ia assim perdendo fôlego ante o consenso, que aos poucos se firmava, de que era possível preservar a República "livrando-a dos excessos" do poder militar. Para D. Luiz de Orléans e Bragança, cada vez mais isolado na trincheira da restauração, pouco ou quase nada adiantou a estratégia de empolgar os militares. Perdido em meio ao noticiário que ia gradualmente amortecendo os ímpetos da fé monarquista, o filho da princesa Isabel vez por outra aparecia nos jornais, mas já sem trazer consigo a imagem temerária do conspirador incansável que se apresentara à nação. Em notas esparsas, falava-se dele como de algo distante e já diluído pela crônica da história recente — em uma reunião do Centro Beneficente da Guerra do Paraguai para homenagear a memória do conde d'Eu na comemoração dos 43 anos "da terminação do sangrento combate" (*Jornal do Commercio*, 2 de março de 1913); num informe sobre o Centro Monarquista de São Paulo, encarregado de distribuir o *Manual do monarquista* aos adeptos do regime deposto (*A Noite*, 6 de março); ou na alusão a uma cruzada cívica em que Sua Alteza aparecia querendo "civilizar o sertão", eliminando o analfabetismo, reorganizando as finanças e terminando com os currais eleitorais (*Jornal do Commercio*, 27 de agosto).

Por outro lado, a carreira diplomática de Oliveira Lima já estava selada. Em 5 de março de 1913, um artigo de Edmundo Bittencourt no *Correio da Manhã* praticamente exigia do governo que não confirmasse a sua nomeação para Londres: "O que nos dói não é ver o marechal Hermes assinar a nomeação do sr. Oliveira Lima e dar-lhe uma carta apresentando-o, como representante de sua confiança, ao soberano da nobre e austera Inglaterra [...]. O que nos dói é ver o dr. Oliveira Lima baixar-se à altura do sr. Hermes, depois de, merecidamente, ter subido tanto no conceito do público". Essa circunstância justificava, segundo o jornal, que ele perdesse "o direito a exercer um cargo de excepcional confiança e distinção na República".

E os fatos demonstraram que efetivamente o perderia. Na manhã de 11 de março, o mesmo *Correio da Manhã* informava que, reunido no palácio de Petrópolis com Pinheiro Machado e outros políticos de seu grupo, o marechal Hermes decidiu impedir em definitivo a indicação de Oliveira Lima. "Hermes começou a falar da nomeação de Oliveira Lima para ministro do Brasil em Londres", relata o jornal, "e logo foi dizendo que, absolutamente, ela não se podia realizar. Volta-se depois para o gaúcho e diz, sério: — Sr. Pinheiro, eu não sei se já assinei o decreto; mas, se tiver assinado, mande o Senado pôr abaixo." Acabava aí o sonho de Londres e o curso da aventura monarquista do autor do *D. João VI no Brasil*. Em 27 de agosto de 1913 aposenta-se como diplomata e pouco depois regressa à Bélgica para as despedidas de praxe.

Oliveira Lima e a esposa Flora em Washington, em 9 de dezembro de 1920 — nessa época o casal foi visitado com frequência pelo jovem Gilberto Freyre, que teve no autor de *D. João VI no Brasil* uma de suas maiores influências. Arquivo da Library of Congress, Washington.

4.

Monumento para um desterro

Um crítico sem insígnias

Fora da carreira diplomática e já sem as insígnias de ministro plenipotenciário, que tanto prestígio trouxeram à sua vida intelectual, a primeira impressão é que o desastre da campanha pela restauração da monarquia não atenuou no espírito de Oliveira Lima a vocação intelectual haurida na tradição imperial portuguesa. E se é certo que a partir de agora os temas de sua crítica se deslocarão para novos horizontes da cultura do Brasil em suas relações com a Europa e as Américas, não deixa de ser verdade que nele permanecem vivos muitos dos ideais projetados para um eventual reinado sob o cetro de D. Luiz de Orléans e Bragança. Não bastasse a referência constante aos males insanáveis que a República nos impunha através da "alienação das nossas virtudes de raça e dos nossos títulos de pátria", em cuja ameaça se desenhava para breve a "desvirilização nacional" do Brasil,[157] muitas de suas manifestações públicas naquele mesmo ano de 1913 confirmariam, entre outras, a sua antiga tese de que apenas a partir do século XVIII é possível dizer que a nossa literatura passa a fornecer à poesia portuguesa, sem separá-las, "alguma coisa essencial que lhe faltava", mas que ele localiza naquele "sentimento da natureza aliado ao mundo livre das convenções do gosto literário".[158]

[157] Ver o prefácio de Oliveira Lima aos *Discursos* de Rangel Moreira, publicado no jornal *O Estado de S. Paulo* de 29 de outubro de 1913.

[158] Ver "La littérature brésilienne", *Les Amitiés Catholiques Françaises: Revue Mensuelle*, Paris, jun./jul. 1913, pp. 1-6.

Ainda em 1913, poucos dias depois de deixar o cargo, o crítico se recordará das tardes em que se reunia com Salvador de Mendonça na legação de Washington, entre 1896 e 1898, quando costumavam conversar sobre a pátria distante, uma vez expedido o serviço burocrático, entre "cafés muito fortes e havanos não menos fortes"; um relembrando as coisas passadas e as suas experiências, o outro imaginando os acontecimentos futuros, cheio de esperanças republicanas, as mesmas que o aposentado de agora se apressará em desfazer, insistindo nas críticas que dirigiu ao regime de Deodoro ("imoralidade administrativa, intolerância política, cinismo governativo e descaso dos dirigentes")[159] ao lado do príncipe D. Luiz.

Esse mesmo espírito estará presente em muitos de seus escritos de então. Por exemplo, o elogio ao padre Feijó, a quem coube, segundo ele, a iniciativa de impedir a desagregação da pátria em formação, e o reconhecimento a Lorde Canning, no Colquhoun Club de Londres, por reconhecer a soberania parlamentar do Império brasileiro nos moldes tradicionais da Inglaterra ("as liberdades zeladas pelo vosso Parlamento provaram ser tão caras aos nossos corações quanto o são as almas inglesas"),[160] estarão no centro das conferências que leu no outono de 1912 na Universidade Stanford, sob os auspícios do Departamento de História, e que aparecem em 1914 enfeixadas no volume *The Evolution of Brazil Compared With That of Spanish and Anglo-Saxon America*.[161]

---

[159] Mesmo "acreditando deveras" na República, regime que, para ele, sempre conservou a sua "primitiva magia", Salvador de Mendonça — nas palavras de Oliveira Lima — "não enxergava o nosso futuro sem graves apreensões". Ver o artigo da seção "Coisas nacionais", *O Estado de S. Paulo*, 22 set. 1913.

[160] O discurso de Oliveira Lima no Colquhoun Club de Londres foi proferido em 15 de julho de 1914. Sobre os elogios ao padre Feijó, ver o artigo da seção "Coisas nacionais", *O Estado de S. Paulo*, 18 mar. 1913.

[161] Estas conferências repetiram os temas lidos na Sorbonne em 1911 e, segundo João Lúcio de Azevedo, foram também proferidas em outras dez universidades americanas, incluindo Yale e Harvard, antes de virem para o

O Oliveira Lima que emerge dessas palestras é o que enaltece aos ouvintes norte-americanos os "contatos pessoais" dos intelectuais da América Latina ("nós também temos os nossos Franklins de uma certa maneira") com os dos países mais desenvolvidos. No caso do Brasil, se a comparação serve para exaltar o brilho de alguns homens de letras, a real intenção é a de justificar a índole europeia de sua trajetória, como a de Basílio da Gama, que, concluído o *Uraguai*, "foi para Roma e se tornou membro da Arcádia"; ou a de Alexandre de Gusmão, que, sendo natural de Santos, "tinha uma inteligência naturalmente parisiense", com a qual se tornaria não apenas secretário, mas também assessor de D. João V, tendo deixado cartas que se "constituem na melhor crítica de seu reinado".[162] E mesmo quando o tom parece elevar-se — como na passagem em que atribui aos brasileiros da Universidade de Coimbra a capacidade de "enriquecer a vida intelectual da Metrópole" —, Oliveira Lima não deixa dúvidas quanto à natureza circunstancial, para não dizer exótica, dessa contribuição, ao afirmar que o Brasil "encontrava compensação para essa perda de seus filhos, dando para a vida de Portugal, pelo menos a vida da Corte, alguns aspectos peculiares e estrangeiros que se estenderam para outras classes da sociedade".[163]

Porém há mais: se esses poucos representantes das nossas elites se consagravam em Portugal por ilustrar as amenidades da Corte, no Brasil, segundo ele, só não igualávamos o progresso dos Estados Unidos pós-independentes devido à raça, ao ambiente e ao tempo, que "não nos tinham igualmente preparado para a direção consciente dos nossos destinos". Daí a valorização daquele "grupo limitado de homens de cultura" que advogavam, entre nós,

---

Brasil, onde foram lidas na Escola de Altos Estudos do Rio de Janeiro, em 1913.

[162] Oliveira Lima, *The Evolution of Brazil Compared With That of Spanish and Anglo-Saxon America* (introdução e notas de Percy Alvin Martin), Califórnia, Leland Stanford Junior University Publications, 1914, pp. 36-7.

[163] *Idem, ibidem*, p. 37.

os direitos de liberdade e autogovernabilidade, porque a grande massa dos cidadãos "não tinha, como ainda não tem, uma noção satisfatória do contrato social".[164]

É olhando a literatura e as artes do ângulo limitado desses poucos "homens de cultura"; é reconhecendo que, mesmo com a inferioridade de nosso "sangue misturado",[165] fomos capazes de preservar "a influência moral da Europa"; é defendendo as vantagens da miscigenação com a certeza de que, diluídos no sangue europeu, "os elementos inferiores irão brevemente desaparecer";[166] é por isso tudo, enfim, que a fase posterior à aventura monarquista do Rio de Janeiro fará da crítica de Oliveira Lima uma leitura conflituosa com a modernidade de seu tempo.

É também desse momento o reconhecimento tardio dos amigos para compensar o fracasso político e a interrupção prematura da carreira diplomática do crítico. Mais de uma vez — e esta parecia ser a intenção de seus principais admiradores — lamentou-se

---

[164] *Idem, ibidem*, p. 38.

[165] Retocando as conclusões de João Batista de Lacerda, que recusava o legado da raça negra como um todo (*O congresso universal das raças reunido em Londres em 1911: apreciação e comentários pelo dr. J. B. de Lacerda*, Rio de Janeiro, 1912), Oliveira Lima observa, contra o argumento do livro, que ele "deixou de mencionar que a influência moral da Europa foi tão poderosa, mesmo sob os produtos de intercasamentos, que o político mais astuto dos últimos anos do Império brasileiro foi um mulato, como também mulato foi o escritor mais ateniense dos anais literários do país". E conclui dizendo que "essas inteligências animando corpos em cujas veias circulava o sangue das assim chamadas raças inferiores são o melhor testemunho da eficiência das ideias misturadas" (ou *"crossing ideas"*, como consta do original em inglês). *Idem, ibidem*, p. 39.

[166] A certa altura, convencido das vantagens da miscigenação, Oliveira Lima propõe aos americanos que os Estados Unidos façam o mesmo que o Brasil: "Nós, da América Latina, já resolvemos este mesmo problema [o da questão racial], de maneira a mais satisfatória, através da fusão em que os *elementos inferiores* [grifo meu] irão brevemente desaparecer", ao contrário dos americanos, que no futuro estarão, segundo ele, ameaçados, "por preservarem indefinidamente dentro de limites irredutíveis populações de cor diferente e de sentimentos hostis".

a "flagrante injustiça" do governo republicano ao desfazer-se de um intelectual do calibre de Oliveira Lima.

E não foram poucas as vozes que se levantaram contra isso — ora para lembrar que o mesmo homem que não servia para representar o Brasil em Londres era o convidado de honra do presidente da Universidade Harvard para ocupar a cadeira de História Social, Política e Econômica da América do Sul; ora para reconhecer publicamente, como fez Olavo Bilac ao retornar da Europa, em princípios de 1914, o pioneirismo do nosso crítico em divulgar a literatura brasileira nas universidades do Velho Mundo, com ênfase para "a conferência na Sorbonne sob a presidência de Anatole France".

É sob essa atmosfera que um artigo de Assis Chateaubriand para o jornal *O Estado de S. Paulo* viria comparar Oliveira Lima a homens como Ingenieros, Calderón, Coolidge e Zeballos ("superior mesmo a Rui Barbosa"), por "ter sido ele quem revelou às elites intelectuais do planeta a existência de uma literatura por aqui".[167]

Frente à movimentação dos admiradores e amigos, o crítico Oliveira Lima mantém-se equidistante. Se de um lado, como historiador, ele persiste na tarefa de pesquisar a documentação do Brasil autônomo sem romper com a tradição lusitana de suas raízes, não hesita, de outro, em responder pontualmente a toda e qualquer estocada contra o passado imperial. Nessa tarefa, ao mesmo tempo que se esforça por acompanhar a produção mais recente da literatura nacional, cuida de refletir sobre as lições de sua vida diplomática, manifestando-se sobre acontecimentos, personalidades e obras que, mesmo distantes do ambiente nacional, tenham sobre o Brasil um efeito imediato ou indireto. Era, sob este aspecto, um guardião cioso dos "nossos foros de civilização perante o mundo".

Foi com esse ânimo que sublinhou, nas memórias de Maurice Trubert, antigo secretário de legação da França no Brasil, o

---

[167] "Assis Chateaubriand fala sobre Oliveira Lima", *O Estado de S. Paulo*, 21 maio 1914.

preconceito que nos tomava "como se a nossa terra fosse apenas povoada de cobras e caranguejeiras", visto que, a seu juízo, "foi para estes animais que o senhor Trubert guardou o melhor do seu estilo".[168] E não é longe desse sentimento que, no mês seguinte, se manifestou contra a trasladação dos restos mortais do imperador Pedro II e da imperatriz Teresa Cristina, de São Vicente de Fora, em Lisboa, para a catedral do Rio de Janeiro, por constatar que à frente da iniciativa estava o general Pinheiro Machado — circunstância que por si só, a seu ver, significava o mesmo que tingir de republicano o cetro injustiçado da família imperial.[169]

Isso talvez explique que o cosmopolitismo de sua crítica passe agora a integrar-se ao foco de uma experiência política moldada nos contrastes humanos das diferentes latitudes, para assim banhar-se nas aspirações mais largas da psicologia dos povos. Muito tradicionalista no fundo, como aliás nos mostra um perfil estampado em *Les Annales Brésiliennes* daquele mesmo ano de 1913,[170]

---

[168] "Embora tendo a sorte de trabalhar em países cativantes como a Turquia, a Áustria, os Estados Unidos, Montenegro e o Brasil", diz Oliveira Lima de Trubert, "os viu a todos pelo prisma de um rico ocioso que viajasse por desfastio e não fosse de um natural muito curioso." Sobre a nossa paisagem, "que tanto nos desvanece", diz ele que não impressionou o diplomata francês: "enumera apenas serpentes, sapos, coleópteros, cigarras, pirilampos, borboletas, formigas, beija-flores, varejeiras e escorpiões", ao contrário do que ocorre com Trubert em relação aos Estados Unidos, conclui, "a cuja recordação vibra por forma tal a sua alma que o seu senso descritivo, que é real, adquire tons superiores". Ver Oliveira Lima, "Coisas estrangeiras: impressões de um diplomata", *O Estado de S. Paulo*, 5-8 nov. 1913.

[169] "O absurdo neste ponto", observa Oliveira Lima, "chega ao cúmulo de querer um senhor deputado que se repatrie com esplendor o cadáver de D. Pedro de Alcântara, contanto que para isto não haja que entrar em relações com uma família monarquista e banida." E explica: "Se está banida e continua monarquista, não é por culpa dela: não pede outra coisa senão voltar ao lar, e não podemos verdadeiramente exigir que seja republicana a família imperial". Ver o artigo "A trasladação dos restos imperiais", *O Estado de S. Paulo*, 28 dez. 1913.

[170] Ver "Sobre Oliveira Lima", *Les Annales Brésiliennes*, ano 1, nº 1, 1º mar. 1913.

a nova atitude do crítico estará na busca de um equilíbrio que ajuste essa cultura do cosmopolitismo às impressões de um Brasil republicano cada vez mais distante "de seu passado luminoso injustamente interrompido". E, como na senda do historiador, que mergulha na história da pátria através de recortes que obliteram o conjunto por julgar que este se esgota na significação gloriosa das origens, as suas análises passam a operar como iluminações virtuais não da literatura brasileira pensada como um todo, mas como ressonâncias de um passado onde sempre esteve depositada a qualidade universal de sua expressão.

O dado a ser considerado no âmbito dessas circunstâncias é que, ao contrário do que ocorreu nas etapas anteriores, a recepção de seus trabalhos críticos, marcada pelo ambiente adverso que cercou sua própria trajetória pessoal e política, é agora bastante questionada também na esfera literária. E se ainda permanecem algumas vozes (como a de José Veríssimo, por exemplo) que reconhecem o valor de seus escritos, ressaltando neles (como no caso de "América Latina e América Inglesa") uma visão conjunta do Novo Mundo "que seguramente é o mais estupendo fato de toda a história moderna",[171] não são poucas as discordâncias que os desqualificam.

Sem pensar nas críticas que vinham de homens como Graça Aranha e Medeiros de Albuquerque — este último descendo ao requinte lamentável de defraudar atributos pessoais e humanos, ao afirmar que Oliveira Lima não tinha "talento criador" e não passava de "um laborioso ajuntador de documentos, um recosedor de coisas já ditas", cujo estilo, "de uma aspereza e desigualdade profundamente desarmoniosas", teria provocado no professor George Dumas a impressão de que ele escrevia com a barriga[172]

---

[171] José Veríssimo, "América Latina e América Inglesa", *O Imparcial*, 25 jul. 1914.

[172] Para Medeiros e Albuquerque, a grande virtude de Oliveira Lima era cuidar da publicidade de seu nome, "obtendo sempre que os menores feitos que realizava no estrangeiro se transmitissem para o Brasil através de telegramas laudatórios", de modo que "pouco a pouco se formou entre nós

—, sem nos deter em tais críticas, podemos dizer que nenhuma dessas invectivas o atingiu tão duramente quanto a do embaixador Gilberto Amado. O que incomodava a Amado era o fato de Oliveira Lima mostrar aos estrangeiros um Brasil que não existia como realidade concreta, um país que, em suas palavras, não passava de "um objeto como outro qualquer", amputado do que melhor o simbolizava (as guerras de Pernambuco e de São Paulo, os bandeirantes e os holandeses, os vultos de Tiradentes e Amador Bueno, a literatura do Império e os intelectuais da República), causando-lhe estranheza "que alguém chamado a falar do Brasil, em nome do Brasil, haja em tão grande ponto desdenhado dele".[173]

Coincidentemente, são três os representantes do universo lusitano, tão ardorosamente cultivado por Oliveira Lima, que sairão em sua defesa: o visconde de Alvaredos, João Grave e João Lúcio de Azevedo, cada qual trazendo argumentos que, inspirados no autor do *D. João VI no Brasil*, renovaram em seu espírito os elos de uma identidade mais de uma vez exaltada.

Alvaredos, talvez o mais descomedido, vem reforçar um dos pressupostos mais caros ao pensamento de Oliveira Lima, ao garantir que a história da América Latina não é mais do que a da Península Ibérica transportada para um novo cenário que se assimila ao meio tradicional europeu através do "fio de suas instituições e de seus ideais". A seu juízo, uma das bases mais importantes para essa condição é o "tradicionalismo" que emana da obra de Oliveira Lima, segundo ele um intelectual que aceita as imposições do progresso, mas as submete ao recesso venerado "da memória de seus maiores" para fugir às imposições do pensamento "revolucionário", este sim — adverte — o grande inimigo a ser vencido, não apenas porque "odeia o passado" e se embala pelos perigos da utopia, mas principalmente porque se deixa levar por

a ideia de que o mundo inteiro o aclamava como um gênio". Ver *Minha vida: memórias (1893-1934)*, Rio de Janeiro, Calvino Filho, vol. 2, 1934, pp. 204-5.

[173] Ver Gilberto Amado, "Uma coisa inexplicável", *O País*, 18 jul. 1914.

um sectarismo tresloucado e sempre decidido a "derruir os alicerces do edifício social".

É a este espírito passadista e antimoderno que o velho monarquista português vem trazer a sua homenagem. Num primeiro momento, para lembrar "uma observação límpida e profunda" com a qual o nosso crítico garantia solenemente aos seus auditórios que o Brasil havia gozado, com o regime imperial, de "todas as franquias políticas", a um ponto tal "que nada lhe ficou para conquistar, só para imitar". E em seguida para registrar que de sua amizade por Sua Alteza o senhor D. Luiz de Bragança — "do glorioso sangue do Mestre de Avis e do Condestável D. Nuno Álvares Pereira" — nasceu a "faculdade de visão" com que Oliveira Lima anteviu a futura grandeza de sua pátria. Isso, por si só, lhe garantia, a seu ver, o direito de "passar das letras para a ação", já que "para a conquista do poder o ardil vale mais do que o talento".[174]

Não muito longe dessa orientação, o intento de João Grave é mostrar — como aliás o fez Oliveira Lima — que a grande vantagem do Brasil sobre as repúblicas hispânicas foi não ter-se indisposto com os estrangeiros a ponto de odiá-los, como fizeram os castelhanos, "sempre arrogantes e orgulhosos". "O Brasil é português e não espanhol", nos diz João Grave, "e isto explica tudo", principalmente porque dessa consciência das origens "deriva também, o que não é menos importante, o respeito pela opinião da Europa".

Tais considerações, que inicialmente servem de comentários à reportagem de um enviado especial do *Times* de Londres, encarregado de proceder a um inquérito sobre a situação dos diferentes países da América Latina, se valem de algumas observações do jornalista, em particular as que atribuem à "diferenciação de raça" grande parte dos males da região, para sublinhar a "sagacidade" com que Oliveira Lima analisou a questão, mostrando em suas conferências que a maior causa do atraso moral e social da Amé-

---

[174] Visconde de Alvaredos, "O ministro Oliveira Lima", *A Verdade*, Açores, ano 3, n° 241, 24 jul. 1914.

rica Latina não só decorria da mestiçagem, mas também, mais do que isso, seria ela própria a responsável por uma "séria incompatibilidade" entre o destino grandioso que se anunciava em sua história e a debilidade do povo miscigenado que a constituiu. "A população anglo-saxônica transplantada para a América do Norte, e que ali se propagou" — ensina Oliveira Lima, transcrito por João Grave —, "era e continuou no fundo a ser a mesma gente da Metrópole, à qual convinham, portanto, as mesmas instituições. Quando se deu a fusão, foi com elementos da mesma raça; não assim no resto do continente, onde o cruzamento se operou com elementos inferiores, pois que se não existem raças inferiores, existem pelo menos povos inferiores." E conclui, em seguida, para dizer que o maior desenvolvimento dos Estados Unidos em relação à América Latina se deve a que "lá eles mantiveram íntegra a base étnica da Europa e de seu espírito".[175]

Esse, aliás, é o argumento que ressalta na defesa de João Lúcio de Azevedo, com a diferença de que, nesta, a ênfase de Oliveira Lima na fragilidade da etnia se completa com o elogio de seu tino político em agregá-la ao peso do Império. Na verdade, Azevedo não apenas insiste em valorizar a tese do nosso crítico acerca do papel decisivo exercido pela monarquia brasileira na unidade do país, como se esmera em detalhar, nas conferências de Stanford, a lição segundo a qual, mesmo aderindo à República, a alma espanhola ainda hesitava em desligar-se das tradições da Coroa.

No México, como lembra Oliveira Lima citado por João Lúcio, "quiseram fazer um império, dando a coroa dele ao próprio rei da Espanha". O mesmo se deu no Estado argentino, prossegue, "onde se pensou em oferecê-la a um americano descendente dos incas, que desposaria uma filha de D. João VI". E sabe-se "quão perto estiveram de vingar as intrigas de D. Carlota Joaquina para ser proclamada soberana do Prata", acrescenta ele, não deixando de lembrar que o próprio Luís Filipe, futuro rei dos franceses, também foi cogitado. Mas a malograda aventura de Iturbide, o

---

[175] João Grave, "América Latina e América Inglesa", *O Estado de S. Paulo*, 9 ago. 1915.

"efêmero imperador" do México, se encarregou de mostrar que ficou impossível "varrer o caudilhismo pela ação de uma realeza a que faltava o apoio da tradição nacional".[176]

À gravidade desse mal externo — "tanto mais devastador", lembra Oliveira Lima, "quanto mais graves forem os conflitos interiores do sangue dos indivíduos" — escapou o Brasil por clarividência da monarquia, que permitiu que os sangues se misturassem, ante a certeza não muito distante de que "o estigma da mestiçagem — que foi moral e socialmente um atraso para toda a América — virá com o tempo a apagar-se por efeito da crescente imigração da Europa". Só assim nos transformaremos — esta a lição do crítico lembrada por João Lúcio — num "viveiro da raça branca" e num dos "focos da civilização latina".[177]

No coração da província

Uma das diferenças dessa outra etapa de sua atividade crítica é que as análises e os comentários sobre livros e cultura deixam o aparato das edições acadêmicas e se deslocam para as colunas dos jornais. Mais conhecido do público em razão dos últimos acontecimentos relatados pela imprensa, Oliveira Lima como que se vale da sua imagem de polemista injustiçado pela pátria para ajustá-la ao prestígio de seu nome, e assim apresentar-se como alternativa capaz de revelar, de uma outra instância, o que os artistas e intelectuais vinham produzindo no Brasil.

No entanto, embora o seu interesse por vezes se volte para a interpretação de autores como Monteiro Lobato, Afonso Arinos e Lima Barreto, passando por Graça Aranha, Jackson de Figueiredo e Nestor Vítor, não há como negar que muitos de seus interlocutores estão mesmo é em Portugal. É de lá que vem, na verdade, a maior parte dos pressupostos que travam o salto para a plenitu-

---

[176] Ver João Lúcio de Azevedo, "América Latina e América Inglesa", *Revista de História*, Lisboa, ano 3, nº 9-12, 1914, pp. 196-201.

[177] *Idem, ibidem*, p. 200.

de da vida brasileira, persistindo em enredá-la, agora como antes, no velho aparato crítico que insiste em compreendê-la de uma perspectiva de fora. É de fato com os críticos e intelectuais portugueses, no Brasil ou fora dele, que se dão os contatos mais estreitos e se revelam as afinidades mais profundas. Com Fidelino de Figueiredo, por exemplo — saído, como ele, dos mesmos bancos acadêmicos da antiga Faculdade de Letras de Lisboa —, dividirá a aversão política pela mesma "superstição democrática com que os velhos nacionalistas inquinaram o mundo", tendendo a ver na República a falta de proporção, de educação crítica, a anarquia mesmo, deplorando tanto no Portugal posterior a 1910 quanto no Brasil de 1889 "o envenenamento da tradição e do espírito nacional", ambos "infeccionados e até nocivos".[178]

De fato, em Oliveira Lima parece ter prosperado a decisão, inspirada em Fidelino de Figueiredo, de fazer uma revisão crítica dos valores literários tradicionais, com vistas a reavaliá-los e ajustá-los aos padrões da época. Essa perspectiva se confirma aos olhos de quem se interessar pelos *scrapbooks* que circundam os papéis de sua vasta biblioteca, onde a presença de Carlos Malheiro Dias e do já citado João Lúcio de Azevedo se mostra tão significativa para a compreensão desse momento em que se amiúdam os diálogos de Oliveira Lima com Fidelino de Figueiredo. Malheiro Dias porque ilustra uma análise sobre o pensamento de Rui Barbosa com a ideia de que, no Brasil, os antepassados não podem ser nem guaranis nem africanos, mas os iberos que através de sua "substância vivente e suas tradições [...] nos geraram, nos criaram, nos educaram, nos opulentaram, até sermos o que somos hoje". E João Lúcio de Azevedo porque identifica, num elogio acadêmico a José Veríssimo, o mestiço de eminentes dotes que se constitui no tipo representativo da ação da nacionalidade portuguesa enquanto portadora de civilização.

---

[178] Ver as cartas de Fidelino de Figueiredo a Oliveira Lima (Lisboa, 2 de junho de 1915 e 10 de outubro de 1917).

As observações de Malheiro Dias[179] reforçam os fundamentos culturais da crítica de Oliveira Lima no passo em que este não vê distinções na expressão intelectual dos grandes escritores portugueses e brasileiros, por acreditar que todos se formaram na íntima convivência dos clássicos da língua, demonstrando de maneira cabal "a prolongação na América do berço de sua progênie". Por isso é que, na mesma direção do pensamento crítico de Oliveira Lima, Malheiro Dias sustenta não ter sentido isolar uma literatura da outra, visto que os brasileiros "encarnam em si mesmos o próprio destino da raça portuguesa". Isso explica que, tanto num como noutro, seja cada vez mais urgente o dever que têm os brasileiros de "evitar que a especulação jacobina dos lusitanófobos", tão acentuada com a imposição da República, "explore o banimento de Portugal dessa constelação refulgente dos povos".[180]

Num horizonte mais amplo, tais preocupações, além de ajustar-se aos ideais antijacobinos de Oliveira Lima, servem para convalidar no ideário de ambos o tradicionalismo ortodoxo de Maurice Barrès, que Malheiro Dias caracteriza como o processo mais eficaz para garantir a "dinâmica do presente", "com o potencial estático do passado, convertendo em energia nacional, em consciência nacional todas as fés, todas as vocações, todas as qualidades ancestrais, preservando-as piedosamente do furacão anárquico da iconoclastia". Tudo isso, notemos, apresentado como um estado de espírito que o próprio Malheiro se apressa em identificar, no Brasil, com uma corrente tradicionalista contemporânea que reúne em suas fileiras "expoentes" que vêm se integrando às duas culturas, desde as lições de um Joaquim Nabuco revelando em Nova York as maravilhas dos *Lusíadas* até as intervenções de um Oliveira Lima fazendo em Bruxelas a apologia da obra brasileira da

---

[179] Ver Carlos Malheiro Dias, "O nome honrado", *O País*, 2 ago. 1916.

[180] A ideia de Malheiro Dias era mais radical, pois consistia em afirmar que "os povos que se voltam contra os seus antepassados são, como os parricidas, vítimas de uma vesânia que lhes revela a própria degenerescência", condenando-os a caírem sob a servidão de "outras raças mais dignas". Ver Carlos Malheiro Dias, *op. cit.*

colonização. E isso sem excluir o entusiasmo "do grande Rio Branco", "tão impróprio de sua fleuma" — enfatiza Malheiro Dias —, "enaltecendo a previdência portuguesa, que lhe legou a mais copiosa e monumental documentação para instruir os seus processos nas memoráveis ações diplomáticas em que se empenhou".

Como vemos, estamos diante de um painel ilustrado pelas mais influentes personalidades do período, a que se juntam ainda o poeta Olavo Bilac "genuflectindo em Lisboa perante os altares tradicionais"; o romancista Coelho Neto "venerando, extático", em Portugal, "o prolongamento retrospectivo de sua raça e do seu talento"; e o acadêmico Afrânio Peixoto registrando no "épico prefácio" ao seu *Minha terra e minha gente* o que Malheiro Dias considera "a visão gloriosa da terra materna como estímulo para a dignidade nacional", em meio aos brados de um Sílvio Romero ("esse gigante exasperado") arremetendo contra os demolidores da tradição.

O problema de Malheiro Dias era buscar na expressão acadêmica dos escritores brasileiros uma base que servisse para converter "os desnaturados e os ignorantes que pretendem ou supõem que Portugal não está à altura de ser para o Brasil como que um relicário de orgulho e um motivo de ufania".[181] É contra a "obra criminosa" dos que renegam no Brasil a "primogenitura do sangue lusitano", que faz de um Rui Barbosa a glória contemporânea da raça comum e "o príncipe intelectual da longa dinastia dos gênios portugueses", é contra isso que, segundo ele, é preciso lutar. Pois não é outra, como vimos, a expectativa de Oliveira Lima, traduzida, é certo, numa linguagem mais temperada, mas reivindicada de uma perspectiva não menos peremptória.

Basta lembrar que, pouco depois do artigo de Malheiro Dias em *O País*, Oliveira Lima — em resenha crítica publicada num

---

[181] "A esses ignorantes", argumenta Malheiro, "é dar-lhes a ler o capítulo 'Portugal antigo'", que integra o volume *Últimas farpas*, de Ramalho Ortigão, um livro que, para ele, "amontoa troféus do heroísmo e do gênio da nação" a quem devem os brasileiros o "nome honrado" que os seus maiores imprimiram à sua história.

jornal de Recife[182] — ainda uma vez lamentará as deformações por que vinha passando o português escrito no Brasil, em geral desvirtuado, a seu ver, por aqueles que não se preocupavam "em falar e escrever com a possível correção a língua da sua nacionalidade ou pelo menos dos seus maiores". A pretexto de enumerar o desserviço que os tradutores de legendas cinematográficas vinham prestando à língua portuguesa, ao descurar da correção e da clareza na linguagem dos filmes, o nosso crítico, ironicamente, declara *não* recomendar o livro que resenhava (por ironia, esse livro era o *Gente d'algo*, do conde de Sabugosa) a "todos os propagandistas nacionais" desse Brasil cada vez mais distante do vernáculo, por falta de escolas e abundância de cinematógrafos.

Pois é contra esses mesmos excessos nacionalistas "que embruteciam o vernáculo" que João Lúcio de Azevedo — ao publicar em Portugal o elogio de José Veríssimo lido pouco antes na Academia das Ciências de Lisboa[183] — retomará o peso de Oliveira Lima na definição de uma outra face para a celebração da alma portuguesa incorporada ao nosso sangue mestiço. Seu ponto de partida é o papel decisivo de José Veríssimo na fundação da Academia Brasileira de Letras ("dele partiu o impulso principal"), e a tese que se propõe, a partir daí, é não apenas identificar a Academia com a "declaração da maioridade mental" do Brasil em face de sua "maioridade política" conquistada em 1822, mas também — e aqui vamos ao cerne da questão — mostrar que o Brasil só chegou a produzir escritores do porte de um Machado de Assis e diplomatas da expressão de um barão de Cotegipe porque ambos — segundo mostrou o Oliveira Lima das conferências europeias e americanas, citado por Azevedo — são tão filhos de Portugal quanto o padre Antonio Vieira ou o poeta Almeida Garrett.

Nada os separa, nos diz Azevedo, da exuberância moral e intelectual do caráter lusitano, e a razão disso, explica, está na

---

[182] Ver Oliveira Lima, "Livros novos", *Diário de Pernambuco*, 10 out. 1916.

[183] João Lúcio de Azevedo, "Elogio acadêmico de José Veríssimo", *O Dia*, Lisboa, 10 mar. 1916.

própria índole da colonização portuguesa: "Ao passo que as nações setentrionais, na exuberância de seu vigor, aniquilaram as populações selvagens para as esbulharem de seus territórios, nós, porventura mais humanos, dávamos as mãos às raças inferiores e criávamos, unindo-nos com elas, humanidades novas". É por isso mesmo que, se existe um "caráter distinto" na afirmação cultural brasileira, esse caráter se deve aos seus vínculos com os valores da Metrópole, os mesmos que, segundo ele, permanecem vivos no espírito de José Veríssimo, ao exprimir a certeza de que, inaugurada a Academia, "nunca virá o dia em que Garrett e seus sucessores deixem de ter toda a vassalagem brasileira".

A variedade desses aspectos é visível no âmbito da crítica que Oliveira Lima passa a publicar nos jornais brasileiros depois de aposentado. Numa leitura do romance *Triste fim de Policarpo Quaresma*, por exemplo, é possível observar como ele vai aos poucos transferindo para a análise do romance do jovem Lima Barreto — àquela altura um autor pouco conhecido — o travo amargo de um coração tradicionalista fascinado pelas imagens que transfiguravam a República e deformavam o autoritarismo dos militares.[184] Mas mesmo apontando para esse "idealismo visionário", que trazia muito de novidade por não desejar o estilo empolado dos bacharéis, o Lima Barreto visto por Oliveira Lima, na verdade, só ganha relevo pelo fato de lembrar-lhe a trajetória inicial do jovem Eça de Queirós, também ele tachado pelos críticos de mau escritor, apesar de consagrado "pelo senso comum", a exemplo do que ocorreu com o romancista brasileiro.

É certo que a intenção de pontuar os "felizes achados" que faziam de Lima Barreto "uma revelação genial" vale também de pretexto para desqualificar o sucesso de *Canaã*, cujas promessas ficaram tão reduzidas quanto a admiração do crítico pela obra e a personalidade de Graça Aranha. Mas ainda aqui o paralelo com *Canaã* — frente ao qual o livro de Lima Barreto, para Oliveira Lima, era "em todos os sentidos cem vezes superior" — não deixa

---

[184] Oliveira Lima, "Policarpo Quaresma", *O Estado de S. Paulo*, 13 nov. 1916.

de se valer do prestígio da literatura da Metrópole: "Qual dos tipos desenhados pelo sr. Graça Aranha", pergunta o nosso crítico, "perdurará na memória mesmo dos intelectuais, como acontece com o conselheiro Acácio, o João da Ega, o Damaso, o poeta Alencar?". Os tipos de Lima Barreto, ao contrário — e sempre à semelhança das personagens de Eça —, perdurariam, principalmente porque continham no âmago de seu significado os germes daquele "Brasil valentão"[185] que tanta repulsa causara ao autor do *Policarpo Quaresma* e tão pouca importância reservara às bravatas imperiais que inflamaram o coração monarquista do ex-ministro em Bruxelas.

É justamente no cerne dessa discordância que a crítica de Oliveira Lima completa a sua identidade. De um lado, porque associa os "felizes achados" de Lima Barreto a um método literário que subordina inteiramente às ações da personagem o desenho de seu caráter. Com isso, nos diz ele, o leitor pode fazer sem fadiga a leitura dos percursos humanos de Lima Barreto, atentando apenas no traçado objetivo que "evita gastar muitas pinceladas" para mergulhar nos valores comuns da psicologia do povo. Isso, além de fazer com que a "pintura ressalte da própria ação", permite ao leitor entrar diretamente no que o crítico chama de "psicologia completa" das personagens, sempre próximas do homem comum das ruas e, em qualquer caso, prontas a se converter em "tipos inolvidáveis" que em nada se distanciam do peso do protagonista. De outro lado, porque associa esse predomínio da ação ao "desenho impressivo" muito rico dos perfis humanos que vai revelando, ao acrescentar-lhes descrições inesperadas e cheias de contrastes criativos.

Decisiva para o destino do protagonista, a "máscara impressiva" de Floriano Peixoto, por exemplo, fornece aos brios monar-

---

[185] Ao receber de Oliveira Lima o livro *Na Argentina*, Lima Barreto, em carta datada de Todos os Santos (bairro do Rio de Janeiro) a 5 de março de 1920, "agradece-lhe muito a lembrança" e destaca o seu apoio à neutralidade ali proposta por Oliveira Lima. "Tão superior alcance do seu livro", escreve Lima Barreto, "nestas horas tenebrosas do Brasil valentão, é um consolo para todos nós que desejamos a união fraterna dos homens."

quistas do nosso crítico um outro retrato de Policarpo Quaresma. Quando Oliveira Lima nos diz que Lima Barreto "reserva o mais de suas tintas para o perfil que se tem querido fazer enigmático de Floriano (enigmático para os que não querem tratá-lo à luz da verdade)", o que ele nos quer mostrar é que, na moldura republicana do retrato, o idealismo farsesco da ficção desarticula a impressão positiva da autoridade, diluindo-a na "indolência orgânica" de um Floriano ordinário e medíocre que pouco se destaca da gente miúda que se diverte com o reformismo amalucado do major Quaresma.

Um tipo mesmo que, longe de compor a imagem do Marechal de Ferro, parece fundir-se à ambiguidade ingênua do pobre major, perdido no desarranjo de suas crenças feito um Quixote dos trópicos. "Bigode caído, lábio inferior pendente e mole", eis os traços de que se vale Oliveira Lima para juntar ao *portrait* esboçado por Lima Barreto os vincos de um outro rosto, o rosto estranho à "probidade pessoal" que no Império sempre foi, segundo ele, um predicado inseparável dos princípios morais da "civilização patriarcal". Fora das convenções, mas dentro do romance, o que ele risca do esquadro da decência são os "traços flácidos e grosseiros" que no retrato de Lima Barreto valem como signos de uma "indolência orgânica" aviltada pela "calma de chinelos e palito na boca", que é preciso banir dos horizontes da mocidade apesar "da impossibilidade de se renovar no Brasil aquele período do Boqueirão". É bem verdade que reconhecia a ameaça constante da ilha das Cobras, do Satélite e do Condestado. "Mas eu *quero* crer que assim será", conclui Oliveira Lima, "que a bondade famosa da alma brasileira se tornará uma realidade." Por isso julga importante fiar-se a crítica "no que sentem e como sentem" os novos autores que iam surgindo no Brasil, a exemplo de Lima Barreto.

Mas o que pensar do que sentia e de como sentia o nosso crítico quando, dias antes, em conferência no Gabinete Português de Leitura do Rio de Janeiro, ao homenagear a "influência moral" e a "energia construtora" de Alexandre Herculano sobre a geração da revista *O Panorama*, se louvou no autor de *Eurico, o presbítero* para afirmar que o nosso indianismo passou de manifestação intelectual deliberada, em seus primórdios, a manifestação de ignorância em sua fase mais espontânea, quando se tornou inegável a sua incapacidade de anular o purismo do vernáculo, tão bem assimilado pelo estilo de Gonçalves Dias e de José de Alencar, eleitos por Herculano como perfeitos conhecedores do espírito clássico e das convenções literárias da Metrópole. E o que dizer do que sentia quando formulou o princípio de que, fora do português, só pode haver no Brasil "a língua geral dos tupis", que os próprios indianistas ignoravam, frente à realidade — esta sim inabalável — de que tudo o que o nosso talento conseguiu engendrar em termos literários não foi além do numeroso universo dos "brasileirismos" que "não podem alterar a essência da língua, antes a ela se adaptam, respeitando o seu gênio literário".[186]

E note-se que o crítico que assim se exprime será saudado por Alfredo Pujol, em sua sexta conferência sobre Machado de Assis, como o sucessor intelectual do Bruxo do Cosme Velho e do crítico José Veríssimo, falecido havia pouco, precisamente por demonstrar em seus estudos — que Pujol chama de impressionistas — "as preciosas qualidades de historiador e de filósofo, com a sua extraordinária cultura literária".[187] Um bom modo de compreender essa ambivalência é refletir no caráter bifronte de sua presença entre as duas culturas, coisa que o próprio Oliveira Lima se encarregará de elucidar no ano seguinte, ao confessar-se um intelectual identificado com o "espírito local da província". Partindo da convicção de que "o nosso patriotismo é duplo", o crítico distinguirá entre o "grande patriotismo nacional", ou seja, aquele "que funde numa só, gigantesca, todas as diferentes pulsões do espírito brasileiro", e o patriotismo menor da *petite patrie*, que em suas palavras

---

[186] Ver Oliveira Lima, "Alexandre Herculano" (conferência proferida no Gabinete Português de Leitura na noite de 13 de setembro de 1916 e publicada no *Jornal do Brasil* em 17 de novembro do mesmo ano).

[187] Alfredo Pujol, "Machado de Assis: o crítico e o cronista", sexta conferência sobre o autor do *Quincas Borba* pronunciada na Academia Brasileira de Letras e publicada pelo jornal *O Estado de S. Paulo* em 16 de dezembro de 1916.

"é mais chegado ao coração". Isso é o que lhe permite sentir em profundidade as raízes e as tradições do Brasil tal como se vivesse numa província, onde, longe da movimentação dos grandes centros, a vida do espírito e a humanização dos sentimentos estão mais próximas das aspirações da inteligência. Aí, na expressão dessas raízes, é que se desenvolve, segundo ele, a ideologia da "integração mais acendrada" com o espírito geral da cultura comum e da civilização da Metrópole.

"Eu creio mesmo", nos diz Oliveira Lima, "que os clássicos hoje em dia só são lidos na província, tanto os clássicos latinos, como os portugueses, Cícero como João de Barros; daí muito da tortura infligida ao vernáculo nos jornais e até em livros editados nos grandes centros."[188] Não que, para ele, os livros e a produção da província fossem superiores aos das grandes cidades. O que deseja enfatizar, nessa inversão, é que "na província cristaliza-se o sentimento humano, para formar-se a simpatia humana". Por isso considera os brasileiros "um povo tolerante por natureza", a ponto de não se ter mostrado rancoroso nem com os cristãos-novos — que "na Península Ibérica se consumiam em labaredas sinistras" — nem depois com os holandeses, daqui expulsos tão somente por uma questão de soberania: "Éramos portugueses, não queríamos ser flamengos, nem queríamos que nos explorassem economicamente".

"Éramos portugueses" na província distante e através dela nos enlaçávamos, com a liga mais profunda da identidade espiritual, às origens comuns que o crítico se dispunha a elucidar nessa nova etapa de sua trajetória. Basta ler, no entanto, o artigo que publicará sobre o padre Vieira[189] dois meses depois para se ter uma pequena amostra de quanto valia o espírito da província brasileira junto ao coração lusitano de Oliveira Lima. A pretexto de reafirmar a importância de Vieira para o significado histórico dos ar-

---

[188] Oliveira Lima, "Discurso no Instituto Histórico e Geográfico Paraibano", *Diário do Estado da Paraíba*, 20 mar. 1917.

[189] Ver Oliveira Lima, "Inéditos do padre Antonio Vieira", *O Estado de S. Paulo*, 31 maio 1917.

quivos portugueses e, a partir daí, registrar a complexidade de seu caráter,[190] veremos que é justamente desta que o nosso crítico se valerá para justificar a presteza com que o célebre jesuíta admitiu ter de sacrificar a capitania de Pernambuco (então reclamada pela Companhia das Índias Ocidentais) para garantir o reconhecimento do Portugal restaurado. É que para Antonio Vieira, nos diz ele, o Brasil holandês não passava de uma "colônia perdida" frente a Portugal, este sim "o domínio legítimo, natural e tradicional da Coroa". E prossegue: "Se para a boa harmonia com a Holanda, indispensável à segurança portuguesa, era mister aceitar os fatos consumados na América e renunciar a recuperar as capitanias conquistadas pela Companhia das Índias, pois que lá ficassem em mãos estrangeiras, a fim de salvar-se o essencial".

O Brasil não era essencial: eis o argumento decisivo para o nosso crítico, muito embora insista em nos dizer depois que essa "talvez não fosse a convicção arraigada" no coração do padre Vieira, como se isso bastasse para justificar o oportunismo premeditado de quem — para ficarmos com os seus próprios termos — "se aferrava a uma opinião e a defendia com toda a pujança do seu talento enquanto ela lhe aproveitava, desertando-a no dia seguinte para abraçar outra mais conveniente aos interesses gerais, não particulares, que o empolgassem".

A pergunta que nos ocorre é se não será com esse mesmo caráter que a crítica literária de Oliveira Lima convive com os "escritores da província" — todos eles brilhantes enquanto próximos do núcleo acadêmico que se nutre das tradições intelectuais e do veio retórico que valoriza o vernáculo e o legado cultural da Metrópole, e imediatamente medíocres e "desertáveis" quanto mais afastados ou contrapostos ao espectro dos "interesses gerais"

---

[190] Caráter que, segundo Oliveira Lima, só se tornaria próximo de ser compreendido com a vasta pesquisa de João Lúcio de Azevedo, que acabara de publicar pela Academia de Ciências de Lisboa as dezenove cartas inéditas de Antonio Vieira encontradas por ele na Biblioteca de Évora, todas dirigidas ao marquês de Niza no período que se estende de agosto de 1647 a outubro de 1648.

tão caros ao crítico quanto o eram ao padre Vieira. E notemos que, tal qual ocorria com o autor do *Sermão da Sexagésima*, talvez não fosse essa a convicção arraigada no coração do nosso crítico, que nunca deixou de externar, sempre que o questionavam, a admiração que devotava às letras de seu país, tão ou mais viva que aquela que lhe inspirava o espírito de Antonio Vieira, com as suas inesperadas incursões, "vestido à secular, de espada ao lado", a caminho do paço de Alcântara para conferenciar com o rei, ou mesmo "vestido de vermelho e com bigode", conforme o viu uma testemunha do Santo Ofício.

Da Nova Lusitânia à Nova América

É dentro desses parâmetros que a última etapa da crítica de Oliveira Lima se desenvolve. E assim será mesmo no momento em que mais se aproxima dos novos autores que com ele, por carta, trocaram impressões sobre os múltiplos caminhos que se abriam para a literatura e as artes no Brasil. O Oliveira Lima de 1917, como crítico literário, fará questão de dizer-se adepto da tese de uma "irmandade espiritual" entre autores de épocas ou de séculos diferentes, pertencentes mesmo a correntes literárias opostas, para sustentar a ideia de que os métodos e os "feitios psicológicos" se completam ou se identificam independentemente de escolas ou de teorias.[191]

Nesse momento em que seus juízos críticos e apreciações literárias aparecem com frequência na imprensa de São Paulo, será fácil constatar o peso determinante que sobre eles exerce o conjunto das ideias lusocêntricas que tão marcadamente caracterizavam o historiador. Num artigo em que examina o livro de Alberto Rangel sobre a marquesa de Santos, por exemplo, sai em defesa da imperatriz Maria Leopoldina, argumentando que não conside-

---

[191] Oliveira Lima, "Um crítico histórico e literário português", *O Estado de S. Paulo*, 5-8 set. 1917.

rava justo prodigalizar louvores à marquesa "em detrimento de quem, como dona Leopoldina, só merecia respeito e ternura".[192] Com esse argumento — além de destacar o papel importante exercido pela imperatriz no processo da Independência, "aconselhando o marido e demonstrando amor para com os filhos, revelando-se em tudo ao contrário do que dela afirma Rangel" —, Oliveira Lima recusa, em Alberto Rangel, a imagem de mãe negligente que o autor de *Acendalhas* atribui à esposa de Pedro I.

Mas essa não é a única marca sugestiva do artigo. Importante na leitura é a admiração do crítico pelos hábitos nobres da soberana, entre eles o gosto pela caça, o fraco pelas ciências naturais e o estilo de suas cartas ao marquês de Marialva, as quais Oliveira Lima pôde ler na coleção de Alberto Lamego e que, segundo afirma, em nada remetem à "loiraça feiarrona" de que Rangel lançava mão para "mais facilmente explicar os desregramentos do marido". Tanto que, na segunda parte do texto, se propõe a mostrar que D. Pedro não merece os elogios de Alberto Rangel, um homem "fascinado pelo estouvamento e a impetuosidade, a amoralidade em matéria de sentimentos amorosos". Nem mesmo a referência a Domitila como "personagem esfingética" lhe parece cabível numa mulher que, em suas palavras, "não tinha cabeça, nem muito menos educação, para arquitetar planos de governo". Ao contrário, sua política, como a de qualquer cortesã, "era a da exploração de situações frutuosas, a mais rasteira, porque o seu trono tinha só por base um leito".

Esse apego à distinção moral e aos hábitos refinados da aristocracia, tão disseminado nos estudos anteriores, contrasta nesta fase com alguns textos regionais em que o crítico se insurge contra a vida medíocre do nosso interior. É o caso do escrito em que comenta o romance *Bom viver*, de um certo João Lúcio, autor mineiro cujo livro se deixaria levar por "paixões primitivas e selvagens", próprias do que o crítico chama de "terras pequenas",

---

[192] Ver "Um livro sobre a marquesa de Santos", *O Estado de S. Paulo*, jul. 1917.

"onde os sentimentos assumem uma forma mais acentuadamente pessoal e se não podem facilmente dissimular sob os aspectos variados em que são férteis as terras maiores".[193]

Para o crítico, o que chama a atenção nesses estudos, e em especial nesse romance — em que as personagens, mais que personagens, parecem vítimas —, é a referência ao "aviltamento dos costumes" que, segundo ele, passou a ganhar corpo logo depois de proclamada a República. Por esse lado, vai ficando cada vez mais clara a "irmandade espiritual" do nosso crítico em favor de um alinhamento entre essa temática rebaixada e, para ele, quase "animalesca" da literatura, e o rebaixamento mais amplo da "moralidade pública" que, a seu ver, vai se confirmando com o novo regime.

A distinção, que nada tem de forçada, se de um lado aponta para o retorno do antigo revanchismo político, tão frequente em páginas passadas, de outro estabelece uma espécie de diretriz pela qual o ideário do historiador vai se impondo aos princípios literários do crítico, de forma a desarranjá-los na pauta ideológica do comentário solto mas determinado pelas circunstâncias de momento. Isso explica — como é o caso da análise do livro de João Lúcio — que a leitura de um romance se converta num "agente poderoso do rebaixamento da moralidade pública e do abastardamento dos caracteres", coisa que, como o próprio crítico reconhece, antes se chamava politicagem, e agora, segundo ele, assume tons muito mais graves, merecendo o nome de politicalha.

Aqui não são mais os elementos estético-literários transfundidos pela escrita de João Lúcio que impõem a Oliveira Lima a tarefa crítica de elucidá-los. Não é mais a trama desenvolvida pelas personagens nem o espaço figurado de sua ação que interessam à leitura de *Bom viver*. O eixo da análise agora é outro: a ação se transforma em coação; os temas, em motivos políticos; a interpretação, em avaliação pessoal empenhada. Se a República abastar-

---

[193] Oliveira Lima, "Um romance mineiro", *O Estado de S. Paulo*, 26 nov. 1917.

dou os costumes, o gesto das personagens é decorrência da politicalha que as arruína, e esta é uma função maligna trazida agora com a palavra escrita, não apenas da literatura, mas também da imprensa, ambas convertidas, nos termos do crítico, em "expressão mercenária e degradante" que servia de arma aos "comedimentos desonrosos".

Em relação à imprensa, aliás, Oliveira Lima se lastimava de tudo aquilo que vinha contribuindo para transformá-la, por toda parte, "em poder de desclassificados e de *ratés* que acham o jornalismo mais fácil do que as letras, porque supõem que pode ser feito sem letras". Sem letras e sem moral — é de fato o que escreve — porque ligado ao que chama de "ação dissolvente guiada pelo interesse, sujeita ao mandato político", segundo ele, "órgão da difamação dos contrários". Daí assinalar, no autor de *Bom viver*, as virtudes com que descreve longamente, "com muita verdade, e portanto com muito pitoresco, esse aspecto da vida provinciana feito de veneno e de covardia". E por conta própria acrescenta à realidade desse contexto a prepotência das autoridades submetidas ao mando das camadas dominantes. É o "regime da mofina corrigida pelo cipó de boi, a surra regulamentando a liberdade de imprensa", observa Oliveira Lima.

Por isso tudo, quando se aproxima dos escritores locais, não se esmera em demonstrar familiaridade ou mesmo interesse em articular a análise. É o que se dá com o artigo "Um filósofo brasileiro", em que comenta os estudos dedicados a Farias Brito, "pela piedade inteligente de amigos" como Jackson de Figueiredo, Xavier Marques e Nestor Vítor, entre outros.[194] Aqui, à pessoa e à obra de Farias Brito, de quem afirma ter tido pouco conhecimento ("apenas falei com ele uma vez e, para vergonha minha, devo dizer que até há pouco sua obra me era quase desconhecida"), Oliveira Lima prefere destacar o autor "filosoficamente espiritualista", para quem não bastava a teoria da evolução por si mesma, mas a evo-

---

[194] Ver Oliveira Lima, "Um filósofo brasileiro", *O Estado de S. Paulo*, 3-5 dez. 1917.

lução somada à teoria da finalidade, "devendo a fórmula geral do universo ser não força e matéria, mas movimento e pensamento".

No entanto, nosso crítico não vai além dessa afirmação genérica, que aliás nem parece nascer de uma convicção pessoal própria. Tanto que julga a obra de Farias Brito "uma reedificação", a partir da leitura de Nestor Vítor, e chama a atenção para o "apuro crítico de que este último nos dá provas" ao vislumbrar, por exemplo, que o espiritualismo do filósofo brasileiro correspondia a uma forma de revivescência mundial que contrapunha o caráter científico do Realismo à vocação idealista do Romantismo, permitindo-lhe antecipar-se em muito no esclarecimento da "reação simbolista contra o parnasianismo impessoal e falto de criatividade". É verdade que Oliveira Lima não entra em detalhes sobre o alcance desse juízo, mas insiste em lembrar que Nestor Vítor estabelece uma singular correspondência entre a "cerebração" do nosso filósofo e o seu berço natal, o Ceará, que para o autor das *Cartas à gente nova* pode ser considerada a nossa Judeia — "terra eleita entre todas as nossas terras para simbolizar o padecimento, para personificar o martírio".

Através de Nestor Vítor, o nosso crítico chega a Xavier Marques, cujo artigo o leva a reconhecer em Farias Brito "o intérprete das crenças tradicionais do povo e o fundador da filosofia brasileira". Mas ele próprio declara, pouco adiante, que só logrou se aproximar das ideias de Farias Brito devido a Jackson de Figueiredo, que não apenas lhe enviou os livros do pensador cearense, como lhe demonstrou a modernidade de seu pensamento.

O leitor terá notado, a esta altura, o quanto mudou a fisionomia intelectual da crítica do nosso autor. O que antes era um movimento caudaloso na fixação histórico-cultural das fontes, agora vira aceitação apressada de critérios sugeridos por interposta leitura; o que antes partia da revelação do tema para sua integração num contexto nacional positivo, agora converte-se em motivação para uma leitura pessimista do contexto político e cultural negativo; o que antes projetava a grandeza da literatura e da cultura brasileiras em face da legitimidade assegurada pelo cerne da tradição europeia, agora recua frente ao futuro imprevisível de suas formulações, tanto mais distantes dos interesses do crítico quanto mais afastadas dos modelos espirituais de sua vocação lusitana.

Essa atitude, que se ampliará mais adiante, ao mesmo tempo que aponta para uma espécie de refluxo que arrastará consigo definitivamente o espírito de Oliveira Lima para longe das fronteiras da nação, indica uma opção de leitura cada vez mais passiva e descomprometida com os pressupostos críticos da interpretação reveladora e empenhada que esteve presente nas fases anteriores de sua vida intelectual.

Um dado expressivo dessa mudança em Oliveira Lima é o que liga seu artigo sobre a filosofia de Farias Brito à recensão que escreveu naquele mesmo ano de 1917 sobre a *História da Revolução de Pernambuco em 1817*, de Francisco Muniz Tavares, e ganha corpo nos escritos e no conjunto das relações que passaria a assumir a partir de 1920.

No primeiro caso, prevalece de um lado — mais que o foco no argumento que procura elucidar — a recorrência à alusão pessoal e ao valor das próprias habilidades, visível, por exemplo, no fecho do artigo sobre Farias Brito, onde, a pretexto de enfatizar o papel decisivo de Jackson de Figueiredo na sua iniciação às teses do filósofo, torce a direção do argumento e nos diz que o próprio Jackson, por uma iniciativa pessoal, lhe havia sugerido a ideia de que quando a vida intelectual do mundo voltasse à normalidade (viviam-se então os últimos acontecimentos da Primeira Guerra Mundial), ele, Oliveira Lima, desse "no estrangeiro uma noção do que foi o esforço de Farias Brito para dotar a América de um pensamento filosófico". De outro lado, é visível sua insistência — já caracterizada como indisfarçável *leitmotiv* — em moldar as conquistas mais expressivas da vida nacional sob o esquadro lusocêntrico da apologia monárquica e da figuração utópica de um Brasil indissociável da alma portuguesa que o gerou. No caso da recensão do livro de Francisco Muniz Tavares,[195] isso fica claro quando ele

---

[195] Ver Oliveira Lima, "Proêmio" e "Anotações" à *História da Revolução de Pernambuco em 1817*, de Francisco Muniz Tavares, 3ª ed. comemo-

associa os feitos da Revolução Pernambucana de 1817 — "a única revolução brasileira digna deste nome e credora de entusiasmo pela feição idealista que a distinguiu e lhe dá foros de ensinamento cívico" — à lição para ele memorável dos monarquistas, que souberam "preferir a solução pacífica do Império coesivo à solução violenta da demagogia dispersiva", que foi, nos diz ele, "a sorte das repúblicas neoespanholas". É sublinhando o triunfo dessa evolução constitucional diferente — a de um "Brasil purificado pelo holocausto dos mártires" — que Oliveira Lima concebe a Revolução Pernambucana como uma conquista que só se tornou possível porque trazia consigo a verdade histórica de que "o Brasil português queria continuar a sê-lo".

Visto dessa perspectiva, é curioso que alguns escritores brasileiros que com ele trocaram cartas no ano de 1919 o fizessem tendo bem presente no espírito essa distinção que os separava — a eles, intelectuais da periferia do mundo — do crítico e ex-ministro diplomático que poliu o estilo na cultura da Europa. Lima Barreto, escrevendo do Rio de Janeiro em 25 de junho, chega mesmo a lhe pedir um conselho irônico ("ao sr., mais esclarecido e inteligente do que eu"), depois de ter lido no *A.B.C.* um artigo onde o nosso crítico afirmava — para desencanto do autor do *Policarpo Quaresma* — que Theodore Roosevelt seria capaz de convidar o negro Booker T. Washington a jantar na Casa Branca, "mas botá-lo-ia, a pontapés, fora da casa, se o último tivesse a ousadia de pedir-lhe a filha em casamento". Por isso pedia licença para consultar o ex-ministro se não estaria "em sua humilde obrigação de homem de letras, pobre e mulato", evitar e "combater essa nefasta influência e esse predomínio" do preconceito ianque no Brasil.

E Monteiro Lobato, escrevendo de São Paulo em 11 de abril, encantado por estar tratando com alguém que lhe traria novos contatos com a América, traça, a pedido do crítico cosmopolita, o seguinte retrato de si mesmo: "Dados a meu respeito... Mas eu não sou nada, não tenho dados! Passei ex-abruptamente de fazen-

---

rativa do primeiro centenário, revista e anotada por Oliveira Lima, Recife, Imprensa Industrial, 1917.

deiro a literato; fiz uns contos como me deu na cabeça; publiquei-os em livros a conselho de Plínio Barreto, sem pretensão a coisa nenhuma... No mais: metro e meio de altura, cara de bugre, 35 anos, bacharel em direito e eleitor".[196]

De um modo geral, essa é a tendência que predomina no segundo caso, quando Oliveira Lima vê aprofundar-se o diálogo e, em torno dele, o reconhecimento e a admiração dos críticos e intelectuais portugueses. A partir de 1920 estes passam a lhe dedicar a importância que ele sempre julgou merecer, e que não viu estampada, na proporção em que o desejava, nas diferentes manifestações de homenagem recebidas dos confrades brasileiros. Em seu espírito repercutia ainda o exemplo de Aluísio Azevedo — para ele um "bom escritor" convertido em "excelente cônsul" —, imaginoso na observação local sem ser criativo na expansão de um talento "inteiramente moldado pelos mestres europeus" — "Zola lhe deu o batismo naturalista, servindo Eça de Queirós de padrinho".[197]

Mas é em 1920 que o espírito português de Oliveira Lima começa a ser ostensivamente afagado. Carlos Malheiro Dias, em carta que lhe enviou em 1º de fevereiro, comovido com as palavras do nosso crítico "sobre a alarmante propaganda nativista" que ia pelo Brasil, resolve lhe pedir um testemunho autorizado sobre o papel do degredado na colonização. Convidava-o para fazer parte da obra coletiva, que então organizava sobre o tema, em cujo segundo volume, dizia ele, a erudição de Oliveira Lima seria imprescindível para desmentir os excessos que circulavam por aqui, rebaixando a qualidade humana dos nossos colonizadores, a seu ver muito longe de representarem o escoadouro de degredados a que então se costumava reduzir a Colônia.

O que releva propriamente na carta é sua inteira harmonia com as ideias de Oliveira Lima: "Nós não queremos outra coisa senão erguer o Brasil à hierarquia a que ele tem direito entre as

---

[196] Ambas as cartas integram o arquivo pessoal de Oliveira Lima na Universidade Católica da América, em Washington.

[197] Oliveira Lima, "Aluísio Azevedo", *Diário de S. Paulo*, 26 out. 1919.

nações americanas, pondo em relevo a grandeza cívica do seu passado", declara Malheiro Dias. O que aí buscava não era propriamente "engrandecer a mãe histórica", mas, como esclarece em seguida, "adornar a filha americana" com o esplendor da verdade, "dando-lhe os pergaminhos da nobreza que alguns nacionalistas dementados pretendem recusar" e que o próprio Oliveira Lima, como vimos, em vários momentos denunciou com veemência.[198]

Mais adiante, em carta de 9 de agosto, depois de receber a contribuição de Oliveira Lima enfeixada no ensaio "A Nova Lusitânia", Malheiro Dias volta a se exaltar, dizendo-se "possuído de júbilo" ao ver o crítico pernambucano "dentro do espírito da nossa obra", por desfazer em seu texto a "impressão iníqua" de que o Brasil foi construído pela "vermina dos cárceres". Como é fácil notar, o desejo de Malheiro Dias — a exemplo de Oliveira Lima — é colocar a maior nação do continente "na nobre tradição lusitana", para gravar-lhe a identidade histórica "de beleza e de heroísmo", digna de seus "grandiosos destinos". Daí a recusa da história mal contada e "odientamente explanada" que agora se procurava transmitir ao povo, escondendo-lhe "a real grandeza de seu passado". Eis por onde, sendo o povo brasileiro — a seu juízo — "o mais aristocrático da América", se confirma nessa celebração portuguesa das nossas origens a ideia de limpar a colonização de seus estratos menos refinados,[199] aí incluído o escravo — tese

---

[198] A crer nas objurgatórias do incontido Antonio Torres, não é bem a intenção de "adornar a filha americana" com os "pergaminhos da nobreza" que animava o espírito de Carlos Malheiro Dias. Basta ver como, indignado, se refere ao prefácio de *A mulata*, do próprio Malheiro, livro em que, nas palavras de Torres, "se dirigem os piores insultos ao Brasil", aparecendo os brasileiros como uma gente capaz de vender as próprias filhas, "raça de negroides degenerados, perversos e covardes", incapaz por si mesma de um dia chegar ao progresso. Ver "Os empresários de banquetes", *Pasquinadas cariocas*, Rio de Janeiro, Livraria Castilho, 1922, pp. 14-5.

[199] A ideia dessa limpeza não escapou à percepção de Lima Barreto, que numa crônica publicada no *A.B.C.*, comentando o livro *Na Argentina*, de Oliveira Lima, refere-se a essa inclinação do nosso crítico em destacar o esforço das elites, mesmo na América Latina, para criar um passado e organizar

aliás que, vindo de Oliveira Lima, legitima-se agora com a chancela lusitana de Malheiro Dias e ganha fôlego na expansão posterior de um nacionalismo ilustrado que passa por autores como Elísio de Carvalho e João do Rio, entre outros, igualmente comprometidos com "essa página de fidalguia, de heroísmo e de honra cavalheiresca" que, como veremos à frente, será a luz sensível do ensaio "A Nova Lusitânia".

Ocorre que em 1920 o espírito português também se engalanava com a presença de Alberto de Monsaraz, o ideólogo supremo da monarquia de sangue azul que tirava naquele ano a terceira edição de sua *Cartilha monárquica*. Um mero relance ao acaso pelas páginas do livro bastaria para constatar a que ponto estão ali refletidas algumas das ideias básicas do pensamento político de Oliveira Lima. Para o leitor acostumado ao ritmo quase monocórdico das análises deste último, o andamento das lições de Monsaraz serve como uma espécie de revisão da matéria, a nos certificar, por exemplo, de que a hereditariedade e a orientação do passado — primeiros fundamentos do progresso indicados por ele — fizeram da monarquia "o regime dos povos fortes e progressivos".

Do mesmo modo, quando lemos o capítulo da *Cartilha* sobre a República, não há como deixarmos de lembrar o caos a que Oliveira Lima reduz o conceito de caudilhismo. É certo que Monsaraz vai mais longe ao ver na democracia o "regime preferido pelos povos *em vias de formação ou em períodos de decadência*", em cuja "confusão" e "anulação de valores" faz residir a essência democrática ou "doença dos povos que já perderam ou ainda não acharam a direção de seu destino".[200] Mas nem por isso deixa de

---

tradições de um modo superficial. No caso de *Na Argentina* — "um livro excelente", nos diz ele —, o que faltou no entanto foi precisamente a presença do povo argentino "em suas camadas verdadeiramente representativas, já que o povo em sua nudez não aparece", ignorado talvez não de propósito, "mas numa omissão involuntária, devida aos hábitos da profissão". Ver Lima Barreto, "Livros de viagens", *A.B.C.*, 16 abr. 1920, em *Bagatelas*, vol. 9, *Obras completas*, São Paulo, Brasiliense, 1956.

[200] Alberto de Monsaraz, *Cartilha monárquica*, Lisboa, Tipografia Soares & Guedes, 1920, especialmente pp. 6-37.

deplorar, com a mesma imagem do caos, a queda do antigo regime em Portugal, para ele a ruína completa da moral, da família e dos costumes. Tão próximos estão ambos neste passo que a sustentação das virtudes da monarquia, tanto num como noutro, se vale dos mesmos argumentos para destacar, dentre as suas inúmeras vantagens, "a unidade nacional e o progresso administrativo, moral e político dos povos".

Mas essa "essência portuguesa na alma brasileira" — para ficarmos com uma expressão do nosso crítico — define-se mesmo é no ensaio "O Brasil", publicado por Antonio Sardinha em seu livro *Na feira dos mitos*, onde o pai do integralismo português discorre sobre o que o Brasil representa como criação do gênio lusitano, através sobretudo do papel exercido pelos jesuítas e pelo desempenho político de D. João VI, este último materializando no livro "o antigo sonho de transformar o Atlântico num mar exclusivamente português".[201]

Não é pequena nesse trabalho a presença intelectual de Oliveira Lima, dado que é a ele que o ensaísta recorre para moldar em seu argumento a redefinição histórica do monarca, pouco antes tido como estouvado e fujão. É Oliveira Lima quem reabilita com nobreza o rei caluniado, revelando a Sardinha, por exemplo, que foi D. João quem "arrancou a Terra de Santa Cruz do seu estado hesitante de colônia, para abrir os horizontes de uma nacionalidade futura". É ainda graças ao nosso crítico que Sardinha pôde afirmar que a ruptura brasileira com a Metrópole veio mais como uma ação organizada sob o cetro de D. Pedro do que como "um ato de pura e simples rebelião republicana" — a tal ponto, nos diz ele apoiado no crítico brasileiro, que se atribuiu à ruptura republicana até mesmo "a relativa estabilidade do Brasil na sua formação orgânica, se comparado com as demais nações hispânicas da América".

Não bastasse a presença de Oliveira Lima, é a uma ideia de Monsaraz que Antonio Sardinha recorre para situar a República

---

[201] Ver Antonio Sardinha, *Na feira dos mitos: ideias e fatos*, Lisboa, Livraria Universal de Armando J. Tavares, 1926, especialmente pp. 93-8.

brasileira naquela "fase de transição dos países novos" em que é normal a democracia ocorrer, fato que absolutamente não significa, segundo ele, que esta seja uma "forma superior de governo". Oliveira Lima já havia afirmado, nos diz ele, que "o Brasil não representa de modo algum uma verificação democrática", validando com isso a sua própria tese de que o nosso Império caiu "por extemporâneo", dado que não pôde desfrutar daquele "tempo mais longo de maturação" que solidificou as bases seculares das monarquias na Europa.

Por isso se vale de Eduardo Prado, para ele um dos poucos intelectuais brasileiros que, ao lado de Oliveira Lima, viu como ninguém "essa grande desproporção" que cindia o país em duas faces: a do estágio atrasado de sua civilização e a do adiantamento de suas modernas instituições. "Só pelas grandes qualidades colonizadoras dos portugueses, pela fecundidade de sua aliança com a raça indígena, que eles tiveram de subjugar à força de coragem e valentia, é que o Brasil foi feito", afirmara Prado, citado por Antonio Sardinha. Por isso, só uma atitude política, que Sardinha chama de "sábia", é que tornaria possível — como quis o próprio Oliveira Lima — unir as duas nacionalidades a partir da vasta tradição que as ligou no tempo.

Ainda aqui vale a pena lembrar que Antonio Sardinha, a exemplo do nosso crítico, está em busca da "revivificação" de um passado que não se confunde com a experiência morta. "Ser tradicionalista não é devolver-nos ao passado morto, inerte, nos seus moldes cristalizados. É aceitar do passado o impulso dinâmico, a sua força vivificadora. Para nós, tudo o que *é* repousa naquilo que *foi*, ou seja: é acatar as regras inalienáveis da nossa conformação histórica, defendendo a nossa hereditariedade individual contra qualquer outra."

É assim que essa última etapa do pensamento crítico de Oliveira Lima vai se fundindo cada vez mais aos princípios tradicionalistas do integralismo português. A melhor indicação dessa tendência está no seu já citado ensaio "A Nova Lusitânia", que, como vimos, escreveu a convite de Carlos Malheiro Dias, que o recolheu na coletânea organizada por ele e publicada pelas oficinas da Litografia Nacional em 1922, no Porto, com o título de *História da colonização portuguesa no Brasil*.

O próprio nome do ensaio, segundo Oliveira Lima, sugere uma realidade que não mereça ser esquecida tão cedo pelos brasileiros, tamanha a estabilidade que o seu "espírito de maior ordem" garantiu à nossa organização política e social já no alvorecer da Colônia.[202] Mas não foi isso, na opinião do crítico, o que em geral se pensou dessa colonização guerreira, composta de colonos que, em sua grande maioria, se mostraram bons soldados e homens dignos daquela "pacata gente portucalense" que cultivava o trigo e o vinho, transplantada para além-mar, onde combateu como uma "brigada de veteranos".

Segundo ele, poucos artistas tiveram, como Antonio Parreiras, a intuição de retratar a esses colonos na forma tão singela com que aparecem na tela *Conquista do Amazonas*, onde figuram com o que tinham de mais expressivo: "A fisionomia dura, a expressão concentrada, nuns espiritualizada pela chama interior, noutros amortecida pelo vício, metidos os bustos nos gibões de anta, golpeados nos encontros, de que vieram certamente a inspirar-se nossos sertanejos para seus trajes de couro, costumeiro nas lides com o gado bravio".

Seu papel entre nós não podia se resumir ao de meros conquistadores. Para Oliveira Lima, ao misturar-se com a população indígena, em vez de destruí-la, os portugueses se perpetuaram em sua prole, mesmo quando vitimados pelas lutas, doenças, vícios e maus-tratos. A civilização portuguesa "implantou-se integral onde não existia civilização alguma a suplantar ou que pudesse influir sobre a que chegava de longe", assinala. Por isso, a seu ver, a Nova Lusitânia foi em tudo "um prolongamento do Portugal americano", a ponto de modificar a própria natureza local com aquela profusão de parreiras de uvas, melões, pepinos e romeirais que trazia da Europa, entre eles os laranjais que recordavam Setúbal e

---

[202] As referências ao ensaio "A Nova Lusitânia" aqui utilizadas remetem especialmente às pp. 287-305.

as figueiras do Algarve, "intrometendo-se a furto, no meio deles, o maracujá gostoso e refrigerante".

Traços inegáveis da fusão desse universo com o integralismo português aparecem descritos em vários textos que Oliveira Lima publicou a partir de 1923. Já nesse ano, quando da inauguração da cadeira de Estudos Brasileiros na Faculdade de Letras de Lisboa, foram muitos os momentos em que deixou clara a sua convergência político-ideológica para o pensamento de Antonio Sardinha. Na ocasião, saudado por seus pares como o "verdadeiro lusófilo que nunca teve receio de exteriorizar o seu amor à nossa terra", à qual — comemoravam — estava preso não apenas pela língua, mas também "pelo sangue, pelo espírito e pelo coração",[203] Oliveira Lima definiu a Independência do Brasil como uma manifestação de "fidelidade à monarquia e à Igreja católica", estando longe de ter sido — como Sardinha já advertira — um produto derivado da Revolução Francesa. Isso fez da essência do país — nos termos do crítico pernambucano — uma "monarquia revolucionária nas ideias e democrática nas instituições", razão pela qual o primeiro imperador, consagrado como Defensor Perpétuo do Brasil, sempre foi "constitucional por vontade e absolutista por instinto", particularmente nos casos em que essa vontade entrava em conflito com a de seus ministros.

Daqui saem as bases com que Oliveira Lima desenvolve a tese — cara a Sardinha — de que os fundamentos da civilização brasileira são portugueses por nobreza de sangue e sagração institucional da Igreja, ambas confirmadas na história da Colônia pela determinação do colono e do missionário, que disciplinou o mameluco, depois convertido no corajoso bandeirante, todos eles na base essencial da nova nação que surgia.

Dessa realidade resultaria um Império marcado pela "feliz combinação do princípio da liberdade e do princípio da autoridade, evitando a anarquia e o despotismo"; um Império que, para

---

[203] Ver Oliveira Lima, *Aspectos da história e da cultura do Brasil*, Lisboa, Livraria Clássica Editora de A. M. Teixeira & Cia., 1923, pp. 16-62.

Oliveira Lima, jamais conheceu "questão alguma de raça", e onde os negros, longe da "insolência do negro americano", sempre manifestaram "os fundamentos da impressão de felicidade que o Brasil sugere".[204] É esse universo descrito pelo crítico que consagra as bases da "solução ibero-americana da fusão das raças", tão admirada por Sardinha e segundo a qual, nos termos de Oliveira Lima, o negro irá aos poucos cedendo lugar à maioria branca, fazendo desaparecer com ele, como "autênticas sombras do passado", "o escravo sofredor e o senhor, que nem sempre era malvado".

Diante disso, para Oliveira Lima, emerge a valorização de um passado de opulência que se sobrepõe, e mesmo elimina, o caráter de violência e injustiça dos fatos que pudessem comprometer a grandeza épica da colonização portuguesa. A exemplo de Antonio Sardinha, o crítico deixa claro nas conferências de Lisboa que a nossa história nacional, sem falsificar os fatos, nem deturpá-los, deve ser escrita dando "todo relevo ao que é grande, generoso, altruísta, abnegado — e passar de leve sobre as pequenezes, as fraquezas, inerentes à fragilidade humana". E aqui ele se aproxima em grau máximo das convicções de Sardinha, ao sustentar que "se as intenções e sobretudo os resultados foram bons para a grei, o resto, os desfalecimentos intercorrentes, os abusos do poder, os erros de administração, [...] tudo isso pode passar em claro na história educativa da mocidade", mesmo que aí se incluam as próprias lendas, que "dentro de certos limites" devem ser admitidas na história, pois a seu ver não existe lenda "que não tenha um substrato histórico".

Para Oliveira Lima, o que não pode ser jamais rebaixado no quadro histórico dessa reconstituição é a presença da força viva da "nobreza de sangue", sobretudo quando aliada à "nobreza do espírito", em cujas "lides de inteligência e coragem" — como de-

---

[204] Oliveira Lima comprova essa afirmação dando como exemplo o fato de que "dois dos maiores escritores do Brasil, Gonçalves Dias e Machado de Assis, eram um mestiço e outro mulato", acrescentando a isso a conclusão de que a realidade de ser mulato não impediu o barão de Cotegipe "de ser presidente do Conselho e chefe do Partido Conservador".

monstrou no discurso de homenagem póstuma ao conde de Sabugosa, lido na Academia de Ciências de Lisboa — vigora o espírito construtor da aristocracia portuguesa. "Sua função como classe não passou", adverte, "e compete aos que tiveram um berço ilustre, e avoengos de que se orgulham, honrarem seu nome e sua ascendência nas lides de inteligência por meio de uma benfazeja ação social."[205]

Pois é a presença desse "novo espírito" que Antonio Sardinha, já amigo e correspondente de Oliveira Lima, se encarrega de reivindicar no artigo que publica naquele mesmo ano de 1923 na revista *Nação Portuguesa* com o título de "A lição do Brasil".[206] No texto, dedicado a Jackson de Figueiredo, além de explicitar esse novo momento de afirmação portuguesa, em cujo centro vislumbra "o grande ancoradouro da aspiração nacionalista, temperada pelo tradicionalismo como método e norma guiadora", Sardinha incorpora grande parte das intervenções lusocêntricas de Oliveira Lima e de outras vozes conservadoras, que atrelavam as direções da vida intelectual brasileira ao núcleo comum das tradições culturais inspiradas no nacionalismo autêntico da ancestralidade da raça que agora retornava.

Essa nova orientação, segundo Antonio Sardinha, nada tinha a ver com "os princípios das nacionalidades", herança da guerra

---

[205] Oliveira Lima, "O conde de Sabugosa", *O Dia*, Lisboa, 5 jun. 1923.

[206] Lembremos que, sobre a revista *Nação Portuguesa*, o jovem Gilberto Freyre afirmou na época tratar-se de publicação que representava "o Portugal moço, ansioso de integrar-se nas tradições verdadeiramente portuguesas, que há meio século se vêm deturpando sob as mais espessas influências e imposições contrárias ao gênio nacional". Ela vinha representar, segundo o futuro autor de *Casa-grande & senzala*, "o elemento chamado *integralista*, que é hoje vivo entre os jovens, contando entre seus líderes homens do valor pessoal e representativo do sr. Antonio Sardinha, do sr. Alberto de Monsaraz e do sr. Luiz de Almeida Braga, a quem Afonso Lopes Vieira denominou de 'revolucionários da tradição', por alimentarem a chama cívica de um programa de ação política e social a um só tempo nacionalista, tradicionalista, católico, antiparlamentar e sindicalista". Ver Gilberto Freyre, "*Nação Portuguesa*", *Diário de Pernambuco*, 2 abr. 1924.

de 1914, "que desfez o antigo e sábio equilíbrio da Europa". Ela se vincula ao que Sardinha chama de "verdadeiro nacionalismo orgânico", que, ao contrário daqueles princípios, "é antidemocrático e anti-individualista porque não visa senão a emancipar as velhas pátrias europeias das abstrações tirânicas do liberalismo, restituindo-as, pelo regresso a si próprias, à posse plena de seu gênio ancestral". A transformação que ele opera é que poderá resistir ao que considera "a pior das invasões, a invasão das ideias deformadoras do cosmopolitismo de '89, com o seu cortejo de indizíveis fobias contra tudo o que, lançando raízes no passado, tirasse o seu alento ou da Igreja que conformasse a unidade espiritual da nação, ou da realeza que a mantivera e consolidara".[207]

E aqui Antonio Sardinha alude à "escravização mais dura que a perda política da soberania", ao afirmar que "mais nefasta que a do estrangeiro do exterior" é a ditadura do "estrangeiro do interior", segundo ele o inimigo de tudo quanto se referisse "às gloriosas instituições que haviam insuflado o ser à nossa sociedade". Como vimos até aqui, não tem sido outra a preocupação de Oliveira Lima com essa ordem de questões.

É assim que, apoiado no nosso crítico, Antonio Sardinha passa a entender o Brasil como "uma criação inconfundível do gênio de Portugal", resultante "da ação concorde das duas forças tradicionais que fizeram a nossa pátria e que o nosso nacionalismo se impôs defender e reabilitar: a Igreja e a realeza". E por assim concebê-lo é que, na esteira do nosso crítico, Sardinha projeta em seu futuro a missão de "ser o continuador do gênio português no solo americano", renovando dessa forma o velho ideal de Francisco de Brito Freire, que vislumbrou aqui concretizada sua "Nova Lusitânia" seiscentista.

Ao desenvolver esses argumentos — em favor dos quais, além de Oliveira Lima, inclui a simpatia de Graça Aranha e Jackson de

---

[207] Antonio Sardinha, "A lição do Brasil", *Nação Portuguesa*, Lisboa, nº 11, 2ª série, 1923, pp. 545-60, publicação a que remetemos o conjunto das citações.

Figueiredo —, Antonio Sardinha destaca a contribuição de Elísio de Carvalho, que em seus livros *Bastiões da nacionalidade* e *Brava gente* apresenta dois subsídios a seu ver indispensáveis à confirmação de suas teses. No primeiro deles, Sardinha nos mostra como Elísio destrói o mito de "considerar o índio como tipo nacional e legítimo brasileiro", ao explicar de modo cabal que "o brasileiro não é o homem físico, e sim o indivíduo moral que se formou aqui na sociedade histórica [...] fruto da civilização mediterrânea que se estabeleceu e desenvolveu neste lado da América". E no segundo ele assinala a habilidade do historiador alagoano em valer-se de H. S. Chamberlain, o célebre admirador da música de Wagner e autor da *Gênese do século XIX*, para mostrar como este atribuía à influência do elemento português o fato de o Brasil não ter se transformado num "caos étnico", "como ocorre por exemplo" — escreve Elísio, citado por Sardinha — "com certos povos sul-americanos que se formaram da mistura ilegítima de raças inassociáveis, originando esse cruzamento de índios e espanhóis, espanhóis e negros, uma promiscuidade que traduz-se pela decomposição moral".

"Quem mais brasileiro que o jesuíta português ou espanhol que amou esta terra [...], ou que o transmontano ou o alfacinha que levou a sua paixão da terra até o sacrifício de defendê-la com a própria vida [...]?", pergunta Elísio para o mais vivo júbilo do polemista português e, por que não dizer, do próprio Oliveira Lima. Tanto assim que Sardinha se apressa em aproximá-los, ao revelar que o nosso crítico "mantém a opinião de Elísio", quando registra que "a verdadeira colonização de Pernambuco fez-se com gente nobre e gente limpa" e não "com a peçonha dos degredados". Do mesmo modo que assegura que foi Oliveira Lima o primeiro a demonstrar que o "feudalismo brasileiro" facilitou a povoação de toda a costa e garantiu a independência dos donatários "de qualquer autoridade que não fosse imediatamente a do soberano", o que segundo o integralista português serve para comprovar que a colonização não significou uma "desalmada escravidão". Ao contrário, argumenta Sardinha, a sua propalada tirania "não foi em nada maior do que a que pesou sobre a Metrópole mesma".

Note-se que, enquanto se estreitava esse diálogo entre Oliveira Lima e Antonio Sardinha, firmava-se cada vez mais uma tendência contrária ao que então se entendia por aqui como um "liberalismo excessivo" da crítica literária. Além da exigência de que esta se apresentasse como uma doutrina moral, propunha-se entre nós que uma das funções mais importantes do crítico era a de defender os espíritos contra os exageros do "niilismo intelectual". É o que faz um Perilo Gomes, que, a exemplo de Oliveira Lima, julgava existir uma profunda interdependência entre a situação intelectual do povo e o seu "estado moral", com o que se permitia afirmar que, tanto por razões estéticas quanto por razões morais, a arte não podia deixar de ser "essencialmente uma virtude".[208] Com isso, Perilo Gomes se alinhava a alguns porta-vozes das vertentes lusitanas mais próximas do integralismo de Sardinha, caso do já mencionado Fidelino de Figueiredo, que interpretará a obra crítica de Oliveira Lima a partir não apenas dos valores de sua "declarada lusofilia" ("para os nossos sentimentos portugueses, nenhum outro pode ser mais caro"), como também da competência com que veio a demonstrar que a inteligência brasileira sempre soube assimilar as aspirações mais elevadas que brotavam da Europa. Isso o leva a reconhecer no crítico "o eminente representante do que há de mais franco, mais europeu, mais latino e mais peninsular no espírito brasileiro".

De resto, um crítico que, já quase ao fim de sua trajetória intelectual, persistirá nesse meio-termo entre a afirmação lusitana de seus princípios estéticos e morais e a convergência cada vez mais clara para o arcabouço ideológico do integralismo português. Seriam muitas as evidências a considerar aqui, mas poderíamos, ainda que numa breve síntese, assinalar alguns poucos fatos bastante expressivos dessa atitude, entre eles o ressentimento nunca suficientemente dissimulado com que Oliveira Lima interpretava o que sempre tomou como o pouco carinho dos brasileiros pela mãe-

---

[208] Ver Perilo Gomes, *Ensaios de crítica doutrinária*, Rio de Janeiro, Centro D. Vital, 1923, pp. 14-24.

-pátria, quando comparado às manifestações de orgulho dos hispano-americanos pela Espanha.

Tal desencanto, que deixou registrado num artigo para a *Nação Portuguesa* em setembro de 1924, serviu de base ao argumento de sua defesa ante as críticas que lhe dirigiu o dispersivo Agostinho de Campos, quando o considerou, naquele mesmo ano, um escritor mais preocupado com os interesses do Brasil do que com o espírito de Portugal. Tanto não o era — alegará o nosso crítico — que foi dos poucos a apontar, quatro anos antes, a perseguição sem trégua do governo de Epitácio Pessoa contra os pescadores portugueses, num artigo, aliás, em que aproveita para mostrar ao autor da *Carranca da paz* o quanto lhe havia doído o retumbante discurso de Graça Aranha na Academia Brasileira de Letras, "renegando a tradição portuguesa no altar do futurismo político e literário" e sugerindo a adoção de um dicionário nacional expurgado de "portuguesismos", sob a alegação de que o Brasil não podia mais continuar sendo "a câmara mortuária de Portugal".[209]

Para os que, como Fidelino de Figueiredo, o definiam por essa mesma época como o principal historiador brasileiro — "educado na leitura de Herculano, na amizade de Oliveira Martins e na audição das lições de Jaime Moniz" —, a condição de crítico fazia de Oliveira Lima um cultor do *esprit de minorité*, intérprete cujo tríptico (*D. João VI no Brasil, Movimento da Independência* e *Reconhecimento do Império*) "sedimentava o aspecto mais importante da história portuguesa no primeiro quartel do século XIX". Se assim é louvado como historiador, será como crítico, no entanto, que os intelectuais portugueses o vincularão para sempre à "forja principal do pensamento humano" representado pela Europa, mesmo nos momentos mais críticos de sua história.[210]

---

[209] Ver Oliveira Lima, "Em resposta", *Nação Portuguesa*, Lisboa, 20 set. 1924, pp. 92-4.

[210] Ver Fidelino de Figueiredo, "Uma grande figura do Brasil" e "Oliveira Lima na Academia", em *Epicurismos*, Lisboa, Empresa Literária Fluminense, 1924, pp. 151-9 e pp. 161-7.

E é esse o exemplo em que se pauta ao fechar o seu percurso de crítico literário em meados dos anos 1920. Ao considerar Antonio Sardinha um dos mais notáveis escritores portugueses daquele momento, o que empolga o espírito de Oliveira Lima é ver em sua obra a ideia de um futuro português animado pela "monarquia da tradição" que remontava ao iberismo da unidade hispânica, responsável pelo retorno de um sincronismo de aspirações voltadas para a continuidade histórica da expressão peninsular de onde nasceu a riqueza dos grandes descobrimentos. Na verdade, quando lê em Sardinha o renascimento das nacionalidades transoceânicas continuadoras de uma tradição peninsular "identificada com o pensamento hispânico de Felipe II e o mito do Sebastianismo do Quinto Império",[211] Oliveira Lima como que reafirma a importância da tradição portuguesa no cerne da afirmação política e cultural do Brasil, mergulhado também ele no mesmo sincronismo de aspirações do passado glorioso que nos atrelava à Metrópole.

Assim, é essa revivescência espiritual transposta para o universo dos trópicos que ele retoma quando, em 1926, se dirige aos seus pares da Academia Pernambucana de Letras, sugerindo que no Brasil os fundamentos do nacionalismo político, quase sempre radical e desagregador, teriam muito a ganhar com a força do nacionalismo literário, escavado nos veios profundos da "cultura nacional uniforme", que tanto mais se aprimora quanto mais reconhece as bases autênticas da identidade da língua e da independência do espírito, de onde emanam a opulência do vocabulário e a ordenação castiça do código e da produção literária, produto de séculos de trabalho apurado dos clássicos.[212]

Não é outro, aliás, o propósito da carta que pouco depois lhe envia o próprio Antonio Sardinha, ao cumprimentá-lo pela inau-

---

[211] Oliveira Lima, "Um novo iberismo", *La Prensa*, Buenos Aires, 15 fev. 1925.

[212] Oliveira Lima, "Discurso na Academia", *Revista da Academia Pernambucana*, Recife, vol. 1, nº 1, jan. 1926, pp. 24-9.

guração da sala de sua biblioteca na Universidade Católica da América, em Washington, regozijando-se pela conquista de mais "um amigo do Portugal de sangue" combatendo na trincheira oposta à "do Portugal da República". Pois é esse amigo do "Portugal de sangue" que reaparece de corpo inteiro numa evocação de Mário Mello,[213] onde se afirma que o Brasil, para o espírito europeu de Oliveira Lima, representou muito mais um objeto de estudo do que um lugar para viver. Nela, ao revelar-se pela primeira vez de modo enfático o seu "catolicismo histórico" — nos moldes, aliás, do que postulava a cartilha de Antonio Sardinha —, vemos afirmar-se com Oliveira Lima aquela retidão moral de "uma formação cerebral essencialmente e fundamentalmente portuguesa" que não passou despercebida a José Júlio Rodrigues, quando alude, na mesma revista, ao bom gosto e ao orgulho ancestral lusitano que o faziam reagir com vigor ao gracejo fácil de qualquer irreverência contra Portugal e as coisas da sua raça e do seu passado.[214] Graças a isso, a vida portuguesa e a espanhola na América puderam ser tão bem articuladas ao sonho da Nova Lusitânia tão decantada por Sardinha, como bem notou Fidelino de Figueiredo.

Mas a importância dessas convergências ganha ainda maior relevo quando vemos Sardinha, no seu *Purgatório das ideias* (publicado no ano seguinte ao da morte de Oliveira Lima), olhar o passado cultural português do mesmo ângulo de onde partiam as reflexões de Oliveira Lima sobre a literatura e a cultura no Brasil. Quando, por exemplo, em nome da "emoção das ideias", Antonio Sardinha descarta os desvarios do espírito romântico por este não se dirigir à alma, mas à imaginação desgarrada das aspirações do nacionalismo e da tradição,[215] ele entra em cheio no plano de

---

[213] Mário Mello, "Oliveira Lima íntimo", *Revista de História*, ano 16-17, vol. 16, nº 61-64, 1927-28, pp. 215-20.

[214] Ver José Júlio Rodrigues, "Acerca de Oliveira Lima", *Revista de História*, ano 16-17, vol. 16, nº 61-64, 1927-28, pp. 221-6.

[215] Antonio Sardinha, *Purgatório das ideias: ensaios de crítica*, Lisboa, Livraria Ferin, 1929, pp. 174-5.

análise do crítico brasileiro, que, como vimos, alinhava o espírito localista de Alencar e dos regionalistas românticos às projeções míticas de um ideário nativista que estava longe de traduzir a origem cultural que os justificava enquanto língua e literatura.

Confirmava-se assim a antiga observação de Fidelino de Figueiredo, ao dizer que a inteligência de Oliveira Lima representou no Brasil o que de mais português, de mais peninsular e de mais latino pôde contar o espírito americano. Foi talvez louvado nessa afirmação que Gilberto Freyre, refletindo nas lições do legado histórico do nosso crítico, considerou que a principal delas foi ter aplicado à nossa história um critério filosófico capaz de abrir novas perspectivas à "civilização de origem lusitana" que nos envolvia, libertando-a do francesismo de que um espírito como Moniz Barreto, por exemplo, teria sido uma espécie de mártir.

Interessante é que ao apreciar, nesse mesmo passo, o esforço de João de Brito em pretender, "à custa de tinta escura sobre a pele, parecer um homem dos trópicos" para converter-se num pioneiro da civilização luso-tropical, Gilberto Freyre nos permite a suposição de que Oliveira Lima, na mão contrária, fez todo o empenho para destropicalizar-se como crítico, fazendo sempre questão de parecer um intelectual europeu afinado com as correntes de pensamento de seu tempo. O próprio Gilberto Freyre disse ter apurado, no convívio com Oliveira Lima, os seus "modos portugueses de ser [...] que, aliás, já eram por direito de nascença *os meus modos*: modos de brasileiro nascido, como Oliveira Lima, naquela parte antiga do Brasil que, tendo chegado a chamar-se Nova Lusitânia, nunca perdeu os traços caracteristicamente lusitanos nem nas formas da paisagem, nem na fisionomia ou no espírito dos homens".[216]

---

[216] Ver Gilberto Freyre, *Um brasileiro em terras portuguesas: introdução a uma possível luso-tropicologia*, Rio de Janeiro, José Olympio, 1953, p. 134.

Retratos de um Brasil distante

Olhando em conjunto a historiografia literária e a obra crítica de Oliveira Lima, não há como evitar a impressão de calculada distância que marcou a trajetória do homem e a ação do intelectual e diplomata que preferiu o exílio à convivência adversa com o mundo que ajudou a construir sem jamais considerar-se parte de sua própria realidade. Se como cônsul e homem de cultura não elegeu o Brasil como porto de chegada e lugar de concretização pessoal de sua existência, como crítico passou ao largo de seus conterrâneos, lendo-os e não os aprovando, confirmando-os e se afastando, como se as questões que compartilhavam os amoldassem em tempos e lugares diferentes em que só coubesse a precedência de seu próprio espírito.

É verdade que Oliveira Lima foi um dos primeiros a divulgar na Europa os grandes nomes de escritores brasileiros de seu tempo, e não se pode dizer que foi sem importância o papel que desempenhou na organização da nossa vida acadêmica. Mas o que reconhecia em Machado de Assis ou em Euclides da Cunha, nos árcades mineiros ou em José de Alencar, por exemplo, está muito aquém do que eles representavam para a configuração interna de uma nova expressão no âmbito da tradição que se formava. Sob esse aspecto, não cabe afirmar que a sua leitura não os tenha deslocado, e que suas interpretações, mesmo quando laudatórias, não os tenham projetado num quadro estranho às circunstâncias em que surgiram. Afinal, se Machado de Assis só foi grande porque passou por Almeida Garrett — como nos diz no longo escrito que dedicou ao autor do *Quincas Borba* —, ou se os "excessos indianistas" de José de Alencar deviam parte de seu "fracasso" à busca injustificada de uma linguagem nativa que afrontava a tradição milenar de suas fontes, como não excluir os critérios do crítico de um entendimento mais profundo da realidade de que trata?

Não é que Oliveira Lima visse a literatura brasileira apenas como um apêndice expressivo das letras e da cultura portuguesa, nas quais cultivou o próprio espírito, como intelectual e como homem. O fato decisivo é que ele a via e interpretava de fora, ou, mais propriamente, de cima, no cume de um arcabouço dogmático que fundia o presente num passado de glórias e conquistas que acreditava repercutir em nosso mundo como verdadeira instância de sagração e grandeza, a única, a rigor, a responder por nossa integridade cultural junto aos povos civilizados. Se assim se exprime em sua obra de historiador, como crítico e pesquisador literário acompanhou de perto os passos de gente como Capistrano de Abreu e Sílvio Romero, com quem aparentemente discordava, mas sem deixar de considerar os princípios que davam rumo ao conjunto de seus trabalhos.

Como em Capistrano de Abreu, por exemplo, sua teoria da literatura brasileira não deixa de se valer das regras do determinismo de Taine e do selecionismo de Buckle, ainda que matizadas e muitas vezes denegadas quando se tratava de exprimir a modernidade da discordância. Como o autor dos *Capítulos de história colonial*, Oliveira Lima associa à aridez do meio inculto o "caráter desfibrado" da mestiçagem, grande responsável, segundo ele, pelo abastardamento da língua e pela desfiguração da cultura — presentes, como vimos, em vários dos estudos literários que comentamos neste trabalho. Tanto que chegou ao ponto de assegurar — como o fez na célebre conferência que proferiu na Sorbonne — o fatal e progressivo desaparecimento do negro no espectro etnográfico brasileiro, que se tornaria extensamente recoberto por ampla maioria de brancos — e em poucas décadas, segundo previa.

Mesmo levando em conta que essa descrença na gente dos trópicos é imposta pela ciência da época e, como sabemos, tributária de homens como Euclides da Cunha, Oliveira Vianna, José Veríssimo e o próprio Sílvio Romero, no caso de Oliveira Lima ela ganha importância por aproximar, mesmo que em intensidade e metodologia diversas, o olhar do historiador ao sentimento do crítico. Se é verdade que não se aplicam a ele, na mesma proporção, o dogmatismo positivista e o determinismo hermenêutico de Capistrano de Abreu, o fato é que em Oliveira Lima a imaginação do historiador não se livra do ceticismo europeu, que, mesmo louvando a coragem e a bravura do homem nativo, não deixa de celebrar nele, como no caso da Revolução Pernambucana de 1817, a adesão à alma portuguesa, a que se une para "expulsar do Brasil o invasor estrangeiro".

Ou seja, do mesmo modo que, no plano dos fatos, o historiador dificilmente concebe a materialização definitiva da ruptura entre as aspirações do Brasil e as instituições consagradas de suas raízes, no plano da literatura só têm acesso ao panteão de seus letrados os escritores que aqui poliam a riqueza de "um patrimônio linguístico e cultural que lhes chegou depurado pelo conhecimento dos séculos". Lembremos que se, no primeiro plano, a atitude de Oliveira Lima não está longe da aversão de Capistrano pela rebelião do Tiradentes ou mesmo pelos jacobinos da insurreição de 1817, que ele fundiu numa única frente de conquista, no segundo, como já vimos, não foram poucos em sua crítica os movimentos de contenção literária para soldar as fissuras incrustadas nas sátiras dos árcades, nas metáforas dos românticos e na mistura de alguns gêneros pré-modernos, visto que — mesmo colaborando na imprensa de São Paulo por ocasião da Semana de Arte Moderna de 1922 — não se interessou em travar contato com as transgressões do Modernismo.

Como crítico, portanto, não se pode dizer que se manteve neutro em face das obras, dos autores e das ideias que examinava; e nem mesmo cabe afirmar que viu com simpatia os acontecimentos e os produtos culturais que circulavam no ambiente intelectual ou político que lhe era adverso, pois quando rompia ou se decepcionava com alguém ou com alguma coisa, afastava-se para sempre, ficando célebres em sua trajetória as rusgas que o acabaram separando de antigos amigos, como Joaquim Nabuco, Rui Barbosa e o próprio barão do Rio Branco.

De seu método crítico, tampouco se poderá afirmar — como é o caso de Sílvio Romero — que se tenha baseado em conceitos gerais e vastos panoramas teóricos desligados do texto ou de seu processo de criação. Não que Oliveira Lima fosse um leitor de estruturas poéticas ou de mergulhos profundos no arranjo escrito das narrativas. Longe disso. Mas é que nele, tão próximo dos apelos por vezes incontornáveis da Escola do Recife, a vocação para a pesquisa histórica das fontes e dos documentos, decisiva no avanço da historiografia do período, trouxe para a sua crítica literária certos movimentos de leitura marcados pelo gosto estético da obra, pelo repertório abrangente de seu contexto crítico e filológico, assim como uma maneira refinada no modo de expressá-los, como que fundindo o cosmopolitismo do diplomata à inegável vocação para as expansões intelectuais em torno das coisas da cultura e do espírito. Isso faz que, no conjunto de sua crítica, não nos impressione tanto a originalidade de seus juízos ou mesmo as razões de suas discordâncias, mas a forma com que são expostas e o modo como — sem romper com as direções do pensamento dominante — suspende-lhes a notação e o alcance, para considerá-las sob o ângulo de uma hipótese pessoal que só as aproveita como traço menor de uma causalidade anterior que as transcende e determina.

Se o crítico não incorre, nesse movimento, nos exageros tão decantados de Sílvio Romero em relação a autores de valor indiscutível como Castro Alves e Machado de Assis, por exemplo, não deixa de reconhecer o peso determinista da mestiçagem, cujos processos — sem prejuízo da expressão do nativismo brasileiro — foi, como vimos, dos primeiros a tentar descaracterizar quando "previu" o desaparecimento inelutável do negro no quadro social brasileiro. Por outro lado, se é verdade que não orientou, como Romero, as suas análises pelos princípios evolucionistas, tampouco deixou de assinalar claramente até que ponto a natureza da crítica era de configuração genética ou formalista, dado que, nele, o exercício da crítica harmoniza as influências do meio e da cultura com ligeiras notações formais no âmbito da retórica e do estilo.

Mas é inegável que Oliveira Lima se valeu muito do espírito crítico de Sílvio Romero, assim como, a exemplo deste, rechaçou os excessos do subjetivismo e do indianismo românticos, em nome de vínculos incontornáveis com o substrato estético-literário de suas fontes. No entanto, é preciso ressaltar que não reconheceu a força com que Romero ampliou a sua interpretação etnológica da nossa cultura, ao concentrar no mestiço — como disse Antonio Candido — o agente transformador por excelência na definição de uma identidade própria para as criações populares em todo o Brasil; do mesmo modo que esteve longe de considerar

Rui Barbosa (à esquerda) e Oliveira Lima, no Rio de Janeiro.
Arquivo da Biblioteca Oliveira Lima, Washington.

a contribuição inovadora do negro, que, com a obra de Sílvio Romero, se converteu num fator decisivo não somente no plano da etnia, mas também no plano social e no de suas inserções na cultura, onde se mostrou inferior apenas às influências dos próprios portugueses.

Outra coisa é que, se em Oliveira Lima não mais prevalecem os critérios de análise unicamente voltados para a leitura dos "temperamentos" e a pesquisa da "faculdade dominante", o interesse de sua crítica não excluiu de todo a causalidade dos fatores hereditários e materiais, que mesclava com erudição e paciência aos recursos de imaginação e sensibilidade buscados nos textos. Para Oliveira Lima, a sistematização da nossa cultura, mais que a afirmação teleológica de seus fundamentos, decorre da vinculação histórico-genética da sua natureza e de suas formas de expressão. Contra o pensamento de Sílvio Romero, no geral incisivo quanto à incapacidade científico-cultural em nosso meio, o grande argumento de Oliveira Lima é justamente o da grandeza espiritual das nossas raízes, capazes por si sós de lastrear a qualidade e por vezes a mestria dos escritores locais. Assim, se para Romero, por não sermos um povo de alta cultura, nos faltavam condições ideais no plano da arte, da ciência, da filosofia e das letras, para Oliveira Lima a verdadeira expressão dessa cultura — por inerente ao espírito superior da matriz europeia que a formou — será tanto maior e mais expressiva quanto mais estreitos forem os laços que vier a aprimorar no exercício de suas fontes superiores.

Por esse lado é que se confirma em seu espírito a afinidade com o antigo mestre Teófilo Braga, nas aulas longínquas da velha Escola Superior de Letras de Lisboa, quando conheceu e guardou para si, em toda sua extensão, a certeza de que — como ensinava Braga em sua *Teoria da história da literatura portuguesa*, de 1872 — eram as virtudes da raça e da tradição que ditavam a grandeza de uma cultura e a superioridade de um povo. Isso explica, na teoria crítica do discípulo, a força do passado e a de suas origens, bem como a convicção de que cada escritor será julgado segundo a intuição que teve das fontes tradicionais de que se nutriu e em que se formou.

É verdade que, por outro lado — mais sensível ao tecido artístico das obras, geralmente estudadas a partir do contexto europeu que lhes servia de esquadro —, a crítica de Oliveira Lima está mais próxima do ecletismo de um Araripe Júnior, por exemplo, tanto pela baliza dos preceitos clássicos (Aristóteles, Horácio ou Quintiliano) quanto pelo contato com a crítica e a arte de seu tempo, critérios que o fazem oscilar entre a ênfase na construção de um perfil literário e o destaque ao espaço material e ideológico que o determina. Desse modo, ao alinhar tais dissonâncias, muitas vezes associa um nacionalismo marcado de fluida brasilidade a um cosmopolitismo fora de contexto que acaba anulando a expectativa nativista de origem, para revesti-la de uma verdade que em geral não emerge da obra, mas da convenção literária de onde o crítico a interpreta.

Daí decorre a imponderabilidade de seus juízos, instáveis e quase sempre incompletos quando se leva em conta a permanência inalterada do foco de análise frente à oscilação dos critérios de leitura. Assim, por exemplo, se em Araripe Júnior — como mostrou Alfredo Bosi — a análise da capacidade de intuição e de invenção vem geralmente misturada aos "princípios" inspirados em Spencer, Buckle ou Taine, tal atitude não impediu o crítico do *Movimento literário de 1893* de estudar as questões de estrutura literária quando, ao comentar a tradução de *A Divina Comédia* feita pelo barão da Vila da Barra (Francisco Bonifácio de Abreu), soube reconhecer o valor da substituição da *terza rima* pelo verso solto, revelando-nos ali como os "muitos desvios e infidelidades em relação ao texto" eram compensados "pela clareza e pela frase correntia". Já Oliveira Lima, quando se utiliza da análise formal, o faz em grande parte para sobrepor o modelo europeu aos nossos modelos, como se percebe no estudo em que ele exclui a natureza brasileira da obra de um autor como Machado de Assis, por não considerá-lo esteticamente vinculado aos processos literários que por aqui se desenvolviam.

De fato, a alma do historiador, que em grande parte adensa o núcleo disperso da interpretação literária, muitas vezes contribui para fixar uma espécie de retrato ilustrado cheio de pontos expressivos para uma intelecção original. Em Oliveira Lima, isso se dá sobretudo quando estuda as configurações da paisagem arcádica na moldura estética do velho quinhentismo, ou mesmo quando envereda pela interpretação da alma romântica dissociada do indianismo, para não falar aqui dos retratos regionalistas e do vasto painel com que organiza o panteão acadêmico onde se concentra, a seu ver, o "escol" da literatura brasileira.

Essa intenção estético-cultural, ao mesmo tempo que se pretende próxima da visão humanística de um crítico como José Veríssimo, por exemplo, chega por vezes — como no autor da *História de literatura brasileira* — a considerar como literário apenas o texto escrito com artifícios de invenção e de composição. A diferença, entretanto, é que se para Veríssimo o trabalho do crítico é o deslinde dos elementos da obra com vistas a compreender as bases escritas da emoção e do prazer do belo, em Oliveira Lima o objetivo é em geral o do comentário descritivo a partir dos critérios convencionais da crítica retórica, temperados pela ilustração histórico-social do quadro mais amplo das referências aos dados materiais que cercam o tema, as causas, a autoria e em particular as influências.

Longe da intenção estética que em José Veríssimo parece definir os autores que integram o melhor das nossas letras, os critérios de Oliveira Lima são determinados pela seleção do prestígio institucional e acadêmico. Mas isso não impede que por vezes se aproximem na abordagem humanística e cultural das análises, geralmente subjetivas e sem critérios formais definidos que não sejam os inspirados nas velhas convenções de clareza e objetividade, de construção elegante e temática verossímil.

PARTE II

Sérgio Buarque de Holanda (ao centro, de chapéu e terno branco) recebe no Rio de Janeiro, junto com outros intelectuais brasileiros, o poeta Blaise Cendrars, em 5 de fevereiro de 1924. Da esquerda para a direita: Paulo Silveira, Américo Facó, Ronald de Carvalho, Cendrars, Sérgio Buarque, Graça Aranha, Prudente de Morais Neto e Guilherme de Almeida.
Arquivo Central/Siarq, Unicamp.

5.

Originalidade nos trópicos

Um jovem dentro do mundo

A morte de Oliveira Lima, em Washington, no ano de 1928, equivale no Brasil à morte do seu próprio universo literário e cultural, abalado já no final dos anos 1910 por novos estilos e experiências que desviavam a literatura e as artes para outros focos de interesse. A esse tempo de libertação e pesquisa, diametralmente oposto aos figurinos da representação acadêmica, correspondem atitudes e tendências em cujo centro se colocava a necessidade de criar uma nova "lógica da beleza", capaz por si só — conforme sugeriu Oswald de Andrade em artigo de 1918 —de pôr em xeque a "perfeita ilusão" que os naturalistas haviam conseguido de forma inigualável.[217] A busca dessa "nova forma", que não é mais a "cópia de uma regra geral" e que se impõe por conter em si mesma os seus próprios "defeitos e excessos", traz consigo o lastro único de uma originalidade pessoal e intransferível que a crítica de Oliveira Lima (e a de seu tempo) não foi capaz de discernir, por insistir, como vimos, na busca do modelo nobre, daquele "misterioso *quid* que é a alma portadora das verdadeiras obras d'arte", como tão bem definiu Monteiro Lobato no célebre artigo da *Revista do Brasil* em que refugava o modernismo de Victor Brecheret. É que para Lobato, como de resto para Oliveira Lima e sua geração, os artistas brasileiros não dispunham de modelos nobres em

---

[217] Oswald de Andrade, "Notas de arte", *Jornal do Commercio*, 11 jan. 1918.

seu próprio país, necessitando buscá-los no elevado espectro da tradição europeia.[218]

Com a entrada do novo século, mesmo reconhecendo o atraso de São Paulo, intelectuais como Mário de Andrade, por exemplo, não hesitaram em afirmar que não nos faltavam artistas verdadeiros (o próprio Brecheret, Pedro Alexandrino, Anita Malfatti, Regina Gomide, Ferrignac), capazes de criar algo diferente e muito distante dos que por aqui insistiam "em encher as paredes de nossas casas com baboseiras feitas na Europa para exportação". Por isso fazia questão de aproveitar a presença de John Graz no Brasil para ampliar a força original desses novos talentos, abertos ao primitivismo da terra e embalados pela ingênua "filosofia do não faz mal".

É através dela, segundo Mário, que o nacionalismo ortodoxo dos tempos de Oliveira Lima deixava de ser uma abstração inalcançável para buscar a força criativa das raízes autênticas do Brasil irrevelado. Basta ver, nos diz Mário, como o nacionalismo de Tarsila do Amaral supera a "inspiração" dos temas nacionais de Almeida Júnior para transformar a própria realidade plástica num "caipirismo" inédito de formas e de cores, verdadeira "sistematização do mau gosto excepcional" que se revelava com a nossa sentimentalidade intimista "meio preguenta, cheia de moleza e de sabor forte".[219]

É nesse contexto que começam a se separar as balizas que orientavam o academicismo da velha crítica naturalista — ou seja, a de Oliveira Lima e dos intelectuais de sua geração — e as ideias que convulsionavam o desordenado quadro do modernismo paulista. "O certo", como então declarava Oswald de Andrade, "é que São Paulo fervia de arte boa e nova, e que o alarma soado na

---

[218] O que Monteiro Lobato propôs ao jovem Brecheret é que saísse o quanto antes da sociedade pobre e primitiva que o cercava. Para ele, tudo o que cabia a Brecheret era "fazer as malas e raspar-se. São Paulo — já o proclamou Martim Francisco — é um eito". Ver Monteiro Lobato, "Victor Brecheret", *Revista do Brasil*, n° 50, fev. 1920.

[219] Mário de Andrade, "Tarsila", 21 dez. 1927 (catálogo de exposição).

barraca da decadente feira vaidosa e provinciana onde funcionou até há pouco o seu jaburu jornalístico de consagrações, se transformará com rapidez numa fácil renovação de valores invencíveis."[220] Em lugar destes, buscava-se uma poesia que misturasse todos os processos, que se valesse de todas as representações plásticas e que se apoderasse do som, das cores e do volume, uma poesia, enfim, cada vez mais distante do ceticismo "inspirado nos determinismos" saídos das academias da Alemanha e da Itália. Se, em relação a ela, os ecos do Simbolismo recente já se afiguravam como a ressurreição desbotada do velho gongorismo, um "modernista atrasado" como Graça Aranha, por exemplo — formado no culto aos velhos mestres dos tempos de Oliveira Lima —, representava, para a geração da vanguarda, "um dos mais perigosos fenômenos de cultura que uma nação analfabeta podia desejar", segundo palavras do próprio Oswald num escrito para o jornal *A Manhã* de 25 de junho de 1924.

Era esse afinal o caminho que se desenhava no horizonte da nossa cultura. O principal intento era abrir um contato inédito com as diferentes faces do país desconhecido, visto até então — como queriam os modernistas — pelo olhar excessivamente acadêmico dos pressupostos de fora, numa direção inteiramente contrária a esse mergulho vertiginoso nos "pressupostos de dentro", a que agora se lançavam, tão alvoroçados. No caminho inverso ao da nossa inserção no universo espiritual português, que ocupava o centro da obra crítica de Oliveira Lima, o panorama que os modernistas projetavam para a literatura e a crítica assumia o risco desordenado de um apego exclusivo às "diferentes faces e almas" do Brasil, abandonando todos os preconceitos e saltando sobre todas as regras. Nesse percurso, eles nada mais representavam, como observou Mário de Andrade, do que um "sintoma do romantismo da nova época", que os irmanava "aos cubistas, orfistas, não-sei-que-lá, mas sem negar a estridentistas mexicanos, a expressionistas alemães, a *fauves* da França, aos futuristas da Itá-

---

[220] Oswald de Andrade, "O meu poeta futurista", *Jornal do Commercio*, 27 maio 1921.

lia e Rússia, multidão" — nos diz ele — sem a qual é impossível compreender o "direito de representação" do novo espírito, "interrogativo e caótico", mas diretamente responsável por "um dos fenômenos essenciais do presente [que] é esse apego quase doentio à expressão".[221]

É nesse momento em que o Modernismo se propõe a "matar a saudade da Europa, [...] a saudade pelos gênios, pelos ideais, pelo passado", com aquele espírito que, no dizer de Mário de Andrade, "só brasileiro sem-moléstia-de-Nabuco podia sentir",[222] que aparece em São Paulo um jovem intelectual arrebatado pelo espírito da modernidade nos domínios da arte, da literatura e da cultura. Nascido na capital paulista a 11 de julho de 1902, Sérgio Buarque de Holanda era ele mesmo uma testemunha da transformação da cidade, que tão bem retratou ao relembrar os tempos de estudante, ao lado de Antônio de Alcântara Machado, seu colega nos bancos de ginásio do Colégio São Bento, ambos esgueirando-se entre andaimes em meio a ruas que se alargavam e muros que desapareciam, num alvoroço que misturava operários, falares de imigrantes, barulho de escolares.

Dos tempos de juventude, afora o hábito de "devorador de livros", o fato mais importante que se conhece é o de seu artigo de estreia, "Originalidade literária", publicado no jornal *Correio Paulistano* em 1920, quando Sérgio contava apenas dezoito anos de idade. A essa altura, já estava no Rio de Janeiro, para onde a família se transferira pouco antes. É nesse período que produzirá um conjunto de escritos — depois renegados com toda a ênfase — de grande importância para a compreensão do espírito renovador da

---

[221] Mário de Andrade, "Oswaldo de Andrade", *Revista do Brasil*, nº 105, set. 1924.

[222] Esse espírito vinha no cerne de um sentimento mais amplo, que era, nos termos de Mário de Andrade, o de "tradicionalizar o Brasil", isto é, "viver-lhe a realidade atual com a nossa sensibilidade tal como é e não como a gente quer que ela seja, e referindo a esse presente nossos costumes, língua, nosso destino e também nosso passado". Ver "Assim falou o papa do Futurismo" à seção "Mês futurista" do jornal *A Noite* de 12 de dezembro de 1925.

São Paulo que então deixava de ser província, nos quais o jovem Sérgio, antes mesmo de alguns futuros modernistas, manifestava seu inconformismo com os rumos da nossa cultura.

Sem respostas imediatas no horizonte local, o crítico desses primeiros anos meditava nos exemplos que vinham da arte e do pensamento hispano-americano, buscando no conjunto de sua expressão cultural um caminho que lhe confirmasse a tese — inspirada em Frédéric Mistral — de que mesmo uma nação dominada podia ser intelectualmente independente. Seu ponto de partida, muito longe das aspirações eurocêntricas de Oliveira Lima — ou mesmo do "regionalismo dinâmico" que, através de Gilberto Freyre, chegaria ao assim chamado modernismo baiano de Carlos Chiacchio, Aloísio de Carvalho e Roberto Corrêa, por exemplo —, orientava-se na direção de outra rota, a da integração do Brasil aos pontos de ruptura que, desde os tempos da Colônia, se agitavam nos subterrâneos da vida americana, como fontes inexploradas de uma identidade coletiva soterrada na diversidade de sua riqueza.

A intenção, nesse primeiro momento, era compreender — já a partir das *Ideas y impresiones*, de Francisco García Calderón, por ele então considerado "um dos mais notáveis pensadores da América espanhola" — os fatores importantes da emancipação cultural do Novo Mundo, com vistas a ampliar os caminhos da nossa autonomia literária. Se aqui o horizonte da investigação é de ordem histórico-cultural, seu traço específico é de origem literária, tal é a ênfase com que os fatores de natureza e cultura (a nova flora, a fauna mais rica, as nações selvagens desconhecidas, com ideias, tradições e costumes diferentes dos europeus) deixam o plano meramente descritivo para se transformarem em categorias literárias reveladas no interior das próprias obras estudadas, que Sérgio — conduzido por García Calderón — acompanha com paciência de veterano, à busca de um engenho inédito na expressão intelectual do Novo Mundo.

Conforme observa o crítico, onde os resultados estéticos se mostraram mais criativos foi na representação dos selvagens de cultura social mais elevada, como nos poemas *La Araucana*, de

Alonso Ercilla, e *Rusticatio mexicana*, do padre Rafael Landívar, em cujas oitavas, no caso do primeiro, e nos metros latinos em parte traduzidos para o castelhano, no caso do segundo, destacam-se o traço singular das descrições e as evocações inéditas que registram um "assombro lírico" ante o mundo descoberto diametralmente oposto ao dos poemas e escritos laudatórios sobre a terra conquistada no Brasil.

É assim que, no seu entusiasmo de moço, Sérgio vai aos poucos descobrindo os germes de uma "literatura americanista" distanciada das imposições de gênero e de forma que sempre nos prenderam ao vasto círculo das tradições lusitanas. Em Calderón, por exemplo, além de constatar esses primeiros resultados concretos, o crítico entra em contato com a força de uma poesia capaz "de descrever o prodígio tropical" do mundo primitivo, enriquecido de relatos "que refletem a vida de cidades silenciosas" e de um teatro embrionário "que representa a luta entre o imigrante e o crioulo, entre a sociedade colonial que declina e a confusa democracia que avança".[223]

Com o autor peruano, Sérgio começa a descobrir a necessidade de nos desvencilharmos do velho classicismo, tão decisivo nos ensaios críticos de Oliveira Lima, por obliterar os predicados poéticos da natureza bruta enquanto tema legítimo de sua própria expressão lírica. É longe dele e do gongorismo do ultramar que refaremos no Brasil, segundo Sérgio, o caminho com que os hispano-americanos superaram o personalismo dos espanhóis ("não querem éclogas nem aspiram a confundir-se com a terra pródiga num delírio panteísta", na observação de Calderón) e, assim, chegaram a um novo sentimento da terra.

O curso dessas impressões inaugurais revela para o jovem de 1920 a urgência histórica de rediscutir os caminhos da nossa própria identidade cultural, tanto mais complexa quanto sabemos

---

[223] Os temas então rastreados pelo jovem Sérgio podem ser consultados no capítulo "La originalidad intelectual", em Francisco García Calderón, *La creación de un continente*, Caracas, Biblioteca de Ayacucho, 1974, pp. 294-301.

que, nestes domínios da América portuguesa — bem ao contrário do que supunha a exegese integradora de Oliveira Lima —, não herdamos "uma impressão tão sutil da natureza", tendo em vista que os nossos índios, em geral mais incultos e rudes que os da América hispânica, só inspiraram desprezo e pasmo aos que deles se ocuparam. Daí, a seu ver, o predomínio entre nós das narrações áridas e ingênuas dos cronistas, bem como a ausência de poemas e epopeias "dignas desse nome".

É curioso como tal pessimismo — no crítico que mais tarde escreveria um dos ensaios mais iluminadores sobre a poesia épica no Brasil, já nessa primeira fase de aprendizado — se converte aos poucos numa espécie de desafogo frente ao peso retórico da tradição. Um bom exemplo é o modo como o jovem Sérgio ironiza os excessos com que Rocha Pita engrandece a condição intelectual da América portuguesa, a ponto de fazê-la competir com a Itália e a Grécia "na produção literária de seus filhos". Mesmo para uma intervenção de juventude, o fato não deixa de ser auspicioso, se lembrarmos que, pouco antes, também num escrito de mocidade, Oliveira Lima, como já vimos, sugeriu que, tanto no romance quanto no teatro, a obra de Joaquim Manuel de Macedo, mesmo que descurando de certos princípios do *Manual de literatura* de Teófilo Braga, era a prova insofismável de que o "gênio nacional" permanecia vivo no elevado "espírito da raça".

Contra esse "elogio burlesco e exagerado", que vai da imaginação dos homens à excelência das nossas riquezas naturais, Sérgio se lamenta de que na produção local, dos primeiros cronistas ao indianismo, o chauvinismo tenha eliminado qualquer forma de sentimento que pudesse, mesmo de longe, se comparar ao espírito americanista dos araucanos, que, a seu ver, embora derrotados, saem do poema do padre Landívar moralmente vitoriosos pela nobreza do espírito coletivo com que defenderam o lar, a terra, a liberdade no trabalho e nos costumes.

É certo que Sérgio concede ao indianismo a importância de ter sido, no Brasil, o primeiro movimento literário a merecer o nome de escola, sem o qual seria impossível pensar em originalidade. Mas mesmo reconhecendo os méritos de obras como *I-Juca*

Pirama ou *O guarani* na renovação dos temas e na proposição de "uma ancianidade heroica e gloriosa" ao Brasil nação, ele não exime os românticos de haverem instaurado em nossas letras uma "impostação exótica e artificial", responsável ora por conceber os índios "como portugueses de classe média em cores selvagens" (Gonçalves de Magalhães), ora por representá-los num universo "falso e incompleto", quando não "sentimentalista e patriótico" (Alencar e Gonçalves Dias).

Todas essas ressalvas, no entanto, compensam no coração do jovem Sérgio a certeza de que, com o indianismo, nos afastávamos da "imitação servil dos modelos literários consagrados pela tríade Garrett, Herculano e Castilho", abrindo-nos para "veredas mais amplas e mais nacionais". Esse desejo de escapar da órbita lusitana dará ao projeto do crítico que se inicia em 1920 não propriamente uma configuração de programa, mas uma clara opção de ruptura em direção a uma escrita brasileira que, difusamente vislumbrada no passado, havia de se fazer agora com a sabedoria da vida comum, a mesma que o mestre Sílvio Romero descrevia como "um fato interior, uma questão de ideias, uma formação demorada e gradual dos sentimentos".[224]

Ariel e Caliban

Longe de refletir uma preocupação acadêmica, o empenho de Sérgio Buarque de Holanda nessa busca do Brasil original e primitivo, além de representar uma manifestação de inconformismo, fazia prever a ação radical do futuro modernista que, boêmio infatigável, sempre soube evitar — como notou Francisco de Assis Barbosa — que o talento intelectual se transformasse em pura

---

[224] Embora dizendo que isso "não devia ser tomado ao pé da letra", Sérgio acreditava que o Brasil havia de atingir, mais cedo ou mais tarde, a sua originalidade, "inspirando-se em assuntos nacionais fundados em suas tradições e submetendo-se às vozes profundas da raça". Ver "Originalidade literária", *Correio Paulistano*, 20 abr. 1920.

abstração livresca. Em oposição à iniciação cosmopolita do jovem Oliveira Lima — que por volta de 1887, levado por Joaquim Nabuco, começava sua colaboração no periódico *O Repórter*, de Oliveira Martins, ampliando os contatos travados na universidade, em busca de novas relações em revistas, jornais, salões de conferências e mesmo nas tribunas de imprensa do Parlamento português —, o início da atividade literária de Sérgio coincide com uma nova etapa da literatura e da crítica frente ao conjunto da vida cultural do país.

Se na formação do primeiro falavam mais alto as razões de uma tradição que via nas letras e nas artes a expressão natural do espírito da raça e de seus valores, com foco nas raízes ibéricas de origem, na iniciação do segundo agitavam-se os motivos de uma geração interessada em romper com esse passado de celebração retórica, para aprofundar a pesquisa de outra linguagem, reveladora do homem e da natureza local, com foco no espírito de autonomia.

Convencido da necessidade de buscar a identidade cultural do Brasil fora dos limites do universo espiritual português, o crítico Sérgio traça uma espécie de roteiro para a "eliminação de algumas deficiências" que, entranhadas em nosso espírito, impediam a seu ver qualquer pretensão que pudéssemos ter em relação à nossa própria originalidade. A mais preocupante delas vinha, segundo ele, do nosso "hábito de macaquear tudo quanto é estrangeiro", traço perigoso e único que já começava a marcar a nossa sociedade em formação.

A seu ver, o efeito mais grave desse desvio transcendia o amplo contexto da imitação generalizada que a América Latina então devotava à cultura dos Estados Unidos, e isto porque o nosso caso era diferente: "Nós imitamos genericamente tudo que vem de fora" — nos diz ele num artigo para a *Revista do Brasil* —, com a agravante de, no caso norte-americano, importarmos "as qualidades nocivas e menos compatíveis com a nossa índole".[225] É que para

[225] Ver "Ariel", *Revista do Brasil*, ano 5, vol. 14, nº 53, maio 1920, pp. 85-7.

o moço de então os Estados Unidos eram a nação menos digna das nossas simpatias, "a mais imprópria para ser imitada", nos diz Sérgio, em vista não apenas das aberrações do "utilitarismo *yankee*", mas também da importação do regime republicano, tão despropositada a seus olhos de crítico insatisfeito com os propagandistas da República, que defendiam a implantação do novo regime unicamente porque "a monarquia fazia do Brasil uma única exceção na América".

Note-se que este talvez seja o único momento em que Sérgio cruza o caminho de Oliveira Lima, alinhando-se aos que exaltavam os "setenta anos de prosperidade do Império". No mais, como nos mostra a trajetória do autor do *D. João VI no Brasil*, Sérgio estará na trincheira oposta ao utilitarismo do *auri sacra fames*, que, mesmo com a exacerbação descabida desses rompantes de moço, não deixa de antecipar muitos dos temas que em *Raízes do Brasil* aprofundarão a análise dos males que o estilo americano representava para o país. Pois nos termos do Sérgio de 1920, eles serviriam apenas para aumentar as nossas desventuras, ao paralisar a nossa "civilização já doentia e desidiosa, tirando-nos o caráter de povo livre moralmente, caráter que já quase não possuímos", além de acelerar a perigosa condição de nos projetar como um "cadinho aberto aos defeitos de todos os povos, no qual só ficará de nacional a propriedade de saturar-se deles".

A única saída para a conquista da nossa originalidade literária seria seguirmos o caminho que nos traçou a natureza. Só ela seria capaz de nos fazer prósperos e felizes, dentro do "caráter nacional de que tanto careceremos". Quer dizer: frente à descaracterização ianque que vinha no bojo da nossa incontida macaqueação, se não cabia mais recorrer a um patrimônio cultural que não era nosso, melhor seria recorrer ao espírito de síntese, tão caro à modernidade que a pressupunha. Daí por que, inspirado na modernidade de Shakespeare em *A tempestade*, Sérgio elege a espiritualidade de Ariel como autêntico alvo telúrico a perseguir, contra o oportunismo de Caliban, o mesmo Caliban que, além de símbolo do utilitarismo, jamais deixou de ser, nas palavras do crítico, um "*savage and deformed slave*".

Daí o seu interesse em discutir, no passo seguinte, a impossibilidade da transferência de traços psicológicos de uma raça para outra, tema que, como sabemos, é dos mais caros no âmbito dos determinismos que marcavam esses primeiros tempos de sua fase de formação. É aí que, ao recusar por exemplo a hipótese de que o *humour* inglês colidia com a índole da raça latina, Sérgio se vale de Taine para justificar que essa palavra é intraduzível para os povos latinos, já que para eles não existia tal estado de espírito.

Assim, se há no repertório do crítico que se formava uma clara preocupação de fundo determinista, ainda aqui é inegável que o processo para dosá-lo revelava não apenas o propósito de desfigurá-lo, como também a intenção de apresentá-lo com visos de originalidade. Ou seja, ao concordar com Taine, o jovem Sérgio desvenda a possibilidade de outras formas de humor em nada vinculadas ao "patrimônio dos povos das terras frias", como é o caso — por ele levantado num artigo para o *Correio Paulistano* de 4 de junho de 1920 — do escritor e panfletário colombiano José María Vargas Vila. Isso explica por que, ao falar do humor de Vargas Vila, além de caracterizá-lo como uma manifestação de "pessimismo à Schopenhauer", logo o distingue como algo singular e intransferível: a sua originalidade "acima do vulgar".

Para Sérgio, a originalidade de Vargas Vila abria o primeiro mote aos jovens escritores do Brasil: a decisão irrevogável de não se submeter aos "corifeus estrangeiros", como foi costume por aqui e em quase toda a América Latina. E mais: é essa face libertária de Vila, que preferiu o exílio a conviver com as elites culturais embevecidas com tudo o que vinha da Europa, que dá ao Sérgio daqueles anos de juventude o primeiro impulso para rechaçar o literato de escola, formado no torvelinho inesgotável dos "imitadores de toda casta", como foi regra nos tempos de Oliveira Lima.

A razão é que, na base desse processo de libertação, a originalidade literária pretendida pelo crítico determinava a autonomia intelectual do escritor. Só ela, como no caso do humor de Vargas Vila, é que podia garantir a liberdade com que certos autores, nas palavras de Taine lembradas por Sérgio, nos declaram que não precisam de nós e não têm necessidade de que os entendamos, uma vez que se bastam a si mesmos, no que pensam e no que escrevem. O próprio Vila, nos diz Sérgio, desfrutava desse direito de tratar os leitores "com a maior sem-cerimônia, pondo-se de chinelos e escrevendo em mangas de camisa, sem a menor pose".

Está claro que, para Sérgio, o caso de Vila encerra uma atitude cuja originalidade só se confirma combinando humor e pessimismo, consciência do ofício e dignidade de seu exercício, com o empenho de recusar os modelos e a convicção de jamais fazer concessões, nem aos leitores e muito menos aos donos do poder. Quando se alinha ao seu exemplo, certamente ampliado pelo idealismo de moço, Sérgio não deixa de avaliar, de um modo quase pioneiro entre nós, o ângulo político da função do escritor. Num momento em que é dos primeiros a erguer a voz contra a ação devastadora do "utilitarismo *yankee*" no âmbito da cultura e da literatura no Brasil, o seu entusiasmo com os golpes de Vargas Vila contra o "babujismo servil" com que certos escritores se curvavam aos caudilhos e oligarcas soa nesses escritos da primeira fase como um chamamento indispensável em favor de uma nova ordem para a vida intelectual do país.

Não é por acaso que o modelo procurado em Vargas Vila foi o do "filho dos trópicos", tão caro aos modernistas, já às vésperas de desferir os primeiros ataques contra o provincianismo acadêmico da São Paulo dos bacharéis, recheada de direito romano e de um espírito de citação literária tanto mais pedante quanto mais ajustada à reprodução típica da erudição das sebentas, destituída de qualquer reflexão pessoal que emanasse dos textos e dos poemas "trazidos à colação".

Para Sérgio, ao contrário disso, "filha dos trópicos" era a leitura anticonvencional dos poderosos e dos ilustrados de elite, em recorte exagerado e livre, deformada para mais ou para menos, na linha do *portrait* primitivo e original, fora de esquadro, mas sempre provocadora e criativa, como a imagem da "palidez cerosa de idiotia" apenas rediviva pelo ralo movimento de dois olhos "vagos e lagunares, de um verde turvo de águas mortas" com que Vargas Vila desmancha a altivez do tsar Nicolau, transformando-o num "espécime completo do degenerado de Lombroso". A tarefa de avaliar a força desse retrato só se completa e ganha sentido à medida que a comparamos ao elogio descalibrado e solto que eleva aos píncaros da glória os méritos literários do escritor Rubén Darío, por exemplo.

A procura do original e do novo confronta no jovem Sérgio com a busca do que era nosso e como nosso se exprimia, como elo associado ao conjunto do primitivismo americano, visto em seu horizonte maior de integração ao espírito livre das ex-colônias da América Latina em busca, cada uma delas, de sua própria expressão nacional. Comparando-se ao nativismo do jovem Oliveira Lima, voltado desde o início contra o deslocamento (proposto pelos românticos) da alma nacional para o passado lendário dos índios, essa fixação pela autonomia localista de Sérgio revela desde já o quanto a própria origem os separava.

Vimos como, mesmo louvando a poesia romântica brasileira, que considerava "a mais bela expansão emocional da América do Sul", Oliveira Lima julgava que a beleza de seu canto natural, se teve realmente algo de belo e de grandioso, deveu-se ao fato de que suas fontes mais depuradas irradiavam do "doce e melancólico lirismo português" já cultivado no século XVI por Bernardim Ribeiro e Cristóvão Falcão, por exemplo. No extremo oposto, obcecado pela originalidade literária como primeira saída para a conquista da nossa autonomia intelectual, Sérgio Buarque de Holanda, inspirado em Vargas Vila, acompanhava os movimentos livres e desarmônicos dos filhos dos trópicos, voltados para a fusão entre a arte e a natureza, a literatura e os batimentos da terra desconhecida, primitivos e subterrâneos, à espera da palavra nova que os revelasse ao mundo.

O aspecto interessante no conjunto escrito dessas obsessões de juventude — afora o exagerado espírito de uma solidariedade americana nem sempre confirmada pelos fatos — é que, com elas, sem que se desse conta, foi se abrindo na imaginação do crítico que surgia um inegável compromisso entre literatura e história, na proporção inversa — é possível dizer — com que se firmava no espírito do jovem Oliveira Lima o encantamento por um Brasil distante e idealizado, que retornava à sua imaginação de moço, filtrado pela saudade de Pernambuco e pela influência cada vez mais viva dos seus mestres portugueses.

Isso nos permite estabelecer uma distinção importante. É que, para o jovem crítico do Curso Superior de Letras de Lisboa, o Brasil literário era produto de uma intervenção da memória, o que fazia do tema em análise não propriamente uma questão a esclarecer, mas uma espécie de versão idealizada que, através do empenho saudoso da pátria, se projetava na Europa e abria o caminho para a convivência intelectual no ambiente da Metrópole. Inteiramente ao contrário do que ocorre com o moço que se lançava pelas páginas do *Correio Paulistano*, interessado em se desfazer dessa idealização fundada na memória e apoiada nas convenções retóricas da crítica acadêmica, que ele põe de lado ao buscar novos interlocutores no contexto local, pensando nos agentes de uma nova história que integrasse a cultura das ex-colônias no continente sul-americano.

Se no percurso de Sérgio estão os autores que lutam por desvendar o caminho aberto pelos "criadores da nova arte dos trópicos", valorizados por si mesmos e fora dos padrões convencionais do estilo antigo, no horizonte crítico de Oliveira Lima, além de alguns numes letrados como Teófilo Braga, Alexandre Herculano, Ramalho Ortigão e Oliveira Martins, está o peso da tradição que, através da crítica positivista e acadêmica, garante no Brasil o argumento de filiação e unidade cultural que nos submete às origens e restringe a própria expansão da nossa literatura.

Primitivismo e razão histórica

Para Sérgio Buarque de Holanda, esses são temas que não interessam à nova plataforma da originalidade, sem dizer que do ponto de vista do método crítico já há indícios de uma preocupação concreta mais voltada para a elucidação do fato literário tomado em sua especificidade. Diferentemente dos movimentos iniciais da crítica de Oliveira Lima, marcados pelos pressupostos históricos que radicalizavam a discussão sobre os temas da identidade nacional contra toda a estagnação que derruísse o antigo mito do império português ou da manutenção do que dele restava, a crítica do primeiro Sérgio muda de assunto e adota um novo tópico, recortando outro horizonte e colocando-se a partir de novos ângulos de leitura. Situando o tema nas circunstâncias de seu tempo, ele analisa os autores que estuda e discute a bibliografia sobre eles e sua época, sem deixar de interpretá-los livremente, mesmo sob os entraves consideráveis do determinismo ainda imperante.

O dado novo é que, nessa interpretação, chega a comparar os escritores latino-americanos aos melhores da Europa, valendo-se de pistas que vai encontrando nos críticos de sua preferência, mesmo reconhecendo que os brasileiros pouco se interessavam por assuntos "americano-espanhóis" — "nossos olhares, nossos pensamentos, nossos gostos", nos diz ele, "embicam quase sempre para o Velho Mundo". Por isso realmente valorizava o fato de que a ameaça de morte a um poeta como Santos Chocano,[226] "da minúscula Guatemala", tivesse emocionado tanto "as esferas intelectuais brasileiras", numa espécie de solidariedade cultural latente na alma americana.

É esse acontecimento que dá a Sérgio o tema de sua análise, marcando assim uma estratégia que se repetirá depois na produção crítica da maturidade. Num primeiro momento, situa Chocano em seu contexto de época, juntando ao quadro do estudo os dados históricos e políticos indispensáveis. Literariamente, diz por exem-

---

[226] Neste artigo, publicado na revista *A Cigarra* em junho de 1920, Sérgio Buarque de Holanda alude aos acontecimentos que, no ano anterior, envolveram José Santos Chocano (1875-1934), poeta peruano que marcou sua contribuição à vida política da América Latina participando das revoluções do México e da Guatemala, onde se tornou conselheiro do ditador Manuel Estrada Cabrera e acabou sendo preso e quase fuzilado por ocasião da queda deste último. Chocano, que morreu apunhalado dentro de um trem em Santiago do Chile, era dono de um estilo grandiloquente e inspirava-se nos temas do mundo pré-colombiano da fase da conquista, como na *Epopeya del moiro* (1899) ou mesmo em *Alma América* (1906).

plo que Chocano tem pontos de contato com Victor Hugo, "de quem é discípulo", sendo esse o motivo que a seu ver explicava a grande aspiração de Chocano a transformar-se no Walt Whitman da América do Sul.

Tais conjecturas nascem de um mergulho nos críticos do poeta, García Calderón à frente, no passo em que observa — referindo-se ao estilo do vate peruano — que o seu canto é "um canto sonoro, eloquente e harmonioso [que] evoca um mundo desmesurado e épico, como a Índia de Kipling", cuja marca mais notável seria justamente a da força de sua expressão telúrica, um mundo que embora se imponha pelo esplendor de sua magnanimidade, transfundido em versos, "degenera frequentemente em gongorismo".

Aqui, o que interessa na leitura que Sérgio faz de Calderón é marcar no "poeta titânico" que é Chocano a convergência entre a figuração gongórica da paisagem do Novo Mundo e a decisão de não se deixar levar pelo pieguismo amoroso nem pelo sentimentalismo idealista, dado que no cerne dessa energia criadora pulsava, segundo ele, a inspiração da "amazona belicosa" em meio ao universo trepidante das "magnólias gigantes". A observação tem importância porque, na interpretação do jovem crítico, o rumo libertário dessa poética nem de longe podia comparar-se aos "desmandos dos nossos condoreiros", apesar de Castro Alves e de Tobias Barreto.

Tal consideração o leva gradualmente de volta ao Brasil, e se ele não mostra interesse em ingressar na esfera mais refinada do cosmopolitismo literário a que os hispano-americanos chamavam de Modernismo, também não se deixa conduzir pelas possíveis relações entre os veios da modernidade dos hispânicos e as primeiras manifestações do chamado "tradicionalismo dinâmico", que então surgiam com o regionalismo de Gilberto Freyre, em vertente muito próxima do pensamento de Oliveira Lima.

Nos escritos de Sérgio, ao contrário, vai se firmando a intenção de recusar tudo que estivesse relacionado aos efeitos do que ele chamou de "nacionalismo *à outrance*", um dos fatores principais, a seu ver, da descaracterização das nossas marcas ancestrais.

Num breve artigo sobre o centenário de Joaquim Manuel de Macedo, por exemplo, chega a apontar o indianismo como o grande responsável pelo isolamento da obra do autor no quadro da literatura de seu tempo. E assim o faz não porque estivesse interessado em privilegiar o estilo de Macedo frente ao conjunto dos prosadores românticos, mas porque estava empenhado em distinguir na obra do autor de *A moreninha* a expressão literária de um cenário brasileiro que se perdera para sempre. Isso faz com que, no corpo das notas que tomou de um discurso de Franklin Távora no Instituto Histórico e Geográfico Brasileiro, Sérgio retome a ideia de que esse livro de Macedo foi o único, no âmbito da literatura nacional, a registrar a "infantil e virginal feição" do romance autenticamente brasileiro.[227] Dessa forma, ele traz para a pesquisa moderna da nossa originalidade o tema de uma obra que, mesmo não tendo exercido grande influência sobre as letras de seu tempo, captou de modo definitivo as singularidades do nosso povo, daquele Brasil — nos diz o crítico — "das sinhazinhas melancólicas e românticas" que deram a Joaquim Manuel de Macedo a glória de ter sido o mais lido dos nossos romancistas.

Note-se que, ao contrário do jovem Oliveira Lima — que, nos primeiros exercícios críticos de Lisboa, mesmo reconhecendo a importância de Macedo para a formação do romance brasileiro, não deixava de considerá-lo um exemplo a mais da predominância do "espírito da raça no gênio nacional", conforme a "lição de Teófilo Braga" —, o Sérgio moço incorpora à sua crítica a crônica das circunstâncias que enriquecem a análise do tempo do autor e da obra, como aliás faria mais tarde, com rara competência, no âmbito de sua obra madura.

Assim, se para Oliveira Lima o "critério superior" do universo de Macedo eram as reminiscências de um painel saudosista misturado às imagens da infância — a bênção do engenho, os quadros da moagem, as noites de São João no terreiro —, para Sérgio eram, por exemplo, as anotações das lembranças de José de Alen-

---

[227] Ver "Um centenário", *A Cigarra*, jul. 1920.

car em sua república de estudante de direito em São Paulo, louvando com os companheiros "o ídolo querido de todos eles" que foi o doutor Macedinho.

É que para Sérgio interessava antes "o espelho de uma época que já não existia mais nas grandes cidades onde se lia", ao contrário de Oliveira Lima, que, vivendo em Lisboa, se reintegrava ao mundo perdido que só a figuração literária da pátria distante poderia devolver. Para este, a obra de Macedo, "em sua linguagem singela e nem sempre correta", só se impôs por ter transformado em valor estético a singularidade de um cenário histórico, mas sobretudo biográfico. Quer dizer: se num a referência documental são as imagens de um Brasil concebido com o sentimento crítico temperado pela saudade e a presença intelectual da Metrópole, no outro a referência são os escritos que circundam o texto com a intenção de ilustrar a dignidade literária de uma sociedade primitiva que deixou de ser Colônia.

É no rastro dessa sociedade que desapareceu ou migrou para os arrabaldes e povoados distantes, em defesa de seu caráter primitivo, que a crítica do primeiro Sérgio interroga um sentido possível para a autenticidade da literatura e da cultura no Brasil dos anos 1920. E é em face desse mundo perdido que a naturalidade quase rústica da prosa de Macedo aviva o contraste com o "fingimento hipócrita" dos românticos, curvados à artificialidade europeia do gênero. Frente a estes, nos diz Sérgio, Macedo sorria, ao reproduzir uma segunda ressonância de época, que vai buscar na crítica do tempo — no caso, uma notação do poeta romântico Dutra e Melo —, para fundir o romancista de *A moreninha* à "índole dos seus compatriotas", não sem deixar de atribuir-lhe "a glória de ter lançado os fundamentos do romance nacional".

É essa técnica por assim dizer de colagens e ressonâncias que avulta nesses escritos de juventude, sugerindo a seu modo os primeiros movimentos de um método que Sérgio desenvolverá a fundo na obra posterior.

Com a intenção de mostrar que nos escritos em prosa dos poetas sempre ficam vestígios estilísticos a denunciar "as soluções e o ritmo da poesia", Sérgio publica na revista *A Cigarra* de agosto de 1920 um artigo em que praticamente vasculha, na obra de Amadeu Amaral, a configuração literária desse processo.[228] Vista num primeiro relance, a impressão é que, nessa guinada, pouco aproveita daquele entusiasmo libertário com que buscou na literatura e na crítica da América hispânica um caminho novo para pensar a nossa autonomia intelectual. Mas, olhando em perspectiva, é possível dizer que a aparente neutralidade da análise não exclui a pesquisa do novo no quadro das relações da literatura com a terra e com a sociedade que mudava.

Mostrar que o Amadeu Amaral de *Letras floridas*, com a intercorrência de tópicos e imagens, constrói um universo literário associado aos motivos que se expandem e desenvolvem no conjunto de toda a sua obra, é o mesmo que situar, no quadro da literatura paulista imediatamente anterior ao Modernismo, traços de uma pesquisa em expansão, uma espécie de primeiro exercício muito mitigado daquele vislumbre de ressonâncias nativistas que levarão o Sérgio dos anos 1940, de modo notável, a encontrar reflexos e processos aparentemente dispersos ligando a tópica da épica brasileira do século XVIII a praticamente todo o universo da épica ocidental.[229]

É desse modo que ele vai esquadrinhando, nos diferentes capítulos de *Letras floridas* (originalmente palestras proferidas por Amadeu Amaral), vestígios de imagens que se transfundem em poemas ou, na mão inversa, de figurações que vêm da poesia para a prosa, sem perder a duração e o peso lírico de seu estro. Entre elas, por exemplo, na palestra "A cigarra e a formiga", estão os tópicos que migram para a poesia de *Espumas e névoa*; ou a convergência para o tema da árvore dando fundo a poemas como "Credo expatriado", "Crepúsculo sertanejo", "A um poeta im-

---

[228] "Letras floridas", *A Cigarra*, ago. 1920.

[229] Ver os ensaios de Sérgio Buarque de Holanda que Antonio Candido organizou sob o título de *Capítulos de literatura colonial* (São Paulo, Brasiliense, 1991), em particular os capítulos "O mito americano" e "A arcádia heroica".

produtivo", "A palmeira e o raio" e tantos outros. De outra parte, a preferência pelas árvores e "os vegetais de porte másculo" aparece igualmente na construção de livros como *Folhas ao vento*, *A velha comédia* e *Árvore da rua*, que segundo o crítico "recorda ligeiramente Sully Prudhomme".

Vai assim se esboçando no crítico o gosto pelo texto e o enfoque longitudinal da obra, pelo desbaste dos tropos e das marcas estilísticas, associando e juntando os gêneros, assinalando a viagem dos tópicos. No extremo oposto de Oliveira Lima, que via nas marcas incipientes da nossa originalidade a afirmação inegável de traços ancestrais renovados, na crítica imatura do jovem Sérgio vai se delineando a invenção de uma nova ancestralidade, a pesquisa intuitiva de uma identidade desencontrada, de um primitivismo original e disperso. É nessa direção que vão tomando forma, já em seus primeiros escritos, novas correlações entre o contexto histórico-literário e aspectos dispersos, como no caso em que Sérgio aproxima o epílogo de uma conferência sobre Raimundo Correia a algumas páginas de Joaquim Nabuco, transcritas por ele na parte final de seu artigo sobre *Letras floridas*.

É claro que, no conjunto, o tom nacionalista muitas vezes desborda e o entusiasmo da novidade contamina o alcance da análise. Basta pensar no apelo do jovem Sérgio à exaltação patriótica que, no último parágrafo do artigo, saúda a coletânea de Amadeu Amaral como uma espécie de catarse da revolta "contra o desânimo e a tristeza" de grande parte dos brasileiros.

Mas é justamente o limite da incongruência que faz revelar os avanços. É preciso lembrar que, para Sérgio, o exercício da crítica, contra todos os pressupostos da época, recusava os preceitos da erudição acadêmica para tentar juntar-se à mobilidade do testemunho, aos vestígios da imaginação popular diante do curso inesperado da vida moderna e ao alvoroço das ideias que fecundavam a experiência e dinamizavam as aspirações. Note-se que já aparecem nesses artigos de fins de 1920 alguns temas derivados da oralidade e da experiência de rua como fatores que não só dão o tom e o ritmo, como também vão aos poucos alterando o desenho do texto. Neste caso, "traduzir em letra de forma as *charlas* que por aí se ouvem à roda nos bondes"[230] equivale à busca de um outro padrão, de uma referência concreta, digamos assim, às preocupações renovadoras do jovem crítico, ele próprio circulando nas ruas, ouvindo os falares do povo, embalado pelas músicas e o torvelinho da vida moderna, com seus automóveis e bondes em meio ao entusiasmo das aglomerações urbanas.

Em uma dessas incursões, por exemplo, onde se comenta a popularidade das danças modernas, Sérgio escolhe o ângulo casmurro de um velho rabugento para glosar a originalidade transitória que chegava com o novo. Na oposição de olhares e de sentimentos, o tango e o foxtrote, vistos pelo rabugento, são indecências modernas que o crítico relativiza ao lembrar que, em 1752, no Tijuco, nos salões de um contratador de diamantes, "um personagem de Afonso Arinos — Diego Suares — [também] censurava a valsa por julgá-la imoral", pondo-a muito abaixo das danças que rodavam na época, entre as quais a *seguidilla*, a *malagueña*, a *jota* etc.

A anotação, aparentemente sem interesse, tem importância porque nos mostra uma nova face do crítico, aquela que combina observação popular e reflexão erudita, como que misturando impressões de rua e reflexões de biblioteca. Assim, se o tema da análise se desloca para o espetáculo da atualidade, o juízo que o expressa não poupa a velha ordem para avivar o contraste (como é o caso, nesse mesmo artigo) da transcrição daquela passagem da *Nova floresta*, em que o padre Bernardes, impressionado com o saracoteio dos que "bailam e dançam", não hesita em rebaixá-lo para o universo da loucura furiosa.

Aqui, o talento de historiador que já se manifestava no jovem Sérgio, além de recortar o contexto do tema no tempo, articula-o com o presente da modernidade para, do confronto, esboçar um segundo leque de ressonâncias, agora centradas na ordem histórica. É por esse motivo que o padre Bernardes, frente ao moderno, se transforma num acidente curioso que, para Sérgio, só ganha

---

[230] Ver "Rabugices de velho", *A Cigarra*, set. 1920.

importância por elucidar a superação de uma realidade sem a qual lhe parece impossível compreender e criticar o que veio depois.

Por isso o mergulho nos embates da valsa e da contradança, "nos primeiros quartéis do século passado",[231] só tem sentido porque ajusta o ritmo das discordâncias do crítico ao que ele chamava de "americanização do mundo", onde "a gritaria, com maior vigor do que nunca", coincidia com os embalos do *cake-walk*, do *one-step* e outras "inovações vertiginosas".

Ainda aqui se aprofundam as diferenças em relação ao empenho com que o jovem Oliveira Lima media o alcance do elemento histórico em seus primeiros exercícios críticos. Se neste a força da imaginação criadora de Oliveira Martins prescrevia a tarefa de estudar a história dos homens e da cultura como uma autêntica "ressurreição artisticamente construída", no Sérgio crítico dos primeiros anos já se antecipavam os ideais do futuro historiador na decisão de recusar a ação dos que se dispunham a ressuscitar monumentos, instituições e modelos literários "de eras passadas".

Isso explica a repulsa à rabugice passadista que modula o artigo. E o leitor logo percebe, no ânimo do crítico, o significado de suas escolhas: o nacional, o americanismo da América Latina frente ao ímpeto colonizador do americanismo do Norte, que então surgia, para ele, como a maior ameaça à integridade da verdadeira alma brasileira.

A aversão ao ianquismo e à cultura americana impõe-se ao Sérgio desses primeiros tempos com exageros de verdadeira ruína cultural, tal é o temor de que "reporters e noticiasinhadores de jornais" acabassem substituindo o romancista e o poeta na produção literária da era industrial. Mais ainda: o empenho na busca da nossa originalidade é tão arraigado em seu espírito que ele chega até mesmo a recusar o conto como modismo americano "dessa época apressada" que não deixava folga para a leitura de

---

[231] Para ilustrar o panorama da música nesse momento, Sérgio vai até o minueto e a gavota, a farândola e a sarabanda, e depois, com a revolução trazida pela polca, envereda pelos compassos da mazurca, da varsoviana e do *schottish*.

romances. Os letrados de agora, nos diz ele, "não têm paciência para perder tempo com ridicularias quando o tempo é dinheiro", reduzindo o romance a "um acréscimo estafante de pormenores inúteis".[232]

Se há uma direção que parece impor-se a partir daí, é certamente a que aprofunda as aspirações da modernidade contra a indiferença ante o nosso atraso. Num primeiro momento, ao abrir o diálogo com o que havia de novo no âmbito da cultura europeia dissociada do universo espiritual lusitano; em seguida, ao ampliar a pesquisa daquele mundo desconhecido, que até então permanecia soterrado sob a apatia do artificialismo acadêmico. É nesse ponto que a linguagem e os modelos se alteram; as personagens se transformam e mudam de nome, assimilando a novidade do que parecia velho e vasculhando a riqueza inédita do mundo submerso à imagem cristalizada do país desconhecido.

Do mesmo modo que se vale de John Ruskin para opor a força singular da natureza à devastação da nossa identidade urbana, Sérgio nos fala de um vínculo necessário entre o gesto útil e sempre belo da arte e o desenvolvimento do mundo primitivo, sem o qual a arte brasileira "pereceria de consumpção ou de estupidez", dado que para ele o artista primitivo "se afasta menos das origens do homem e se aproxima mais de sua natureza". Para o jovem crítico, a observação de André Beaunier, segundo a qual havia "primitivos perpétuos em todas as artes", da literatura à pintura, do teatro à poesia, confirmava-se entre nós com a peculiaridade de um poeta como Catulo da Paixão Cearense, cujos versos, entre a tradição e a força do primitivo, não ficavam longe, a seu ver, da singularidade do pantum malaio, revelado por Victor Hugo aos poetas contemporâneos.[233]

Paralela à investigação desse filão submerso, amplia-se o interesse de Sérgio pelos contatos dos escritores brasileiros com os grandes autores das literaturas da Europa. É assim que, examinan-

---

[232] Sérgio Buarque de Holanda, "A decadência do romance", *A Cigarra*, 3 set. 1921.

[233] Ver "O pantum", *A Cigarra*, 1º nov. 1920.

do a tradução de Gustavo Barroso para o *Fausto* de Goethe, ele revela uma erudição incomum para um jovem de sua idade, não apenas ao comentar a boa qualidade do texto do autor de *Terra do sol*, como também ao destacar o talento literário do escritor cearense. Para o Sérgio desses primeiros anos, a impressão favorável que despertavam as crônicas de Barroso devia-se ao "estilo simples e leve, mas claro e incisivo", antecipando, assim, o que só os modernistas conceberam como novidade no gênero da crônica.

De igual modo, a impressão positiva que lhe ficou de um ensaio em que Gustavo Barroso discutia a imaginação romanesca de Flaubert, mostrando aí que o processo engenhoso da *disposição* superava o da *forma* "gravada como em baixo-relevo antigo" e sem qualquer criatividade, a impressão positiva desse pormenor confirma-se, segundo Sérgio, no modo como Barroso concebeu a tradução da obra-prima de Goethe. É que, para ele, o bom resultado da tradução de Barroso, a exemplo da intuição renovadora que demonstrou no ensaio e na crônica, também se aproximava da expectativa moderna por ser uma tradução em prosa, o que evitou a rigidez dos gêneros fixos e compartimentados, para não embaralhar "a extraordinária amoldabilidade a certas ideias e pensamentos filosóficos que possui a língua alemã".[234]

Curioso é que a moderna visão de Sérgio inspira-se justamente em Victor Hugo, para quem, nos diz o crítico, a tradução em versos "é sempre uma coisa absurda", que o autor de *Os miseráveis* justifica com a observação de que apenas um segundo Homero conseguiria traduzir condignamente o primeiro. Mas não é só. Distanciando-se bastante da tradição literária que marcou os anos de Oliveira Lima, para o Sérgio de 1920 não era propriamente a criatividade de um autor que produzia as obras-primas (em geral "as obras-primas não são originais", nos diz ele); a grandeza de um texto — como acreditavam os modernos e sustentava o crítico — vinha antes da disposição inventiva, do arranjo singular de temas não originais, como o demonstram as grandes

---

[234] Ver "O *Fausto* (a propósito de uma tradução)", *A Cigarra*, 15 dez. 1920.

obras de Corneille, Molière e Shakespeare, citados por Sérgio para nos lembrar de que eles provinham de lendas populares bastante conhecidas.

Daí que a abertura para o quadro mais amplo da literatura europeia inove na própria articulação da análise. De fato, a partir dos comentários sobre a tradução do *Fausto*, já se manifesta no estilo crítico de Sérgio uma das marcas que dariam o tom da obra da maturidade, dos anos 1940 em diante. Já aqui se delineia uma espécie de antecipação do método: a erudição funcionando não como a instância legitimadora das análises de Oliveira Lima, que, como vimos, elevavam ou rebaixavam a qualidade de um autor ou de uma obra com base no que exprimiam enquanto extensão da cultura e do caráter tradicional de seus temas e processos. Em Sérgio, a erudição literária entra como forma de conhecimento e análise, e, ao contrário do método crítico do pernambucano, é mais integradora do que valorativa, o que dá ao processo de leitura uma descontinuidade igualmente criativa e aberta, impressionista e ao mesmo tempo rigorosa, literária e tão propositiva quanto a própria *inventio* que ilumina o cerne da criação literária.

No exame da tradução do *Fausto*, por exemplo, chama a atenção o fato de o crítico isolar um tópico estilístico ou temático para, em seguida, acompanhá-lo nos diversos períodos da literatura ocidental, enveredando pela natureza dos gêneros e pela tópica de repertório, com vistas a elucidar as variações e convergências de cada um desses períodos, em particular as de seus reflexos na época contemporânea. É comum, nesse percurso, a referência a Francisco Villaespesa e Vargas Vila, a Arturo Farinelli e Calderón de la Barca, passando por Araripe Júnior, Georg Weber, Henri Blaze, Paul Stapfer, Max Klinger, Lessing, Marlowe, para juntar os aspectos poéticos e a tradição crítica, ponderando as traduções diferentes ou alinhando assimilações e dissonâncias, antes de anunciar a sua própria interpretação. No texto específico da tradução de Gustavo Barroso, é de grande valia para os leitores as comparações com fragmentos de outras traduções, especialmente as de Stapfer e Blaze, com referência ainda a alguns trechos da tradução de Castilho.

Nos três artigos que publicou na revista *A Cigarra*, entre dezembro de 1920 e fevereiro de 1921, sob o título de "Os poetas e a felicidade", Sérgio Buarque de Holanda mantém a estratégia de isolar um tópico — no caso, a felicidade dos poetas — e persegui-lo no curso de épocas distintas, em diferentes tendências literárias. Definido o tema, ele o rastreia no panorama das grandes literaturas, mergulhando no contexto de concepções variadas de vida e de cultura, como forma de articular o tempo e a obra dos poetas que lhes correspondem. Aqui, o ponto a ressaltar é o da elucidação das relações entre a consciência autoral e o contexto literário que a engendra. Como o texto esclarece, uma coisa é a concepção de mundo que irradia da obra de um Leopardi ou de um Musset, por exemplo (autores em que Sérgio procura revelar outra "dinâmica do presente", no horizonte oposto ao das convicções tradicionalistas de Oliveira Lima); outra coisa é dizer-se moderno aderindo ao "espírito macaqueador" que imitava tudo o que vinha da Europa, por modismo ou vaidade.

É com esse espírito que o crítico de *A Cigarra*, preocupado em conviver com a dinâmica do presente, reflete no tão debatido *fin-de-siècle*, interpretando-o como um período "esquisito em sua originalidade e interessante em sua esquisitice".[235] Longe da aversão acadêmica pelos "sintomas doentios" do decadentismo, Sérgio não o inclui entre as "literaturas malsãs", à maneira de um Pompeyo Gener, e tampouco à voga "degenerescente" dos livros de Max Nordau, como fez Oliveira Lima. Trata-se, segundo ele, de uma época em que convivem bem as individualidades mais excêntricas e desiguais, cada qual com o vigor próprio e inconfundível de sua vocação artística, gente como Paul Verlaine e Oscar Wilde, como Huysmans e Maeterlinck, como Jean Moréas, Corbière, Rimbaud, Laforgue, Mallarmé, Régnier. "Como cabem tão bem, todos eles, nesse delicioso e bárbaro fim de século!" — nos diz Sérgio, admirado dessa coexistência de talentos a só um tempo harmoniosos e independentes ante sua própria grandeza.

---

[235] Ver "O gênio do século", *A Cigarra*, 3 set. 1921.

Isso explica que, para ele, essa época não foi nem de "decadência" nem de "florescimentos efêmeros", posto que notáveis; foi muito mais do que isso, por conter em si mesma todos os sinais que, em sua intuição crítica, antecipavam um autêntico prelúdio à literatura revolucionária do século XX. É para a força dessa rebeldia que dirige o seu entusiasmo, destacando em particular o fanatismo do espírito inovador, autêntica "virtude social" que, segundo ele, os modernos desprezaram sem motivo, dado que para o jovem Sérgio o fanatismo era necessário e justificava até mesmo "os Torquemadas e as Inquisições".

Estão aí prenunciadas as afinidades críticas que Sérgio manterá mais tarde com o espírito das vanguardas, quando mergulha na fantasia sem freios da moderna poesia francesa, por exemplo, já a partir da obra de Léon-Paul Fargue, de quem — acompanhando Valéry — será dos primeiros a enaltecer a "transposição de fronteiras da expressão inteligível", aí compreendida a latitude extrema das "desfigurações e mutações" dos vocábulos, as "caricaturas" fonéticas e a impressionante algaravia do letrismo.

Pois é essa independência de espírito, antecipadora das vanguardas, que Sérgio celebra em 1921, ao exaltar as tendências literárias e artísticas livres e abertas que permitirão aos escritores brasileiros do século que então começava inspirar-se no próprio temperamento, e não mais nos princípios muitas vezes retóricos e dogmáticos das antigas escolas e agremiações literárias. Nesse aspecto, um exemplo dado por ele é o do Futurismo, que, se de um lado exalta a guerra como a única higiene do mundo, nos termos de Marinetti, de outro convive com vertentes opostas, como a de Palazzeschi, a de Soffici ou a de Papini, todas elas preocupadas em fixar nesse movimento uma tendência artística basicamente interessada em "livrar os poetas de certos preconceitos tradicionais", estimulando todo tipo de pesquisa e de liberdade com vistas a atingir o máximo de originalidade.

Com essas ideias é que ele começa, em setembro de 1921, a tomar gosto pela obra e pela personalidade de alguns poetas e escritores que participariam, em fevereiro do ano seguinte, da batalha do Teatro Municipal de São Paulo, por ocasião da tumultuada Semana de Arte Moderna. Guilherme de Almeida foi o primeiro a merecer de Sérgio uma nota crítica que, apesar de breve, entrava pela obra e pelo próprio espírito da criação literária. Lendo-a, a primeira coisa a destacar é que, para o crítico de 1921, a evolução da poesia de Guilherme é paralela à da afirmação de sua personalidade, visto que este sempre soube esquivar-se das rodinhas literárias, muitas vezes responsáveis por desvirtuar a originalidade dos talentos que despontavam.

A observação tem interesse porque, segundo Sérgio, o próprio Guilherme lhe confessou o grande cuidado com que tratava a individualidade poética, levando-o a acompanhar sempre com atenção "o natural progresso da poesia que foge um pouco a todas as regras consuetudinárias sem razão de ser".[236] Seria até possível chamá-lo de futurista, nos diz Sérgio, se por Futurismo entendermos "uma escolazinha com regras fixas e invioláveis"; por isso não chega a fazê-lo, como o fizeram Menotti del Picchia e Mário de Andrade, respectivamente, a Henri Barbusse e a Max Jacob. Para o nosso jovem crítico, Guilherme era apenas "um original", "um raro", que foi descobrindo aos poucos "a incoerência de existir um público moderno na vida e passadista em arte que atingiu feição nova".

Mas arrisca-se a dizer que o autor de *Raça* poderia ser considerado futurista na medida em que sua obra refletia a vida moderna e todo o progresso da Pauliceia trepidante (telefones, foxtrotes, *jazz-bands*, táxis), que Sérgio destaca no poema "Para o amor", de *Era uma vez...*, enlevado com a imagem dos "globos cor de lua", filtrada pelos galhos de plátano, sobre o asfalto, "muito conhecida de nós paulistas". Para ele, o que mais chamava a atenção na poesia de Guilherme de Almeida era a "espontaneidade" com que o verso era composto, que assim define por não lhe ocorrer palavra melhor para expressar a "ausência da eloquência", tão comum na poesia anterior ao Modernismo.

É que o jovem Guilherme, para Sérgio, já se afastava do velho cânone não apenas por evitar os antigos tratados de versificação,

---

[236] Ver "Guilherme de Almeida", *Fon-Fon*, 3 set. 1921.

mas por haver conservado, apesar dele, uma forma poética expressiva tanto no verso regular quanto no verso livre. Por isso a sua poesia, na opinião do crítico, revela uma dicção mais próxima do verso moderno, de um modo "que quase não a percebemos", pois Guilherme a recita como se estivesse conversando, num tom coloquial que lembra muito — nos diz Sérgio — o das canções de Maeterlinck e o dos processos verbais do Apollinaire de "Les femmes".

Como se vê nessa apresentação de Guilherme de Almeida, a percepção crítica do jovem Sérgio — que não confundia a antivanguarda do decadentismo como puro reflexo da degenerescência dos valores tradicionais que morriam com o século, nos termos de Oliveira Lima — afasta-se definitivamente das balizas conservadoras que sempre procuraram limitar os nossos esforços de originalidade ao peso cultural de um cosmopolitismo rançoso que, irradiado da Europa via Portugal, ignorava os núcleos de renovação e modernidade que começavam a se esboçar por aqui.

Por isso, ao comentar a presença de Guilherme — pensando em Maeterlinck e Apollinaire, depois de aludir à época em que brilharam Mallarmé e Laforgue, Rimbaud e Huysmans, Jean Moréas e Oscar Wilde, como já dito acima —, a crítica de Sérgio muda de rumo e estabelece uma nova frente para compreender a nossa renovação literária, agora aberta à referência de outras linguagens, de outros idiomas poéticos e estéticos, diante dos quais vai aos poucos renunciando aos velhos dogmas das tradições de origem para alinhar-se à multiplicidade dos códigos que reinventam, a cada passo, a literatura e as artes, com o radicalismo vertiginoso do tempo simultâneo. É mais ou menos isso o que Sérgio quer dizer quando, no final do artigo sobre Guilherme de Almeida, mesmo reconhecendo a singularidade do livro *Era uma vez...*, compreende que este não possa ser celebrado como merece, por dirigir-se sobretudo a um público "que ainda devorava Júlio Dantas".

Com os futuristas de São Paulo

Em dois artigos posteriores — "O futurismo paulista", publicado na revista *Fon-Fon* em 10 de dezembro de 1921, e "Os novos de São Paulo", estampado nas páginas de *O Mundo Literário* no dia 5 de junho do ano seguinte —, Sérgio Buarque de Holanda segue apresentando, como fez com Guilherme de Almeida, o perfil de alguns dos jovens que participariam da Semana de Arte Moderna em São Paulo em fevereiro de 1922.

No primeiro artigo, dois meses antes da Semana, ao mesmo tempo que registra a voga das ideias renovadoras no terreno da literatura e das artes entre os moços de São Paulo, procura defini-las em aberto confronto "com a esterilidade do século XIX, que, à exceção da reação simbolista", foi — para um Sérgio agora quase militante[237] — de uma "esterilidade rara" que duraria "enquanto durarem os passadistas".

Apesar de valorizar no *fin-de-siècle* atitudes e ideias que, a seu ver, abriram alguns pontos de convergência com o programa futurista publicado por Marinetti no *Figaro* em 1909, ele agora, mais interessado no ideário do autor de *Zang Tumb Tumb*, reconhece que, mesmo com seus erros e exageros, o Futurismo avançou exatamente por ter anunciado que "a tendência para o novo é a base e o fundo mesmo do movimento".

---

[237] Nesse artigo, Sérgio chega a falar de sua intimidade com o movimento, embora confessando-se apenas "um espectador interessado", e que não chegaria a participar das noitadas no Teatro Municipal. Seu interesse pela literatura moderna nascera de algumas conversas com o poeta Guilherme de Almeida, em seu escritório da rua Quinze de Novembro, onde assistiu "à elaboração do projeto da capa da *Klaxon*, inspirado, por sua vez, na capa do poema de Blaise Cendrars, 'La fin du monde racontée par l'ange', que eu descobrira casualmente em um livraria. Por esse tempo", prossegue, "vim a travar relações com Menotti e, através deste, com Mário e com Oswald de Andrade", afirmando que desses encontros houve duas consequências: a primeira foi a redação do presente artigo, "sem dúvida bem canhestro, escrito com dezenove anos de idade"; a outra, conclui, "foi ter sido escolhido como representante, no Rio de Janeiro, do mensário que seria o porta-voz da revolução modernista". Ver "O futurismo paulista", *Fon-Fon*, 10 dez. 1921.

É nessa perspectiva que Sérgio considera futuristas os novos de São Paulo, chamando-os de inovadores numa época em que — a partir do barulho de Marinetti — se passou indistintamente a chamar de futurista toda tendência mais ou menos inovadora. E assim foi em São Paulo, nos diz ele: os companheiros de Mário de Andrade, mesmo sem se prenderem a Marinetti, representaram uma abertura para o novo, aproximando-se mais dos "modernismos da França, desde os passadistas Romain Rolland, Barbusse e Marcel Proust, até os esquisitos Jacob, Apollinaire, Stietz, Salmon, Picabia e Tzara". Mas não deixa de assinalar, em favor dos modernistas da Semana, que eles levaram à frente um movimento decisivo para "a libertação dos velhos preconceitos e das convenções sem valor, movimento único, pode-se dizer, no Brasil e na América Latina".

Da significação do movimento, Sérgio destaca a revelação da arte de Victor Brecheret; fala da "colaboração da velha terra dos bandeirantes" rediviva na vocação renovadora de Menotti del Picchia e presente num livro como *Juca Mulato*, apesar da "palhaçada horrível" que, para ele, é *Laís*; de Oswald, celebra a qualidade da *Trilogia do exílio*; de Mário, que ele anuncia como "professor do Conservatório de São Paulo", sublinha a importância do ensaio sobre os "Mestres do passado"; de Guilherme de Almeida, nos diz que, mesmo "um pouco fora do movimento", ostenta uma "visão originalíssima" frente aos convencionalismos de então; e encerra mencionando Ribeiro Couto, Moacyr Deabreu, Agenor Barbosa e Afonso Schmidt, nem todos paulistas, mas todos eles com o intento de animar o futurismo de São Paulo, que para Sérgio se impunha não apenas "como uma reação medrosa como tantas outras que têm surgido entre nós" e que acabaram sucumbindo.

Já com o outro artigo, "Os novos de São Paulo", o quadro se amplia na mesma proporção em que sobe o tom participante do texto. O Sérgio desse primeiro momento modernista já não parece guardar tanto a distância argumentativa com que procurava preservar a imagem do crítico bem armado pelo equilíbrio de suas hipóteses, como ocorria com os ensaios anteriores. Agora, se é verdade que permanece o mesmo empenho pela discussão renovadora e sempre voltada para os mais diversos aspectos da originalidade latente no Brasil do novo século, também é certo que a imaginação do crítico como que vai se soltando, levada por um entusiasmo que distende conceitos, revela simpatias, confessa afinidades, aderindo aos acontecimentos e às obras de que se ocupa. Assim, se parece não haver mudado grande parte daquele seu desprendimento juvenil e muitas vezes arrojado com que antes investiu contra a mentalidade passadista, o fato é que a partir daqui já não há mais o cuidado de se desviar do confronto, projetando "verdades" e anunciando situações irreversíveis.

É nesses termos que, para ele, o Modernismo deixava de ser um "grito de alarme", uma disposição estranha, visível por exemplo nos versos de *Moisés*, de Menotti del Picchia, que mesmo não sendo "um poema moderno para a época, era moderno para São Paulo", assim como o *Nós*, de Guilherme de Almeida, ou o *Urupês*, de Monteiro Lobato, que Sérgio considerava "um bom resultado do sertanismo estreito da *Revista do Brasil*". Novidades que o animavam e atraíam, por serem lideradas por um jovem como Oswald de Andrade, sempre à frente na condução da palavra de ordem, nos diz ele. "Os jovens de São Paulo leram todos os modernos de todos os países", chega a afirmar sem qualquer hesitação, enfileirando na bravata, além dos futuristas já citados, Cendrars, Cocteau, os imagistas ingleses e norte-americanos, todos eles alinhados ao sucesso futuro da revista *Klaxon*, ao rastro luminoso da *Pauliceia desvairada*, à já citada *Trilogia do exílio*, agora acompanhadas da *Scherazada* e da *Frauta que eu perdi*, de Guilherme de Almeida, além dos contos de Ribeiro Couto, do "Drogaria de éter e de sombra" e do "Poema giratório", de Luís Aranha.

Para o Sérgio modernista, São Paulo não tinha mais tempo de olhar para trás: "Se deu um passo errado, deu e está dado — ninguém sabe. Os poetas do passado podem berrar à vontade que ninguém mais vai ter ouvidos para eles". E explica que bastava atentar para a transformação do formalismo parnasiano de Théophile Gautier na brincadeira "do divertimento pelo divertimento" com que o jovem Manuel Bandeira, próximo dos ritmos revolucionários de Soffici e Palazzeschi, ampliando a rebelião da Semana, dava agora ao *clown* a dignidade de "artista interessado", sem a qual o poema dificilmente se afirmaria como expressão da "relatividade precária e circunstancial" de sua essência. É assim que o *"saltimbanco dell'anima mia"* entra no ritmo moderno de um simples capricho, para fazer da poesia "a mera efusão de um estado lírico qualquer, sem qualquer outra razão de ser que não a sua própria circunstância", inteiramente ao contrário das pulsões esteticamente preconcebidas pelo artificialismo da tradição compendiada.[238]

Para Sérgio, é essa originalidade de Manuel Bandeira que o faz "caber bem entre os verdadeiros autores", dado que, nele, a poesia brotava espontaneamente, sem qualquer dependência formal dos futuristas italianos. Na melancolia de *A cinza das horas*, por exemplo, que desaparece em *Carnaval* para ironicamente sugerir a "extrema tristeza do ser humano", o que ressalta é a força do verso livre "que foge a todas as regras consuetudinárias", como é fácil perceber, ele explica, na atmosfera do "Sonho de uma terça-feira gorda" e do "Poema de uma quarta-feira de cinzas". Isso faz com que, alinhando Bandeira aos rebeldes de São Paulo, Sérgio o antecipe a eles, situando-o na literatura brasileira como "o iniciador do movimento modernista", responsável pelo "primeiro golpe na poesia idiota da época".

Já despontavam aí alguns indícios do crítico que mais tarde seria dos primeiros a reconhecer no Brasil que para cada grande poeta correspondia "um único idioma verdadeiramente expressivo", criado por ele mesmo, livre de qualquer acessório, despojado de toda ocorrência anedótica e unicamente interessado em alcançar a expressão do essencial. Apresentando os modernistas, o crítico de 1922 anunciava a "fadiga de uma sensibilidade" que se cristalizara nos epítetos, nas imagens e cadências, com vistas a burilar na palavra "uma dignidade inconfundível". Com eles abria-se o caminho para que a poesia respirasse livremente o ar da rua, como diria mais tarde, pensando no exemplo de T. S. Eliot e, a partir dele, na trajetória de Carlos Drummond de Andrade, cujo grande

[238] Ver "Manuel Bandeira", *Fon-Fon*, 18 fev. 1922.

mérito foi, para Sérgio, o de saber temperar, como nas melhores páginas do autor de *The Waste Land*, "o alto estilo, a dicção coloquial e o prosaísmo".

Além dessa abertura para a fusão, em critério livre, das duas tendências, que chamaria de "hierática" e "demótica", esse mergulho no prosaísmo modernista repercute uma observação crítica das mais interessantes, quando, em artigo para a revista *Fon-Fon* de 29 de março de 1922, Sérgio desobriga o crítico moderno da observância de qualquer critério fixo de análise. Para ele, "o único critério possível para estudar um livro, ou um autor, ou uma época literária, é positivamente não possuir critério nenhum", tese com a qual não apenas pulveriza o rígido universo das regras preestabelecidas que a geração de Oliveira Lima sempre teve por infalíveis e necessárias, como também amplia a liberdade do ato crítico em si mesmo, separando o juízo analítico do palpite e da preferência pessoal, em favor da leitura imparcial, indiferente ao fato de a obra estar ou não de acordo com o modo de ver do crítico.[239]

É assim que, aos olhos de Sérgio, a imparcialidade se compõe com o ato crítico até mesmo nos casos em que a obra pouco signifique para quem a analisa, por não corresponder aos seus ideais de beleza ou verdade. Quer dizer, não há saída pelo meio-termo: a crítica será sempre um juízo de imparcialidade, mesmo com os seus excessos "conscientemente enfáticos". É com a intuição desses excessos que ele mergulha, por exemplo, no cotidiano de Ribeiro Couto, em seu realismo sem realidade, que "não sabe exagerar nem ver o que não vê", como foi comum na arte do passado, e que o poeta agora reduz ao universo do que o cerca e à humanidade dos que lhe são íntimos — longe, nos diz Sérgio, do "realismo anti-higiênico de Zola e da escola de Medan".

É em relação a essa deformação modernista que o jovem Sérgio sustenta os exageros da imparcialidade da crítica. Sem parâmetros na tradição e radicalmente aberto aos experimentos da arte do futuro, em agosto de 1922 ele divide o Modernismo em dois

[239] Ver "Enéas Ferraz, *História de João Crispim*", *Fon-Fon*, 29 mar. 1922.

planos diferentes, um horizontal e outro vertical, ambos refletindo duas tendências universais da arte "que raro se encontram sem a predominância de uma sobre a outra". Horizontais seriam Blaise Cendrars, Marinetti e Carl Sandburg, a cuja mobilidade transgressora, "marcada pelo nervosismo e o dilaceramento", se opunha o olhar perscrutador de um Palazzeschi, de um Claudel ou um Becher, verticais em sua imaginação mais concentrada e, por esse viés, distanciada dos futuristas de São Paulo, em geral horizontais, como no cotidiano cediço de um Ribeiro Couto ou na escrita de um Guilherme de Almeida, em cujos versos — nos diz Sérgio — o traço forte é o da "horizontalização de noções naturalmente verticais".

E a razão é que, em Guilherme, segundo ele, "a atitude lírico-romântica é meramente artificial e, portanto, insincera", por mais inconveniente que lhe pareça o termo "insinceridade". Para o jovem Sérgio, horizontalismo não se confunde com realismo, o que significa dizer que, ao chamar Guilherme de "insincero", na verdade o está chamando de "moderno", por entender que "a base da verdadeira obra de arte consiste em torcer a direção natural do artista".

Na busca dessa "torção da imaginação artística", para ele totalmente imprevisível aos desígnios reguladores da crítica, Sérgio aprofunda a discussão do tema com o artigo "O expressionismo", que sai pela revista *Arte Nova*, do Rio de Janeiro, em setembro de 1922. Já então, como fazia prever o entusiasmo com os jovens da Semana, mostrava-se interessado pela arte dos ultraístas uruguaios, Alexis Delgado à frente, cujo programa expressionista, a seu ver, celebrado no Brasil pelo "grupo extremista de *Klaxon*", escandalizava "os homens ingênuos e os 28 milhões de imbecis" que ainda existiam no país.

No giro dessa incursão militante, são várias as referências que o jovem crítico articula com os destinos dos modernistas de São Paulo, indo das revistas *Die Aktion* e *Die Sturm* à ação de Georg Grosz e Alfred Döblin na celebração alemã da arte renovadora de Matisse, Cézanne, Picasso e Fresnaye. Para o Sérgio modernista, o que importava agora era confirmar, com André Lhote e Hermann

Bahr, que o impressionista era um homem sem memória, "rebaixado à condição de gramofone do mundo exterior", para fazer coro às imprecações de Yvan Goll contra o panteísmo dos poetas convencionais. Lendo a prosa de Oswald e pensando na contribuição de Mário, ele se reconhece naquela onda vertiginosa para o abstrato e o irreal que levou Edschmid a recusar, num epigrama, a redução da arte ao absurdo de repetir o mundo.

Para Sérgio, o cenário que mudava em São Paulo, depois de Chagall e Kandinsky, não podia mais senão conviver com o elemento pictural da idealização abstrata que o seu entusiasmo de moço, numa espécie de contraponto radical, vai alinhando à modernização da província. O jovem crítico vai a Max Pechstein, Emil Nolde, Heinrich Campendonk e Franz Marc, pensando nos *fauves* e nos cubistas franceses; dá a primazia à graça e ao vigor extraordinários de Paul Klee ("o mais interessante de todos"), sem se esquecer de Larionov, que ele alinha à pintura de Kokoschka, às novelas de Edschmid, aos dramas de Georg Kaiser e aos poemas sintéticos de August Stramm, bem como à poesia urbana de Alfred Wolfenstein e aos versos revolucionários de Johannes Becher.

Quer dizer: se de um lado o entusiasmo excessivo com a nova atmosfera que julgava predominar em São Paulo como uma autêntica extensão da "anarquia do novo" que prevalecia na Europa o leva por vezes a valorizar para além do razoável a qualidade literária do que então se produzia na cidade,[240] de outro já nos revela os primeiros sinais de que a sua identificação com os ideais da Semana se abria para horizontes mais amplos e exigências mais profundas de ruptura e concepção de modernidade.

---

[240] Em outubro de 1922, escrevendo do Rio de Janeiro, Sérgio exalta para além da conta o talento de alguns jovens modernistas de Santos, entre eles Galeão Coutinho, Afonso Schmidt e Martins Fontes. Ao referir-se a O semeador de pecados, de Galeão Coutinho, diz que o livro se trata de "uma obra-prima sob qualquer aspecto por que se o encare", quando sabemos que, à exceção talvez de Ribeiro Couto, nenhum deles, a rigor, confirmou o grau de modernidade elevada de sua obra em face das transgressões mais radicais de alguns dos representantes de 1922.

O primeiro efeito é a subida de tom, que de provocador passa a ser agressivo. Sob esse aspecto, a certeza, antes retórica, de que "os futuristas estavam absolutamente senhores da situação em São Paulo", mais do que desdenhar da literatura e da arte que se fazia no passado, ganha agora expressão corrosiva, desqualificando alguns dos jovens que antes elogiara — "a poesia idiota do sr. Amadeu Amaral", por exemplo, a quem associa à burguesia digestiva da Pauliceia, chamando-o de "o poeta inepto dos comendadores ventrudos e burros, dos *orientalismos convencionais*". Aqui, a alusão ao epíteto de Mário de Andrade já é um indício do que viria depois, quando limitará o foco de ruptura e inovação do movimento modernista à esfera de ação de Mário e Oswald de Andrade, em torno dos quais amoldará o que de melhor resultou da Semana, fazendo convergir para eles, além da presença decisiva de Manuel Bandeira — para Sérgio o verdadeiro iniciador da nossa modernidade literária —, a força renovadora de Alcântara Machado, Raul Bopp, Luís Aranha, entre outros.

Vem daqui, igualmente, o primeiro alarme do rompimento com os poetas e escritores que, mesmo integrados à ação modernista, não se livrarão dos vínculos com a cultura da tradição conservadora que compunha o núcleo da expressão espiritual e política da geração de Oliveira Lima. Um indício dessa nova atitude vem da abertura para outros níveis críticos de exigência, como o de reconhecer a necessidade cada vez maior de considerar, no miolo da pretensão literária de um aspirante à vanguarda, não apenas as intenções declaradas ou a retórica dos motivos programáticos em si mesmos, mas também — e ao lado deles — os vários aspectos conflitantes que os contradizem, sem prejuízo de sua unidade. Tal percepção, fruto em parte de alguns contatos de Sérgio com a crítica europeia, em particular com a obra de André Gide, como que imprime às manifestações excessivas de seu coração militante uma espécie de desvio preliminar voltado para a seleção da imaginação livre, cuja força, para ele, só se confirma na medida em que supera as afirmações de circunstância para impor-se como criação inédita na concepção e na forma; ou seja, como uma invenção transformadora do que havia antes, legitimando-se assim como instância imprevista mas definida, transitória e inovadora. Diante dela, os enunciados radicais, desvinculados da construção deformante, deixam de ter sentido ou duração consequente, caindo — nos diz ele — naquele mesmo vazio dos excessos que Goethe pressentiu no gesto de impor às crianças os mandamentos do *Decálogo*.[241]

Um claro sinal dessa mudança de rumo é visível já em 1924, quando, mesmo definindo a presença de Graça Aranha — que acabava de romper ruidosamente com a Academia — como a de um "homem essencial" por unir "a compenetração do homem que pensa com a do homem que sente", Sérgio não deixa de assinalar, no autor do *Canaã*, o conflito entre a proposição teórica dos postulados estéticos e a significação histórica da obra literária como produto autônomo. Preocupava-o, desde então, a manifestação ortodoxa de algumas diferenças que, sistematicamente reafirmadas por Graça Aranha, teriam participação decisiva no rompimento de Sérgio com o movimento modernista, dois anos depois. É que incomodava ao crítico paulista o fato de Graça Aranha considerar a "paisagem sem história" um privilégio inerente à circunstância de o espírito do homem brasileiro render-se ao infinito da emoção estética, coisa que, no limite, implicava aceitar a hipótese de que a imaginação histórica deprimia a sensibilidade artística.

Para o jovem modernista que, animado pelas ideias de Mário e Oswald de Andrade, mergulhara fundo na busca da realidade que o colonizador deformou, soava como um absurdo a proposta de minimizar a importância de saber se tivemos ou não um passado próprio. Na visão de Sérgio, não parecia suficiente dizer — como fazia Graça Aranha — que para o artista só importava o espetáculo da natureza como única fonte de sustento à imaginação estética. Além disso, via com pessimismo a hipótese de que, ao espírito do homem americano, bastava apenas a realidade do "inconsciente mítico", grande responsável, como sabemos, pela tétri-

---

[241] A esse respeito, ver o artigo sobre André Gide que Sérgio Buarque de Holanda publicou na revista *América Brasileira*, Rio de Janeiro, nº 26, fev. 1924.

ca simbologia daquilo que o autor do *Malazarte* chamava de "terror cósmico". Tal argumento, excessivamente abstrato ante a concretude da imaginação primitiva que o pressupunha, tinha para o jovem crítico o inconveniente de cortar rente demais, de extrapolar em direção à síntese, o que deixava entrever que, em Graça Aranha, a pouca vocação para a análise equivalia a uma espécie de conciliação com uma constante preocupação política. Para confirmá-lo, bastaria notar que, ao criar a maioria de seus personagens, Graça Aranha interessa-se menos por sua afirmação psicológica do que pela síntese social que eles representam, o que mostra, no dizer de Sérgio, que "a análise é absolutamente dispensável para a sua concepção de mundo".[242]

Mas convém não esquecer que o corte na formulação das diferenças está na base de um dos principais focos de interesse da revista *Estética*, fundada por Sérgio Buarque de Holanda e Prudente de Morais Neto justamente naquele ano de 1924. Foi a partir dessa publicação que se radicalizaram as divergências para romper com os moldes fixos que antes separavam rigidamente os motivos poéticos e os motivos prosaicos. O valor que nela assumem a pesquisa e a revelação da beleza onde o comum dos homens só enxergava um marasmo aborrecido; o interesse que ela faz despertar pela instauração do poético no olhar desocupado do artista que olha em torno de si mesmo, desgarrado da vida, sem qualquer dependência do lirismo pré-concebido; a consciência, disseminada por ela, de que o poeta tornava-se cada vez mais objetivo e, sobretudo, mais modesto, sem que por isso diminuísse a qualidade da poesia, que passa a acelerar o tempo, desarticulando o espaço e os modos de enunciá-lo — isso tudo, enfim, é que expande o grau de exigência crítica na análise daquelas diferenças que, a partir da revista *Estética*, tornam mais aguda a percepção da complexidade histórico-literária do Modernismo.

Nesse quadro, para Sérgio, um dos sintomas que avultam é o da ruptura ideológica, cuja trajetória, desde o advento da Renas-

---

[242] Ver "Um homem essencial", *Estética*, vol. 1, nº 1, set. 1924, pp. 29-36.

cença, só se define individualmente para o homem moderno a partir do Romantismo, segundo as observações de John Middleton Murry em seu *The Problem of Style* (1922), lido por ele em setembro de 1924. Foi só a partir daí que o homem pôde de novo permanecer sozinho consigo mesmo, depois de mais de dez séculos, nos diz ele. Esse é o momento em que, a seu ver, a consciência moderna "começa a pesar sobre os homens", instaurando no destino da imaginação artística a convicção de que ela é, em sua essência, "uma consciência de rebelião", que se inicia "com a exigência de que a vida deve satisfazer o sentimento individual de justiça e de harmonia". Ou seja: ao mesmo tempo que, para o espírito da revista, havia urgência em repisar o fato de que o conhecimento do *eu* — ao contrário do conhecimento do mundo exterior — transcendia às leis de causa e efeito, uma das principais tarefas que então se abriam à ação do poeta moderno era a de afirmar o conhecimento não racional da arte, em cujo centro a figuração livre despontava como um caminho de liberdade radical e única para a convivência crítica com os impasses do novo século.

É desse ângulo que ele adere aos cortes que separavam cada vez mais a literatura do Modernismo das velhas concepções acadêmicas e da perspectiva imitativa da forma, paralisadas no centro excessivamente intelectual do sistema cultural do passado. É o momento, por exemplo, em que Sérgio recolhe algumas distinções de Rubens Borba de Moraes no *Domingo dos séculos*, livro em que ele destaca a intenção positiva de "apresentar as coisas sob um novo aspecto", valorizando nos escritores alinhados à arte moderna a consciência de que, nesta última, "a evidência nem sempre é o melhor argumento", posto que a velocidade dos novos tempos, nos termos de Rubens Borba, obrigava "o artista a realizar depressa o que ele sentiu depressa, antes da inteligência intervir".[243]

Sob o influxo dessas imposições de mudança é que Sérgio atualizará os critérios para a discussão da função histórica na contribuição estética do projeto modernista. Distanciado das sugestões

---

[243] Ver "Rubens Borba de Moraes: *Domingo dos séculos*", *Estética*, vol. 1, n° 2, jan./mar. 1925, pp. 222-4.

ambíguas de um Graça Aranha, a quem ele convertia aos poucos num homem cada vez menos essencial, o que agora reclama é a substituição dos esboços históricos da vida social e artística brasileira pelo que chamou de "escritos críticos" da nacionalidade, seja no plano das letras, seja no das artes e da cultura de um modo geral. Ao propor a atualização desses registros, "com espírito novo, ousado, irreverente, sem a menor preocupação com o que escreveram Sílvio Romero e Rocha Pombo", Sérgio volta-se ainda uma vez para o grupo modernista de Graça Aranha, para, em artigo que assinou com Prudente de Morais Neto, seu companheiro de *Estética*, discordar do ensaísmo histórico-cultural de Ronald de Carvalho.

Com a ideia de mostrar que o nacionalismo de um poeta ou de um artista é sempre subjetivo, pois que "está no espírito e não no ambiente das obras que cria", Sérgio recusa nos escritos de Ronald[244] os mesmos princípios que, como vimos, organizavam grande parte dos argumentos críticos de Oliveira Lima, dentre eles a convicção de que a pouca expressividade da arte brasileira era um reflexo inegável da origem inferior do nosso povo, tributária a seu ver de um grupo étnico pouco afeito às complexidades da abstração criativa. E o curioso é que, para Sérgio e Prudente, a posição claramente antimoderna de Ronald de Carvalho não se devia apenas ao fato de reproduzir os velhos modelos da crítica positivista, tão ao gosto dos procedimentos de análise que predominavam nos estudos de Oliveira Lima. O mais grave nesse caso é que, apesar de haver participado do movimento modernista, Ronald jamais se integrou ao espírito contestador de seus manifestos, que sempre camuflou com uma retórica artificialmente combativa, de nítida impostação acadêmica, como é possível notar vendo as diferenças que o excluíram da sublevação radical. Nos termos de Sérgio e Prudente — bem ao contrário do espírito desordenado e da agitação interior dos modernistas —, Ronald de Carvalho sempre trilhou o caminho oposto, pois nunca deixou de ser claro, re-

---

[244] Ver "Ronald de Carvalho: *Estudos brasileiros*", *Estética*, vol. 1, nº 2, jan./mar. 1925, pp. 215-8.

tórico, revelando-se "um temperamento profundamente clássico", como foi, aliás, o próprio Oliveira Lima.

O que agora se impunha era o registro do "refinamento selvagem" com o qual Manuel Bandeira convertera num "chocalho contínuo e bárbaro" os ritmos de *Carnaval*, improvisando um novo tom para a lógica do verso e "vestindo a tristeza de cores bizarras, para disfarçar o riso", como que a procurar o paraíso perdido em nossa natureza primitiva. Mais do que isso: o que mais importava para o jovem Sérgio da revista *Estética* era revolver até as últimas consequências a "necessidade de confissão, [...] essa doença moderna que condena à morte, pela palavra e pela sintaxe, todos os sentimentos que nos oprimem, pela manifestação de vida importuna correspondente a essa mesma lei de aspiração ao inerte". E à frente dessa expansão irrefreável, que desloca para o centro da história o valor da palavra escrita como signo da modernidade dos povos, está a construção de uma arte que se abre à multiplicidade do imprevisível, de modo vertiginoso e irreverente.[245]

Daí o grande entusiasmo com a "revolução" trazida pelas *Memórias sentimentais de João Miramar*, saudado a quatro mãos por Sérgio e Prudente, justamente por pulverizar os processos convencionais de escrever romances, com sua estrutura fragmentária e sem qualquer unidade de ação, sob um argumento "não construído" e simultâneo em que "o narrador fornece as peças soltas que se combinam apenas de *certa maneira*", com a grande vantagem de que, nele, "o burguês brasileiro [...] pela primeira vez aparece tratado brasileiramente, com bom humor, com caçoada, mas sem mordacidade, [...] sem nenhum sinalzinho ao leitor para dizer 'eu não sou assim'".[246] Muito ao contrário da modernidade equilibrada e bem composta dos poemas de Ronald de Carvalho, o romance de Oswald de Andrade, para os críticos da revista *Estética*, era moderno e modernista porque escrito de forma errada. "Miramar escreve mal, escreve feio, escreve errado: grande escri-

---

[245] Ver "Perspectivas", *Estética*, vol. 3, nº 2, abr./jun. 1925, pp. 272-7.

[246] Ver "Oswald de Andrade: *Memórias sentimentais de João Miramar*", *Estética*, vol. 1, nº 2, jan./mar. 1925, pp. 212-22.

tor" — comemoram, saudando a novidade de que em sua escrita havia coisas que ninguém antes tinha visto por aqui, "transposições de planos, de imagens, de lembranças", sem dizer que Miramar brinca com as palavras, "confunde para esclarecer melhor", propondo exageros e deformações sem maldade.

A essa objetividade do desvio irreverente da forma Sérgio acrescentará em 1926 o "objetivismo" com que Alcântara Machado "esconde a poesia debaixo do objeto", para descrever, nos movimentos da cidade que se expandia, "os tipos de brasileiro que Joaquim Nabuco não previu". Impulsionado então pelo embalo de Oswald e até mesmo imitando alguns tiques da escrita de Mário, ele destaca em Alcântara Machado a resposta que faltava para substituir com vantagem tudo aquilo "que alguns estrangeiros cultos e irritados têm escrito de nossa civilização desajeitada". E isso tudo, nos diz Sérgio, "num livro seco, quase todo de frases incisivas e cortantes que nem tiririca" (*Pathé-Baby*).

Prudente de Morais Neto, Sérgio Buarque de Holanda
e Mário de Andrade na varanda da casa de Prudente
no Rio de Janeiro, em 1927.
Arquivo Central/Siarq, Unicamp.

6.

O lado oposto e outros lados

Do outro lado

Dá-se a partir de então o que as inquietações do crítico já faziam antecipar. Levado pelas direções vertiginosas da literatura da época — e ainda no tom de certos cacoetes de Mário de Andrade —, Sérgio Buarque de Holanda anuncia, num artigo que divulga pela *Revista do Brasil* em outubro de 1926, aquela que, para ele, representava uma das urgências mais prementes a serem cumpridas pela nova geração: a de "romper com as diplomacias nocivas, mandar pro diabo qualquer forma de hipocrisia, suprimir as políticas literárias e conquistar uma profunda sinceridade pra com os outros e pra consigo mesmo".

Essa indicação de ruptura, que no fundo pedia licença para perder o respeito pelos hesitantes e mandar às favas os rebelados que não se rebelaram e tampouco se afastaram da organização cultural das elites, ao propor a depuração do movimento modernista, reivindicava que somente através dela é que seria possível encurtar o caminho para construir no Brasil "uma arte de expressão nacional".[247] De pouco adiantaria "continuar combatendo aquilo que já se extinguiu" — eis como Sérgio se refere nesse momento às expansões do academismo dissimulado de Graça Aranha, Renato Almeida e Ronald de Carvalho, fortemente comprometidos com as instâncias convencionais do saber e da cultura, e às posições conservadoras de certas alas do futurismo paulista (Plínio

---

[247] Ver "O lado oposto e outros lados", *Revista do Brasil*, 15 out. 1926, pp. 9-10.

Salgado, Menotti del Picchia, Guilherme de Almeida, Cassiano Ricardo), a seu ver mais interessadas nos veios tradicionais das elites e na expressão da "energia bandeirante" como tradução do poder e do progresso.

Falava agora um crítico cheio de entusiasmo pela verdadeira "expressão direta e isenta de sutilezas", uma voz em combate aberto às "anatolices e renasneiras" dos intelectuais ilustrados e que se recusava a continuar admitindo como manifestações de vanguarda certas discriminações do passado a se prolongarem no presente como se fossem indispensáveis "para bem correspondermos às exigências dos novos tempos", conforme ele próprio fez questão de registrar, ao comentar mais tarde a sua passagem pelo Modernismo. Para o Sérgio de 1926, se a crítica de Tristão de Ataíde, por superestimar a força de articulação das "elites condutoras", surgia como um sério obstáculo à demolição dos compromissos com o passado, a própria presença de Mário de Andrade — a quem o crítico tanto admirava — não andava longe de sê-lo, ao apegar-se à "ideia de construção" como única forma de conquistar a nossa própria identidade.

Por esse viés é que Sérgio propõe banir da pauta modernista o velho ressentimento de não sermos um país antigo e cheio de heranças, tão afeito à mentalidade acadêmica e à "gente de escol", decisivas, como vimos, na evolução do pensamento crítico de Oliveira Lima, que, a exemplo de Graça Aranha, jamais deixou de ver o mundo "como se vivêssemos numa espécie de prorrogação da *belle époque*". Daí a amplitude da correção de rumos sugerida por Sérgio. A partir dela, o que está em jogo é a "totalidade do novo" desvinculada de qualquer desgosto por não sermos antigos ou civilizados como os europeus. Muito pelo contrário, é para a direção oposta que se projetava a pesquisa ilimitada dos ideais renovadores, tanto mais vivos — no dizer de Sérgio — quanto mais próximos "a todas as experiências compatíveis com um país novo e sem tradições artísticas cristalizadas".

Muitas dessas convicções, ao engrossarem o coro dos modernistas, trarão para o âmbito do movimento uma outra percepção do passado, visto agora como uma espécie de fluxo imperfeito e fragmentário, preenchido pela nossa "incapacidade de criar espontaneamente" sob o peso das hierarquias, mas sempre aberto à mistura das sensações e dos sentimentos opostos, capaz muitas vezes — como percebeu no Manuel Bandeira do *Carnaval* — de cantar "o requinte depravado e histérico das emoções sem romper com o furor místico" que as determina. Essa autêntica variação do "refinamento selvagem", que em *Raízes do Brasil* se deslocará para a alma do nosso povo, já se antecipava no crítico modernista enlevado pelo canto de Manuel Bandeira como uma expressão artística capaz de exprimir a fusão melancólica do eu lírico com o tumulto dionisíaco imposto pela vertigem geral vibrando no coração da raça. Noutras palavras: "contra a moral e contra os códigos", nos diz Sérgio que a poesia de Bandeira transfigurava as emoções numa tristeza fantasiada de cores bizarras, para exprimir um "carnaval sem nenhuma alegria".

Como vimos, para o jovem crítico, o caráter do Modernismo e dos modernistas era o de serem confusos, de não se entenderem com clareza uns aos outros por ainda não terem consciência plena dos resultados de sua excessiva "agitação interior", coisa que então lhe parecia perfeitamente natural. Mas se por um lado se anunciam aí as pistas que mais tarde lhe permitirão compreender com maior profundidade o retrato de nossa desordem e a "falta de coesão em nossa vida social" (*Raízes do Brasil*), por outro lado Sérgio começa a vislumbrar mais claramente no horizonte que esse desconcerto vem de longe, e não seria com propostas de voltar ao passado e às tradições que poríamos por terra a "irracionalidade concreta e a injustiça de certos privilégios" devidas à nossa indisposição congênita para seguir a rigidez dos ordenamentos.

O fato é que, entre 1922 e 1926, quando dispara o alarme para a depuração do movimento modernista, com o qual romperia dois anos depois, podemos dizer que já haviam amadurecido no espírito do primeiro Sérgio muitas das intuições críticas que dez anos mais tarde constituiriam o arcabouço daquele capítulo seminal sobre a "nossa revolução", que fecha o *Raízes do Brasil*. Basta atentar, nesse percurso, para o modo como ele antevê nas imagens da rebelião modernista o eixo da ruptura com "aquele Brasil que não conquistamos", ainda alheio à sua realidade política e submetido ao artificialismo de uma elite cuja educação civil, baseada em regras essencialmente "separadas da vida", chega ao ponto de atribuir ao patriarcalismo conquistas tão caras à humanidade como a igualdade e a liberdade.

O esboço dessa revolução, lenta mas definitiva, enriquecia-se com os diferentes modelos que a literatura e as artes vinham sobrepondo no tempo ao desgastado equilíbrio da velha ordem colonial. Do bojo dessas anotações surgia um outro modo de compreender a nossa "civilização desajeitada", em tudo oposta às impressões daqueles estrangeiros "cultos e irritados" e pronta para conviver, como na prosa urbana de Alcântara Machado, com os "tipos de brasileiro que Joaquim Nabuco não previu", como já citamos acima.[248] Porém, o mais importante é que o novo mundo desse brasileiro, que Sérgio viu nascer e ser descrito por uma linguagem nova, confundia o leitor comum para mostrar-lhe coisas que ele jamais tinha visto. Não que a linguagem do *Miramar*, inventada por Oswald de Andrade, devesse ser falada por todos — ele pondera. Mas não havia como deixar de reconhecer que, ao criar o "erro de brasileiro", Oswald jogava no lixo o "erro de português", tão necessário à exclusão dos nativos pelo rigor balofo dos bacharéis e o verniz sempre lustroso dos acadêmicos.

Essa é a principal exigência que Sérgio imporia a si mesmo nas primeiras batalhas em busca de uma nova atitude intelectual frente à ausência de tradições próprias que legitimassem a nossa aspiração à individualidade nacional. E se, como vimos, chegou a reconhecer o acerto de Graça Aranha em preencher a inexistência do passado histórico pela "magia das combinações de luz e de

---

[248] Essa segunda estocada do jovem modernista contra a "feição europeia" de Joaquim Nabuco vem — como contraste — a propósito do talento de Antônio de Alcântara Machado, capaz, segundo Sérgio, não apenas de retratar a "civilização desajeitada" da nossa gente, mas também de se ombrear "aos melhores contistas da Europa". Apareceu numa resenha de *Pathé-Baby*, publicada na revista *Terra Roxa e Outras Terras*, vol. 1, nº 6, 6 jul. 1926.

formas" que brotavam vivas do "inconsciente mítico do povo", foi dos primeiros a recusar a tese da "imaginação estética" submetida ao "terror cósmico", para ele inconcebível fora do horizonte político "de uma elite de homens inteligentes e sábios sem grande contato com a terra e o povo". Homens sempre dispostos, no entanto, a nos impor "uma hierarquia e uma experiência que estrangulam esse nosso maldito estouvamento de povo moço e sem juízo".[249]

Por isso recusou a companhia dos "acadêmicos modernizantes" que giravam em torno do autor do *Canaã*, no Rio de Janeiro, e de Guilherme de Almeida e Menotti del Picchia, em São Paulo, para, inspirado em Mário e Oswald de Andrade, de um lado, e em Manuel Bandeira, Raul Bopp e Alcântara Machado, de outro, lançar-se à aventura de um voo solo tão vertiginoso quanto mais despregado da barulhada das querelas e dos manifestos, livre o suficiente para, nos vagares da redação de um jornal obscuro do Espírito Santo, meditar nas razões de sua discordância e polir as ideias que havia semeado na sua passagem pela vanguarda de 1922.

Tanto assim que os artigos decorrentes dessa fase parecem muito mais afinados com o espírito analítico que vai organizar as páginas de *Raízes do Brasil* pouco tempo depois. Em 1927, por exemplo, ao retornar ao tema do urbanismo desordenado que começava a alterar o mapa social do país nos primeiros anos do século XX, é com ironia que Sérgio aludirá à mediocridade satisfeita do puritanismo vitoriano visto pelos descomedimentos de Thomas Hardy para ilustrar as contradições que alteravam o ronceirismo da aristocracia rural de Itaboraí frente à originalidade do teatro de João Caetano, inteiramente formado de elementos brasileiros. No caso de Hardy, Sérgio destaca — além da radicalidade "convulsiva" ante a ordem natural das coisas — o "*outlaw* do pensamento" em eterno confronto com as forças ordenadoras da

---

[249] Sérgio nos fala dessa elite de homens inteligentes, impondo hierarquias, em seu já citado ensaio "O lado oposto e outros lados".

sabedoria e da segurança, às quais sempre opôs a sua inadaptação absoluta como autêntico "espírito de negação".

Em 1929, mais amadurecido e prestes a enriquecer na Europa a vocação cosmopolita que sempre o caracterizou, o crítico retornará com mais energia ao perfil dessa "mentalidade atrasada", ao apontar os estragos que ela causara num espírito ainda jovem como o de Jackson de Figueiredo. Por ocasião da publicação das homenagens póstumas ao malogrado autor de *Pascal e a inquietação moderna*, depois de lembrar em Jackson o intelectual que pertencia "a essa casta de homens cheios de heroísmo nobre", predestinados a orientar e a combater, Sérgio lamenta, em seus escritos, o mesmo "esforço eficaz e consciente para a afirmação da ordem e a exaltação do bom senso" que vimos dirigir o espírito de Oliveira Lima na primeira parte deste estudo. Mas não é só: a exemplo do que constatamos na crítica de Oliveira Lima, ao nos mostrar que Jackson de Figueiredo integrou aquela casta de homens corajosos e cheios de heroísmo, Sérgio não deixa de descrevê-los como gente decidida a "dissimular sabiamente [...] qualquer coisa de mais sombrio e de mais profundo, que não convinha aparecer a muitos homens", timbrando em simplificar as questões mais importantes, para excluir premeditadamente as suas implicações mais discutíveis e problemáticas.[250]

Na gênese dessas imprecações contra os modernistas da ordem e a índole conservadora da mentalidade que representavam está a reação do intelectual maduro, em pleno ato de fazer avançar o repúdio oswaldiano contra os excessos das "vocações acadêmicas" desta terra onde "não havia lutas, mas apenas fardas". Por essa vertente, Sérgio anteciparia com outras palavras o que Mário de Andrade, na conferência de 1942, patrocinada pela Casa do Estudante do Brasil, definiria como uma das causas principais da unidade do grupo modernista, acima dos "despautérios individualistas", justamente por representar "a organicidade de um espírito

---

[250] A referência a Jackson de Figueiredo está em "Indicação", texto de homenagem que Sérgio escreveu para o volume *In memoriam de Jackson de Figueiredo*, Rio de Janeiro, Centro D. Vital, 1929, pp. 148-9.

atualizado, que pesquisava já irrestritamente radicado à sua entidade coletiva nacional".[251]

É na busca desse novo espírito que Sérgio valoriza — no estilo de Alcântara Machado, por exemplo — aquele outro modo de ver a realidade brasileira, retratada "através de seus aspectos mais impressivos", em que a vida das coisas e dos homens deixava o enquadramento natural das harmonias cediças para desbordar da moldura, riscada pelo traço grosso da caricatura. O choque vivo das ruas e o barulho dos homens, os flagrantes do cotidiano embolado dos passantes dispersos que alteravam a cena da cidade, em meio a bondes, buzinas, carroças e tumultos, isso tudo — longe da precisão naturalista — torcia a descrição não para a reprodução da paisagem como um todo, mas para a caracterização da nossa singularidade inédita, para o nosso lado "grotesco-anedótico" (na expressão de Sérgio), transformando as personagens "quase de homens em bonecos para se rir e fazer rir à custa deles" — como diz ele, "um par de anedotas serve melhor para definir um caráter do que vinte páginas de atenta análise".[252]

Na verdade, o encontro com essa realidade na crueza de seu primitivismo, mais que revelar o valor poético de seu modo de ser, abria um novo caminho para conhecermos os aspectos fragmentários e mais desarmoniosos da vida brasileira, sem os quais, a seu ver, não nos livraríamos dos modelos de expressão e análise tão decantados na época de Oliveira Lima. Lembremos que, para este último, o acesso ao panteão das letras passava necessariamente pelo múnus da crítica acadêmica, tida até então como a instância máxima da consagração literária, frente à qual o crítico aparecia

---

[251] As expressões entre aspas são de Oswald de Andrade no "Manifesto Antropófago", publicado em São Paulo na *Revista de Antropofagia*, nº 1, 1º maio 1928. A alusão aos "despautérios" e à "organicidade" da atualização modernista está na conferência "O movimento modernista", de Mário de Andrade, publicada no Rio de Janeiro pela editora da Casa do Estudante do Brasil em 1942.

[252] Ver o artigo "Realidade e poesia", publicado na revista *Espelho*, vol. 1, nº 5, ago. 1935, p. 47.

— como nos dirá mais tarde o próprio Sérgio — como uma espécie de "monstro de abstração, armado de fórmulas defuntas e ressequidas, sempre pronto a aplicá-las à vida numerosa e multiforme".[253]

Assim, surgiam na pauta modernista os primeiros esboços para a fusão intelectual entre a poesia e a crítica, entre a imaginação livre e a consciência do fazer literário, decisiva — como vimos — para a afirmação simultânea da intuição e da técnica ante o velho antagonismo dos modelos de Oliveira Lima, derivados "do intelectualismo excessivo do nosso século, em que as ideias suplantaram violentamente os fatos, em que os conceitos formados da realidade substituíram-se à realidade". Daí a importância do "grotesco-anedótico" nas imagens de Alcântara Machado: foi através dele que, para Sérgio, os modernistas conseguiram destruir as "barreiras de gosto, de prevenção e de falsa tradição" para chegar a um "exame de consciência do Brasil", inteiramente avesso aos "quadros fixos, imutáveis e irredutíveis" cuja eficácia, nos diz ele, jamais deixou de ser um "mero apanágio do mundo das ideias". E foi também em razão dele — vale a pena acrescentar — que a crítica de Oliveira Lima não logrou distinguir as combinações aleatórias do mundo visível de onde emergia a dimensão propriamente artística do Brasil, justamente por não ter sido capaz de ver, no panorama dessa realidade complexa, a figuração inusitada e surpreendente com que as coisas se combinavam, quase sempre de modo inesperado, "coordenadas por uma obscura faculdade cujo mecanismo nos escapava", de acordo com Sérgio.

Um bom exemplo seria observar como algumas diferenças se tornam decisivas para compreender, nestes escritos do Sérgio modernista, que o universo da literatura e da crítica literária começa a se desviar para um contexto de construção simbólica, em franca oposição àquela visão organizadora da cultura com que a crítica de Oliveira Lima costumava integrar as instâncias e apaziguar as diferenças. Para ficar apenas numa das leituras da tradição român-

---

[253] Ver o estudo "Poesia e crítica", publicado no *Diário de Notícias*, 15 set. 1940.

tica, bastaria registrar as divergências em conceber os próprios limites da imaginação criadora. Se em Oliveira Lima a antítese romântica entre civilização e natureza não passava de uma projeção em geral resolvida no interior do repertório poético da tradição oitocentista, em Sérgio Buarque de Holanda ela resulta de uma visão dissociadora e analítica que se exprime — como ele demonstrou no caso de Fagundes Varela — numa representação muito íntima, voltada para a ruptura essencial entre o poeta e a sociedade. Assim, se para o primeiro o choque entre civilização e natureza, mesmo sendo um "sentimento renovado de identificação localista", acaba sempre diluído na pauta retórica do *tópos* natural que contaminará o campo e as cidades, para o segundo ele anuncia um último recurso para a sua trágica dissonância com o mundo dos homens, impondo-se como modo de libertação e abertura para uma nova vida.

A saída, agora, está na aptidão para pressentir ou antecipar escritores e artistas, se não propriamente amadurecidos, ao menos dotados de uma "personalidade singular", derivada desse autêntico "magma da redescoberta" e, por isso mesmo, capaz de construções singulares, de revelações inesperadas. Entre as tarefas do crítico está, por exemplo, a de vasculhar os meandros mais inacessíveis da literatura e da cultura popular não tanto para farejar novidades, mas para buscar novas relações no quadro instável das mutações vertiginosas trazidas pelo espírito de pesquisa e autenticidade da mentalidade que mudava. Aqui, o interesse pela expressão de "certos estados de alma raros e fugitivos" parece conter o próprio sentimento das vocações inconformistas, das intuições desviantes, que por sua própria natureza tendem a escapar às características do conjunto.

Ou seja: para o Sérgio posterior à fase do modernismo crítico da revista *Estética*, interrogar no quadro dinâmico da nossa literatura a presença efetiva — ou mesmo latente — da criação literária atípica e renovadora significava, antes de tudo, recusar o olhar crítico integrador e alusivo, interessado em confirmar no passado as direções do nosso universo literário e cultural, como foi regra na obra crítica de Oliveira Lima. Tal atitude correspondia, no tempo, ao confronto agora inevitável entre duas frentes: uma, a do pensamento tradicional, preocupada com a continuidade hermenêutica de um sistema literário cuja evolução enlaça criatividade e história, com base no legado espiritual do Brasil português; outra, a do pensamento renovador, empenhada em afrouxar as malhas do raciocínio discursivo e filológico para mergulhar no primitivismo do "Brasil brasileiro" — desmanchando os limites entre a tradição da literatura culta e o universo da cultura popular; rastreando a intuição reveladora dos poetas e artistas recusados pela ordem acadêmica; desfazendo a separação ortodoxa dos gêneros polidos pela retórica do gosto; abrindo, no plano político e ideológico, a marcha irreversível para a "nossa revolução", cujo desenho crítico, a meia distância entre a imaginação literária e as injunções da história, viria em breve descortinar, no pensamento de Sérgio, os verdadeiros impasses das raízes do Brasil.

Nesse sentido, há correspondências expressivas na trajetória dos dois críticos. A morte de Oliveira Lima em 1928 — que coincide com o afastamento de Sérgio do Modernismo, decepcionado com os rumos do movimento, particularmente em relação ao comportamento dos chamados "modernistas da ordem" — encerra um momento decisivo no quadro da argumentação deste estudo, visto que sucedeu ao seu retorno ideológico às raízes mais conservadoras da monarquia portuguesa. Assim foi que Oliveira Lima não apenas se voltou para a retomada nacionalista da Nova Lusitânia, como também se associou aos ideais integralistas do celebrado Estado Nacional português, assumindo definitivamente uma espécie de retorno solene ao núcleo da lusitanidade majestática, de cuja distância costumava apreciar as transformações que se operavam na cultura e na sociedade brasileiras.

No horizonte oposto, fora do modernismo oficial — que aliás não tardaria em reproduzir por aqui, com Plínio Salgado, Menotti del Picchia e os verde-amarelos do Grupo da Anta, a mesma trajetória reformista do autoritarismo conservador[254] —, Sérgio Buarque de Holanda se preparava para, no ano seguinte, ampliar

---

[254] Estudei com mais detalhes as direções dessa vertente no ensaio *Iti-*

na Europa os instrumentos de avaliação social e histórica que, agregados à experiência estética do Modernismo, contribuiriam para desvendar a verdadeira mecânica do atraso imposta pela Metrópole à organização mental da Colônia. É nessa direção do pensamento conservador que situará depois os partidários do novo classicismo, tão celebrado pelos homens da Action Française, de cujo programa dirá Sérgio que brotarão "os mais ativos precursores de toda a raça moderna dos falsos tradicionalistas", arautos todos eles — como os parceiros de Oliveira Lima ao proporem a refundação da Nova Lusitânia — de um novo humanismo, o dos apologistas "de uma nova Idade Média [...] cujo amor ao passado se satisfaz com a escolha de um simples segmento do passado, aquele que os agrada especialmente, a fim de erigi-lo em norma ideal insuperável".

No roteiro de *Raízes*

Vimos que os primeiros sinais da preocupação de Sérgio Buarque de Holanda com a nossa capacidade para integrar uma herança cultural "própria de outro clima e de outra paisagem"[255] já aparecem bem definidos em seus anos de iniciação como crítico, quando começa a publicar na imprensa de São Paulo. Ali, o que chamava a atenção não era apenas a prefiguração do sentimento de exílio que nos acomete em nossa própria terra, mas o descortino com que Sérgio se propunha a interrogar na cultura qual a atitude que melhor se ajustava às nossas aptidões frente às particularidades daquela herança originária dos povos ibéricos.

---

nerário de uma falsa vanguarda: os dissidentes, a Semana de 22 e o Integralismo (São Paulo, Editora 34, 2010).

[255] As expressões destacadas em aspas foram transcritas da 16ª edição de *Raízes do Brasil* (Rio de Janeiro, José Olympio, 1983). As referências mais longas vêm sempre acompanhadas da indicação do número da página entre parênteses.

Desde então ele já refletia, por exemplo, nos diferentes graus de sentimento com que espanhóis e portugueses se comportaram diante de suas colônias. Os espanhóis, sem qualquer aspiração a "confundir-se com a terra pródiga num delírio panteísta", não demonstraram qualquer sentimento da natureza, apenas imitaram o vasto cenário que os envolvia. Os portugueses, confrontados com índios mais rudes e atrasados a quem desprezavam, acabaram por revelar — a crer nos exageros dos primeiros cronistas e mesmo nos de Rocha Pita — uma vocação chauvinista que abriu em nosso espírito as deformações de um patriotismo fingido.

Vimos também que, ao alinhar o elogio da terra e o domínio sobre o elemento nativo entre os motivos da celebração gongórica, Sérgio já se mostrava atento não apenas ao aspecto burlesco desse pretenso americanismo, como também ao caráter ligeiro da conquista. A consciência precoce da dissonância levava-o a centrar no campo da literatura um empenho irrestrito pelos desdobramentos da "tendência americanizante" que, a partir dos árcades (Basílio da Gama e Santa Rita Durão, sem esquecer de Cláudio Manuel da Costa), viria ampliar o seu interesse pelo "homem americano encontrado pelos conquistadores". E pudemos notar, no ânimo do rapaz que escrevia naquele momento anterior ao Modernismo, como era forte a discordância com os críticos acomodados à impossibilidade de "poetizar uma raça cuja vida não tem poesia", tanto quanto a própria consciência de buscar nos intelectuais latino-americanos os sinais concretos de um passado comum que fizesse amadurecer a integração da ruptura para muito além dos personalismos que caracterizam nossas diferentes culturas e que depois aparecem, tão bem formulados, em *Raízes do Brasil*.

Mas se na hipótese do jovem Sérgio o caminho dessa integração foi a ênfase na originalidade das diferentes culturas, é na busca de tal originalidade que se antecipam, nas reflexões daquele moço dos anos 1920, as constatações do crítico da década de 1930, sempre no encalço de uma forma espontânea que nos libertasse da "excelência das fórmulas teóricas" e nos deixasse livres para viver a plenitude da "nossa vocação pouco especulativa".

Tanto num como noutro, o grande interesse era confrontar a "inspiração em assuntos nacionais e nas vozes profundas da raça" com o nosso hábito de "macaquear tudo quanto é estrangeiro" — o único, segundo o Sérgio de 1920, "que não tomamos de outra nação".[256] E muitas de suas cogitações em favor de uma "intervenção antiletrada" que sacudisse a literatura e as artes, vemos hoje que se mostraram fecundas para que o intelectual maduro de 1936 formasse a convicção de que a impostação letrada e o amor bizantino dos livros foram sempre no Brasil "um derivativo cômodo" para o "horror à nossa própria" realidade. Escapar dessa mentalidade artificial era como esquecer a afetação de Joaquim Nabuco com o esplendor civilizado de sua porção europeia; era de fato recusar — como o fez num artigo para a *Revista do Brasil* — que nos amoldássemos à transplantação de "qualidades nocivas e menos compatíveis" com a nossa índole. Assim, sem ignorar a força positiva da extração europeia, ele soube abrir-se para as outras ancestralidades, a do Brasil e a do continente americano, e vasculhar a seiva imensa dos nossos tesouros desconhecidos, no terreno das letras e das artes.

Por isso vibrou com o humorismo de Vargas Vila, moldado ao nosso espírito, diferente dos anglo-saxões e, para ele, superior ao dos "imitadores que infestavam a vida intelectual do Novo Mundo". E imaginou expandir no Brasil as marcas de sua modernidade: a de pensar e escrever livremente; a de "não impor o seu estilo como regra, mas também a de não seguir as regras do estilo"; a de reconhecer que as admirações literárias num país de sistema literário retrógrado sempre representam um grande perigo; a de tratar os leitores "com a maior sem-cerimônia" — como já vimos acima —, ainda que seja para se pôr de chinelos ou em mangas de camisa; e a de saber recusar o "babujismo servil" com que estavam acostumados os caudilhos e oligarcas.

Claro que no percurso para fazer valer essas ideias foram muitas as intuições de momento que ficaram incubadas entre as

---

[256] Esta ideia vem exposta em seu artigo "Ariel", publicado na *Revista do Brasil*, ano 5, vol. 14, nº 53, maio 1920, pp. 85-7.

limitações do contexto e as sutilezas da análise. Exemplar nesse sentido é a percepção do aulicismo como entrave moral à livre circulação das ideias, que Sérgio transformou numa das teses centrais de *Raízes do Brasil*, a da dissimulação do compromisso velado entre bajulação e amizade na formação do homem cordial. Ou seja, decisiva na ação intelectual da juventude, essa intuição antecipada da máscara da cordialidade integrava-se a um arco mais extenso de formulações sociais e estéticas que o conduziriam ao movimento de 1922, trazendo consigo uma riquíssima percepção da modernidade.

De grande importância foi o contexto em que essas formulações ocorreram, particularmente quando pensamos na oposição entre urbanismo e ruralismo, que Sérgio transformou em razão inadiável para meditar sobre o novo caráter das cidades, agora inundadas pelo progressismo que se hiperbolizava, apagando as tradições e alterando a paisagem social e humana na pressa de pôr tudo abaixo e de mudar os nomes de praças e ruas. Daí a percepção do Modernismo como uma das variantes incontroláveis daquela hipérbole urbana que cindia definitivamente em polos opostos o mundo rural e o mundo da cidade. E mais: ao assinalar no plano da cultura a distância que naquele momento separava o sertanismo da *Revista do Brasil* e o urbanismo dos modernistas da Semana ("leram os modernos de todos os países"), pudemos observar que desde as crônicas de *O Mundo Literário* já se desenhavam na intuição do crítico as bases para a definição do universo mental com o qual ele próprio, depois de romper com os "modernistas da ordem", acertaria as contas em 1936.

Isso nos permite afirmar que a militância irreverente dos anos 1920 sedimentou a convicção de que, desde logo, cabia ao Modernismo romper com a mentalidade sobrevivente da velha lavoura que entrou em decadência com a vinda da Corte, perdeu prestígio com a Abolição e, a partir da República — como irá demonstrar em *Raízes* —, se preparou para exercer a hegemonia citadina, trazendo para a burocracia, a política e as profissões liberais o garbo rançoso do bacharelismo e a vocação autoritária do senhor de engenho. A esse sentimento de recusa viria juntar-se a descrença nos critérios fixos para apreciar uma época, analisar um livro ou avaliar um episódio qualquer, fosse do presente ou do passado. Quer dizer: tudo o que Sérgio reclamou para a atualização da nossa inteligência, além da projeção livre do futuro, da mais completa liberdade de ação, estética ou política, social ou histórica, sempre conduziu ao pressuposto de que toda atitude renovadora, para tornar-se efetiva, além de um privilégio intelectual inédito, dependia exclusivamente da agitação interior tocada pela fantasia ilimitada.

Se desse modo ele pôde encontrar as pistas que, como já referimos, o levariam a deslindar em *Raízes do Brasil* as razões não só das nossas desarmonias, mas também da falta de coesão interna do país, o fato é que, a partir de então, ficou mais claro no horizonte do crítico que já não era mais possível conter as injustiças e os privilégios apenas com base na mera reinterpretação do passado e das tradições. Tais convicções, como vimos, trouxeram para o âmbito do Modernismo uma nova percepção do passado, visto agora por Sérgio como uma espécie de fluxo imperfeito e fragmentário a preencher a nossa "incapacidade de criar espontaneamente" sob o peso das hierarquias.

Daí o mergulho profundo nas razões dessa amputação deliberada que sempre dissolveu, no Brasil, o interesse pelo cidadão comum, em favor de tudo aquilo que o anulasse e o transcendesse, com vistas a justificar a "abstração de uma ordem intangível" inspirada no mesmo empenho maquiavélico que ele descreveu em *Raízes* e que perpetua a reprodução das elites, legitimando seu compromisso aparente com os valores e princípios incompatíveis com a sua índole. A presença dessa "classe artificial", que o ensaísta de 1936 tomará por "verdadeira superfetação" enquistada no centro da vida política brasileira, não se sustenta simplesmente por ter sido sempre, em nosso rumo político, um "remédio aleatório" destinado a emperrar a substituição dos detentores do poder.

Em suas origens, como vimos logo acima, pulsa a consciência do intelectual amadurecido, inspirado na observação oswaldiana de que não passávamos de um país de vocações acadêmicas onde a farda vale mais do que a luta. Mais do que isso: é através dela que Sérgio investe contra a ordem, munido daquela mesma "expressão mascarada de todos os individualismos e coletivismos" que, nascida do "Manifesto Antropófago", lhe permitirá, em 1936, insistir no mesmo repúdio aos "importadores de consciência enlatada" que empestavam a vida nacional contra os interesses da gente comum. Sem que o soubesse, ele já antecipava aí um dos motivos que Mário de Andrade incluiria mais tarde entre as causas fundamentais do movimento modernista. Não é por acaso que, em 1940, ao assumir as funções de crítico titular do *Diário de Notícias*, do Rio de Janeiro, Sérgio retomará a questão ao sublinhar, já naquela que seria a sua primeira intervenção como crítico do jornal, que com *Macunaíma* se inaugurava definitivamente em nossas letras o que ele definiu como "um exame de consciência do Brasil". Exame este que, mesmo nos estudos referentes à poesia, parecia-lhe derivar cada vez mais da necessidade — primordial no argumento de *Raízes do Brasil* — de olhar em paralelo a historicidade dos temas poéticos e a poetização dos assuntos históricos.

Essa experiência, que Sérgio aprofundará em *Raízes* ao verificar que, no curso de nossa história, a cada "impulso renovador" se seguia invariavelmente uma "longa fase de rotina e relaxamento", servia-lhe agora como importante elemento de análise literária para vislumbrar em *Macunaíma* uma espécie de iluminação definitiva da ambiguidade de caráter da nossa cultura. Basta atentar, nos diz ele, para o fato de que as diferentes crises na poesia, na prosa ou no drama só ganham sentido por si mesmas quando vinculadas à existência de um "mal congênito" de nossas letras, que, a exemplo dos frequentes conflitos na ordem mais ampla da nossa história, parecem evoluir "menos por progressão contínua do que por revoluções periódicas".[257]

Isso não quer dizer que ele acredite "numa relação demasiado estreita entre os sucessos políticos e os movimentos literários", como deixou claro num de seus estudos sobre o romance metropolitano. No entanto, diante desse quadro indistinto, a ambiguidade entranhada em *Macunaíma* parece-lhe sugerir que a desor-

---

[257] Ver "Poesia e crítica", *Diário de Notícias*, 15 set. 1940.

dem no caráter, refundida aliás em *Raízes*, é um fator de desequilíbrio que compensa, na literatura e na arte, a necessidade da revolução continuada, sugerindo maior estabilidade a um inconformismo que o Brasil só veio de fato manifestar depois de 1922. Mas não a ponto de confundir a ficção com a realidade, através de atitudes muitas vezes "ilusórias e fraudulentas", como as que refutou, por exemplo, no pernambucano Manuel Lubambo,[258] interessado em adotar na vida o ideário simbólico de Macunaíma, fazendo deslocar o mérito das ações humanas exclusivamente para a conquista dos resultados, quaisquer que fossem eles, ainda que ilícitos.[259]

Assim se explica que, ao propor uma reflexão paralela entre as temporalidades históricas da literatura e a contextualização de sua estrutura metafórica, Sérgio situe em *Macunaíma* um novo caminho entre os dois mundos que cindiam o projeto renovador de *Raízes*: de um lado, o mundo "definitivamente morto" do universo patriarcal português, que ocupa o centro da obra crítica de Oliveira Lima; de outro, o mundo da "revolução brasileira ainda lutando por vir à luz", mesmo que originalmente malformado pelas "constituições feitas para não serem cumpridas, as leis existentes para serem violadas e que não toleram mais que tudo seja feito em proveito dos indivíduos e das oligarquias" (pp. 136-7).

Dá-se assim, a partir de 1936, uma segunda inversão na ordem intelectual dos motivos que originaram, no espírito de Sérgio Buarque de Holanda, a concepção de *Raízes do Brasil*. Se antes da publicação do livro foram decisivos para o crítico os contatos com a modernidade hispano-americana e a experiência renovadora com

---

[258] Escritor e ensaísta pernambucano (1903-1943) que editou a revista *Fronteiras* de 1932 a 1940 e foi autor, entre outros, do ensaio *Capital e grandeza nacional* (1940).

[259] A relação entre os fatos políticos e os fatos literários vem desenvolvida no estudo "O romance metropolitano", estampado no *Diário de Notícias* de 22 de dezembro de 1940; a referência às atitudes "ilusórias e fraudulentas" aparece em "Política e letras", publicado no mesmo jornal em 17 de novembro do mesmo ano.

os ideais revolucionários dos modernistas de São Paulo — ambos enriquecidos pelo amadurecimento intelectual e cosmopolita de uma incursão pela Europa no final dos anos 1920 —, depois que o livro saiu, o grande historiador da nossa identidade, sem trair as suas origens, decide retomar na literatura a missão que havia interrompido como militante, por só agora ter sido possível traçar os lineamentos mais profundos na base histórica de seus conflitos.

Como veremos, três foram as direções em que ele propôs interrogar as temporalidades históricas de nossas letras, com vistas a refazer o itinerário de sua convergência para aquele processo de "lenta dissolução das sobrevivências arcaicas" que descreveu em *Raízes*. A primeira mergulha nas conjecturas sobre o papel da literatura na definição de uma atitude independente frente ao legado espiritual da Metrópole. A segunda aprofunda a transformação dos motivos estéticos de tal autonomia nos temas inaugurais de uma literatura já identificada com a nação. A terceira, por fim, discute a atualização dessa literatura não apenas em face das influências da modernidade irradiada da Europa, mas principalmente ante a "revogação definitiva da velha ordem colonial e patriarcal que nos fará, um dia, reencontrar a nossa verdadeira realidade" (p. 135).

Um dos principais efeitos que resultaram da primeira direção foi o fato de Sérgio ter posto entre parênteses a antiga propensão dos críticos para interpretar a história da literatura brasileira da fase colonial como "uma simples província da nossa história política". Diante dela, tentará esclarecer o modo pelo qual os nossos escritores foram aos poucos se livrando das influências mais "visivelmente coloniais ou portuguesas" para, a partir daí, "procurar um sincronismo entre esse processo e os outros aspectos da evolução nacional".[260] É dessa forma que, contrariando antigas ilusões de jovem cronista do *Correio Paulistano*, passará a relativizar o conceito de autonomia, deixando de confundi-lo, por exemplo,

---

[260] A noção da literatura colonial como província da nossa história política está desenvolvida no estudo "Literatura colonial", estampado no *Diário de Notícias* de 14 de dezembro de 1947.

com o apreço dos nativos pelo "instinto do lar" ou "de parentela" em sinal de "aversão aos adventícios", que vasculhou pelos alfarrábios e foi encontrar na mais antiga gramática portuguesa, a de Fernão d'Oliveira, publicada em 1536.

No rigor da pesquisa, é cimentando o convívio com os clássicos e o aparato filológico que os circunda que Sérgio trará para a compreensão da literatura jesuítica — da qual anteriormente apenas destacara a convivência difícil com a elocução gongórica — o lado pouco conhecido de suas raízes populares na Península Ibérica da era quinhentista, que tanta importância exerceu por aqui na luta da catequese contra o estilo erudito, para chegar à alma do povo.

É certo que Sérgio considerava muito duvidoso afirmar que antes da nossa independência política já tínhamos uma expressão literária nacional (assim refletia por não encontrar segurança no culto da tradição em si mesma, por mais "disciplinadora e civilizadora" que aparentasse ser). No entanto, a hipótese de localizar nas temporalidades históricas as origens do desequilíbrio moderno, que ele aperfeiçoou em *Raízes do Brasil*, lhe servirá de prumo para não repetir o caminho dos simples "restauradores" que, a exemplo de Oliveira Lima, projetavam nos acontecimentos do passado um "sentimento pessoal de nostalgia" capaz de provocar com o tempo a formação de numerosos "mitos modernos". E não serão poucos — como mostrará depois — os que por aqui circularam, "nos domínios da literatura e da arte", convalidados por alguns dos mais expressivos nomes da crítica, em relação aos quais não hesitou em abrir profundas divergências.[261]

Foi assim, como já vimos, que Sérgio discordou das generalizações de Sílvio Romero, que via no padre Antonio Vieira um símbolo do gênio português "com todos os seus pesadelos jurídicos e teológicos", e em Gregório de Matos "a perfeita encarnação do espírito brasileiro, com sua facécia fácil e pronta", fazendo notar

---

[261] A observação sobre os restauradores e a racionalização acerca dos mitos modernos aparecem no artigo "Crítica e história", que saiu no *Diário Carioca* de 10 de dezembro de 1950.

que, no curso geral das ideias, as qualidades que Romero destacava em Vieira eram igualmente comuns entre os brasileiros, assim como o brasileirismo dos traços satíricos de Gregório de Matos já estava em Quevedo, e até mesmo a sua alcunha (Boca do Inferno) já havia sido usada por Lope de Vega, ao falar de Boccalini.[262]

A ressalva se impunha porque, para Sérgio, não havia como isolar do curso da história uma fase particular, ou de uma personalidade um traço específico de caráter, a fim de melhor apreciá-los separadamente. Adotada de forma sistemática frente à "inconstância das coisas no tempo", tal atitude podia levar, como no caso de Sílvio Romero, "aos maiores desatinos em suas transposições retóricas, porque se firmava num terreno constante e inabalável".[263] Isso explica o veio aberto de sua pesquisa em busca dos primeiros indícios da nossa identificação literária. O aspecto novo dessa contribuição é que, sem deslocar a evolução da literatura para o cenário de nossa história política, Sérgio como que inaugura a elucidação estética das particularidades estilísticas e filológicas que acompanharam, no Brasil e em Portugal, o desaparecimento do estilo gongórico — tão mais acentuado quanto mais se enfraquecia sobre os dois países a influência das letras espanholas, substituída pelo enaltecimento cada vez maior dos autores italianos e franceses.

Não haverá outro caminho, a seu ver, para compreender mais tarde a autonomia da nossa literatura, bem como as diferentes etapas de sua gradativa identidade com a nação. Decisivo nesse

---

[262] Sobre os juízos críticos de Sílvio Romero em torno de Quevedo e Gregório de Matos, consultar o artigo "Em torno de Vieira", publicado no *Diário Carioca* de 13 de janeiro de 1951. Notar aqui que a referência a Lope de Vega (1562-1635), célebre dramaturgo e poeta espanhol, considerado por muitos como o escritor mais fecundo da literatura ocidental, traz à tona o nome do zombeteiro Trajano Boccalini (1556-1613), conhecido escritor satírico italiano que chegou a governar vários dos estados do papa e ficou famoso pelo livro *Pietra del paragone politico* (1615), que escreveu contra a Espanha.

[263] O tema se desdobra um ano depois em "Razão e mito", publicado no *Diário Carioca* em 20 de janeiro de 1952.

processo, conforme revela a segunda direção de seu projeto, foi o êxito da Arcádia no Brasil, e é justamente a partir dela que Sérgio mobilizará um aparato crítico até então desconhecido entre nós para mapear nas obras, no universo das convenções e na tradição secular de suas referências um roteiro das antevisões que fizeram dos nossos árcades os primeiros habitantes daquele "mundo de essências mais íntimas" que vislumbrou em *Raízes do Brasil* e que, segundo ele, "permanece intacto, irredutível e desdenhoso das invenções humanas" (p. 142).

Vários indícios de seu esboço ressaltam da leitura meticulosa com que integrará, por exemplo, as iluminações brasílicas do nosso Termindo Sipílio (Basílio da Gama) ao cosmopolitismo das convenções neoclássicas da Europa. Nesse momento verdadeiramente novo da crítica brasileira, como mostrou Antonio Candido, o modo como ele vai juntando aos *topoi* da tradição arcádica os primeiros "lampejos da nossa alma" desarticula a velha concepção linear da evolução estilística para mergulhar na ordem fluida de uma outra temporalidade em que convivem as formas mais diversas e os arranjos temáticos mais inesperados. Assim, se no plano de *Raízes* estão configurados os primeiros traços da nossa face enquanto povo, no plano da literatura os preceitos da tópica antiga vão aos poucos se convertendo nas primeiras imagens do sentimento nacional ali anunciado.

O dado importante é que no conjunto dessas imagens tudo parece convergir para o mesmo efeito de integração e originalidade. A impressionante inversão de Basílio da Gama em carta a Metastasio, exagerando a repercussão de seus versos nesta "inculta América" ("seu nome é ouvido com admiração no fundo das nossas florestas", onde as índias choram "com o vosso livro nas mãos"), alinha-se tanto às anotações da análise poética, que localizam na tópica de Basílio da Gama a transposição dos modelos de Tasso, quanto às que veem na épica dos nossos árcades o mesmo "sentimento escapista" delineado em *Raízes* e que os move, no contexto do *Uraguai*, por exemplo, a buscar asilo num mundo "idealizado e desbastado de seus aspectos sórdidos", que os livrasse do amargo sentimento do desterro em sua própria terra.

Ao mesmo tempo, impulsionados os árcades pelo culto ao personalismo — que consagra em *Raízes* o indivíduo "indiferente à lei geral, onde esta lei contrarie suas afinidades emotivas, e atento apenas ao que o distingue do resto do mundo" (p. 113) —, ganha força nesse seu universo artificial o valor singular da poesia aulicista, com seus rituais de fingimento e convenção, fundamentais para a compreensão da nossa cordialidade, animada pelo brilho dos epítetos e a vocação da fidalguia. Se em 1936 esses fatos se desentranhavam do desbaste mais denso das instituições e da vida, veremos que, nos estudos posteriores, eles se reencontram na fina elaboração das análises poéticas que surpreendem no cotidiano das ruas a banalização do que um dia foi ostentação culteranista ou joia antiga da afetação neoclássica, tão ao gosto do aristocratismo provinciano lido por Sérgio em autores tão sugestivos quanto o Quevedo de *La culta latiniparla* ou o Gregório de Matos da poesia mordente.

Desse conjunto resultará, como veremos, uma outra tópica centrada nos motivos reveladores da identidade nacional, que Sérgio atualiza depois no exame que fará da renovação intelectual do país. Para esta última dirigirá a terceira direção de seus estudos literários, principalmente na atividade semanal que, a partir de 1950, assumiu como crítico nos principais jornais de São Paulo e do Rio de Janeiro. Trata-se de um momento em que se atualizou no Brasil o enfoque da literatura em face de suas próprias fontes e das fontes de modernidade que nos chegavam da Europa. Essa atualização crítica virá acrescentar ao *Cobra de vidro* (1944) e à *Antologia dos poetas brasileiros da fase colonial* (1952), por exemplo, uma visão ampliada dos modos e meios com que as nossas letras iam reprocessando a herança do Modernismo em busca de sua verdadeira expressão. Já agora a pauta de sua crítica afirmava um compromisso de estudar a fisionomia intelectual do país sem qualquer relação com o arcabouço civilizatório que sustentava a retórica interpretativa de Oliveira Lima.

É o que veremos a partir dos diferentes Sérgios que se manifestam na transição dos anos 1940 para os anos 1950 — o intérprete rigoroso das teses do Modernismo e de seu confronto com a

Geração de 45; o comentarista erudito da transformação dos gêneros em sua articulação com a filologia dos registros locais; o rastreador incansável dos substratos retóricos que persistiam nos exageros de nossa falsa vanguarda; o renovador da pauta bibliográfica da nossa crítica e o historiador anticonvencional de uma nova tópica para a moderna expressão da identidade brasileira — todos eles, nas diferentes vozes de sua culta irreverência, trazendo para a linha de frente da nossa cultura o inconformismo radical com que o crítico maduro de 1936 ousou dar em *Raízes do Brasil* o primeiro passo em direção à nossa verdadeira independência.

Isso nos permite dizer que, à medida que se ampliam as coordenadas de sua crítica, mais se aprofundam as convicções com que, na evolução do método, Sérgio definirá as três vertentes básicas de seu projeto. Em primeiro lugar, o empenho pela expressão de uma consciência intelectual desamarrada do arcabouço cultural da Metrópole; em segundo lugar, a transformação dos motivos estéticos dessa nova consciência em termos renovadores, mais próximos do universo imaginário do Brasil reprojetado pelos modernistas, por exemplo; em terceiro lugar, a atualização permanente da literatura, do pensamento e das artes, não apenas em face da modernidade que se ampliava com o desenrolar do século, mas particularmente diante da ruptura definitiva com os padrões responsáveis pelo atraso cultural que nos subjugava desde a Colônia.

Ineditismo e escrita livre

A busca da expressão livre e da autonomia intelectual foi, como vimos, um dos fatores que desde o início separaram a trajetória dos dois críticos que estão no centro do presente ensaio. Enquanto Oliveira Lima surgia para a crítica impregnado da atmosfera política reinante no Curso Superior de Letras da Universidade de Lisboa, em cuja linha avançada — na esteira de Teófilo Braga — prevalecia o ideário nacionalista voltado para o "despertar da pátria lusitana", Sérgio Buarque de Holanda aparece num momento de ascensão dos ideais americanistas, igualmente republicano, mas inteiramente voltado para a busca de uma "tradição local" que servisse de base à afirmação política e cultural do país, sacudido pelo novo século e interessado em desvencilhar-se do legado espiritual colonizador. Se no percurso intelectual de Oliveira Lima o que prevaleceu foram os contatos com o cosmopolitismo da *belle époque* (os salões, os espetáculos, as salas de conferências), o fascínio pela oratória institucional e a nota inventiva da historiografia de Oliveira Martins, que o estimulava a ver na história dos homens e de sua cultura um exercício de "ressurreição artisticamente construída", o que marcou a geração de Sérgio, no horizonte oposto, foi a busca da identidade artística e da expressão cultural do Brasil irrevelado.

Isso mostra que os dois, cada um de seu lado, intuíram e explicaram de modo diferente o significado da nossa autonomia intelectual e política. Enquanto Oliveira Lima adotava uma concepção veemente da nossa história, pensando como europeu e narrando de "uma instância evocativa ou de vidente", Sérgio Buarque de Holanda, falando como brasileiro, pensava em recobrar o ineditismo da escrita livre, entorpecido em nossa originalidade submersa.

Nesse confronto, não são poucas as pendências que aprofundaram as diferenças desses pontos de vista. Se Oliveira Lima acreditou que a ausência de um substrato linguístico popular foi o fator que nos impediu de plasmar, com os elementos da terra, a expressão de uma identidade própria, Sérgio Buarque de Holanda, mesmo nos momentos em que se aproxima de observações como essa, jamais reconheceu o "movimento de reconciliação filológica" através do qual a crítica de Oliveira Lima elegeu a Academia como instância vicária a legitimar a autenticidade da nossa cultura a partir de sua filiação aos valores universais da língua e da cultura materna.

Basta ver como se amplia a distância entre as tarefas dos "espíritos construtores" — que Oliveira Lima, como vimos, foi buscar em Oliveira Martins para traduzir a grandeza moral dos nossos "homens representativos" (um João Ribeiro, um Euclides da

Cunha, um José Veríssimo), — e a ação demolidora do "modernismo da desordem", fonte de inspiração a partir da qual Sérgio rompeu com os nacionalistas da falsa vanguarda de 1922. Se aos primeiros, valorizados na crítica de Oliveira Lima pela aliança entre "grandeza moral e estilo cintilante", cabia zelar pela "expansão dinâmica da inteligência brasileira e pela integridade clássica do vernáculo", aos segundos tocava desviar aquele dinamismo para a pesquisa da expressão original da língua rústica e das nossas falas populares em estado puro.

Diante de um contexto como esse, tornam-se claras as motivações pessoais que desde o início concorreram para aumentar as diferenças entre as trajetórias dos nossos dois críticos. Sabemos em que medida Oliveira Lima se valeu da cultura e das letras estrangeiras para transferir ao Brasil os efeitos de sua ação intelectual na Europa, toda ela orientada para a divulgação da arte e da inteligência nacional, como foi o caso — já citado aqui — da coletânea "Sept Ans de République au Brésil", publicada em 1896 na *Nouvelle Revue* de Paris, que lhe valeu, no ano seguinte, a eleição para a Academia Brasileira de Letras. Ou ainda a publicação, na *Revista Brasileira* — logo depois de haver assumido a função de primeiro secretário da legação do Brasil em Washington —, de um panorama sobre "O romance francês de 1895", cuja intenção era revelar uma espécie de visão crítica articulada com o processo literário europeu com vistas a legitimar a sua condição de intelectual brasileiro familiarizado com a arte e o pensamento das línguas de cultura e, portanto, qualificado para orientar positivamente as direções da crítica literária nacional. Atitude que, como vimos, está nos antípodas do percurso trilhado por Sérgio Buarque de Holanda, que se vale do conhecimento da crítica e da literatura estrangeira não para manifestar competência em afirmar-se como intelectual cosmopolita e polido na intimidade com as fontes da Europa, mas para — em direção diametralmente oposta — contribuir com a pauta renovadora dos escritores e artistas locais; isto é, não para projetar-se nos ganhos institucionais desse imenso capital simbólico, mas para melhorar a compreensão dos autores que estuda e critica.

Outra diferença visível ocorre na intelecção do contexto da análise. Enquanto Oliveira Lima, mesmo quando reconhece o avanço das tendências inovadoras do final do século XIX, vê a literatura e as artes como produtos da imaginação orientada pelos padrões estéticos da época, geralmente mediadas por forte entonação moralista (Zola por vezes lhe parece "um patriarca do escândalo e da porcaria", e Huysmans um temperamento místico "aberto às sugestões da vida monástica"), Sérgio Buarque de Holanda descarta desde o início a vinculação da ruptura estética ao traço ordenador dos valores.

Em geral, na mesma proporção em que Oliveira Lima converge para Sílvio Romero ao sustentar que, no atraso dos trópicos, a missão do intelectual brasileiro o transforma num depositário da "cultura superior" contra o espírito das "raças inferiores", Sérgio desfará, na leitura concreta das obras, a redução dos textos da Colônia aos contornos previsíveis de uma tradição pretensamente renovadora, diluindo em muito a convicção com que o crítico pernambucano sempre obliterou a "força daquele Brasil convulso", tão presente num poema como o *Caramuru*, por exemplo, mas submetida por ele "à força dos elementos de legenda", ainda que mal ordenados pelo talento escasso de Santa Rita Durão.

Isso explica as suas discordâncias diante da função exercida pelo passado no âmbito da crítica literária. Vimos que, para Oliveira Lima, a verdadeira função do passado — na esteira de Varnhagen — está voltada para a interpretação de uma "tendência da alma nacional" em que o estudo da cultura e das artes pressupõe, de um lado, a erudição e o saber necessários ("a boa vernaculidade") para discernir as fontes históricas e culturais idôneas e, de outro, a indispensável familiaridade "com o espírito da civilização latina", de que Portugal é um núcleo, com vistas a distingui-las dos "sinais desagregadores" que a barbárie e o "substrato primitivo das raças inferiores" opunham à integridade do patrimônio cultural lusitano. No outro extremo, Sérgio Buarque de Holanda adotava uma objetividade intelectual que jamais contemplou qualquer interpretação que insistisse em vasculhar no "passado morto" normas fixas que definissem obrigatoriamente os pensamentos do crítico e seus critérios de análise, por acreditar que "as expressões de cultura são sempre e essencialmente mutáveis" e, como tais, impossíveis de ser submetidas a regras ou princípios de uso prático.

Compreende-se assim que, ao imaginar na base de sua crítica a construção hermenêutica de um panteão nacional inspirado nos modelos consagrados pela tradição lusitana, o método de Oliveira Lima, mais do que descrever, analisar e avaliar a produção dos escritores brasileiros dentro do seu próprio sistema literário, o que faz é convertê-los num segmento secundário do sistema de origem, suprimindo na fonte não apenas a autenticidade dos temas e dos processos não codificados, como também a representatividade da comunicação efetiva dos autores com o seu público, para não falar da representatividade da própria língua, cuja expressão e pesquisa quase nunca mereceram um registro que fosse além da mera notação de exotismo ou de excessivo pendor nativista, como vimos nas análises sobre Gregório de Matos e José de Alencar.

É assim que Machado de Assis, visto por Oliveira Lima, só é grande quando transformado num discípulo dos clássicos da língua — um Antonio Vieira, um Almeida Garrett —, a quem tem o mérito de nivelar-se pela "simplicidade do estilo" e pela "perspectiva inteiramente nova e original". É justamente esta a referência hermenêutica do panteão concebido por Oliveira Lima, pois é dele que irradiam as virtudes estético-literárias hauridas nos "espíritos superiores da imaginação e do pensamento", tomados como verdadeira tábua de princípios a fundamentar o universo de sua crítica. Além de Machado de Assis, lá estão — alinhados num mesmo patamar — Rui Barbosa, Olavo Bilac, Euclides da Cunha, Coelho Neto e Salvador de Mendonça, todos eles, para o autor do *D. João VI no Brasil*, espíritos em que de algum modo reverbera a vocação de Joaquim Nabuco, cujo "sentimento era brasileiro, mas a imaginação, europeia".

A crítica de Sérgio, pelo contrário, ao recusar a base personalista desse "sentimento brasileiro repassado de imaginação europeia", opôs-lhe um desbaste crítico que descartou desde cedo não apenas a expressão aristocrática de seu espírito acadêmico, mas também o seu empenho em avaliar a produção literária local mediante critérios que a legitimavam pela retórica da comparação pomposa com os grandes autores da Europa, sobrelevando-a artificialmente. Essa variação dos padrões de análise, que em Oliveira Lima serviu para antepor ao exame estético das obras uma leitura predominantemente histórico-ideológica, valeu a Sérgio também para ir recolhendo dos "homens representativos da cultura de escol" os elementos que formariam o seu próprio projeto intelectual.

É nesse contexto, por exemplo, que a crônica de Olavo Bilac passa a ressoar-lhe "mais solidária e idealista", mais pragmática do que poética, por nos revelar, "sem perder o lirismo", o "caráter aberto das sedições brasileiras", sobretudo — ressaltemos — quando favoráveis às suas próprias convicções políticas, como no caso da campanha civilista de Rui Barbosa, tão fervorosamente apoiada por Oliveira Lima, apesar do malsucedido confronto com Hermes da Fonseca no pleito de 1910. Aliás, é com esse espírito que ele recupera a crítica dirigida por Carlos de Laet à "origem espúria do mando" nos regimes republicanos, que ele completa com as observações do romancista Rodolfo Teófilo, ao sustentar que "o verdadeiro espírito da pátria comum" se formou sob o Império, único responsável, a seu ver, pela valorização dos filões regionais desconhecidos que só a coesão do poder monárquico podia manter integrados. Já vimos que foi nesse tom que divergiu do ecletismo de Sílvio Romero, repelindo "a indisciplina e o espírito caótico" com que este sobrepôs o "rigor aparente de suas teses etnográficas e mesológicas" ao arcabouço linguístico e cultural lusitano, particularmente quando chamou de "zombaria plebeia no seu feitio científico" o ensaio histórico *A pátria portuguesa*, do velho Teófilo Braga, antigo mestre de Oliveira Lima.

Avesso às interpolações ideológicas no percurso entre imaginação e erudição, e por extensão entre crítica e história, para Sérgio Buarque de Holanda a análise da obra jamais poderá estar a serviço de qualquer finalidade que não seja a da própria construção literária, tema que insistiu em elucidar desde que se lançou como militante da ação modernista. Para ele, a "erudição há de ser sempre erudição, e a literatura — as belas-letras — há de ser poesia, que é a sua quintessência".

Mas aqui — e é o caso de sublinhar o destaque — não se trata, como à primeira vista pode parecer, de projetar esteticamente um programa nacionalista para a literatura e as artes, o que de resto seria, além de simplista, uma contraparte previsível e pouco original ao argumento civilizador de Oliveira Lima. Mais ou menos na linha definida por Antonio Candido, quando tratou da contribuição decisiva dos árcades para a formação da vida intelectual e artística no Brasil, o que sobreleva na atitude crítica de Sérgio Buarque de Holanda é a incorporação por si mesma da nossa vida intelectual e artística — agora como expressão conjunta das "disciplinas mentais que pudessem exprimir essa realidade" — ao plano superior da vida civilizada.

A tarefa é ingente e se articula, atravessando-os, com os vários planos da pesquisa histórica do nosso crítico. Por isso a forma mais simples de acompanhá-la sem perder o chão é procurar, em seus diferentes pontos de intersecção, não apenas a convergência dos tempos diversos que a argúcia das análises harmoniza, mas também a figuração dissonante entre as duas paisagens — a da Metrópole e a da Colônia — a partir de um critério que as aproxima e afasta ao mesmo tempo que as integra ao sistema mais amplo do universo cultural de onde provêm.

Desse modo, não podemos desvincular aquela visão conservadora da *forma mentis* portuguesa, que Sérgio definiu em *Visão do paraíso* como parcialmente avessa à modernização renascentista,[264] da intenção de compreendê-la na continuidade vertical dos estilos no decorrer do tempo, longe da leitura horizontal que a amarrava à divisão estanque dos períodos, como bem viu Antonio Candido na "Introdução" aos *Capítulos de literatura colonial*. Em sentido amplo, cabe mesmo dizer que se a crítica literária do jovem Sérgio sempre evoluiu para uma direção oposta à da hermenêutica integradora de Oliveira Lima, grande parte de sua obra se constituirá numa espécie de expansão dos núcleos dessa dissonância.

---

[264] Ver Sérgio Buarque de Holanda, *Visão do paraíso: os motivos edênicos no descobrimento e colonização do Brasil*, 6ª ed., São Paulo, Brasiliense, 1994, p. 134.

De *Visão do paraíso*, aliás, afora a constatação cultural de que os portugueses, no íntimo, se mostraram infensos às transformações que, em outros centros da Europa, acompanhavam as conquistas da navegação, o que sobressai é a impressão de que, em suas investidas no além-mar, prevaleceu em geral a atenuação do substrato lendário que as envolvia, trocado quase sempre pela "realidade mais concreta e bem menos excitante", a demonstrar o interesse em trazer para o cenário da conquista "a pátria ancestral, saudosa e distante".[265]

Não que Sérgio menoscabe a sedução lusitana pelos motivos do "paraíso terreal", de influência tão vertiginosa no imaginário dos povos, da Idade Média à era dos descobrimentos. O que lhe interessa demonstrar, no largo espectro de cintilação dos mitos edênicos, é a propensão dos portugueses para ajustá-los à dimensão prática de suas aventuras, geralmente alinhadas às causas materiais que, segundo ele, prevaleceram sobre a fantasia, transformando-a em fator auxiliar da expansão colonizadora. Foi em busca dessa "expressão de uma sensibilidade mais direta do espetáculo real" — para aqui retomarmos as próprias palavras do crítico — que ele se deteve na figuração simbólica de alguns dos *loci amoeni* literários mais expressivos do período, com vistas aos resultados dessa vocação lusitana para mitigar na aventura os apelos mais efusivos da metáfora.

É assim que, no *Boosco deleitoso*, por exemplo, o verde da paisagem dos trópicos — que inundava a imaginação europeia com os motivos paradisíacos da eterna primavera — converte-se em fonte inesgotável de alegorias sagradas indispensáveis ao bom sucesso da conquista, provendo-a de uma "direção espiritual supe-

---

[265] Em relação à natureza brasileira, por exemplo, Sérgio nos mostra que tudo era batizado conforme o calendário da Igreja, "para domar toda a terra" (cabos, enseadas, vilas, lagos etc.). Todas essas designações comemorativas eram feitas, segundo o crítico, para confirmar que o costume e a lembrança haviam de "prevalecer sobre a esperança e a surpresa", mesmo levando em conta as "miragens paradisíacas" de Symão Estácio ou de Simão de Vasconcelos (*idem*, *ibidem*, pp. 145-7).

rior e redentora", em tudo oposta ao caráter destruidor e desumano que a movia. Até as aves — nos diz Sérgio — desvestiram-se dos indumentos simbólicos do eterno *locus amoenus* para figurar no orbe religioso do sagrado, encarnando "os santos doutores que ordenaron a santa escritura", tão decisivos naquela saga assombrosa pelas terras ignotas do Novo Mundo.[266]

Mas não é só. No *Orto do esposo*, a própria mítica profana do paraíso terrestre se funde, segundo Sérgio, ao "relevo simbólico" das sagradas escrituras, servindo de substrato heurístico às interpolações alegóricas da *História do predestinado peregrino*, do padre Alexandre de Gusmão, em cujo tema se enlaça — entre a ação guerreira e a expansão missionária — o fundo piedoso das conquistas da monarquia portuguesa, como aliás nos revelou o próprio Oliveira Lima. E o que dizer de algumas rimas de D. João Manuel, camareiro-mor de El Rey, cujas trovas, no *Cancioneiro geral*, amoldadas pela geografia fantástica da idade de ouro, como que reverberam a força reveladora do éden terreno na elevação espiritual da conquista conduzida pela fé cristã "sob o signo da vera cruz".[267]

Muitos desses aspectos nos revelam o quanto a crítica de Sérgio Buarque de Holanda contribuiu para marcar a singularidade do universo espiritual português frente às demais vertentes do pensamento europeu. Se de um lado isso nos permite atenuar em muito a índole generalizante das conclusões de Oliveira Lima, que tendia sempre a fechar num único paradigma o bloco da cultura e do pensamento ocidental como um todo, de outro nos mostra o quanto as particularidades da mentalidade portuguesa se desviavam dos padrões da época, abrindo uma série de dissonâncias valiosas para um estudo contrastivo das nossas próprias singularidades culturais.

Nas oposições entre natureza e cultura, entre primitivismo e fantasia, entre posse e celebração da terra — para ficar só nesses

---

[266] A referência ao *Boosco deleitoso* (I, 313) está em *Visão do paraíso*, op. cit., p. 177.

[267] *Visão do paraíso*, op. cit., pp. 179-81.

elementos —, ao mesmo tempo que se prenunciam as excentricidades da conquista, delineiam-se os núcleos da futura tópica das nossas próprias excentricidades frente aos modelos intelectuais e políticos da Metrópole. Afinal, é o próprio Sérgio quem se encarrega de nos mostrar que não foram propriamente os ideais da *aurea aetas* ovidiana ou virgiliana — onde beberam os diversos cronistas da conquista para ilustrar o espírito remissivo da colonização europeia do Novo Mundo — que de fato prevaleceram na empreitada. Por aqui, passado o primeiro momento de encantamento — e, com ele, muitos dos aspectos do "mito da idade de ouro", tão decisivos na figuração da bondade natural do homem primitivo, da "terra ignota" ou mesmo da *Arcádia* de Sannazaro, onde os pastores evocavam os bons tempos para rechaçar a degradação dos costumes —, os jesuítas já demonstram uma nova maneira de ver os indígenas e a própria terra, impressionados com a "rudeza" e a "bestialidade" que os marcavam. "São cães a se comerem e matarem, e são porcos nos vícios e na maneira de se tratarem", anota Sérgio, transcrevendo uma passagem do irmão Mateus Nogueira, um dos interlocutores de Manuel da Nóbrega no *Diálogo sobre a conversão do gentio*. Assim, deixa claro que os portugueses não acrescentaram qualquer elemento, mesmo que vago e hesitante, àquela "apologia do homem primitivo" que se desenvolveu com os grandes descobrimentos marítimos, para concretizar-se mais tarde na utopia da bondade natural e na mítica do "nobre e bom selvagem".[268]

Percebe-se então como ele se distancia do projeto de Oliveira Lima, que, ao alinhar em bloco a colonização lusitana à tradição do Ocidente, sempre se recusou a considerar a mobilidade e a instabilidade das coisas no tempo, em favor da "natureza criadora até ao milagre", que Sérgio associa ao "espelho da própria onipotência divina". Não surpreende, pois, que estudando as duas arcádias, a portuguesa e a brasileira, Oliveira Lima ressalte, como contraparte necessária, justamente essa "imagem nostálgica de um soberbo ideal de segurança e permanência", que Sérgio descarta

---

[268] *Idem, ibidem*, pp. 308-9.

no próprio cerne do argumento.[269] E a razão é que, para o autor de *Visão do paraíso*, o caminho está no horizonte oposto, fora daquele idealismo saudosista onde "tudo não passa de sonho ou vã aparência", que tornará realidade a redenção da terra primitiva que então se revelava.

Por isso ele destaca as dissonâncias trazidas pelos desvios da atitude colonizadora dos portugueses frente aos paradigmas do tempo: enquanto Oliveira Lima os alinha aos modelos consagrados da ação remissiva da conquista, à luz da religião, da cultura e do progresso, Sérgio se limita a reduzi-los ao espírito da concretização empírica que converte o paraíso da conquista num cenário intransformável: o de deixar a terra como estava, para melhor extirpar-lhe as riquezas.

Rusticidade e convenção

Para Sérgio Buarque de Holanda, ao contrário do que propunha Oliveira Lima, o Arcadismo não representou no Brasil uma repercussão periférica da Arcádia Lusitana, dada a interpolação diversificada de seus temas — seja com a tópica neoclássica, seja com as razões da Ilustração ou do próprio ideário do Arcadismo. Mesmo reconhecendo que por aqui o herói literário do Oitocentos continuou sendo, na poesia e no romance, o homem natural, Sérgio vai além e nos mostra — contra o argumento das Luzes — que o nosso Arcadismo foi em si mesmo, desde as origens, um repositório ampliado das diferentes formas da idade de ouro, em que a celebração da vida simples e do amor bucólico pelo canto ameno dos pastores rústicos esteve longe de se reduzir a um mero reflexo tropical dos maviosos discípulos de Verney.[270]

---

[269] *Idem, ibidem*, p. 220.

[270] Sigo no tópico as pistas e indicações de análise sugeridas por Antonio Candido em sua "Introdução" aos escritos então inéditos de Sérgio Buarque de Holanda sobre as letras na Colônia, que organizou e anotou sob o título de *Capítulos de literatura colonial* (São Paulo, Brasiliense, 1991, pp.

É que, para Sérgio, o nosso século das Luzes foi sobretudo um século "beato, escolástico e inquisitorial",[271] não obstante a presença decisiva do despotismo relativamente esclarecido do marquês de Pombal, que remontou a ação reformadora e positiva de intelectuais, escritores e administradores de então. Sob esse aspecto, ele pôde matizar a imitação da natureza — o grande fulcro da poesia e da arte do período — com alguns efeitos contrastantes, verdadeiros "ecos brasileiros" das ideias modernas, como a propagação do saber, a esperança no bom governo, o otimismo utópico e mesmo a antevisão de algum pendor para a autonomia. O dado novo, entretanto, é que para Sérgio isso não significa que o humanismo dos árcades brasileiros lograsse encarnar um efetivo empenho pela modernidade do país, nem mesmo ao ponto de representar qualquer movimento articulado em direção a um programa concreto de libertação política ou de profissão de fé nacionalista.

Ao mesmo tempo, deixou claro — em sua leitura da conformação do gênero no poema de Diogo Grasson Tinoco sobre as esmeraldas — o quanto o substrato mitológico do cânone combinava, entre nós, a elocução herdada do Renascimento com a "simplicidade de relatório da narração objetiva", permitindo o surgimento da "epopeia sacra", em cujos traços a continuidade do Barroco converteu a épica não apenas na celebração da glória dos homens, mas da própria glória de Deus. Com isso, logrou mostrar que, chegando atrasado ao Brasil, o culteranismo prolongou a sua influência até quase às portas da Independência, com frei Itaparica e frei Francisco de São Carlos, entre outros.

7-23), combinadas com as notações da tópica de gênero que estão em *Formação da literatura brasileira: momentos decisivos, 1750-1880* (10ª ed., Rio de Janeiro, Ouro sobre Azul, 2006, pp. 43-255).

[271] Lembremos, a propósito, que o próprio Oliveira Lima se apressou em registrar o quanto a publicação do *Caramuru*, segundo ele "uma história semifabulosa da descoberta e da colonização da Bahia", foi ignorada em Lisboa, por ocasião de seu aparecimento.

Na chave dessa variante, o resultado maior é que, a partir de Sérgio, sensibilidade, naturalidade e individualismo deixam de ser vistos como sentimentos idênticos, descaracterizando as generalizações de ordem estética e formal no âmbito da unificação doutrinária entre os árcades brasileiros e portugueses, como queria Oliveira Lima. Do mesmo modo que no poema *Assunção* de frei Francisco de São Carlos os temas paradisíacos no cenário dos trópicos não definem, segundo Sérgio, uma celebração heroica do país e nem remetem à tendência nacionalista para valorizar o índio — porque assim funcionam desde as origens da tradição épica do gênero —, a persistência do Barroco no Brasil nos afasta das chaves retóricas mais caras à ortodoxia lusitana, para nos aproximar do legado italiano e assim ampliar o nosso diálogo com outros segmentos da cultura europeia.

Essa guinada proposta por Sérgio, como explica Antonio Candido, impôs um "golpe de misericórdia no nacionalismo estratégico que a crítica adotou impulsionada pela Independência" — aí incluídas as teses de Oliveira Lima. No contexto de suas implicações mais amplas, a maior consequência demonstrada por Sérgio, através da análise rigorosa e com os recursos de seu imenso cabedal de erudição e cultura, é que a literatura brasileira faz parte da literatura do Ocidente e da Europa, com ela formando um todo, a despeito dos traços distintivos que vão se desenvolvendo paralelamente. Nas palavras do próprio Antonio Candido, Sérgio procurou desvendar um verdadeiro "sistema de tópicos" em cujo centro se desenvolvem os motivos que organizam a linguagem convencional dos poetas "desde o fundo da Antiguidade, de modo que cada texto é ao mesmo tempo próprio e comum", o que, da perspectiva de Sérgio, segundo o autor de *Tese e antítese*, faz de um soneto de Cláudio Manuel da Costa "um episódio ao mesmo tempo pessoal e comum".

É com esse espírito distanciado da tutela discriminatória de Oliveira Lima que a crítica de Sérgio Buarque de Holanda converterá a aventura tropical dos nossos árcades em episódios pessoais articulados à circularidade dos temas e dos processos, dissolvendo a divisão de períodos e diversificando as fontes da nossa inserção no patrimônio da tradição literária da Europa. De tal modo que, ao estudar a ambiguidade do contraste entre natureza e cultura no imaginário poético dos árcades, fugiu às tentações localistas de sobrepor o exótico e o primitivo à expressão convencional do gênero, para, de modo inovador, não apenas destacar o vigor da poesia oculta em nossa rusticidade, como também compreendê-lo frente ao conjunto das mutações estéticas do contexto que o circundava.

Em Cláudio Manuel da Costa, por exemplo, o que a crítica de Oliveira Lima — na batida dos críticos retóricos — explicava pela fidelidade canônica aos modelos pastorais da Arcádia Lusitana, as análises de Sérgio elucidam a partir da vivência concreta do homem que, convertido na Europa ao ideário poético dos pastores amenos da idade de ouro, jamais deixou de viver e de pensar como um poeta originário da Colônia — o poeta do contraste, da "dupla fidelidade", como definiu Antonio Candido, que entremeava o lirismo à labuta da terra, entre faíscas de ouro e bateias de pedras, misturando o ofício das letras aos afazeres e necessidades da vida cotidiana.

É certo que, para Cláudio, como para os árcades de um modo geral, essa valorização do rústico tinha um sentido concreto: o de livrá-lo, num primeiro momento, do sentimento de inferioridade que o fazia sentir-se um desterrado em sua própria terra, como nos diz Sérgio. Mas é ela que lhe permite, num segundo momento, adensar a trajetória original de uma poesia que não se guiou exclusivamente pelo pastiche do cânone europeu, ainda que não significasse propriamente uma manifestação deliberada em favor do nativismo. O fato é que o que prevalece no escritor "já não é mais aquela rusticidade ideal que Cláudio aprendera a amar nos autores diletos" e nem corresponde ao equilíbrio dos quadros bucólicos dos pastores virgilianos ou das "esquivas ninfas" do Mondego.[272] O que pulsa em seu espírito, sem que se confunda com qualquer

---

[272] Ver "Cláudio Manuel da Costa", em *Capítulos de literatura colonial*, op. cit., pp. 227-30.

programa libertário, são, no dizer de Sérgio, os entranhados vínculos com a paisagem da terra natal, que levam o poeta a incorporá-la à tópica do Arcadismo, enriquecendo-a de procedimentos poéticos que darão dignidade arcádica à Colônia Ultramarina.

É nessa perspectiva que a obra de Cláudio Manuel da Costa altera o curso da literatura colonial no Brasil, interrompendo-a justamente no que ela tinha de mais precioso para os pressupostos de Oliveira Lima e dos críticos da medida antiga: a suposição de que fosse um "movimento progressista e contínuo" em busca de um centro de atração situado "fora de sua órbita", como Sérgio assinala ao tratar da historiografia literária do período. Através da multiplicidade e da diversidade dos temas e processos engendrados pelo árcade mineiro é que se estabelecem, nos termos do crítico, as linhas de uma nova configuração estética, de uma outra coerência "em direção a um ponto único, transformado em objeto de todos os anelos",[273] com o qual os cantores alpestres de Minas começavam a neutralizar a influência portuguesa.

No centro da análise, o que sobressai é a forma como Sérgio modula o conjunto dos estímulos ativos no imaginário de Cláudio, ou seja, em vez de arrancá-los arbitrariamente das molduras do cânone que lhes correspondia na Europa (e de modo especial em Portugal), ele os distingue por sua unidade de estilo, interrogando-os como "fatos particulares em sua particularidade e reciprocidade". Com isso, não apenas desmobiliza a antiga preocupação de tratar a literatura brasileira como "um todo homogêneo, dotado de contornos próprios" — nos velhos termos de Oliveira Lima, de Sílvio Romero e da própria escolástica do Naturalismo —, mas também estabelece critérios mutáveis para a interpretação dos deslumbramentos e desencantos provocados pela rusticidade da nossa paisagem. Em face deles, todo o esforço de Oliveira Lima para converter o legado poético dos árcades brasileiros numa "réplica de imagens ancestrais" que presidissem "a integração da nossa

---

[273] *Idem, ibidem*, pp. 385-6.

paisagem natural e social no mundo da civilização portuguesa" não será mais que uma atitude "tosca e irregular".[274]

Para compreender esse ponto, basta pensar nos múltiplos aspectos com que a crítica de Sérgio demonstrou a importância da obra de Cláudio para a inserção do nosso Arcadismo no quadro das referências (e das próprias inovações) estéticas consagradas pelo gênero. É através de Glauceste que o então "bisonho lugarejo" dos campos mineiros deixa de ser aquele ermo "agreste e tosco" para converter-se no espaço de uma nova idade de ouro ante a qual se interrompe o amargo exílio do poeta em sua própria terra, agora recoberta "de novas e risonhas flores". Ao anunciar a fundação, em 1768, da Colônia Ultramarina ("um paraíso não menos poético do que as margens do Tejo e do Mondego"), Cláudio não está preocupado apenas em "renovar a Arcádia", mas também em estender aos pastores de Minas o privilégio de "igualarem-se na felicidade" dos seus pares da Arcádia Romana, identificando os cenários remotos da nossa paisagem "ao esplendor luminoso de sua República".[275]

A partir daí os temas se articulam e os princípios da convenção atualizam novas correspondências no âmbito da produção poética local. Autoridades e datas históricas, conquistas e celebrações nacionais ascendem ao plano comum dos protocolos do gênero, sem dizer que o clássico filão da medida poética, ressoando em Teócrito e Virgílio, Sannazaro e Metastasio, coroam de louros a fronte dos heróis e a moldura épica dos feitos bélicos patrocinados pelas elites da Colônia. É assim, nos diz Sérgio, que o "ínclito Noronha" se reveste dos predicados de Tito, mostrando-se à altura dos Cipiões, dos Emílios e dos Césares; e é assim que Cláudio, na écloga dedicada à jovem D. Maria José Ferreira de Eça e Bourbon, esposa de D. Rodrigo José de Meneses e Castro, descreve-a no coração do próprio bosque Parrásio, a contracenar com o pastor Melibeu, que, encantado com a beleza da moça e desdenhando

---

[274] Idem, ibidem, p. 389.
[275] Idem, ibidem, p. 236.

da formosura das ninfas que o cercavam, pede a Títiro que a apresente, para que ele possa admirá-la.[276]

É esse o corte abrupto que a crítica de Sérgio faz contrastar com o panorama inalterado das correlações passivas a que os critérios de Oliveira Lima reduziam o legado dos árcades brasileiros, descrevendo-o como um prolongamento ilustrado da Arcádia Lusitana. Como Sérgio nos mostra, é em torno de Cláudio, e sob o governo de D. Rodrigo, que se expande a geração dourada dos nossos vates pastores — Gonzaga, Alvarenga Peixoto, entre outros —, e de suas reuniões na antiga "choça do Glauceste" é que pôde ampliar-se a rede de sociabilidade e convivência intelectual que afinariam na Colônia o cultivo da literatura e das artes, bem como o debate das questões políticas e econômicas.

Nesse processo, ao mesmo tempo que dava dignidade literária à rusticidade das nossas instituições e à própria expressão do aulicismo, que passa a revestir as autoridades locais não mais com os adereços da legenda portuguesa, mas com os ornamentos tirados da própria tradição greco-latina, através das fontes italianas, a obra de Cláudio se destaca — nos termos de Sérgio — justamente por se antecipar aos árcades portugueses no próprio domínio da "medida velha", dado que, quando concluiu em Coimbra a sua obra lírica, aquele gosto "mal principiava a manifestar-se nas letras lusitanas".[277]

Para Sérgio, isso explica que em Cláudio predomine a "elegância ornada" sobre o estilo "direto e simples" das composições pastoris, que o poeta desaprova, por acreditar que "sem uma boa parte de artifício e maneirismo, não existiria a inspiração bucólica" que tanto admirava na destreza poética de um Góngora, lembrado por Sérgio como uma das fontes com as quais o nosso Glauceste teria convivido em seu aprendizado para harmonizar a figuração assimétrica das imagens dissonantes, interessado em nos mostrar — como registrou o próprio autor da "Fábula de Polifemo e Ga-

---

[276] Idem, ibidem, p. 245.
[277] Idem, ibidem, p. 254.

lateia" — que um poema podia ser rústico "sem por isso deixar de ser refinado ou engenhoso: *culta sí, aunque bucólica*".[278]

É por esse lado que acaba se convertendo aos poucos numa espécie de "representante do barroco da antiguidade clássica", como Sérgio o definiu, pois se era de Camões que vinha grande parte de seus modelos, uma outra parte era devida a Góngora, Quevedo e Lope de Vega, cujos "romances artificiosos", ao converter o estilo vulgar em ornamento aristocrático, inspiraram a Cláudio a substituição dos motivos heroicos, convencionais no gênero, pelos temas da nossa rusticidade singela, presentes na écloga piscatória. Isso explica que é através desse "barroco na Arcádia" que a sua obra lírica, ao mesmo tempo que mergulha na tradição seiscentista, confirma na Colônia Ultramarina a consciência de que a simplicidade pastoril é sobretudo "uma convenção erudita e cortesã".

A consequência é que as fontes se diversificam, e o poeta, mesmo quando se prende às sugestões da tópica derivada da mitologia clássica, não deixa de recorrer aos modelos do Século de Ouro espanhol, "muito mais do que aos quinhentistas portugueses", adverte o nosso crítico, que em sua espantosa erudição vai desvendando, nos versos de Cláudio, ressonâncias estruturais e temáticas intermináveis, num labirinto de autores e de estilos que se abrem para um universo inatingível de relações e influências jamais estudadas na crítica brasileira.

Em seu conjunto, os resultados da análise nos revelam o quanto a poética de Cláudio Manuel da Costa, ao contrário de se constituir numa submissão precária ao cânone arcádico português, contribui de forma decisiva para integrar a produção literária da Colônia Ultramarina ao que havia de mais expressivo no universo imaginário do Neoclassicismo. Atraído pelas rimas de Metastasio ainda em Portugal, é através deste que Cláudio ajustará as cordas seiscentistas de sua lira ao gosto pelos temas alpestres, sem no entanto deixar de recorrer às assonâncias que, segundo Sérgio, nos servem de indício para compreender essa espécie de síntese com

---

[278] *Idem, ibidem*, p. 255.

que o poeta mineiro, mesmo se convertendo ao Arcadismo, "ainda não se desprende inteiramente dos seus antigos numes".[279]

É assim que, através de Metastasio, se aprimora nos timbres e ritmos que o estimulam a revalorizar os velhos mestres latinos, à sombra de cujas influências será depois reconhecido como "um árcade romano ultramarino" que, nas palavras de Sérgio Buarque de Holanda, "prefere o monte Janículo ao monte Ménalo de Garção e dos portugueses reinóis", manifestação inegável de um "traço já de orgulho pessoal e patriótico" a nos confirmar, em Cláudio, um poeta mais interessado em se valer dos originais do cânone do que em se transformar "num epígono de epígonos", mesmo que fossem da Metrópole.

A esse poeta, que José Veríssimo — lembrado pelo nosso crítico — chamou de "o mais árcade dos árcades brasileiros", e que não demonstrou qualquer desejo de se relacionar com a Arcádia Ulissiponense, já não parecem tão intoleráveis as circunstâncias que o obrigaram a trocar as praias do Tejo e do Mondego pela rústica paisagem do "seu pátrio ribeirão". Horácio, Virgílio, Ovídio, Sófocles e o próprio Homero lhe forneciam uma outra dimensão do "consagrado tema do exílio", coisa que, somada à remissão bucólica do canto metastasiano, fará de seu lirismo algo bem diverso daquele mero versejar sobre os desvarios e as oscilações da saudade.

Daí a sua oposição "aos aspectos mais frívolos do Arcadismo", que deixam de significar para o poeta apenas uma expressão diletante das emoções. Basta atentar, nos diz Sérgio, para o vigor com que os ásperos penedos e a solidão dos campos subvertem a clássica moldura do *locus amoenus*, para sentir a regeneração simbólica do que antes fora apenas a paisagem desolada de um longínquo *locus horrendus* e agora se converte, por um imaginoso "efeito de contraste", num retrato desconhecido da voragem do tempo e da fugacidade das coisas neste mundo, que o poeta incorpora à tópica do gênero.

---

[279] *Idem, ibidem*, p. 262.

E é efetivamente em direção às singularidades da paisagem local que as ressonâncias da lírica setecentista imprimirão aos poemas de Cláudio Manuel da Costa os traços de mutabilidade responsáveis pela mitologia das "fábulas de metamorfose", que tanto envolveram a profusão dos cantos e imagens com que ele foi harmonizando a rigidez arcádica dos princípios e as efusões menos esperadas do eu lírico. Trata-se de uma forma de meditação poética em que Cláudio nos revela o quanto lhe custava exprimir afetos e sentimentos que não tivesse vivido por si mesmo enquanto matéria ou desígnio "arbitrariamente forjados", ainda que sob a rigidez dos princípios que lhes correspondiam na lógica interna do gênero. E embora advenha daí a "emotividade quase monocórdica" que Sérgio reconhece nos versos de Cláudio, é preciso deixar claro que, a seu ver, esta não deixa de ser inovadora, já que — a exemplo dos epítetos raros e das galas de linguagem culteranista — foi logo assimilada, exatamente como foi o hipérbato, que deixou de ser uma das marcas do estilo gongórico para integrar-se à própria estrutura da lírica da época.

Isso explica, segundo Sérgio, que apesar de Cláudio não representar uma exceção do estilo que tanto se valeu da *natureza* e da *naturalidade*, para ele a própria exigência de uma "ordem natural" das palavras na frase não passa de "uma exigência da razão e do senso comum", o que o leva à "expressão espontânea e livre dos afetos", fazendo com que a sua imaginação poética seja menos "racional" do que "cordial", pois na lírica de Alceste "nada existe de tão avesso aos caprichos do coração quanto as regras de um metódico e rigoroso bendizer".[280]

Se o argumento crítico se fechasse aqui, pouco haveria a acrescentar de novo, dado que o contraste entre a linguagem do coração e a disciplina imposta pela razão já se transformara havia muito num tema cediço da tradição literária do século XVI, como o demonstra a novela de Bernardim Ribeiro, evocada por Sérgio. Mas não é o que acontece: frente ao que o crítico descreve como o "fundo patético e a sentimentalidade exasperada" da poesia de

---

[280] *Idem, ibidem*, p. 343.

Cláudio, mesmo que não caiba "ceder à tentação" de pensar num Romantismo *avant la lettre*, o fato inegável é que estamos diante de uma manifestação romântica, ainda que tomada em termos relativos que não autorizam a falar — ele adverte — em termos concretos de estilo ou de período literário. E se nele persistem, intimamente imbricados, o ornamento excessivo da elocução e o apego acurado à ordem lógica do discurso, o que ressalta a rusticidade dramática e melancólica dos flagrantes bucólicos de suas éclogas e sonetos é que — diferentemente da frivolidade convencional dos árcades lusitanos — "nenhum traço de frivolidade ou malícia ajuda a temperar a expressão dos afetos", nos diz Sérgio. É através desse arranjo inesperado que a singularidade da Colônia — contrariando as análises de Oliveira Lima — se impõe às convenções do cânone, a ponto de sugerir aos menos prudentes, em pleno século XVIII, a figuração antecipada dos apelos mais profundos da sensibilidade romântica.

Sérgio Buarque de Holanda em Berlim, em 1930, quando era correspondente de O Jornal e do Diário de S. Paulo. Nesse período ele iniciou a redação de Raízes do Brasil.
Arquivo Central/Siarq, Unicamp.

7.
No coração da inculta América

Os heróis e o mito

Se Cláudio Manuel da Costa não pode ser caracterizado como um precursor do nacionalismo romântico, cumpre dizer que foi através dele — na apresentação do "fundamento histórico" do poema *Vila Rica* — que vieram a público as quatro estâncias de um poema épico que se perdeu, atribuído a Diogo Grasson Tinoco, em cujo espírito parece encerrar-se uma das contribuições literárias mais próximas daquele intento.[281]

Sem entrar no mérito um tanto controverso da identidade de Grasson Tinoco, que teria acompanhado algumas incursões do governador Fernão Dias Pais pelos sertões mineiros "em busca de esmeraldas", o que Sérgio Buarque de Holanda procura destacar nos poucos fragmentos que restaram de seu poema é a clara assimetria em relação aos moldes consagrados pela convenção. Além de conter apenas um canto, que só atinge "o limiar do descobrimento das esmeraldas" no final do episódio, os versos de Tinoco deslocam os lineamentos da proposição, que deixa de qualificar a ação heroica para desligá-la do epílogo grandioso dos feitos narrados. Mas não é só: à vista desses poucos fragmentos, a crítica de Sérgio expande o corte atípico dos versos heroicos de Grasson Tinoco ao lastrear discrepâncias mais fundas com o molde épico lusitano, entre as quais a ausência de alusões mitológicas — tão

---

[281] Ver Cláudio Manuel da Costa, *Obra completa de Cláudio Manuel da Costa*, apud Sérgio Buarque de Holanda, *Capítulos de literatura colonial*, op. cit., pp. 43 ss.

"obsessivas na *Prosopopeia*", por exemplo — e o tom rebaixado da elocução, inteiramente avessa à explosão encomiástico-descritiva na épica do tempo. Isto para não mencionar "a linguagem quase inanimada", de corte simples e direto, e a figuração ronceira do indígena, que parece conduzir para os sinais concretos da incompatibilidade da Colônia com a permanência retórica do herói clássico, que, nas palavras de Sérgio, tende a emudecer frente a uma realidade que só se exprime por alusões, num mundo cada vez mais reduzido "à vã aparência" e que assiste indiferente "ao desterro da matéria nobre".[282]

Se não é o caso de dizer que com Grasson Tinoco se manifestam na Colônia os primeiros sinais de uma épica efetivamente calcada nos "motivos brasílicos", convém não esquecer que entre esta e aquele imaginoso "efeito de contraste" com que a obra de Cláudio Manuel da Costa deu dignidade literária ao contexto rústico de tais motivos, elevando-os ao ementário do cânone, a crítica de Sérgio anuncia uma espécie de roteiro anticonvencional que alinha os avanços desses dois poetas às liberdades e desvios com que Basílio da Gama romperá mais tarde as normas do decoro clássico para, sem ser um "inovador genuíno", converter-se no "arauto das novas tendências dotadas de uma enérgica e duradoura fertilidade".[283]

E assim procede justamente por atribuir à obra de Basílio uma liberdade de concepção criadora que substitui a latitude harmônica do espaço épico renascentista pela idealização que falsifica "a paisagem e as coisas de sua terra de origem", contrapondo-as à transfiguração estilizada da realidade histórica imposta pelo gênero, aproximando-se assim da autonomia da verdade poética. Isso explica que, ao recusar o anacronismo dos críticos que, como Oli-

---

[282] *Idem, ibidem*, p. 48.

[283] Ver "Basílio da Gama e o indianismo", publicado no Suplemento Literário de *O Estado de S. Paulo* de 28 de dezembro de 1957, depois recolhido no segundo volume de *O espírito e a letra: estudos de crítica literária (1948-1959)*, organizado por Antonio Arnoni Prado (São Paulo, Companhia das Letras, 1996, p. 631).

veira Lima, censuravam o fato de os índios do *Uraguai* (1769) não serem tirados da vida real, Sérgio Buarque de Holanda, por meio de Basílio da Gama, chegue ao núcleo da "verdade poética" do indianismo, que bem ou mal "nasceu com o seu livro e pôde exercer influxo duradouro sobre a literatura brasileira".[284]

É certo que essa manifestação do "civismo setecentista" inspirado da Ilustração não pode ser confundida — como mostrou Antonio Candido — com aquele sentimento patriótico que eclodirá no período romântico, todo ele movido pela exaltação descomedida da emoção e da indisciplina formal. E nem é o caso de pensar num projeto de libertação nacional nesse momento em que — para retomar as palavras do autor de *Formação da literatura brasileira* — "a natureza do país vivia animada pelas entidades míticas forjadas na imaginação milenar do Ocidente". Para confirmá-lo, basta notar o empenho com que Sérgio rastreia, nesse quadro, a ação do Barroco transformando o ideal heroico em epopeia sacra; a precisão com que localiza na "silva" de Botelho de Oliveira o mesmo formato épico descritivo já utilizado por Marino, Camões e Ariosto; a sutileza com que desvenda nas descrições de frei Itaparica um recorte encomiástico-didático que é mais convenção do que natureza; a largueza de vista com que nos mostra o Barroco circulando no tempo (por exemplo, o velho Póstero dos *Eustáquidos*, de Itaparica, reaparecendo no Áureo do *Caramuru*, de Santa Rita Durão, para depois converter-se no arcanjo São Miguel do poema *Assunção*, de frei Francisco de São Carlos); e, ainda, a originalidade com que nos revela que, para o próprio São Carlos — esse "sobrevivente do seiscentismo no século XVIII da Colônia" —, o índio emplumado da América era tão desinteressante quanto estranho, digno mesmo de "comiseração e repulsa".

Numa direção inteiramente oposta às convicções estéticas de Oliveira Lima, que, como vimos, mesmo reconhecendo nos épicos da terra a consciência de pertencer a uma nação "a que só faltava a independência política", sempre insistiu em privilegiar os "pendores ancestrais" do "novo indivíduo literário que surgia", Sérgio

---

[284] *Idem, ibidem*, p. 633.

Buarque de Holanda foi dos primeiros a ver na épica de Basílio da Gama — a meia distância entre as inovações perdidas de Grasson Tinoco e os desvios com que Cláudio Manuel da Costa transformou os motivos locais em artifícios convencionais renovadores no idioma do Arcadismo — o caminho através do qual a Arcádia se reconciliou com o teatro americano.

A partir de Sérgio, não há mais sentido em resumir a literatura da Colônia — como fazia Oliveira Lima — a manifestações previsíveis de uma "tradição dinâmica" que se recompunha. Ou seja: depois de Sérgio, não é mais possível dizer, por exemplo, que a espontaneidade de um Antonio José só se legitima porque se integra à naturalidade da lírica portuguesa, assim como não cabe mais afirmar que a natureza brasílica que Rocha Pita emoldura só tem valor porque depurada nos moldes refinados do humanismo lusitano. De igual modo já não se sustentam nem a afirmação de que a grande contribuição do arcadismo mineiro foi a de haver "acordado" a tradição lírica de Portugal, nem a ênfase nos "elementos de legenda" que, segundo Oliveira Lima, só fazem engrandecer a nacionalidade que surgia, para a qual "os portugueses entravam com justiça como fator principal".

O que há de novo na crítica de Sérgio é que ela, ao contrário de fragmentar a história literária em períodos rigidamente distintos — algo tão apreciado por Oliveira Lima, mas que, segundo Sérgio, só serve para "dissipar os contrastes que os escondem sob afinidades ilusórias" —, não se fecha à modernidade relativa dos nossos árcades quando concebe a importância dos arranjos formais de Basílio da Gama como um dos nexos inevitáveis que se interpõem "entre cada época e as que a precedem e sucedem".[285] É assim que, ao vasculhar no Romantismo alguns dos procedimentos que contaminaram o próprio ideário do Arcadismo — aversão aos torneios verbais, busca da livre expressão, valorização das "verdades que cada homem pode encontrar dentro de si" —, Sérgio nos vai revelando em Basílio uma espécie de progressão simbiótica que o faz

---

[285] Ver Sérgio Buarque de Holanda, "Árcades & românticos", em *Tentativas de mitologia*, São Paulo, Perspectiva, 1979, pp. 233-4.

transcender os limites da convenção arcádica. Isso nos permite ver que, diferentemente das imposições do gênero, em Basílio da Gama o *típico* e o *ideal* nem sempre prevalecem sobre o *individual*, como o demonstram a natureza singela do tema, a contaminação lírica do épico, a recusa dos moldes camonianos.

É nessa direção que a intuição nativista de Basílio da Gama se afasta da mera afetação bucólica voltada para o que Sérgio chama de "padrões de beleza inteiriços e imperecíveis", que o cantor do *Uraguai* parece descartar, fugindo à universalidade das normas estéticas de uma inspiração "racionalmente idêntica" para todos os homens. E é através dela que o vigor local da Colônia motivará a expressão renovada daquele "gosto nascente de uma outra forma de poetar", que tanta impressão causara à refinada sensibilidade de Silva Alvarenga. Para compreendê-la em toda a sua extensão, será preciso acompanhar os movimentos com os quais o nosso crítico a distingue das outras tentativas que a antecederam na figuração épica do mito americano.

Vista na perspectiva do poema *À Ilha de Maré*, por exemplo, desvia-se do quadro paradisíaco com que Botelho de Oliveira amortecia o contraste entre a afetação retórica e a idealidade da natureza rústica, submetendo a espontaneidade da imaginação poética aos procedimentos dos "antigos numes" (Tasso, Ariosto, Camões), agora ajustados aos requintes e paradoxos seiscentistas que, como nos mostrou o crítico, se estenderam no Brasil até quase às portas do Romantismo. Posta em confronto com o empenho heroico dos *Eustáquidos*, de frei Itaparica, supera de longe aquele ritmo enfadonho de louvor convencional "que é menos um sentimento da natureza do que certa complacência didática e formal diante do pequeno universo do autor", ele próprio um cronista estudioso ao encalço de "imagens raras e encomiásticas". Do mesmo modo, alinhada àqueles elementos da terra que, no primeiro canto do poema *Assunção*, de frei Francisco de São Carlos, emolduram a ressurreição da Virgem, a sua nova maneira de poetar anuncia um enquadramento inteiramente oposto àquela "fulguração da *magia* tropical" que um Rocha Pita consagrara como "descrições brasileiras num reino português".

Frente a elas, a poética de Basílio muitas vezes destoa das proposições universais para aproximar-se da "revelação das verdades particulares" que caracterizam o que Sérgio chama de os autores "de lei comum". É justamente nesse aspecto que o crítico distingue a singularidade de seu talento: "Alguma coisa de diferente realizou o nosso Gama, quando compôs uma epopeia de acordo com os exemplos mais acatados, num século alheio ao molde épico",[286] ele observa, ao nos chamar a atenção para a inexpressividade do assunto do *Uraguai*, cuja fonte o poeta, de maneira surpreendente, vai buscar num prosaico panfleto do marquês de Pombal, em sua luta contra os padres da Companhia de Jesus.

O dado a assinalar — afora o fato de que, com o *Uraguai*, um episódio isolado no conjunto das lutas coloniais ascendia à "idealização heroica" — é que, mesmo fugindo ao modelo camoniano, Basílio não se limita à utilização passiva das outras fontes canônicas, que ele manipula e transforma, reconstruindo-as à sua maneira para amoldá-las à sua própria "fantasia criadora". É com essa liberdade criadora que, como árcade, ele dará uma expressão singular à representação épica da Colônia, abrindo para a geração que o sucedeu — um Silva Alvarenga, um Alvarenga Peixoto — uma nova afinidade com o meio americano, em grande parte devida à força de seu estro heroico, que, localizado nesse mesmo espaço, nos diz Sérgio, passou "a exigir um cenário digno de sua elevada elocução".

Este é o ponto a reter da análise do crítico: o de que a idealização da paisagem brasileira em Basílio da Gama seduziu os demais poetas da Arcádia Ultramarina justamente por vir de "um autor dominado pelos mesmos gostos e padrões estéticos" que o qualificaram como o único dos nossos árcades a ser admitido na Arcádia Romana. Porém, há mais: uma das maiores inovações de Basílio, além da ruptura com os esquemas tradicionais pelo abandono da rima e pelo uso dos versos brancos e soltos, é a que Sérgio identifica na "cadência ternamente melodiosa" que "adocica"

---

[286] *Idem, ibidem*, p. 236.

aqueles momentos mais ásperos da elocução heroica que o seu descortino crítico identifica, por exemplo, na descrição das campinas das Missões e no episódio tocante da morte de Lindoia, em que a diluição lírica da voz heroica como que transforma o épico Basílio no doce e lírico Termindo. É por meio dessa "invasão constante da épica pelo lirismo" que Sérgio reconhece no *Uraguai* a eclosão de um ritmo semântico tão vigoroso quanto o da *Jerusalém libertada* de Torquato Tasso, cuja sucessão de *enjambements*, sinalefas e *pianissimi* corresponde, em Basílio, a uma sonoridade particular que faz emergir na Colônia um sentimento de energia e brandura responsável por aquela expressão original de dignidade que, sem romper com a filosofia das Luzes e o preito às autoridades da Coroa (no *Uraguai*, a vitória final é dos portugueses), reservou para os vencidos um lugar tão honroso quanto a façanha dos colonizadores.

É através dele que a poesia de Basílio da Gama aviva as diferenças entre a Metrópole europeia e a Colônia americana, instaurando inclusive — é a hipótese de Sérgio — uma atitude em cujo íntimo não é mais possível disfarçar os sinais efetivos de "algum contraste insanável e já meio insidioso". E mesmo ressalvando que os árcades mineiros, ainda quando desdenhavam do cânone, jamais deixaram "de ser de epígonos", é preciso dizer que, no caso de Basílio, a literatura serviu de estímulo para que a literatura da nossa "inculta América" diminuísse o sentimento de inferioridade frente ao legado espiritual da Metrópole, em reverência ao qual a crítica de Oliveira Lima — contrariando o próprio Garrett — jamais deixou de assinalar a nossa dependência.[287] Não que, para

---

[287] Em seu *Bosquejo da história da poesia e língua portuguesa*, que serviu de prefácio ao anônimo *Parnaso lusitano*, publicado em Paris em 1826, diz Almeida Garrett — conforme Mário Camarinha da Silva — que "o *Uraguai* de José Basílio da Gama é o moderno poema que mais mérito tem na minha opinião. [...] Os brasileiros principalmente lhe devem a melhor coroa de sua poesia, que nele é verdadeiramente nacional e legítima americana" (p. XLVII). Ver Mário Camarinha da Silva, *Basílio da Gama: O Uraguai*, 3ª ed., Rio de Janeiro, Livraria Agir Editora, 1976, p. 120.

Sérgio, a poética de Basílio nos autorize a afirmar a existência de uma coerência íntima entre as diferentes fases do processo colonial, a ponto de justificar "uma consciência literária que se organize". Para ele, como sempre foi para Oliveira Lima, a literatura da Colônia nunca deixou de ser um "prolongamento da literatura portuguesa" e, como tal, não podia "ser caprichosamente separada do conjunto a que pertence". Isso sem esquecer que, para Sérgio, chamar de "impulso autonômico" as diferentes manifestações de nativismo que ocorrem no contexto da Colônia nos põe diante do grave risco de "deformar o passado".[288]

No entanto, o que o separa radicalmente de Oliveira Lima é que a sua crítica, ao invés de adotar a linearidade perquiridora da constatação erudita, prefere abrir-se à circularidade das relações em jogo, para indagar até onde as formas renascentistas, barrocas e neoclássicas puderam "ser representadas no Brasil ou afetadas pelas condições do nosso meio".[289] Isso explica que, para chegar à depuração estilística de Basílio da Gama, ele tenha antes passado pelo percurso fragmentado das associações literárias, recolhendo, por exemplo, os ecos dispersos com que os Esquecidos do Rio de Janeiro e os Renascidos da Bahia iam acalentando, um tanto perdidos no tempo, o sonho difuso de dotar o Brasil "da epopeia que lhe faltava".[290]

E ela viria vinte anos mais tarde, em 1781, quando o frei José de Santa Rita Durão publica os versos do *Caramuru*, um livro

---

[288] Ver "Panorama da literatura colonial", em *Capítulos de literatura colonial*, op. cit., p. 410.

[289] *Idem, ibidem*, p. 411.

[290] Registro notável dessa abertura para a circularidade do imprevisível é a referência feita por Sérgio a uma carta encontrada por João Lúcio de Azevedo entre os papéis da Academia dos Renascidos, na qual um dos sócios, o padre Domingos da Silva Teles, "pedia conselhos" que lhe pudessem sugerir a personagem central (Caramuru? Pedro Álvares Cabral?) para figurar na epopeia que estava escrevendo "em torno do nascimento do Brasil". Ver *Capítulos de literatura colonial*, op. cit., p. 421.

decisivo por nos permitir avaliar o quanto a leitura de Sérgio se distancia dos pontos de vista críticos de Oliveira Lima. E isso não apenas porque o poema de Durão segue em tudo a moldura dos *Lusíadas*, refazendo a seu modo o projeto da idealização da pátria distante, que, segundo Sérgio, ele "reconstrói" numa perspectiva autoral inteiramente "fiel à tradição portuguesa"; mas principalmente porque, identificado com o projeto colonizador que emerge do cerne dessa mesma tradição, o poema se entronca na incorporação lusitana do índio e da paisagem que já havia sido enunciada pela retórica descritiva de Rocha Pita, Botelho de Oliveira e frei Itaparica, em seu modo seiscentista de "olhar" o espaço rústico e desconhecido e nele apenas "enxergar" a figuração do legendário e do maravilhoso como formas civilizadas de redimir o homem primitivo que ali habitava e que, a seu ver, precisava ser integrado aos fundamentos da Igreja e aos preceitos da própria dignidade humana.

Já deixamos registrado lá atrás que, para Oliveira Lima, o indianismo de Basílio da Gama, "tão falso quanto o de Alencar", não faz do *Uraguai* um poema épico superior ao de Durão, e que, apesar de superior, o próprio *Caramuru* se constitui num poema desprovido de talento criador, não estando à altura dos desafios a que Durão se propôs, pela simples razão de que o poeta não explora como devia o imenso cabedal legendário que, da perspectiva do crítico, amarra o poema ao "filão das tradições" que o legitimam enquanto ressonância da vocação heroica dos antecessores do povo brasileiro. E um filão que, segundo Oliveira Lima, ilumina a expressividade da cena onde o protagonista e Catarina Álvares, apresentando na corte francesa os avanços da Colônia, celebram juntos a esperança de que aqui "renasça o Português Império", ante o qual a particularidade "pinturesca" do indígena brasileiro o incorpora ao universo da cultura que o revelou.

Entretanto, Sérgio nos mostra que, ao insistir na idealização do índio como um mero reflexo iluminista das virtudes superiores do homem natural, o espírito didático do *Caramuru* — ao contrário do que ocorre com o *Uraguai* — o afasta das "verdadeiras sínteses poéticas", seja pela monotonia da elocução imitada, pela renúncia à conquista da originalidade formal ou, ainda, pela "falta de vivência real dos fatos", em favor da opção estilística pela tradição retórico-descritiva dos poetas que o precederam. E se é verdade — nos lembra Sérgio — que os índios de Basílio "ainda são mais convencionais do que os tupinambás e caetés de Durão", é preciso dizer que no *Caramuru*, já domesticados pelos jesuítas, eles não se confundem com a imagem do bom selvagem ou do homem natural, da qual se distanciam até mesmo pela natureza de sua índole que, mais próxima do ímpeto guerreiro do selvagem americano (nos casos de Sepé e Caititu no *Uraguai*), parece afastada dos nomes dos índios presentes no poema, que em sua maioria "nada têm de americanos".

A principal razão que separa o *Caramuru* do *Uraguai* é que o primeiro é visto por Sérgio como uma exaltação da obra colonizadora dos portugueses na América, com a particularidade de encarnar em seus versos — à semelhança do que ocorrera com Cláudio Manuel da Costa — o temor de que a rusticidade da Colônia pudesse desfigurar-lhe o canto. Daí a alteração que Durão processa na imagem da Colônia, ao expandir a tópica do *locus amoenus* para o espaço total de sua paisagem, com a finalidade de ajustar o poema à visão maravilhosa com que os portugueses vinham retratando o cenário local desde os primórdios de sua descoberta.

Antonio Candido, de quem partiu essa observação, nos auxilia a compreender melhor as distinções formuladas por Sérgio ao alinhar entre os motivos centrais do poema de Santa Rita Durão a intenção de dar uma resposta ao *Uraguai*, "que apresentara a catequese dos jesuítas como acervo de iniquidades, dentro da linha pombalina a que obedecia". Durão, segundo Antonio Candido, e no horizonte oposto ao das análises de Sérgio, sugeria com isso "que a civilização se identificava ao catolicismo e era devida ao catequizador — em particular o jesuíta". Por isso enxerta a essa paisagem "imperfeita e rude" o olhar requintado da plena concepção quinhentista, o que o deixa muito longe daquele abrandamento das molduras rígidas com que, no *Uraguai*, Basílio da Gama — mesmo sem deixar de "louvar a obra civilizadora do branco" — renova a expressão rústica da natureza para nela integrar a heroicidade do indígena, que se impõe à simpatia do poeta muito mais que o guerreiro lusitano, a quem coube a palma no campo de batalha.[291]

"Sob a luz de um cetro d'oiro"

Ao afirmar que um dos maiores méritos do *Caramuru* foi "o permanente elogio da Colônia", Oliveira Lima — apoiado numa proposição de Brunetière inspirada em Darwin — situava nas leis da evolução as causas da adaptação da nobreza do épico ao ardor do gênero lírico que floresceu em seguida.[292] Explicava-se assim, segundo o autor do *D. João VI no Brasil*, que um determinado gênero pudesse reaparecer através de elementos transformados e aproveitados de outros, fato a seu ver decisivo para que, na época da "depressão do orgulho nacional" português — quando Lisboa esteve sob o domínio espanhol —, a epopeia, "abafada em Portugal", desabrochasse numa capitania do além-mar habitada por uma população "oriunda dos ousados bandeirantes" e enriquecida por "uma herança acumulada de independência e arrojo".

Não fosse a ênfase na fonte do espírito formador da Metrópole, o crítico pernambucano poderia alinhar-se aqui aos critérios renovadores das análises de Sérgio Buarque de Holanda, já que não apenas reconhece a circularidade do enfoque analítico, como também nos lembra que Alvarenga Peixoto e Silva Alvarenga, apesar de essencialmente líricos, estão entre os primeiros a aderir "ao gosto pela elevação e à predileção pelos épicos da Renascença", como antecipou o autor de *Raízes do Brasil*.

Ocorre que, na leitura de Oliveira Lima, a associação entre o vigor do bandeirante ousado e a admiração pelo espírito grandio-

---

[291] Antonio Candido, "Estrutura literária e função histórica", em *Literatura e sociedade: estudos de teoria e história literária*, 7ª ed., São Paulo, Companhia Editora Nacional, 1985, p. 176.

[292] Ver Oliveira Lima, *Aspectos da literatura colonial brasileira*, *op. cit.*, p. 236.

so dos épicos prolonga-se nas ressonâncias que fecundam o coração da Colônia com a expressividade dos "heróis pelejadores", os mesmos que, afastados das façanhas ultra-homéricas "de descobertas e conquistas", não deixam de gerar agora "o fermento da fusão psicológica das raças" no Portugal do Novo Mundo, responsável pela diferenciação gradativa "primeiro com os índios e depois com os negros".[293] É desse lastro que provém, segundo ele, o lirismo renovado em que o "desvendar da alma" e os entusiasmos das "alusões amorosas" se substituem pelo "puro elogio objetivo", fazendo iluminar-se, num Alvarenga Peixoto, por exemplo, a velha efígie do El-Dorado esculpida pelos épicos, mas transfigurada agora pelo sonho de um Império brasileiro fundado por D. Maria I "com o cetro de oiro maciço" que os súditos ultramarinos lhe ofereciam: "Vinde a ser coroada/ Sobre a América toda, que protesta/ Jurar em vossas mãos a lei sagrada".[294] O próprio Tomás Antônio Gonzaga, contagiado por ele, dirá a Marília que o seu Dirceu não pode tanto: "Abaixa, minha Musa, o tom, qu'ergueste/ Eu já, eu já te sigo/ Mas, ah! vou a dizer *Herói*, e *Guerra*/ E só *Marília* digo".

No entanto, frente à "ebulição da mestiçagem", esse novo "indivíduo literário que surgia no país virgem" está longe de integrar-se àquela "expressão rústica da natureza" posta por Sérgio na base do primitivismo heroico da Colônia para mostrar que, a partir de Basílio da Gama, a energia épica do indígena podia figurar no mesmo plano da celebração dos guerreiros lusitanos em suas façanhas pelos meandros da terra conquistada. Para Oliveira Lima, ao contrário, o lado heroico desse novo "indivíduo literário", sendo uma transmutação natural do épico sob a égide do "velho pendor ancestral para o lirismo", mesmo trazendo consigo a consciência de "ser filho de uma nação a que só faltava para ser grande a independência política",[295] carece "de uma ligação na-

---

[293] *Idem, ibidem*, pp. 237-8.

[294] *Idem, ibidem*, p. 239.

[295] *Idem, ibidem*, pp. 239-40.

cional precisa para de um só arranco ficar descolado do domínio português".[296]

Assim se explica, por exemplo, que, mesmo reconhecendo no particularismo da Escola Mineira a construção interna de "um início de integração" que anunciava a geral transformação do gosto dominante, Oliveira Lima descarta inteiramente a autenticidade do "sentimento da natureza" criada pelos árcades, por considerá-lo falso e só alcançado pelos românticos, e ainda assim sob a tutela da escola europeia — Chateaubriand, Rousseau e Bernardin de Saint-Pierre à frente. Paradoxalmente, entretanto, não deixa de enfatizar o grande avanço dos nossos árcades ao substituírem "a natureza fria e convencionalmente recortada" pelo enfoque da "natureza real, férvida e de fecundação constante", tantas vezes presente nas análises de Sérgio Buarque de Holanda.

Isso, porém, não evita que Oliveira Lima refute a originalidade do traço primitivo identificado por Sérgio nos versos de um Cláudio Manuel da Costa, por exemplo. Como também não basta para aproximá-lo do modo positivo com que Cláudio, nas análises de Sérgio, aviva o enquadramento daqueles ermos tristes e desolados para convertê-los, mediante um "efeito de contraste", num *locus amoenus* cujo lirismo ambíguo ele incorpora à tópica do gênero. De outra parte, para Oliveira Lima, nem a linguagem de Cláudio nem os experimentos dos árcades — por mais que nos revelem uma elasticidade maior na elocução, que a seu ver se torna "mais fácil e animada", mais "suave e espontânea" — estão longe de representar uma intervenção de fundo na transformação do idioma, que para o crítico pernambucano só será "perturbado" pela geração romântica, e mesmo assim sem o menor indício que pudesse levar à "modificação nacional da língua".[297]

Para Oliveira Lima, Cláudio Manuel da Costa não passou de "um árcade transplantado", como transplantada foi a Escola Mineira como um todo, porquanto, segundo ele, um dos maiores

---

[296] *Idem, ibidem*, p. 240.
[297] *Idem, ibidem*, pp. 247-8.

méritos da Colônia Ultramarina foi haver restabelecido — inspirada na tradição que a iluminava da Europa — "o esquecido contato, a perdida harmonia entre o estro e a sensibilidade".[298] Mas notemos que, mesmo sem ter constatado que os árcades houvessem de alguma forma "transformado a língua", Sérgio não deixou de ir mais longe ao nos mostrar como, assimilando os traços de mutabilidade da lírica seiscentista, os poemas de Alceste enxertaram à mitologia das "fábulas de metamorfose" um *estro* e uma *sensibilidade* claramente incompatíveis com a rigidez artificialmente concebida pelas convenções do gênero, ante as quais não hesitou em exprimir apenas os sentimentos e os afetos de fato vividos.

Outra coisa é que, mesmo ao sublinhar os avanços poéticos de Cláudio Manuel da Costa (as transposições do Barroco, a refinada evolução conceitual, a sensibilidade melancólica assemelhada ao pessimismo dos românticos), Oliveira Lima não os integra ao contexto literário da Colônia, senão que os desloca para o sistema da Metrópole, uma vez que Cláudio, para ele, não significou mais que "um precursor do Romantismo português",[299] do qual, argumenta, o nosso foi apenas um reflexo secundário. E nisto aprofunda a distância que o separa de Sérgio, a ponto de assinalar — em direção oposta à das impressões deste último — que ao estilo de Cláudio, ainda que "primoroso", faltam o pinturesco e o vigor em cujo vazio parece conter-se "a impressão de certa timidez de imaginação", de um "enérgico desalento" que degenera na monotonia, o que dá ao corte de seus versos uma figuração adversa à das análises de Sérgio. O mesmo Sérgio que, como vimos, ao tratar da "rusticidade dramática e melancólica" das éclogas e sonetos de Alceste, não deixou de notar a sutileza com a qual a excessiva sentimentalidade desse "enérgico desalento" jamais correspondeu, na poética de Cláudio, à "frivolidade" convencional do cânone.

Lembremos ainda, a propósito da natureza rústica transfundida pelo lirismo, que o próprio Cláudio, em pleno declinar da

---

[298] *Idem, ibidem*, p. 249-50.
[299] *Idem, ibidem*, p. 251.

idade madura, não deixou, segundo Sérgio, de acusar os estímulos positivos da força épica do *Uraguai*, arriscando ele mesmo, com o poema heroico *Vila Rica*, a sublime tarefa de "honrar o próprio berço", na abertura em que, orgulhoso, declara que "[...] embora/ Cante do Lusitano a voz sonora/ Os claros feitos do seu grande Gama/ Dos meus Paulistas honrarei a fama".

Nada disso interessava a Oliveira Lima, nem mesmo a circunstância (favorável aos seus pontos de vista) de que, naquele momento, o estro heroico de Basílio da Gama, depois de publicado o *Uraguai*, deixava de vibrar pela Colônia[300] para recolher-se ao silêncio oportuno aconselhado pelo alto posto que assumira como oficial da Secretaria dos Negócios do Reino, com o qual — nas palavras de Sérgio — ele coroa e encerra "a sua missão de poeta americano".

Daí a preocupação de Sérgio — como intérprete atento às mutações decorrentes da circularidade do tempo — não apenas em assinalar esse recuo aulicista de Basílio nos domínios da Corte, como também em integrá-lo ao processo com o qual o poeta celebra, em *Quitúbia*, a lealdade à Coroa portuguesa por parte de um capitão africano que, desejoso de "ver mais seguramente implantado o poderio europeu em suas terras, combate vitoriosamente os próprios companheiros de cor e de raça".[301] Ou para dizer na cadência do poema o quanto o negro Quitúbia deveria agradecer ao próprio destino pelo privilégio de poder beijar a mão da soberana: "Tu viste com teus olhos a Rainha/ [...]/ E cheio de respeito mais profundo/ Beijaste a mão, que faz feliz o Mundo/ [...]/ Não podes desejar honras maiores/ Firmou a mão real os teus louvores/ [...]".

---

[300] Diz Sérgio Buarque de Holanda que esse afastamento, "simplesmente fortuito ou provocado por algum ressentimento pessoal, cujas razões permanecem ignoradas, até hoje, dos seus biógrafos", pode ter dado causa ao ressentimento que verte de seu soneto de "despedida à terra natal", ali caracterizada como "bárbara, iníqua terra, ingrata e injusta". Ver "A arcádia heroica", em *Capítulos de literatura colonial*, op. cit., pp. 153-4.

[301] *Idem, ibidem*, pp. 150-1.

Não será por acaso, nos termos de Sérgio, que o próprio Basílio acabe, como Quitúbia, "ostentando no peito aquela *vermelha cruz* que também soubera conquistar através dos serviços prestados à Coroa", troféu considerado pelo crítico como o último triunfo que o poeta viria a alcançar em vida. A questão, no entanto, é que, embora a vocação épica de Basílio da Gama o separe dos poetas inconfidentes, todos eles tangidos pela corda lírica, para Sérgio é no aulicismo que está a chave que os aproxima com a força de "uma imposição quase inexpugnável", a ponto de levar o próprio Cláudio a copiar-lhe as "novas galas" com que matizara feito um autêntico milagre a paisagem remota que cingia os nossos "tristes e grosseiros povos".[302]

É assim que, em *Vila Rica* — poema em que ensaia, já às portas da velhice, ajustar a moldura heroica do relato épico à fundação de sua cidade natal —, Cláudio não apenas retoma, segundo Sérgio, "o Basílio da Gama de *Quitúbia* e o São Carlos de *Assunção*", como também exclui "os aspectos mais sórdidos da realidade circundante" para, inspirado na celebrada tópica dos vates latinos, reconstruir a seu modo a mítica local das nossas virtudes. É moldada nesse contexto que Aurora se converte numa réplica assemelhada de Lindoia; que a força e o destemor de Argasso no ataque a Garcia Rodrigues Paiva nos remetem, mesmo que de longe, à ilimitada coragem de Cacambo; e que a cena da flecha fatal que dilacera o peito de Aurora como que recompõe a dramaticidade da morte de Lindoia, no *Uraguai*, permitindo afirmar, de acordo com Sérgio, "que Cláudio a concebera como um dos pontos culminantes do poema", de modo especial se nos lembrarmos do "voluntário sacrifício" de Argasso, que termina na morte trágica de sua amada.

E é também nessa mesma direção que o poema *Vila Rica* se alinha à dicção aulicista do último Basílio, que, ao escrever o *Quitúbia*, retoma o cânone inflexível da épica luso-brasileira, de que lograra afastar-se com a composição do *Uraguai*. Na verdade, com exceção da preferência às rimas emparelhadas, nos diz Sérgio que

[302] *Idem, ibidem*, pp. 152-3.

o que prevalece em ambos os poemas é "a capacidade de se colocar à altura" dos modelos cultivados por autores como Marino, Lucano, Virgílio, Guarini e Camões, ante os quais preponderou sempre, por dever de ofício, a índole da imitação puramente formal, muitas vezes a quase transcrição dos temas e personagens, episódios e processos difusos no contexto da obra.

O que será preciso distinguir é que, se na interpretação de Oliveira Lima esse eixo da tradição reafirma o passado e harmoniza artificialmente o presente, nas análises de Sérgio Buarque de Holanda a perspectiva das correlações simultâneas desarmoniza o presente para recompor criticamente o passado. Isso quer dizer que quando se detém nos avanços e retrocessos da elaboração poética de um autor como Basílio da Gama, o modo como Sérgio revela o alcance inovador dos desvios e das recusas contém a seu modo uma espécie de mapa das dissonâncias que, mesmo insuficientes ante a simetria imitativa do conjunto, dão particularidade expressiva às afirmações renovadoras, posto que isoladas, do nosso Arcadismo.

Para compreendê-lo, basta observar como Oliveira Lima ajusta dogmaticamente o "neoclassicismo europeu" de Cláudio ao culto da "forma correta", que a seu ver fazia dele um "parnasiano *avant la lettre*", o que representa muito, se nos lembrarmos que, para o crítico de Pernambuco, tudo o que um escritor da Colônia podia almejar — mesmo os de grande talento, como foi o caso de Cláudio, de Basílio ou de Tomás Antônio Gonzaga — era o aprendizado e a ascensão para os modelos da arte e da poesia culta da Europa através dos mestres consagrados da Metrópole.

Notemos que para o autor do *D. João VI no Brasil*, na "magra literatura" da Colônia, para além da imitação desordenada, tudo se resumia no apego crescente "aos autores do torrão natal, entrecortados de passageiras alusões a acontecimentos dignos de registro".[303] A voga, que vinha desde as descrições da flora nos "versos graciosos" de frei Itaparica, passando pelo registro das "entonações e trilos das aves nacionais" em Nuno Marques Perei-

---

[303] Ver *Aspectos da literatura colonial brasileira*, *op. cit.*, p. 93.

ra, assim como pela saga da fundação das capitanias em frei Vicente do Salvador, chega a Cláudio com um traço de refinamento que, sem ser original, tem para Oliveira Lima uma espécie de culto obsequioso da forma, o que não apenas contrasta com as atividades normais da capitania, como também revela uma propensão para a imitação isolada do processo poético que, reconhecido na Europa, quase não tem expressão no âmbito primitivo da Colônia.

Do mesmo modo que o isolamento de Gregório de Matos no século anterior, o isolamento de Cláudio tem, para Oliveira Lima, um desrecalque pessoal que se funde ao próprio processo da exacerbação da linguagem. Se, antes dele, o poeta baiano, na sede do Governo-Geral, se ajustava com harmonia "à separação das classes, à desfaçatez dos costumes, à dissolução moral do clero", de onde vinha a seiva que lhe nutria a figura de "bacharel libertino" e de "poeta mordente",[304] o árcade de Minas teve de ajustar-se com harmonia à separação irremediável entre o *locus* poético da Arcádia Lusitana e a paisagem desolada do ermo agreste e tosco da terra onde nascera, à qual só se integrava por meio da figuração do lirismo vivido na placidez da Metrópole, longe da qual o seu único consolo era a avena da convivência perdida com os poetas civilizados.

Com a diferença — nos diz Oliveira Lima — de que a submissão de ambos às imposições ao estilo culto partia de espíritos inteiramente avessos no contexto da Colônia. Tendo nascido rico e desfrutado de muitas facilidades materiais, Gregório "tudo sacrificou ao desregramento dos seus hábitos e à incontinência de sua língua", o que o deixa longe, em razão do "espírito azedo, mesquinho e desqualificado", das fontes mais expressivas do gênero poético de onde partiam os movimentos de seu verbo, muito aquém, na avaliação do crítico, da força que vibrava, por exemplo, nas verrinas de um Juvenal ou mesmo nos epigramas de um Marcial, autores que, a seu juízo, censuravam o mando sem renunciar à dignidade da forma ou ao preceituário do próprio gênero. Isso

---

[304] *Idem, ibidem*, pp. 102-3.

explica, segundo Oliveira Lima, que, em Gregório de Matos, o homem devasso precede ao poeta de talento, fazendo com que, nele, a rusticidade da Colônia se reflita na "vileza dos temas escolhidos", para assim converter a experiência poética numa opção consciente pela "porcaria da linguagem", que Gregório cultiva como paixão irrecusável, verdadeira "necessidade de espírito".[305]

Mas o ponto que interessa ressaltar é que, ao mesmo tempo que isso permite ao crítico excluir o Boca do Inferno dentre os supostos ascendentes do nosso nativismo, alegando que ele "injuriava o mestiço em versos tão malcriados quanto desopilantes", também lhe serve de pretexto para defender os portugueses dos ataques ferinos que lhes dirigia o vate baiano, esquecido — nos diz Oliveira Lima — do quanto o esforço dos colonizadores favoreceu os destinos da Colônia.

Por outro lado, ao vermos o crítico pernambucano recusar a Gregório de Matos a tão decantada presteza com que soube contrapor ao espírito da Metrópole "os elementos desiguais da ainda informe população brasileira", não podemos deixar de nos lembrar da determinação com que, no caso de Cláudio Manuel da Costa, essa mesma presteza é assimilada à prodigalidade do ouro que, graças a esses mesmos "esforços dos colonizadores" em favor da Colônia, acabaria transformando a cidade de Mariana, então sede do bispado, "num foco de instrução e polidez", à volta de cujo seminário expandiu-se uma casta de proprietários abastados que passaram a mandar os filhos cursarem aulas e polir o espírito na Universidade de Coimbra.[306]

Se isso, frente à transformação dos costumes e ao "despotismo mais ignaro" da realeza, permitiu que a geração dos poetas arcádicos se sobrepusesse à "aristocracia sem conhecimento" e à sorte da população "escravizada pelo temor e pela fome", a verdade é que, mesmo superando — como reconhece Oliveira Lima

---

[305] *Idem, ibidem*, p. 104.

[306] Ver o capítulo "Colônia e reino" em *Aspectos da literatura colonial brasileira, op. cit.*, especialmente pp. 136-40.

— a própria literatura da Metrópole, através de "uma feição espontânea, sem artifícios, de visível particularismo", que deixava entrever em seus versos "a alma de uma nova nacionalidade",[307] mesmo assim ele não concede que o legado do nosso Arcadismo transcenda à mera condição de expressão cultural derivada e, por isso, insuficiente para sustentar a sua própria autonomia.

E isso não apenas quando considera que o "brasileirismo" (como no caso de Caldas Barbosa) não ia além de uma voga a circular por Lisboa na época dos árcades portugueses, à semelhança do que ocorreu "com o *parisismo* na corte de Frederico, o Grande"; ou ainda quando, louvado em Teófilo Braga, reduz "o grande merecimento" dos poetas mineiros a terem redescoberto nas formas populares o espírito português adormecido "nas canções entoadas outrora", antes mesmo da formação da nova nacionalidade ibérica.[308] No caso de Cláudio, cuja maior contribuição teria sido, para Oliveira Lima, a de antecipar as bases líricas do Romantismo português, convém lembrar que seu retorno ao Brasil — nos diz o crítico — lhe rouba o prazer "de contemplar o cenário sempre doce" da placidez da Arcádia, transformando-o num poeta de "uma tristeza amarga, de um quase pessimismo sombrio que o liga à corrente literária de 1830".[309]

Assim, para Oliveira Lima, do mesmo modo que em Gregório de Matos a rusticidade da Colônia se estampa na vileza dos temas escolhidos, contaminando-lhe a vocação superior da poesia, em Cláudio Manuel da Costa a consternação do ermo rude e solitário desfigura, na alma do poeta, a aura iluminada do verbo civilizado, que definha, estiolando a imaginação criadora, privada agora "daquele passado sempre doce" vivido na Metrópole, para tingir-se da trágica melancolia que o transforma num ser "desiludido de todos os sentimentos afetivos", a tal ponto — nos diz o

---

[307] *Idem, ibidem*, p. 172.

[308] *Idem, ibidem*, pp. 174-80.

[309] *Idem, ibidem*, p. 252.

crítico — que mesmo a rebeldia do poeta contra "o jugo do amor ingrato", quando se manifesta, já não é mais que um "enérgico desalento".[310]

Aqui, a diferença é que se em Oliveira Lima o exílio na Colônia parece equivaler a uma forma de realçar o contraste com o aprendizado de Alceste na tradição culta da Metrópole — que fez dele, sem contestação, o nosso árcade "mais perfeito nos poemas de forma fixa" —,[311] em Sérgio o dado novo é que essa adesão ao cânone se completa com a análise da submissão de Cláudio às autoridades da Coroa, fazendo com que o poeta — mesmo quando movido pelas sugestões épicas de inspiração localista, como no poema *Vila Rica* — jamais se mostrasse favorável "às ideias que o levariam mais tarde à prisão e ao suicídio". Como adepto do jusnaturalismo, nos diz Sérgio que Cláudio se alinha às convicções de Tomás Antônio Gonzaga — tão caras ao ideário de Oliveira Lima — ao não admitir que o rei pudesse de algum modo submeter-se à vontade de seus súditos.[312]

Submissão, aliás, que o próprio Gonzaga formalizou em seu *Tratado de direito natural*, espécie de carta de princípios em defesa dos ideais "absolutistas e regalistas". É a partir dessa "consciência natural" que a crítica de Sérgio esvaziará a convicção com que Oliveira Lima sustenta ser a "percepção da natureza" o fator que garante a Gonzaga um grau mais depurado na objetividade poética com que transcende ao subjetivismo resignado de Cláudio. É verdade que, a exemplo de Oliveira Lima, Sérgio reconhece que Gonzaga não desdenhou, como Cláudio, da paisagem tosca da colônia distante; do mesmo modo que soube valorizar, como fez o crítico pernambucano, a habilidade do cantor de Marília em integrar à dicção arcádica a expressão bucólica da linguagem local ("bateia", "capoeira", "cascalho"). Mas o ponto é que, ao con-

---

[310] *Idem, ibidem*, pp. 251-4.

[311] *Idem, ibidem*, pp. 254-5.

[312] Ver "A arcádia heroica", em *Capítulos de literatura colonial, op. cit.*, p. 172.

trário de Oliveira Lima, Sérgio antecipa à figuração do detalhe a notação estilística de que Cláudio, tanto quanto o próprio Gonzaga, não foge ao preceito canônico de que o móvel do Arcadismo é "fazer esquecer", por uma questão de preceito, a realidade "feia e desagradável", "transmudando-a num cenário de lenda". Assim se explica, na contramão de Oliveira Lima, que o nosso Glauceste, numa écloga como "Albano", por exemplo, nos revele o quanto a humildade da aldeia consegue "vingar-se da sobranceria da Corte", sem romper com a tópica do gênero nem com a rigidez das convenções que prevaleciam no espírito da Metrópole.

Pode dizer-se, emenda Sérgio, que ali está, "em sua gênese, toda aquela revolta localista do mazombo contra o reinol, revolta que seria de graves consequências na vida de Cláudio e que já no poema *Vila Rica* se irá manifestar através do discurso de Albuquerque: 'Não é valente, não, o que se inflama/ No criminoso ardor de a cada instante/ Dar provas de soberbo, e de arrogante/ Os europeus são fáceis nesse arrojo'". E, no entanto, ressalta o nosso crítico, não há qualquer contradição entre esta preferência do poeta aos modelos da "natureza ideal e literariamente canônica", saudosa da paisagem europeia, e o amor intenso que ele devota à terra onde nasceu.[313]

Essa é a razão para que Cláudio — como o Gonzaga das invectivas de Critilo contra Fanfarrão Minésio, nas *Cartas chilenas* — não se revolte "contra as instituições que podem abrigar a injustiça", e sim "contra a injustiça que deturpa as instituições", no que acaba se revelando o oposto de um revolucionário, dado que é precisamente contra o "afrouxamento da tradição" que ele, como Gonzaga, dirige a ironia de seu sarcasmo.[314] Daí o alcance meramente tautológico das distinções com que a crítica de Oliveira Lima insiste na extração lusitana da nossa imaginação arcádica,

---

[313] Ver "Cláudio Manuel da Costa", em *Capítulos de literatura colonial, op. cit.*, pp. 368-9.

[314] Ver Sérgio Buarque de Holanda, *Tentativas de mitologia*, São Paulo, Perspectiva, 1979, p. 226.

convertendo em meros desvios de figuração acessória os traços isolados de sua identidade local.

Constatando essa evidência na densidade da estrutura dos gêneros, Sérgio não apenas diversifica o horizonte de suas fontes e influências, como também nos mostra que, mesmo dentro do imobilismo das convenções canônicas, chispam centelhas vivas de aspiração localista que dão aos versos de Cláudio e Gonzaga — quando não de Alvarenga Peixoto e de Silva Alvarenga — uma identidade com a terra que transcende aos clichês das fragilidades retóricas com que Oliveira Lima as submete ao espírito mais amplo de seus vínculos com a cultura e a literatura da Europa. É o que se observa quando o vemos enfatizando em Gonzaga, por exemplo, o paralelismo entre a força do lirismo amoroso, que se amplia ao contato com Marília, e o ineditismo do tema de "minerar a terra", que se para Cláudio não podia ser admitido como um motivo poético, nos versos de Dirceu acaba nos revelando uma expressão mais brasileira do que nos outros árcades.[315]

É verdade que Oliveira Lima não deixou de assinalar essa virtude das liras de Dirceu quando viu nelas, com acerto, um "delicado realismo" que, somado à alusão renovadora da natureza brasileira, faz de Gonzaga "o mais deleitoso poeta da plêiade".[316] No entanto, com a diferença de que, ao não reconhecer nos versos de Cláudio a força de uma "emoção literária plenamente comunicativa", o crítico deixa de lado grande parte dos méritos do poeta para integrar o rústico à trajetória original de uma poesia que, sem ser uma opção deliberada pelo nativismo, não se curvou exclusivamente ao pastiche do cânone, chegando mesmo a enriquecê-la de procedimentos poéticos depois integrados à própria tópica do movimento — como o revelam os estudos de Sérgio.

---

[315] Ver *Capítulos de literatura colonial, op. cit.*, p. 427.

[316] Gonzaga é capaz de nos fornecer "interessantes esboços dos nossos trabalhos mineiros e agrícolas" ("Tu não verás, Marília, cem cativos/ Tirarem o cascalho e a rica terra"), escreve Oliveira Lima em *Aspectos da literatura colonial brasileira, op. cit.*, pp. 259-60.

E não esqueçamos que, mesmo em relação a Gonzaga, esse ímpeto de inspiração localista não é considerado uma criação do poeta, senão que resulta, nos termos de Oliveira Lima, de "um predicado essencialmente latino", responsável pela imensa popularidade de seus enleios com Marília, a ponto de converter-se — nos diz o crítico — no livro de cabeceira do "grande lírico João de Deus".[317] É por esse viés que, diferentemente de Sérgio, ele atribuirá a Alvarenga Peixoto a missão de incutir, na evolução do Arcadismo de Minas, "a elevação e o grandioso, herdados da decadência europeia", sem apontar-lhe sequer o excessivo jugo da vocação aulicista, em geral esfumado, no conjunto da análise, pela celebração da "bela forma, cheia e sonora", com que o poeta vai enaltecendo o marquês de Pombal, deplorando a morte de monarcas e vice-reis e louvando os administradores da Colônia.[318]

Outra coisa é que, ao contrário da "melancolia" de Cláudio e do "sentimentalismo" de Gonzaga, para Oliveira Lima o amor em Alvarenga Peixoto é sempre "um desfastio loquaz" que jamais desce à condição de um sentimento capaz de "conduzir à vergonha e ao desespero". Daí, segundo ele, que os mais cálidos entusiasmos do poeta se concentrem na família, no trabalho e no sentimento pátrio, numa direção inteiramente oposta à perspectiva de Sérgio Buarque de Holanda, que prefere vê-lo enredado entre a louvação aos poderosos e o espetáculo exuberante da natureza americana, no qual parece haver encontrado muito mais coisas do que um simples "motivo para expansões líricas". Assim, do mesmo modo que em Oliveira Lima o traço do lirismo ameno amortece essa vocação recôndita pressentida por Sérgio na consciência do poeta inconfidente, toda a força de sua poesia, para ser eficaz, precisa juntar-se ao indianismo de Santa Rita Durão, para — segundo Oliveira Lima — aproximar o nativismo de Alvarenga ao núcleo civilizado da cultura ibero-americana.

---

[317] *Idem, ibidem.*
[318] *Idem, ibidem*, p. 279.

Duas faces do nacionalismo

Não é difícil perceber, no que se discutiu até aqui, o quanto o passadismo de Oliveira Lima entronca nos argumentos dogmáticos da velha crítica inspirada na tradição culta da Metrópole, que reproduzia no Brasil antigos princípios reelaborados na Europa naquele momento de transição para o Romantismo. Trata-se de uma autêntica projeção de caminhos que prolongam até o decênio de 1930, pelo menos, os ecos difusos do bairrismo etnocêntrico da crítica portuguesa, que teimava em enfileirar os nossos árcades não apenas sob os critérios da hegemonia do idioma, como também sob a ordenação dos movimentos literários e dos próprios critérios de nacionalidade. Não é de estranhar, por exemplo, que, dois anos após a morte de Oliveira Lima, um historiador como Artur Mota ainda se veja compelido a justificar a inserção do imaginário poético de Cláudio Manuel da Costa entre as fontes "oriundas de plagas lusitanas", apenas ressalvando como nossos os versos do *Ribeirão do Carmo* e de *Vila Rica*. A observação, que pode parecer banal, se reveste de grande importância se lembrarmos que a expressão "cunho nacionalista", utilizada por Mota, era um critério de distinção integrado à pauta crítica consagrada na Metrópole, algo que se torna claro quando ele afirma que o Cláudio que temos diante de nós, antes de ser o poeta de Vila Rica, é o Cláudio que Teófilo Braga inclui entre os membros da Arcádia Lusitana dos Ocultos.[319]

Notemos a propósito que, em seu *Bosquejo da história da poesia e língua portuguesa*, publicado no *Parnaso lusitano* em 1826, Almeida Garrett, quando louva em Basílio da Gama "o mais nacional dos seus compatriotas brasileiros",[320] diz isso sem deixar de considerá-lo um escritor português, legitimamente incorporado ao patrimônio intelectual do sistema literário que irradiava de Lisboa. E nem será preciso repassar aqui o fato — tão caro a

---

[319] Artur Mota, *História da literatura brasileira*, São Paulo, Companhia Editora Nacional, 1930, p. 284.

[320] Ver Raymond Sayers, *Onze estudos de literatura brasileira*, Rio de Janeiro/Brasília, Civilização Brasileira/INL, 1983, p. 207.

Sílvio Romero — de que, e não apenas na Colônia, "até hoje, todos os poetas [brasileiros] ou quase todos, sem excluir os indianistas, são europeizantes", pela simples e clara razão de que "não é possível evitar e dissimular a civilização, que é uma só por onde se difunda".

Assim se contrapõem as duas faces da representação do nacionalismo na discussão crítica do tempo: do ângulo da Metrópole, um único núcleo de irradiação cultural civilizada, frente ao qual o Brasil, polo distante de integração gradativa e complexo domínio, é expressão acessória que só se afirma a partir dos reflexos que lhe aproveitam da inclusão periférica no conjunto. Cláudio e Gonzaga, Durão e Basílio, os românticos todos, mesmo os mais insubordinados ao espírito que fulgura no centro, são medidos e avaliados como expressões integradas de uma tradição que os encobre e legitima acima e a pretexto de qualquer veleidade autônoma, seja de ordem estética, ideológica ou política. Ou para falar com João Ribeiro: "Os mineiros imitavam os europeus, eram árcades, e o que era menos nascera na Europa".[321] Nesse contexto, ao mesmo tempo que "a imitação não pode ser tomada como índice de antinacionalismo", qualquer afirmação de autonomia, vista do ângulo da Colônia, desintegra-se na dinâmica da tradição hegemônica da cultura dominante.

E não se trata de limitar os horizontes deste estudo à discussão simplista de fazer contrastar o alcance estético ou cultural das posições críticas de Oliveira Lima e Sérgio Buarque de Holanda exclusivamente a partir do grau maior ou menor de sua consciência libertária frente à nação independente. O que importa realçar — e a esta altura de nosso trabalho já é possível distinguir melhor — é que, para Oliveira Lima, falar da nossa independência literária e cultural, por mais entusiasmados que se mostrem o tom e o apego à singularidade do nosso engenho, não é mais que concebê-la como uma afirmação intelectual à altura de integrar com igual-

---

[321] Ver "Clássicos e românticos brasileiros", em *Crítica* (organização, prefácio e notas de Múcio Leão), Rio de Janeiro, Edição da Academia Brasileira de Letras, 1952, p. 95.

dade o núcleo do sistema cultural que a engendrou, coisa que a crítica de Sérgio não reconhece como identificação vinculante, ao propor a firmação cultural fora do universo espiritual português.

Vistos dessa perspectiva, nada impede que ambos possam convergir em alguns dos temas acerca da expressão nativa ou renovadora não apenas em relação aos árcades, mas mesmo, por vezes, em relação aos poetas e narradores do Romantismo e até do Realismo e Naturalismo. O que os separa são os limites hermenêuticos atribuídos ao alcance da nossa originalidade, ou mais propriamente o espaço legitimador em que deve repercutir a representação intelectual do nosso engenho. Para Oliveira Lima, a literatura brasileira será tanto mais independente quanto mais contribuir para enriquecer as linguagens, os temas e os gêneros que herdou de um sistema de que depende a expressão mais profunda de sua inserção no universo cultural civilizado. Em Sérgio, a busca da nossa expressão como povo pressupõe um acerto de contas com o peso desfigurador imposto por esse sistema. Se para aquele a cultura significa inserção, para este é ruptura; onde aquele enxerga identidade de origem e integração de afinidades comuns, este privilegia a exclusão, a descontinuidade na dimensão conflituosa dos interesses em jogo. Daí a força com que, na terminologia crítica de Sérgio, os "traços de mutabilidade" muitas vezes transcendem o esquematismo da lírica setecentista, seja nas análises da obra de Cláudio, seja nas de Gonzaga, Basílio da Gama ou Silva Alvarenga, onde as assim chamadas "fábulas de metamorfose" acabam enriquecidas na profusão de cantos e imagens que abrandam a rigidez arcádica do cânone, enxertando-o de certas expansões pouco compatíveis com a frivolidade do lirismo pastoril.

Coisa muito diversa se passa com as análises de Oliveira Lima, mesmo nos juízos críticos de maior afirmação localista, em que defende — sobretudo em Alvarenga Peixoto e Santa Rita Durão — a figuração simbólica da tosca rusticidade que, em Cláudio, afastava a paisagem desolada da Colônia da moldura alpestre do *locus amoenus*. No entanto, ainda aqui é possível perceber que o crítico pernambucano fala com "a vibração de um coração português", confirmando o que dele disse o então diretor da Faculdade de Letras de Lisboa, doutor Queirós Veloso, na manhã de 9 de junho de 1923, no discurso com que o recebeu para a inauguração da série de conferências que instalavam oficialmente, naquela faculdade, o curso de Estudos Brasileiros.[322] Vê-lo exaltar em tom quase nacionalista o "cenário fulgurante" daquelas terras ignotas é o mesmo que remergulhar no artificialismo nativista com que o cônego Fernandes Pinheiro, por exemplo, na esteira do velho *Esboço* de Almeida Garrett, apontava em Gonzaga o "mau emprego de seu talento descritivo", ao ignorar as riquezas da natureza americana, para atulhar-se de "reminiscências de além-mar ou de fantasias mitológicas".[323]

É que o percurso crítico de Oliveira Lima corria em direção inversa ao caminho lírico de Cláudio ou de Gonzaga: o que ao nosso Glauceste se afigurava como funesta descaída para o abandono agreste dos trópicos, para o autor do *D. João VI no Brasil* era a elevação irrecusável do engenho pátrio ao veio letrado de suas raízes civilizadas; do mesmo modo que o que foi para Gonzaga uma expressão de ternura para com a singeleza da terra, o amor da amada e os afazeres domésticos da Colônia, para Oliveira Lima era — como já vimos — a confirmação do vínculo poético do lirismo ancestral que se renovava no "sangue moço de violentas exigências sensuais" da nova terra. Com isso, ao mesmo tempo que recupera para o cânone lusitano a figuração desviante dos temas poéticos de Gonzaga — tão bem observada por Sérgio Buarque de Holanda —, Oliveira Lima reafirma, em relação aos árcades, a sua convicção de que, como neoclássicos, jamais po-

---

[322] "O senhor doutor Manuel de Oliveira Lima" — declarou então Veloso —, "se é brasileiro pelo nascimento, é português pelo sangue e pelo espírito. Pelo sangue, porque descende de um homem-bom, do Porto; pelo espírito, porque foi aluno desta casa, o antigo Curso Superior de Letras, onde teve por mestres alguns dos mais preclaros escritores e sábios, que Portugal ultimamente produziu." Ver Oliveira Lima, *Aspectos da história e da cultura do Brasil*, Lisboa, Livraria Clássica Editora de A. M. Teixeira & Cia., 1923, pp. 9-10.

[323] Ver Fernandes Pinheiro, *Curso de literatura nacional*, 3ª ed., Rio de Janeiro/Brasília, Cátedra/INL, 1978, p. 305.

deriam desdenhar da "imaginação culta e educada", sem a qual — nos diz ele, inspirado em Fidelino de Figueiredo — o lavor do poeta pode facilmente "conduzir a desmandos, rematando em desvario".[324]

É esse, aliás, o empenho que o aproxima do cônego Fernandes Pinheiro, no passo em que este nos dá a perceber o quanto eram estreitos e restauradores os princípios da Arcádia, voltada, em Portugal, para a retomada dos vínculos com a tradição, da língua pátria e do passado.[325] "Um grande triunfo ganharam os árcades sobre grande número de insípidos versejadores do seu tempo" — anota Fernandes Pinheiro em seu *Curso de literatura nacional* —, "e este foi terem deixado provado com o peso das razões, e ainda mais com a eficácia dos exemplos, que a poesia vulgar era independente do jugo da rima, ou do *sonoro zum-zum das consoantes*, a que todos estavam servilmente ligados."

Como se vê, pouca coisa havia mudado desde que Almeida Garrett exaltara a modernidade genuinamente nacional do *Uraguai*, sem nunca haver considerado Basílio da Gama um autor brasileiro. Exatamente como Oliveira Lima — quando procura mostrar aos brasileiros que a avena dos pastores de Cláudio transportava a paisagem agreste de Minas para a moldura clássica da Arcádia Lusitana —, Almeida Garrett, como vimos, enaltece a vocação brasileira do poema de Basílio da Gama.[326]

---

[324] A afirmação está no artigo "Um crítico histórico e literário português", publicado no jornal O *Estado de S. Paulo* nos dias 5 e 8 de setembro de 1917.

[325] "Finalmente o estudo dos nossos antigos poetas e da linguagem pátria era uma lição todos os dias inculcada na Arcádia e que Dinis repetiu por um modo muito engenhoso e engraçado naquele ditirambo em que, brindando separadamente a cada um dos insignes poetas portugueses, excetua a Montemaior por ter escrito a sua *Diana* no idioma castelhano." Ver *Curso de literatura nacional*, *op. cit.*, p. 270.

[326] Ver Almeida Garrett, *Bosquejo da história da poesia e língua portuguesa*, recolhido no *Parnaso lusitano*, publicado em Paris em 1826, *apud* Raymond Sayers, *Onze estudos de literatura brasileira*, *op. cit.*, p. 207.

É assim que as análises de Oliveira Lima a um só tempo se amoldam e desviam da tradição crítica brasileira, valendo-se sempre dos juízos que lhe são convenientes, e desconsiderando aqueles que o desautorizam, mesmo quando ambos só se harmonizem numa perspectiva inteiramente oposta à dos seus pontos de vista. Um bom modo de compreendê-lo nessa passagem é atentando para o fato de que, ao mesmo tempo que acompanha Sílvio Romero na tese de que só aos críticos é que compete cogitar do nacionalismo, Oliveira Lima jamais admitiu que o caráter nacional pudesse ser uma criação espontânea, indo mesmo ao extremo de recusar, ao contrário daquele, que nós tivéssemos um caráter nacional. E se é verdade que Sílvio Romero não sabia precisamente como defini-lo, nunca deixou de acreditar na capacidade do escritor brasileiro em fazer com que o nacionalismo passasse "de anelo vago para fato subjetivo", pois a seu ver o poeta podia "mostrar-se brasileiro tanto no manejo de um assunto geral, universal, quanto no trato de assuntos nacionais".[327]

Tais pormenores ganham relevância porque, mesmo sem cair nos exageros de Sílvio Romero — quando este nos diz, por exemplo, que os poetas brasileiros não tinham como imitar os portugueses, visto o caráter "mesquinho e nulo" da literatura portuguesa da época —,[328] Oliveira Lima muitas vezes se vale do crítico para fundamentar as suas próprias posições. Poderíamos argumentar com o fato de que é em Romero que ele encontra os elementos para sustentar a superioridade do *Caramuru* sobre o *Uraguai* (por cantar "o Portugal renascido no Brasil"), mas o faz obliterando a segunda parte do juízo de Sílvio, quando este registra no poema de Durão a presença ostensiva "do povo do Brasil convulso", que Oliveira Lima prefere diluir na apreciação daquele "resumo da vida histórica do Brasil nos três séculos em que fomos Colônia".[329]

---

[327] Ver "Escola Mineira: poesia épica", em Sílvio Romero, *Literatura, história e crítica*, Rio de Janeiro/Aracaju, Imago/Universidade Federal de Sergipe, 2002, p. 257.

[328] *Idem, ibidem*, p. 262.

[329] *Idem, ibidem*, p. 271.

Ou ainda com o fato de que, ao mesmo tempo que bebe em Romero a convicção de que nem Magalhães nem Gonçalves Dias poderiam ter herdado dos árcades a conversão do indígena em herói nacional — por ser "um atentado contra a história", dado que, para Sílvio, o índio, entre nós, jamais foi o vencedor[330] —, Oliveira Lima desconsidera as conclusões do crítico sergipano, entre elas a que define o "indianismo" e o "lusismo" como autênticos "absurdos".

Com isso, desfaz em água rala alguns dos aspectos que, para o autor da *História da literatura brasileira*, estavam no horizonte oposto ao de suas convicções, como é o caso da conhecida tese romeriana — fatal para o purismo lusitanista de Oliveira Lima — de que "o velho e extenuado elemento lusitano", ao misturar-se no "cadinho novo" da terra descoberta, gerou uma nova poesia, desligada da fonte original, fazendo com que houvesse "um quer que seja nosso no *Uraguai*, no *Caramuru*, nas *Cartas chilenas*", bem ao contrário do que propunha Oliveira Lima. Isso sem contar que, para Sílvio Romero, mesmo repudiando "a ignorância e a aspereza de seu país e de seu tempo", Cláudio jamais deixou de amar a pátria onde nasceu, sobrepondo-se mesmo a toda a pompa europeia dos românticos da revista *Nitheroy*, tão apreciada pelo crítico pernambucano. "Antes a franqueza do velho patriota", escreve Sílvio Romero, "do que a nostalgia pedantesca de um Magalhães, por exemplo, que, vivendo fartamente na Europa, finge-se um peregrino desterrado no meio das expansões aristocráticas de seu tédio provado à pátria."[331]

Assinale-se que tais divergências nos interessam não apenas na medida de suas discrepâncias, mas sobretudo porque nos ajudam a compreender melhor algumas chaves hermenêuticas que Sérgio Buarque de Holanda, refletindo na obra de Sílvio Romero, trouxe para a percepção do contraste entre a moldura primitiva da imaginação localista e o código da tradição erudita que perma-

---

[330] *Idem, ibidem*, p. 274.
[331] *Idem, ibidem*, p. 302.

necia no centro das interpretações de Oliveira Lima, como é o caso da ampliação lírica dos registros de subjetividade na obra de Cláudio Manuel da Costa, da leitura anticanônica dos versos épicos de Basílio da Gama e, em particular, da escuta inovadora dos ritmos da terra entranhados no bucolismo amoroso dos pastores de Gonzaga.

É que Sérgio, ao contrário de Oliveira Lima — que via na obra de Sílvio Romero pouco mais que o entusiasmo de um reformador indisciplinado da cultura brasileira —, soube enxergar no legado do crítico sergipano a decisão prática de "não se deixar escravizar em definitivo à doutrinação abstrata e opressiva da própria personalidade", o que faz com que, mesmo diante das estreitas relações de sua obra com a época em que foi escrita, seus estímulos permaneçam vivos. E justamente por considerar a importância que as ideias de Sílvio podem representar para os dias de hoje é que a crítica de Sérgio nos permite uma outra maneira de contemplar as contradições da produção literária daquele tempo. De saída, porque nos revela o quanto o viés crítico de Oliveira Lima, no que bebeu das fontes de Sílvio Romero, se manteve estacionado num patamar metodológico superado havia muito pelo autor das *Canções do fim do século*. Sérgio foi dos primeiros a mostrar a grande capacidade de adaptação de Romero, que, mesmo sem haver se convencido da autonomia estético-formal do ato literário, soube amoldar-se à expressão pessoal das criações do espírito, numa direção inteiramente oposta à de seus mestres europeus — Taine, Spencer e Buckle à frente, como já o notara Antonio Candido em seu clássico ensaio de 1945 sobre o método crítico de Sílvio Romero.

Assim, ao sustentar que os produtos da inteligência e da imaginação cultivados no Brasil, mais que circunstâncias da terra e realidade da língua transformada pelo magma espiritual da gente afastada da civilização, eram apenas partes integrantes de um todo e pouco significavam quando separados dele, Oliveira Lima não faz mais do que repetir o Sílvio Romero da primeira fase — a fase dogmática da "literologia" ou da "estoliteratura" —, num momento em que, nos termos do próprio Sérgio Buarque de Holanda, já acolhia "os primeiros passos do nosso Simbolismo, vendo em Cruz e Sousa, por exemplo, o vento culminante da lírica brasileira após quatrocentos anos de existência".[332]

É com esse espírito que devemos compreender a ênfase dada por Sérgio às palavras proferidas por Cláudio Manuel da Costa no dia 4 de setembro de 1768 na Colônia Ultramarina, por ocasião do encerramento das declamações em homenagem a D. José Luís, quando se comemoravam, num só evento, a fundação do próprio grêmio e o aniversário do novo governante. Através delas, Cláudio não apenas declarava encerrado "o feio e desgrenhado inverno que fazia o horror destes campos", propiciando que as musas então entrassem a "tomar posse" da natureza rústica da pátria, como também — entre acadêmicos e sócios memoráveis — dava por terminado o ciclo em que ele, como poeta, se considerava um peregrino em sua própria terra, frente ao novo paraíso que se abria na paisagem de Minas, tornando-a "não menos poética do que as margens do Tejo e do Mondego".[333] Ou seja, da perspectiva crítica de Sérgio, as relações dos nossos árcades com a "ordem clássica", ainda que não expressassem qualquer empenho propriamente livre, não deixavam de integrar ao sistema de que dependiam os sinais exteriores que de alguma maneira fecundavam, nos motivos e nas formas, a imaginação criadora local. Desse modo, ao contrário de ser apenas a confirmação estética da literatura da terra pelos códigos da tradição que a legitimava — como propunha Oliveira Lima, ao rechaçar o radicalismo dos assomos autônomos de Sílvio Romero, por exemplo —, as análises de Sérgio harmonizam os contextos, ajustando as expansões de originalidade que afloravam a linguagem e os sentimentos locais à regularidade do arcadismo europeu, que assim se enriquecia de ritmos e de imagens até então irrevelados.

Na verdade, dá-se aqui uma coisa interessante: é absorvendo a mutabilidade do pensamento de Sílvio Romero frente à rigidez

---

[332] Ver "Sílvio Romero", *Diário Carioca*, 15 abr. 1951.

[333] Ver "Cláudio Manuel da Costa", em *Capítulos de literatura colonial*, *op. cit.*, pp. 236-7.

científico-doutrinária de seu tempo que Sérgio o lê na direção inversa à do retoricismo da velha crítica, tão arraigada, como vimos, no pensamento de Oliveira Lima. E uma das razões para isso é que Sílvio se inclui entre as vozes mais próximas daquele momento em que, segundo Sérgio, "o historiador encontra o crítico", justamente por levar em conta — ao contrário de Oliveira Lima — que "as expressões de cultura são essencialmente mutáveis e não se convertem sem violência em normas adequadas para todos e para sempre".[334] Isso quer dizer que, mesmo reconhecendo em Romero a obsessão injustificada de recusar o fundamento estético da criação literária, e mesmo discordando de certos exageros arbitrários de suas posições, Sérgio soube distinguir na verticalidade dos critérios de Sílvio algumas aberturas capazes de sugerir perspectivas novas para o conhecimento do nosso passado cultural — distanciando-se, assim, do horizontalismo dogmático com que a crítica de Oliveira Lima, ao erigir a tradição em "programa deliberado" num verdadeiro projeto de restauração cultural, arriscava-se a persistir discernindo "num passado morto as normas fixas que haviam de dirigir, obrigatória e eternamente, todos os nossos pensamentos, palavras e obras".[335]

É nessa direção que a crítica de Sérgio, mesmo sem compartilhar daquele "espírito brasileiro" que Sílvio Romero celebrou tão enfaticamente no "Canto genetlíaco" de Alvarenga Peixoto, não deixará de explorar, por exemplo, o achado romeriano do "desfastio pedantesco" que certas composições de Alvarenga e do próprio Gonzaga acabariam enxertando à lira agreste da Colônia, numa atitude inteiramente oposta à de outros poetas que, no dizer de Romero, se haviam estragado "no atrito da vida sensual e mesquinha da capital do Império, [como] restos esquecidos de um romantismo caduco".[336]

---

[334] Ver Sérgio Buarque de Holanda, "Crítica e história", *Diário Carioca*, 10 dez. 1950.

[335] *Idem, ibidem.*

[336] Ver Sílvio Romero, *Literatura, história e crítica*, op. cit., pp. 311-5.

E Sérgio não deixará de valorizar também o filão propriamente literário das análises de Sílvio Romero, por mais oculto que ele se encontre sob a densa crosta de suas invectivas teórico-doutrinárias. Aqui, o crítico que interessa a Sérgio é o Sílvio Romero que desvenda em Silva Alvarenga a sensibilidade para "ouvir o mundo" ("a poesia vem-lhe pelo ouvido"), transfundindo-o pela palavra, pela forma, pela música e pelo ritmo das coisas, de tal modo que de seu universo imaginário emerge o pulsar da natureza virgem, em seus "gemidos, marulhos de folhas e brisas, sons da lira, canto das aves", em tudo oposto às figurações da lírica de Gonzaga, o poeta do "olhar" ("a poesia vem-lhe pela vista"), que surge para Sílvio como "o poeta das imagens exteriores, das formas opulentas, dos quadros deslumbrantes [onde] as flores, os mares, as nuvens, as estrelas e as auroras" nutrem, soberbas, "as cores que reverberam em Marília".[337]

É no rastro dessas distinções que Sérgio estabelecerá diferenças entre as inovações ligadas à terra e as inovações ligadas ao homem, concebendo uma espécie de gradação seja na sensibilidade de Cláudio em face da paisagem artificial, seja na de Gonzaga diante da natureza bruta, seja na do próprio Silva Alvarenga em relação às formas. Tudo isso, no entanto, sem deixar de manter a devida distância das generalizações de Sílvio Romero, como no caso da análise sobre o tema do indianismo em Basílio da Gama, na qual, ao mesmo tempo que refuta a tese sustentada por Romero de que Basílio havia sido "um verdadeiro inovador" da poesia de seu tempo, a ponto de se antecipar ao próprio Romantismo, não deixa de atribuir ao nosso Termindo Sipílio o fato de que "conseguiu ser, no Brasil, o ponto de partida e o arauto das novas tendências dotadas de uma enérgica e duradoura fertilidade".[338]

Assim, foi revendo Sílvio Romero que Sérgio conseguiu mostrar o contraponto entre falsificação e verdade histórica, notação quase indiscernível no exagero categórico dos juízos críticos de

---

[337] Idem, *ibidem*, p. 323.

[338] Ver Sérgio Buarque de Holanda, "Basílio da Gama e o indianismo", *op. cit.*

Sílvio. O dado expressivo, entretanto, é que com isso ele pôde compreender — ao contrário de Oliveira Lima — a singularidade do desterro como entrave à imaginação criadora e à própria realização literária de um grupo de poetas — como Silva Alvarenga, Gonzaga e Alvarenga Peixoto — que Romero foi o primeiro a considerar em situação historicamente adversa: "Vivendo numa época de transição, longe dos centros do pensamento, entre populações mais ou menos grosseiras, amordaçados pelo despotismo colonial, e privados de ler livros *perigosos*, sem um público adequado, sem as fecundas lutas de ideias, [ainda assim] conceberam a independência política e literária do país!".[339]

Ao reconhecer o teor relativo dessa verdade, absolutizada pelos descomedimentos de Sílvio Romero, Sérgio como que recupera o peso específico da verdade histórica para contrapô-lo à falsificação ideológica, seja dos argumentos da crítica científica da época, seja dos da crítica retórica, distanciando-se vertiginosamente do projeto crítico de Oliveira Lima. No caso deste último, a chave parece estar mais em Varnhagen, quando, a pretexto de defender a autonomia das nossas letras, não deixa de considerá-las um mero prolongamento das literaturas da Europa, em relação às quais representam apenas um motivo americano recheado de originalidade.[340]

Mais sugestiva para o nosso crítico, no entanto, é a nota com que Varnhagen adverte as gerações futuras — numa proposição que nem o próprio Almeida Garrett imaginou formular — acerca dos perigos de uma "revolução de princípios" que levasse o Brasil a uma "completa insubordinação a todos os preceitos dos clássicos gregos e romanos", em particular "os clássicos da antiga pátria-mãe", como se pode ler na introdução do seu notável *Florilégio da poesia brasileira*, de 1850. Pois, ao contrário de Sílvio Romero,

---

[339] Sílvio Romero, *Literatura, história e crítica*, op. cit., p. 3.

[340] Sigo no tópico as indicações de Vânia Pinheiro Chaves no ensaio O *Uraguai e a fundação da literatura brasileira*, Campinas, Editora da Unicamp, 1997.

Oliveira Lima repete Varnhagen não apenas por partilhar desse receio, como também por acompanhá-lo no desdém para com o indianismo do *Uraguai*, rechaçando no poema épico de Basílio da Gama, a exemplo daquele, a presença de qualquer pretensão autonomista. E se é verdade — como nos mostra Vânia Pinheiro Chaves — que tanto Machado de Assis como o próprio José Veríssimo acompanham Varnhagen quando se negam a ver no *Uraguai* "o estatuto de marco inicial da literatura brasileira" ou "o embrião de uma revolta independentista",[341] o fato é que o fazem com espírito diverso: Machado por não desejar precipitar um juízo sobre aquele momento em que, a seu ver, a nossa literatura estava ainda num processo de formação em relação ao qual nem os motivos indianistas nem os recursos da cor local poderiam entrar como elementos "imprescindíveis à brasilidade" das obras; e Veríssimo por entender que, se há um sentimento nacional no poema de Basílio, este é justamente o de sua lealdade a Portugal, por ele atribuída à "vivência portuguesa do poeta".[342]

Mas não é apenas desse ângulo que a crítica de Oliveira Lima converge para as posições de Vernhagen. Foi através dele que o crítico aprendeu a fazer dos estudos literários um modo de contribuir "para a fixação das épocas históricas", repetindo, por exemplo, com sua peça *Alexandre de Gusmão*, o intento dramático de Varnhagen, que compôs uma cena teatral sobre Amador Bueno, a

---

[341] Ver *O Uraguai e a fundação da literatura brasileira*, op. cit., pp. 175 e 182-3.

[342] Ressalte-se, no entanto — como observa Vânia Pinheiro Chaves —, que Veríssimo não deixa de registrar, no poema, a presença de "manifestações inconscientes de sentimento nacional que ultrapassariam as intenções do autor e não teriam sido percebidas senão muito mais tarde" (p. 183), valendo a pena acrescentar, de modo particular, os estudos de Antonio Candido e de Sérgio Buarque de Holanda, que desenvolveram ampla abordagem dos elementos responsáveis pela "feição original do *Uraguai*", desdobrando, inclusive, as razões pelas quais — na contramão de Veríssimo — o poema de Basílio da Gama não deve, a rigor, ser tomado como um produto propriamente romântico.

fim de elucidar, segundo Oliveira Lima, "um ponto controverso da história pátria".[343]

Não é o caso de retomar aqui as afinidades já discutidas neste trabalho, mas apenas de afirmar outras formas de convergência intelectual entre Oliveira Lima e Varnhagen, como o apreço de ambos pelos critérios da raça e do meio, figurando entre eles o pressuposto de Teófilo Braga — o outro mestre de Oliveira Lima — de que o conceito de nacionalidade se articula com o de "raça original formadora", legitimando a incorporação dos escritores nascidos no Brasil ao grande conjunto da literatura portuguesa. Isso para não falar das afinidades de Oliveira Lima em relação à formação intelectual portuguesa de Varnhagen, nos tempos em que "conviveu com Almeida Garrett, José Estevão e frei Francisco de São Luís" e quando "mais se devotou aos estudos literários".

Decisivo em Oliveira Lima foi também o sentimento — inspirado em Varnhagen — com o qual o crítico sempre se recusou a ver no indígena o herói primitivo das letras nacionais, compartilhando com o autor do *Florilégio da poesia brasileira* a concepção de uma história nacional que, ao invés de começar pela história dos índios, começasse pela história de Portugal, dado que o índio não lhes merecia a menor simpatia. E se é fato que Oliveira Lima não chegou — como Varnhagen — a propor a substituição da escravidão negra pela escravidão indígena, a verdade é que, como vimos, não deixou de afirmar, mais de uma vez, o seu pouco apreço pelas "chamadas raças inferiores".

Já tivemos oportunidade de examinar como os aproximava a preocupação do estilo. Referindo-se ao Varnhagen escritor, Oliveira Lima teve ocasião de revelar essa convergência ao nos dizer que, sem ser propriamente um estilista, sempre se destacou pela correção e fluência, que lhe advieram, como a dele próprio, da demorada "familiaridade com os clássicos desde a juventude, além

---

[343] Ver Oliveira Lima, "Francisco Adolfo Varnhagen: visconde de Porto Seguro", *Revista do Instituto Histórico e Geográfico de São Paulo*, nº 13, 1908, estudo a que remetemos as demais citações deste tópico.

do contato com documentos portugueses vazados em *estilo castiço*", o que, segundo Oliveira Lima, sempre garantiu a Varnhagen "uma boa vernaculidade", mesmo quando a forma parecia mais frouxa. Isso basta para que o considere "mais que o cronista erudito" que ele próprio sempre quis ser, ao insistir, mesmo nas polêmicas mais encarniçadas, na indispensável "elevação da linguagem" que Varnhagen, segundo ele, sempre soube exibir. Mais do que tudo, entretanto, o que os assemelha é a presença da "alma nacional" a presidir, tanto num quanto noutro, a concepção da história e da cultura, e, nesta, a labilidade da imaginação e do estilo para recompor o seu legado, que envolve, para ambos, a força da tradição "com todo o seu peso sobre o presente, engrinaldando-o com a messe de suas virtudes ou manchando-o com a recordação dos seus crimes". Não custa lembrar o quanto os recursos do estilo, interessando a Varnhagen, ressoaram em Oliveira Lima na concretização dessa tarefa, tanto mais se nos recordarmos de que, para o crítico, Varnhagen, "fazendo obra de moralista" à altura mesmo da "veneração pública", será lembrado muito mais como homem de letras do que como diplomata.

Diante da modernidade

Se é com esse conjunto de argumentos que o cosmopolitismo crítico de Oliveira Lima se apresenta no interior do academismo cada vez mais desgastado pelos movimentos que se sucediam no contexto da cultura que mudava, é preciso lembrar que o caráter supostamente renovador de suas análises — mesmo nos raros momentos em que parece ajustar-se aos temas e autores mais propensos à ruptura — só concebe a mudança como transposição acessória no interior do sistema principal que a fundamenta e justifica. Isso o leva, muitas vezes, a descaracterizar as grandes influências da época, apenas para rebaixar, com isso, o modo com que foram lidas pelos autores nacionais de quem discordava ou mesmo se ressentia, quase sempre por questões pessoais, que nunca se recompunham.

Aqui, o que chama a atenção é a contradição cada vez mais viva entre o prestígio de que desfrutava junto às elites — que o festejavam como a grande "afirmação da nossa sensibilidade" nos cenários da Europa — e a contenção algo restritiva de sua crítica em relação ao país que se renovava, frente ao qual nos deparamos, em seus escritos, com uma espécie de omissão deliberada, quase sempre a limitar o alcance inventivo da nossa originalidade literária, recusando-se a pesquisá-la para além do âmbito da última diluição parnasiana nas vertentes do decadentismo simbolista.

Isso faz de sua crítica como que um ponto de fuga para os paralelismos culturais mais vertiginosos e inesperados. Assim, o crítico que agora retorna para mergulhar no cotidiano de nossas letras em nada se distancia do intelectual que traçou as relações estreitas das nossas "afinidades morais" com a literatura e a cultura da Inglaterra. É aí que devem ser reconhecidas — conforme discurso lido no Colquhoun Club de Londres — as motivações mais profundas dos vínculos que, segundo Oliveira Lima, aproximam a história intelectual das duas nações e de seus homens de letras. Afinal, nos diz ele, não bastasse o fato de o Brasil haver consagrado a obra de Robert Southey, um dos poetas mais laureados da Grã-Bretanha, além de autor de uma história da nossa cultura que "ainda hoje é a melhor que possuímos pelo que toca o sentimento dramático e a formosa linguagem", nunca será demais lembrar o brilho com que o "projeto extravagante" de um poeta como Byron inoculou a mocidade romântica do Brasil, para não mencionar o ensaio do jovem Rui Barbosa ("o maior homem do Brasil") sobre Swift e a "verdadeira força" da notação realista pela compaixão, que segundo Oliveira Lima nos veio através de Dickens, como que a completar a admiração de Machado de Assis por Sterne, a quem o autor do *Quincas Borba* ficou devendo, nos termos do nosso crítico, as marcas mais elevadas de seu estilo. Nada, entretanto, que calasse tanto no imaginário da pátria quanto a presença de Canning, a quem Oliveira Lima considera "o padrinho da nossa nacionalidade" por haver sido o homem que favoreceu o nosso reconhecimento como nação independente, figurando como uma espécie de senha para que "em parte alguma como no Brasil do Império, eminentemente respeitável pelo seu soberano e pelos seus estadistas, foi o vosso sistema parlamentar seguido tão de perto e com tamanha felicidade".[344]

Outro aspecto relevante é o da ênfase exigida pelo crítico a dois critérios quase inviáveis àquela altura das transformações literárias do século: o da "elegância e correção da linguagem" e o da "verossimilhança" do relato. E ia a ponto de não admitir deslizes de composição, zelando rigorosamente pelo que considerava a "correção da língua da sua nacionalidade", registrando com isso a sua aversão "aos propagandistas nacionais". Aqui, ao mesmo tempo que deplora que se esteja "desaprendendo o português" no Brasil, Oliveira Lima não deixa de se referir às causas dessa derrocada, que localiza sobretudo "na falta de boas escolas e na abundância de cinematógrafos", cujas péssimas traduções, infiltrando-se no espírito do povo através das legendas estropiadas do português mal escrito, perverte a cultura para recobri-la com "a tolice humana" de tudo traduzir, incluindo nesse rol a própria figura do "extraordinário e popularíssimo Charles Chaplin", célebre na Inglaterra e nos Estados Unidos, e aqui convertido num Carlitos qualquer.[345]

É verdade que sempre desdenhou da "imparcialidade" com que a imprensa, nas seções críticas dos jornais e dos periódicos, costumava determinar o valor das obras literárias, muitas vezes invertendo-lhes a qualidade, como no caso dos romances *Canaã*, de Graça Aranha, e *Triste fim de Policarpo Quaresma*, de Lima Barreto, em que a condição de "genial" atribuída ao primeiro, a seu ver, nem de longe se podia comparar à do segundo, que apesar de lhe ser "cem vezes superior", nos diz ele, jamais deixou o esquecimento a que foi relegado.

A justeza da observação, entretanto, está longe de corresponder à precisão dos critérios em geral utilizados em seu método de análise. Lembremos que um dos requisitos adotados por Oli-

---

[344] Neste tópico, as citações em questão fazem parte do discurso que Oliveira Lima proferiu no Colquhoun Club de Londres a 15 de julho de 1914.

[345] Ver "Livros novos", *Diário de Pernambuco*, 10 out. 1916.

veira Lima para avaliar a representatividade de uma obra — além da conformidade aos pressupostos estético-formais da convenção e da tradição dos gêneros — é o de sua permanência na "memória intelectual" dos "leitores representativos", em torno dos quais se condensa a elite crítico-acadêmica, primeira depositária, segundo ele, da memória coletiva no percurso de sua integração ao "consenso comum".[346] Daí que defenda a originalidade na concepção e no significado das personagens, mas não as destaque da dimensão histórica dos contextos de origem, o que equivale a dizer que para Oliveira Lima todo escritor é livre para conceber qualquer tipo de ação desde que não a desvincule da lógica interna da cultura que o envolve e o determina. Assim se explica que, para ele, Policarpo Quaresma seja um "herói positivo", e não apenas porque revive entre nós a tradição do Quixote, mas também porque, vivendo no contexto da República recém-proclamada no Brasil, simboliza, contra o regime de 1889, um vistoso açoite aos olhos monarquistas do nosso crítico, ao morrer sob a truculência de Floriano com o mesmo idealismo que refaz, entre nós, a trajetória de D. Quixote no espelho da convenção do gênero.

Por outro lado, não é raro que vá contra as próprias convicções quando se trata de discordar de um desafeto. Foi assim que desacreditou do espírito germânico, bem como do peso social da influência de Ibsen no argumento de *Canaã*, apenas por desmerecer a obra de Graça Aranha. Do mesmo modo, foi igualmente capaz de aplaudir a extração popular e o inconformismo suburbano do mulato Lima Barreto, que sempre escarneceu das elites acadêmicas

---

[346] Já vimos que, perguntando-se sobre qual dos tipos criados por Graça Aranha, comparados aos de Lima Barreto, perduraria na memória dos intelectuais, Oliveira Lima conclui que Policarpo Quaresma "viverá na tradição, como um D. Quixote nacional", porque ele é, como o velho espanhol, um otimista incurável que acredita na justiça como remédio para corrigir os males e sofrimentos humanos. Diz ainda que ambos são visionários, e acrescenta: "Assim tratou o Marechal de Ferro ao amigo Quaresma, e trataria D. Quixote, se houvesse lido Cervantes". Isso explica, a seu ver, que o *Triste fim de Policarpo Quaresma* seja um grande livro "por consenso comum", e o *Canaã*, não.

— das quais, aliás, o crítico era um festejado representante —, pela simples razão de um de seus personagens confrontar a face trágica do regime que derrubou a monarquia, jogando por terra o ideário tradicionalista tão caro ao pensamento de Oliveira Lima.

Não que, com isso, o crítico reconheça em Lima Barreto qualquer sinal de ruptura formal ou ideológica com os "literatos da Garnier", pois se é verdade que foi dos primeiros a ver no autor do *Policarpo Quaresma* recursos técnicos e expressivos que transcendiam o marasmo daquele momento, jamais hesitou em interpretá-lo com o olhar retroativo dos conservadores, ao buscar nas chaves do velho estilo — mais precisamente em Manuel Antônio de Almeida e Aluísio Azevedo — a verve e a astúcia inventiva do escritor carioca. Por esse ângulo, Oliveira Lima como que se vale de Lima Barreto para vingar-se da República que tanto o maltratou nos anos finais de sua vida. Bastaria retomar a sua leitura de *Numa e a ninfa* para nos dar conta de como, nela, as notações da análise, pouco valendo para a elucidação da obra, servem apenas para algumas observações dispersas — como a de que o romance carece de um enredo ("*a plot*"), ou que a "veia cáustica" do escritor compensa as deficiências da escrita, que reduz a "um álbum de caricaturas" —, insuficientes para elucidar um olhar anticonvencional como o de Lima Barreto, naquele instante de ebulição pré-modernista. Daí o vazio dos juízos entusiasmados ("ninguém hoje no Brasil cultiva o gênero romance com tanto talento e tanta felicidade") que se valem da obra não apenas para interpretá-la sob critérios formais inadequados, mas, sobretudo, para incorporá-la às convicções antirrepublicanas do crítico.

Tome-se como exemplo o artigo "Uma senhora", estampado no jornal *O Estado de S. Paulo* de 15 de agosto de 1917, em que Oliveira Lima revela o mesmo entusiasmo para fazer o elogio de D. Maria Soares Brandão, viúva de um renomado senador do Império. Nele, com a intenção de festejar "a *grande dame* do regime monárquico", o crítico se esmera em descrever as virtudes da aristocracia, para repudiar com veemência "os fatores que lhe serviram de obstáculo", inviabilizando o esplendor do patriciado dirigente no Brasil. O que marca, entanto, é que entre aqueles fatores ele não hesita em alinhar — ao lado da moderna "tendência para a democracia, que chegou a avassalar o trono" — a "falta de tradições próprias" que, apesar da atmosfera favorável do Império, "não tiveram tempo de condensar-se" entre nós. Mas não é só: para o horror de Lima Barreto, por quem tanto se entusiasmara, Oliveira Lima não vacila em incluir também a mestiçagem, que, "junto à falta de preconceito de cor" — para ele "uma lástima" —, "determinava o nivelamento de classes". Tudo isso, lamenta o crítico, "concorria para hostilizar e abafar qualquer aristocracia". É a partir daqui que as convicções de Oliveira Lima se desvelam, transformando o artigo numa digressão sentimental sobre o mundo perdido das caleças e pratarias dos antigos solares do Recife, em tudo oposto à paisagem social e humana de Lima Barreto.

E é com o mesmo sobressalto que o vemos, dias depois, num artigo intitulado "O sr. Pujol na Academia" (*O Estado de S. Paulo*, 24 de agosto 1917), apegar-se aos critérios poéticos derivados dos "grandes artífices" — Camões à frente, mas também Almeida Garrett, que tanto influenciara "a lira de Gonçalves Dias e de Castro Alves", com aquela "exuberância verbal, pompa e colorido", que tanta antipatia mereceram da irreverência antiliterária de Lima Barreto, adversário incansável do "helenismo", agora lembrado pelo nosso crítico, através de Alfredo Pujol, como uma das grandes virtudes da poesia de Machado de Assis.

Afora o incontido apego ao tradicionalismo, o ponto mais avançado do ideário crítico de Oliveira Lima parece mesmo ter se esgotado no âmbito estético-ideológico da *belle époque*. Foi esta, na verdade — como notou mais recentemente o biógrafo e ex--curador de sua biblioteca na Universidade Católica da América, Manuel da Silveira Cardoso —, que serviu de "grande palco para a sua obra".[347] Inspirado nela, nos seus homens e temas, em suas representações políticas mais excitantes e no alvoroço das inovações que sacudiam a Europa e alimentavam os nossos desejos ur-

---

[347] Manuel da Silveira Cardoso, "Oliveira Lima, diplomata da *belle époque*", *Revista Ciência & Trópico*, Recife, vol. 9, nº 1, jan./jun. 1981, pp. 35-50.

gentes de civilidade, Oliveira Lima — nos termos de Cardoso — "trouxe a Europa em peso ao Brasil, num renovado interesse pelos trópicos". É nesse momento — que o biógrafo chama de verdadeira batalha "pelo triunfo do ideal latino no velho e no novo mundo" — que se "balizam" os horizontes do crítico, cercado da arte de Eleonora Duse e de Sarah Bernardt, mas também "das conferências de Paul Daumier, de Anatole France, de Guglielmo Ferrero, dos professores Dumas e Richet, propagandistas da União Escolar Franco-Paulista", sob a efusão das recentes comemorações do centenário da abertura dos portos. Mas é também, nos diz ele, o momento em que se alargaram os esforços do historiador e do diplomata em sua luta para estreitar os laços do Brasil com os países hispano-americanos, na contramão do barão do Rio Branco e de Joaquim Nabuco, mais interessados nos Estados Unidos, paradoxalmente a última paragem do nosso crítico.

Vistos nesse contexto, podemos dizer que os fundamentos de sua crítica buscaram amoldar aos novos critérios de análise o espírito de sua filosofia da história do Brasil, de cujos traços mais característicos Gilberto Freyre — apoiado no professor Ernst Martinenche — destacou o "saudosismo", que imprime às interpretações de Oliveira Lima uma certa constatação de melancolia e quase frustração, como se os poemas e relatos no país revisitado carecessem de uma figuração aristocrática de qualidade e de uma "seleção moral e intelectual" dos autores mais representativos da verdadeira cultura legada ao Brasil.

A principal questão que se coloca agora, para o crítico, é não vislumbrar mais no país, que mudava com a transição para o novo século, os mesmos veios de onde costumava extrair, nas fases anteriores de seu percurso intelectual, os vínculos daquele antigo "caráter nacional" voltado para a celebração passadista dos clássicos da língua e da literatura, passando pelos viajantes e a retórica mais afinada com a tradição lusitana da nossa cultura. E a tal ponto que, no painel historiográfico com que traçou a trasladação da Corte de D. João VI ao Brasil, parecem consolidar-se os próprios fundamentos da representação portuguesa — a leitura de Alexandre Herculano, a convivência com Oliveira Martins, a lição dos mestres da Escola de Letras de Lisboa —, renovando, no âmbito da crítica literária exercida no Brasil, o sonho da mesma pátria no além-mar, com toda a ressonância do passado heroico e grandioso, como se pulsasse no coração de Oliveira Lima "um novo Portugal retemperado nas origens" e amoldado pelo esplendor da tradição que o vivifica.

Coisa que, aliás, em conferência pronunciada no salão nobre do Palácio do Campo das Princesas, Luís Delgado reavivou, ao evocar — como Gilberto Freyre já o havia feito — aquela espécie de colagem imaginária das injustiças que se abateram sobre os destinos paralelos de D. João VI e de Oliveira Lima. Assim é que, para Delgado, grande parte das qualidades que o crítico vislumbrou no soberano português "seriam traços dele próprio, indícios do que ele gostaria de ter sido ou de ter feito", quando sugere, por exemplo, que "o incompreendido e preterido Oliveira Lima [...] encontrou por certo um companheiro naquele príncipe moralmente solitário".[348]

Mas é através de Gilberto Freyre que o "tradicionalismo" de Oliveira Lima vem se projetar no contexto da modernização do país. Não apenas porque se revelou capaz de reabilitar um rei português que soube pressentir, no fim do século XIX, um novo caminho para a civilização lusíada; e nem mesmo porque, ao fazê--lo, distinguiu-se por aplicar à história desta última um critério filosófico capaz de abrir-lhe perspectivas novas na direção "daquela civilização luso-tropical que hoje começa a firmar-se vitoriosa com a reabilitação dos povos tropicais e a valorização dos de

---

[348] Numa passagem interessante, Luís Delgado os imagina "decifrando cartas e almas, correspondência de ministros ou manobras de cortesãos, cálculos individuais ou vozeios e túmulos populares — para chegar a uma conclusão verdadeira que seria também um triunfo: para o príncipe, a segurança do reino e da dinastia; para o historiador, a reabilitação do herói" (p. 23). Ver Luís Delgado, "Oliveira Lima, Pernambuco e D. João VI", conferência pronunciada em 10 de janeiro de 1968, recolhida no volume *Oliveira Lima: o centenário de seu nascimento* (Recife, Arquivo Público Estadual/Imprensa Oficial, 1968, pp. 19-31).

cor".[349] Mas sobretudo porque o próprio Freyre se identifica como o principal herdeiro desse "manancial da tradição dinâmica", ao definir-se como discípulo de Oliveira Lima, desde os primórdios de sua vida de estudante nos Estados Unidos, quando, trabalhando nos livros e papéis do crítico pernambucano, servia-lhe de copista, a ele e ao embaixador Estanislau Zeballos.

Foi ali que Gilberto Freyre, conduzido pela mão de Oliveira Lima, recebeu a iniciação científica em história luso-brasileira, inicialmente perdido "na água funda e turva" de sua imensa biblioteca, e depois sob a supervisão rigorosa do mestre, que o instruía a meia distância, largando-o a debater-se sozinho em meio àquele vasto mundo de obras raras e documentos valiosos. Um mestre que, de resto, será admirado pelo autor de *Casa-grande & senzala* não apenas pela "lealdade intelectual" que os ligou afetivamente pela vida afora, mas principalmente pela "lealdade de amigo", que "foi sempre um traço castiçamente português" a aguçar a sua sensibilidade de discípulo. É nos estratos mais densos dessa "vocação intelectual lusitana" — como o próprio Freyre sugere noutra passagem aqui lembrada — que se define "um outro modo de ser brasileiro no Brasil do novo século".[350]

O dado mais significativo é que, a essa herança da expressão lusófila, o jovem Gilberto Freyre acrescenta a permanência decisiva de suas hipóteses e preceitos, ao pôr no centro de seu próprio projeto de trabalho a intenção de continuar (e ampliar) o caminho aberto por Oliveira Lima. É o que de fato nos diz quando, ao referir-se àqueles primeiros anos de moço nos Estados Unidos, já iniciado no estudo "de técnicas e métodos de indagação antropológica e sociológica que vinha adquirindo de mestres estrangeiros em universidades estrangeiras", não deixa de se propor, como "discípulo de Oliveira Lima", a tarefa de prosseguir, "de modo imensamente modesto", a obra de seu mestre compatriota. É assim que, inspirado na inventiva intercorrente do *D. João VI no Brasil*, o

---

[349] Gilberto Freyre, *Um brasileiro em terras portuguesas: introdução a uma possível luso-tropicologia*, op. cit., p. 134.

[350] *Idem, ibidem*, pp. 192-3.

jovem sociólogo se vê atraído para o voo mais alto de buscar, entre nós, a reabilitação não apenas de "outra grande figura portuguesa ou brasileira de príncipe ou de homem de gênio", mas de todo "um povo anônimo considerado em conjunto".[351]

É que lendo atentamente as páginas do D. *João VI no Brasil*, o jovem Gilberto Freyre percebeu que, ao promover a reabilitação do monarca português, Oliveira Lima de algum modo a estendeu a todo o povo lusitano, dado que, a seu ver, existe "alguma coisa de sociologicamente geral na obra principalmente biográfica — sem exclusão do estudo histórico do meio e da época — em que Oliveira Lima, reabilitando um rei, de modo indireto reabilita, se não o gênio, o senso político de todo um povo". E mais: ao ampliar as dimensões da análise, Freyre observa que Oliveira Lima retrata naquele "rei terra a terra" — por ele considerado "o Sancho Pança de uma atraente novela política em que Bolívar figura como D. Quixote" — um tipo de colonizador ("o português criador do Brasil") que está acima dos rompantes quixotescos dos colonizadores hispânicos, a quem supera pelo espírito realista e pelo senso de oportunidade, que ele explica como "um bom senso aplicado às coisas cotidianas, uma prudência às vezes considerada pura covardia pelos homens de opinião ligeira, uma sabedoria de contemporização, que explicam o fato de ter o lusitano desenvolvido um esforço excepcionalmente sólido de colonização nos trópicos".[352]

São esses elementos que explicam no intelectual, no historiador e no crítico Oliveira Lima aquela vocação permanente para traduzir, nos termos de Gilberto Freyre, "a sua particular ternura" por "tudo que fosse valor português ou brasileiro", de que jamais se separou ao longo de sua trajetória intelectual. E se é possível que Oliveira Lima não tenha chegado propriamente a esboçar, como Freyre se arrisca a dizer contra todas as evidências, um "conceito transnacional de unidade de cultura luso-brasileira", a ver-

---

[351] Idem, *ibidem*, pp. 193-4.
[352] Idem, *ibidem*, p. 194.

dade é que não deixou de inocular, no discípulo, a plena certeza de que "teria visto com muita simpatia a materialização desse conceito".[353] Aliás, basta reler alguns escritos daquele tempo para percebermos a quantas ia a admiração do jovem pelo "coração português" do mestre, a quem não vacila em considerar "um irmão mais moço de Joaquim Nabuco". Num de seus relatos, Gilberto escreve que, em sua casa em Washington, ao lado de dona Flora, Oliveira Lima vivia estritamente à inglesa, mergulhado, por um "milagre de eurritmia", na rigorosa disciplina do método, como a reviver, na regularidade dos períodos de estudo, trabalho, refeições e lazer, "dias parecidos aos de Fradique Mendes".

Ali, Freyre pôde vê-lo emocionando-se com lembranças da mocidade em Lisboa; pôde surpreendê-lo no refúgio solitário dos livros, entre fotografias de amigos queridos, para fugir "da ingratidão do Brasil"; e, sobretudo, pôde ouvi-lo confessar o orgulho de haver inaugurado, na Faculdade de Letras de Lisboa, a cadeira de Estudos Brasileiros, em cuja segunda conferência, sobre o "Caráter da evolução histórica brasileira", assoma um galho repleto, de cujos renovos, no espírito do jovem Gilberto, nos vamos inteirando ao vê-lo aderir ao desencanto do mestre ante a "orgia de liberalismo" de Pedro II, que num gesto "anti-histórico e antinatural", nos diz ele, deixou de cumprir o seu dever de "aliado do alto clero, da grande propriedade e até do exército", para afastá-los definitivamente do trono.[354] "Num país em que já faltava à propriedade, para os efeitos de sucessão e vinculação do sangue à terra, o princípio de primogenitura, D. Pedro, paradoxalmente, colaborou com as forças de dispersão individualista, vitoriosas em 1881 e 1889." Mas o pior é o que nos diz em seguida, quando, em pleno verdor dos primeiros sonhos, como que retorna ao tradicionalismo integralista do último Oliveira Lima, quando sai em defesa da integridade perdida dos "nossos *landlords*, a nossa aristo-

---

[353] Idem, *ibidem*, p. 198.

[354] Gilberto Freyre, "O sr. Oliveira Lima em Portugal", *Nação Portuguesa*, Lisboa, nº 11, 2ª série, 1923, p. 524.

cracia rural, que, aliás, em Pernambuco, era também uma aristocracia de sangue, se não para os puristas de fidalguias, para os efeitos essenciais da superioridade da origem".[355]

Ou seja: redivivo no pensamento de Gilberto Freyre, um dos pressupostos mais significativos que migram do ideário de Oliveira Lima para o arcabouço ideológico da reinterpretação do Brasil moderno é justamente — nos termos do autor de *Casa-grande & senzala* — a legitimação, a exegese e mesmo a defesa "do interesse de uma classe intimamente identificada com os destinos nacionais" e com "a hierarquia social brasileira".[356] Como um complemento decisivo para avaliarmos o real sentido dessa representatividade que o aproxima do "saudosismo integralista" de Oliveira Lima, há o fato de que, para Gilberto Freyre, é a perspectiva dos assim chamados *landlords* que cindirá, em campos opostos, os fundamentos da verdade histórica, pois se é ao "favor das circunstâncias" que ele atribui o "luxo fácil" de "fazer história" — em torno de cujo espectro está a massa anônima dos homens comuns —, outra coisa é "escrever história" — no centro de cujo espectro estão as minorias ilustradas —, que "requer superioridade de espírito e de cultura", como nas melhores páginas de Oliveira Lima. E explica, dizendo que "Wilde tinha razão ao escrever que qualquer *mané-gostoso* pode fazer história; mas é preciso ser grande homem para escrevê-la". Para tanto, exemplifica, basta ver como, na França, "os Malvy fazem história, mas quem a escreve são os Maurras"; do mesmo modo que, "em Portugal, quem faz história são os Antonio Maria, mas quem a escreve são os Sardinhas",[357]

---

[355] *Idem, ibidem.*

[356] Neste passo, inspirado nos argumentos de Oliveira Lima, Gilberto Freyre lamenta que se hajam sacrificado os interesses da aristocracia rural no momento em que não se estatuiu o pagamento de uma indenização aos senhores de escravos pela perda em massa da mão de obra escrava, "sacrificando-se assim, com a maior sem-cerimônia deste mundo, à meia hora de ruídos fáceis e de flores efêmeras, o interesse não só da economia nacional, como da hierarquia social brasileira". Ver "O sr. Oliveira Lima em Portugal", p. 525.

[357] *Idem, ibidem.*

numa alusão mais do que reveladora de sua admiração pelo poeta, historiador e ensaísta Antonio Sardinha, um dos pilares do pensamento integralista lusitano e, como vimos, uma das maiores afinidades intelectuais de Oliveira Lima na última etapa de sua trajetória.

Já nos referimos aqui ao fato de que o jovem Gilberto Freyre chamara atenção, em artigo publicado no *Diário de Pernambuco*, para a "chama cívica" do nacionalismo integralista, presente nas teses defendidas pelos "revolucionários da tradição" (Antonio Sardinha, Alberto de Monsaraz e Luiz de Almeida Braga) através das páginas da revista *Nação Portuguesa*.[358]

A nota forte vem quando, num elã de quase libelo, Freyre repassa com entusiasmo as reivindicações do movimento: "Monarquia orgânica, tradicionalista, antiparlamentar, com ativo poder pessoal de um rei rodeado antes de competências técnicas que de políticos, [...] sistematização profissional", morgadio, família, vinculação ao privilégio da terra etc. Teses estas que o levam para o centro das aspirações reformistas do tradicionalismo lusitano, em que vigora aquele princípio de Monsaraz — tão caro ao pensamento crítico de Oliveira Lima — segundo o qual, na monarquia, a lição do passado guia o futuro apoiada na crença de que a experiência é o primeiro fundamento das leis, em cuja essência está a permanência do poder supremo na mesma família, transmitindo-se por herança. Quer dizer: ao aderir ao programa da *Nação Portuguesa*, o jovem Freyre, levado pela mão de Oliveira Lima, converge para o universo das restrições com que Monsaraz e Sardinha — nas diferentes etapas de sua "revolução tradicionalista" — rebaixaram as aspirações democráticas a "predicados de povos inferiores", em vias de formação ou em períodos de decadência, nos quais "a indisciplina conduz inevitavelmente à confusão e à anulação de todos os valores".[359]

---

[358] Gilberto Freyre, "*Nação Portuguesa*", *Diário de Pernambuco*, 2 abr. 1924.

[359] Parte destas ideias aparece desenvolvida na *Cartilha monárquica*, de Alberto de Monsaraz, aqui consultada em sua 3ª edição (Lisboa, Tipografia

"Nenhum mestre, exceto [Franz] Boas", nos dirá Gilberto Freyre, "exerceu tão poderosa influência sobre minha formação quanto Oliveira Lima, inclusive nos estudos em que me especializaria: os do patriciado rural e da miscigenação no Brasil."[360] A esse "mestre inconfundível", de quem confessa haver assimilado "todo um conjunto de valores que dificilmente teria adquirido de livros ou de viagens ou de professores internacionais", e ao qual reverencia como verdadeiro sábio, "homem do mundo no melhor sentido da expressão", é que Freyre atribui grande parte das bases hermenêuticas com que ele próprio se propôs a renovar a sociologia brasileira nas primeiras décadas do século XX.[361]

E se sabemos o quanto o conservadorismo tradicionalista de Oliveira Lima contribuiu para reviver, nos painéis da casa-grande, as aspirações mais nobres daquele "universo espiritual português espraiado nos trópicos", não podemos esquecer a veemência com que Gilberto Freyre exaltará a "modernidade" desse legado, ao nos dizer que a obra de Oliveira Lima, "vinda diretamente da Europa, [...] foi uma presença modernizante nas letras e nos estudos sociais brasileiros, sem que o seu impacto tivesse qualquer relação

---

Soares & Guedes, 1920), combinada com as teses sugeridas na primeira parte de seu livro *A verdade monárquica* (Lisboa, Editorial Restauração, s.d. [1957-59]), em que se refere ao caso de D. Pedro II, "tão estupidamente destronado por uma pátria infantil que, ao expulsá-lo, atrofiava dum golpe as suas melhores virtualidades de crescimento e de grandeza" (p. 26). Do mesmo modo que Luiz de Almeida Braga, ao saudar o "neogarretismo do espírito romântico", nos lembra, com Antonio Sardinha, que a data da descoberta do Brasil "representa uma criação do gênio português", sem esquecer que D. João VI, "esse rei tão injustamente caricato", foi capaz — como o mostrou Oliveira Lima — de "ver no Brasil a nossa vaca de leite", que tornou possível "a ideia de transformar o Atlântico num mar exclusivamente português". Ver Antonio Sardinha, "O Brasil", em *Na feira dos mitos: ideias e fatos*, Lisboa, Livraria Universal de Armando J. Tavares, 1926, p. 93.

[360] Gilberto Freyre, *Perfil de Euclides e outros perfis*, Rio de Janeiro, José Olympio, 1944, p. 67.

[361] Gilberto Freyre, *D. Quixote gordo*, Recife, Imprensa Universitária, 1968.

com o Rio ou com São Paulo". O avanço aí implícito foi ter acontecido com ela o que ocorreu na década de 1920 com o "dinamicamente modernizante movimento regionalista e tradicionalista do Recife", que, segundo Freyre, veio dos Estados Unidos e da Europa diretamente para Pernambuco, sem passar pela influência "de Graça Aranha carioca ou de Mário de Andrade paulista".[362]

No entanto, por mais que nos vejamos tentados a adentrar pelas considerações com que a obra madura de Gilberto Freyre dignificou o legado intelectual de Oliveira Lima, é preciso dizer que, da perspectiva deste ensaio — cujos limites se fecham na confluência da morte de Lima, em 1928 (quase às vésperas da viagem de Sérgio Buarque à Europa), com a publicação, em 1936, de *Raízes do Brasil* —, é para os horizontes remotos daqueles anos 1920 que as nossas vistas se voltam. Por isso é hora de os deixarmos, mestre e discípulo, na "bruma espessa e longínqua" daquela quadra de sonhos à volta de um "Portugal renascido nos trópicos", para retornar às inquietudes com que a crítica de Sérgio projetava buscar, em nossa própria identidade, um outro Brasil, fora dos limites daquele universo passadista em que os senhores de engenho, já em franca decadência, confraternizavam com bispos e sinhazinhas, à sombra das senzalas e dos capitães do mato, enquanto geravam os estratos urbanos de uma burguesia saída do latifúndio para ocupar o centro institucional do poder.

---

[362] *Idem, ibidem*, pp. 62-3. "Como poucos brasileiros de sua geração", completa Freyre, "esse homem iluminado, além de singular por vários de seus saberes e atitudes, foi sobretudo um homem plural: homem de orquestra, diplomata, escritor, jornalista, historiador — historiador de fatos, pesquisador de fontes —, sociólogo, professor universitário, acadêmico, membro de institutos, bibliófilo, colecionador de obras de arte e de manuscritos, teatrólogo, conferencista, memorialista, moralista" — enfim, um talento capaz de "despertar admirações em homens de condições e de tendências diversas". Ver o ensaio "Singular e plural", pp. 38 e 49.

Crítica e revolução

No artigo em que substitui a Mário de Andrade no rodapé de crítica do jornal *Diário de Notícias*, do Rio de Janeiro, Sérgio Buarque de Holanda afirma que os homens de 1940 ainda viviam em pleno Romantismo, um movimento cultural cuja estratégia mais ostensiva, a seu ver, sempre se valeu do que a crítica costumou chamar de "terapêutica da análise". Isso o leva a retomar, em sua plataforma de crítico agora militante na grande imprensa, a discussão de um dos pressupostos latentes no conjunto do ideário difuso do movimento romântico, segundo o qual todo verdadeiro poeta devia ser igualmente um "crítico vigilante e autêntico".

A discussão, que o próprio Sérgio reconhece haver sido aprofundada por Mário de Andrade, "em sua rara capacidade de interessar-se suficientemente nos problemas mais vários e de poder abordá-los com conhecimento de causa", contribuirá para nos revelar, no Sérgio posterior à experiência de 1922, um empenho cada vez mais vivo para buscar elucidar o verdadeiro alcance do conceito de revolução no terreno da literatura e das artes. Em primeiro lugar, porque é nesse momento, depois de ter passado pelas vivências tumultuadas da vanguarda paulista, filtradas por sua estada na Europa e depois refundidas com as manifestações de ruptura que irrompiam nas diferentes regiões do Brasil, é nesse momento que se renova, no espírito de Sérgio, a decisão de reavaliar a modernidade da literatura e da crítica no quadro instável da cultura que mudava. Em segundo lugar, porque é a partir daí que ele passa a desacreditar da excessiva importância que a crítica costumava atribuir às "afinidades" entre Romantismo e revolução.

É verdade que boa parte das restrições com que Alcântara Machado desarvorou em 1927 o legado desastroso da afetação romântica para a nossa sensibilidade literária ainda ressoava no espírito de Sérgio. Sob esse aspecto, não há como dissociar a descrença de Sérgio no alcance pouco revolucionário do Romantismo das conclusões pessimistas do autor de *Laranja da China*, para quem a exuberância tropical acabou transformando a retórica de Lamartine numa praga que invadiu o parlamento, a política, o

Sérgio Buarque de Holanda, de terno escuro riscado,
entre Oswald de Andrade e Paulo Mendes de Almeida,
no Aeroporto de Congonhas, em São Paulo, em 1949.
Arquivo Central/Siarq, Unicamp.

governo, "todas as classes e todos os credos", fazendo com que a "veia lírica escaldada" dos nossos vates — Gonçalves de Magalhães à frente — "enchesse de besteiras supinamente pomposas" a poesia do período.[363]

Sabemos também que a figuração dessa veia lírica, que Sérgio associou em *Raízes do Brasil* ao "desleixo dos transes metafísicos" herdado da colonização, teve um papel decisivo na redução do Romantismo brasileiro ao que ele chamou de um movimento "artificioso e insincero". E pudemos testemunhar nesse livro o quanto essa inconsistência da imaginação romântica contribuiu para que a literatura se convertesse, entre nós, num "derivativo cômodo" para o horror à nossa própria realidade cotidiana, nada acrescentando ao que, nas palavras do próprio Sérgio, "já havia na convenção da Metrópole: o pessimismo, o morrer de amores, a sentimentalidade lacrimosa".[364]

Essa simplificação não passava, a seu ver, de uma injustificável "preparação para a polêmica", coisa que ele, mais tarde, ao entrar em contato com as proposições de Charles Maurras em seu livro *Romantisme et révolution*, definiria como um autêntico "sistema de favores" onde tudo "marchava ao compasso de simpatias e de malquerenças pessoais". O mais importante, no entanto, é que Sérgio vê em tal atitude não propriamente uma decorrência metodológica contornável, mas a constatação pura e simples de como um conceito originário da crítica literária pode acabar se convertendo numa ideologia completa, por si só ambiciosa e irrefutável.

Comparada às certezas integradoras do tradicionalismo de Oliveira Lima, em face do qual a aventura romântica brasileira não passava da confirmação local das nossas raízes originárias, a proposta de Sérgio busca saber até onde o Romantismo pode ser assim explicado, já que para ele não é suficiente dizer, por

---

[363] Antônio de Alcântara Machado, "Solo romântico", em *Cavaquinho e saxofone (solos): 1926-1935*, Rio de Janeiro, José Olympio, 1940, pp. 356-63.

[364] Ver *Raízes do Brasil, op. cit.*, p. 121.

exemplo, que sem a tradição clássica da cultura e da língua o nosso Romantismo seria incapaz de separar o fato real da ficção, "como se contivesse em sua essência a quintessência dos princípios antirracionais".[365]

Tal convicção, que hesita em assimilar as subjetividades da inteligência nativa sem levar em conta a mediação de certos artifícios — seja da era barroca, dos dramas palacianos ou até mesmo da mística medieval —, culmina por convertê-la numa manifestação intelectual secundária diante da anterioridade do sistema principal. Descartá-la, para Sérgio, mais do que uma decisão contra a permanência do atraso, significa pôr em xeque a coexistência harmônica das duas esferas, coisa que só alcançaremos se a relermos dentro de uma perspectiva histórica que a compreenda como um "processo tendente à restauração constante de um equilíbrio ameaçado", e não mais como uma integridade linear irretocável.

Daí que, para Sérgio, pensar na originalidade da terra e na afirmação das suas virtualidades espirituais e artísticas, longe de prolongar o "sereno equilíbrio" que o tradicionalismo de Oliveira Lima trouxe do Brasil pré-independente para o âmbito do nacionalismo romântico, significa antes compreender a transição do Romantismo como uma fase "de dissipação, de insatisfação ou de crise", a meio caminho do substrato desagregador dos novos tempos.

Assim, ao mesmo tempo que concorrem para situar as teses de Oliveira Lima no horizonte oposto ao da construção da nossa originalidade literária, as posições críticas do Sérgio posterior ao Modernismo contribuem para incluí-las entre as manifestações intelectuais dos que pretenderam interpretar a nossa cultura sob o vértice de um novo classicismo, como que reproduzindo, entre nós, o empenho sistemático de Taine, "que se entregou de corpo e alma à tarefa de perscrutar impiedosamente as origens da França contemporânea". É por isso que, além de voltar-se para uma "política

---

[365] Sérgio Buarque de Holanda, "Perene romantismo", *Correio da Manhã*, 19 maio 1946.

de interesses futuros", o ranço desse passadismo erudito converge, como já vimos, para a ação de um novo humanismo.[366]

Contra ele, no entanto, se opõs o avanço dos inconformismos de toda espécie, para os quais o passado, a rigor, nunca se constituiu num modelo a ser seguido. Para Sérgio, a única forma de superar o retrocesso dessas atitudes "aristocráticas em essência" é buscar uma síntese capaz de ultrapassar os antagonismos em jogo, investigando no âmbito de suas diferenças a força cada vez mais viva do pensamento utilitário emanado da burguesia e "convulsionado" pelas camadas populares não reconhecidas. E mesmo quando Oliveira Lima se vale das marcas estilísticas do decadentismo europeu para exprimir a modernidade de sua pauta (culto do refinamento verbal, música da frase, hermetismos do estilo, senso do raro e do refinado), o contraponto oferecido por Sérgio insiste em apontar para a transformação inevitável de seus pressupostos, ameaçados pela aversão ao peso excessivo dos formalismos e das convenções.

Ou seja, para o crítico que retorna, e que vai se autodefinir como um "bissexto da crítica", as belas-letras ou o "desmentido da literatura pura" ainda lhe parecem participar daquele "vício da formação brasileira" que sempre procurou contrariar em si mesmo.[367] Para ele, de fato, ainda permaneciam vivos alguns ranços daquela erudição discursiva que, vinda do Romantismo, funcionou por aqui como um "padrão superior de humanidade", suficiente para elevar a atividade do escritor ao que se costumava denominar uma "forma de patriciado".

O seu empenho agora vai no sentido contrário: valorizar a profissão do escritor, analisando o seu papel diante das novas situações do mundo moderno, vendo-o no contexto das realidades que antes não faziam parte do seu ofício, em favor de cujo avanço

---

[366] A propósito, ver o estudo "A França bizantina", publicado em *O Estado de S. Paulo* de 14 de julho de 1946.

[367] O tema vem desenvolvido no artigo "Missão e profissão", publicado no *Diário de Notícias* do Rio de Janeiro, a 22 de agosto de 1948.

ele próprio não mediu esforços ao se integrar às fileiras do movimento de 1922. A diferença é que não se trata mais de retomar pura e simplesmente o antigo lema da liberdade a qualquer custo. O que se impunha nesse momento, nas palavras de Sérgio, "não era tanto uma liberdade *de*, mas uma liberdade *para*", com a qual o crítico não apenas procura desfazer o equívoco que os novos de então cometiam em relação à verdadeira índole dos modernistas da Semana, como também atenuar nele próprio as marcas do caráter impositivamente negativista das teses de 22, substituindo-as "pela exigência de novas posições".

Nesse diálogo aberto com as novas gerações, o seu ideal de crítico será justamente o de interpretar o presente sem retornar às conquistas do passado, ainda que sem rebaixá-las à condição de referência imprestável à tarefa de disciplinar o inesperado que caracteriza a multiformidade da vida moderna. Tudo isso sem definir outro objetivo que não seja a maneira mais adequada de chegar a ela.

Longe do crítico, portanto, a adesão às "doutrinas salvadoras" ou à despersonalização que se renda aos "códigos exteriores, arbitrários e caprichosos" que de algum modo possam desfigurar a persistência criadora na busca de um outro caminho para a pesquisa literária, caminho esse voltado não apenas para a nota inventiva da escrita livre e inovadora, mas sobretudo para a recusa ostensiva do brilho fácil ou do êxito imediato. Nessa tarefa, uma de suas maiores preocupações é a de encarar a produção literária brasileira com o empenho de confirmar que a literatura, como a arte de um modo geral, sendo "discriminação e seleção", é a única instância capaz de discernir com precisão os valores humanos no quadro até então mal estudado de "inclusão e confusão" a que se resume a vida brasileira. Com o objetivo de compreender não apenas os critérios estritamente formais, mas toda a apreensão da realidade através dos elementos inefáveis que ela possa despertar, a nova fase da crítica de Sérgio dirige-se à análise dos nossos autores levando sobretudo em conta que, ao contrário do que pressupunha Oliveira Lima, nem sempre os padrões ordinariamente aceitos se aplicam com a mesma eficiência hermenêutica.

Quer dizer: a crítica, como a própria obra literária, só terá eficiência para o nosso autor quando reagir à imutabilidade da expressão passiva para de algum modo atender ao próprio ritmo da existência afetiva do crítico, mais próxima da natureza. O objetivo aqui é o de relativizar o quanto possível o embate entre a supremacia da arte — tão decantada pelos críticos do passado — e a dimensão concreta da vida material, com vistas a compreender a força irrevelada das formas naturais em si mesmas, isto é, inteiramente desligadas de qualquer artifício concebido pelo homem.

Fora dessa perspectiva, nos diz Sérgio, existe o risco de conceber o crítico como "um monstro de abstrações armado de fórmulas defuntas ou ressequidas", cujo maior equívoco estará na insistência com que se habilita a aplicá-las — como vimos no caso de Oliveira Lima — para justificar a "pouca representatividade" das nossas letras. Ou seja, fugindo sempre ao "intelectualismo dos quadros fixos e imutáveis" dos que, em nome das origens europeias, teimam em substituir a *realidade* da nossa literatura pelos *conceitos* que a deslocam para a continuidade, Sérgio prefere integrá-los a um novo contexto de descontinuidade e de crise.[368]

Um dos aspectos centrais desse novo enquadramento é, por exemplo, o de atentar para os reflexos da criação literária junto ao público local, levando em consideração que este, por si só, já nos revela um primeiro efeito de recriação. É dessa forma que Sérgio expande os limites da análise, uma vez que, a seu ver, a reação do público à significação de uma obra se constitui ela mesma numa parte "apreciável" dessa recriação. "Cada indivíduo, cada época", ele explica, "recria as obras de arte segundo sistemas de gosto que lhes são próprios e familiares", condição que não apenas desloca os horizontes da crítica para o próprio momento em que elas são escritas e concebidas — ampliando assim os movimentos da leitura, que de linear passa a simultânea —, como também converte a ação do crítico numa "criação contínua e sempre renovada", superando aquele "culto exclusivista" da superstição romântica,

---

[368] Ver "Poesia e crítica", *Diário de Notícias*, 15 set. 1940.

incapaz de admitir que os autores sejam lidos de modo diferente à medida que as épocas se sucedem no tempo.

Daí que, para Sérgio, a moderna contribuição da crítica — um gênero "verdadeiramente criador" em clara dissonância com o exclusivismo da intuição romântica, segundo ele — esteja justamente "na parcela decisiva com que ela pode colaborar para esse esforço de recriação",[369] ajudando para que desapareçam os velhos entraves das "barreiras de gosto, de prevenção e de falsa tradição" contra as quais se insurgiram os modernistas de 1922. A partir de agora, o processo a ser evitado é o da ordem que estiliza a "natureza já domesticada", num quadro de surpresas provocadas em que "tudo parece posar como diante de um fotógrafo". Quer dizer: com a mesma veemência com que apontou nos críticos do passado a hesitação em promover a pesquisa das "formas particulares do nosso Romantismo", a insistência de Sérgio volta-se agora para o esforço de penetrar "os fatores subjacentes e invisíveis" desse mesmo desequilíbrio que ainda persiste em nossas letras, malgrado as desfigurações que lhe foram impostas pelo movimento modernista.[370]

É nessa atitude, que se recusa a submeter-se ao que ele chama de "estudos de docilidade inerte", que vemos se sedimentando aos poucos, no espírito de Sérgio, a atualização de um ideário crítico cada vez mais livre e independente do núcleo histórico da medida antiga, e enriquecido de perspectivas inovadoras fundamentais à análise da literatura que se seguiu aos abalos trazidos pelas rupturas da modernidade. Entre os avanços mais expressivos de suas

---

[369] *Idem, ibidem.*

[370] Num estudo sobre a poética de Manuel Bandeira, Sérgio retorna ao tema para lembrar o nosso hábito de falar das coisas brasileiras "como se as estivéssemos vendo pela primeira vez, de sorte que em vez de exprimirmos o que há nelas de mais profundo, isto é, de mais cotidiano, ficamos nas exterioridades puramente sensuais", rechaçando, assim, a imaginação dos que "se acomodam ao espetáculo da vida" e ao artificialismo dos preceitos e dos sistemas. Ver "Poesias completas de Manuel Bandeira", *Diário de Notícias*, 6 out. 1940.

propostas está o empenho em não desvincular o texto do escritor que o produziu, concebendo-o em amplo espectro, como uma expansão ou uma parte da vida do autor, "e nem sempre a parte mais importante". No centro dessa inversão crítica, o dado novo é a procura de uma "veracidade inédita" capaz de inteirar a expressão estética da forma, de tal modo que a construção do argumento crítico possa harmonizar, num único processo, verdade humana e figuração artística. Sob esse aspecto, a pesquisa da biografia, da personalidade e da formação intelectual, por exemplo, por depender essencialmente da investigação dos elementos concretos que estão na base histórico-social da obra de arte enquanto expressão humana, acaba relativizando a importância antes atribuída ao papel das influências literárias. "Nada mais ilusório", nos diz Sérgio, "do que considerar o jogo das influências como uma espécie de química literária, em que a ação simples e fortuita de um ou mais escritores possa ter importância cabal."[371] Na verdade, é longe dessas instâncias arbitrárias que ocorrem, a seu ver, as influências mais efetivas. Para o nosso crítico, só se chega a elas incorporando ao âmbito da análise a observação cuidadosa das "provocações e estímulos" que a obra suscita em seus leitores, coisa que, determinante na expectativa de qualquer época, não deixa de atuar poderosamente sobre ela.

Cabe ao crítico, portanto, nesse primeiro movimento da leitura, atentar para os diferentes substratos que envolvem a produção do fato literário, modulando não apenas a índole da invenção lírica, como também a "natureza dos sentimentos que a animam", aí incluídos todos os fatores ligados de alguma maneira ao ato da criação artística, como ocorre por exemplo com o tom enlevante de certos metros românticos de cuja elocução escorre um prazer

---

[371] Escreve ele: "Como explicar que o byronismo, com o sentido que veio a adquirir essa palavra, se fizesse sentir tão intensamente sobre certa geração de poetas brasileiros, quase sem tocar Portugal, e que mesmo no Brasil fosse mais sensível em São Paulo do que no Recife, bem cedo conquistado pelas preocupações sociais da poesia hugoana?". Ver "Fagundes Varela", *Diário de Notícias*, 20 out. 1940.

puramente passivo, "verdadeira hipnose" dirigida a certa inércia do espírito, ao enleio entorpecedor da vontade, de forma a não exigir qualquer esforço por parte dos que leem. Diante dela, não basta apenas registrar o efeito, por mais relevante que seja à intelecção do poema. Para Sérgio, a tarefa do crítico só produzirá resultados quando for capaz de captar nos substratos do texto as ressonâncias materiais daquela propensão ao desamparo muito própria de uma época onde "se enaltecia o tédio de viver e mesmo a falta de energia moral, como coisas poéticas e excelentes". E assim arremata: "Cada público tem o lirismo que merece. É importante considerar isso, quando se procure realizar qualquer interpretação literária e crítica menos superficial".[372]

Foi com essa ferramenta, aliás, que ele soube discernir com clareza os obstáculos de Alcântara Machado em seu propósito de criar uma espécie de "prosa pura" naquela São Paulo dos anos 1920, que, apesar do cruzamento de raças e da efervescência de culturas, ainda não favorecia — como pretendia o autor do *Gaetaninho* — a conquista da frase "livre da oratória e do lirismo", que obedecesse estritamente às circunstâncias do pensamento. Do mesmo modo, através dela, a crítica moderna do segundo Sérgio criará uma espécie de escala aberta na interpretação das singularidades da nossa cultura, ao dissociar — como dado preliminar de análise — as feições imponderáveis da nossa realidade tumultuosa e indisciplinada de qualquer intromissão livresca dos "desenhistas sóbrios". Ou seja, sem a consciência das dissonâncias em jogo, a velha ideia de ler a cultura como pano de fundo inspirado no discurso harmônico que a tradição legitimava corre o risco de "distrair o crítico", muitas vezes levado pelo desconcerto — como no caso de Oliveira Lima — de interpretar o nosso mundo cheio de mistérios, "onde a vida civil parece mero acidente", como que deslumbrado pela "paleta do paisagista" erudito que se deixa levar pelas impressões espirituais do passado com os mesmos artifícios do escritor acadêmico diante das asperezas do cenário rústico.

[372] *Idem, ibidem.*

Para Sérgio, ao contrário, o interesse deve estar na obra e em seu processo de criação vistos como objetos em si mesmos, longe das preferências pelas formas ou fisionomias genéricas, inconciliáveis — conforme ele pensava, apoiado em José Veríssimo — com a "pintura de memória" e com os fatores inerentes à singularidade da obra. E isso a tal ponto que estes devem prevalecer mesmo quando integrados à expressão do "vício e da perdição", como foi o caso, entre tantos outros, da obra "admirável e ao mesmo tempo controversa" de um autor como Jean Genet, em quem Sérgio jamais deixou de reconhecer a habilidade poética "para a reabilitação dos seres, objetos e sentimentos vis".

Isso implica dizer que o crítico, mesmo diante das velhas exigências de que a arte deve se pautar por critérios "exclusivamente moralísticos", não pode deixar de considerar a concepção goethiana do "verdadeiro artista", que o aconselha a estar "tão preocupado do efeito exterior de sua obra como a natureza, que cria o leão e também o beija-flor".[373] Daí a importância do exame atento dos estratos simultâneos, tão decisivos nos critérios de análise do nosso crítico, por envolverem a consciência do processo da criação literária em seus detalhes mais fundos em busca da "franqueza singular" da obra. Somente assim, nos diz Sérgio, será possível mergulhar com a mesma intensidade na expansão dos fatores internos a sentimentos tão diferentes quanto a conversão do belo numa "sondagem dos abismos sinistros" do mal, como se dá em Jean Genet, ou, por exemplo, a expressão harmônica entre a verdade da crítica e a exteriorização espontânea da franqueza humana, como se vê em Mário de Andrade.[374]

Tal pressuposto, muito próprio da convicção de que a literatura, como em geral as artes, sendo "discriminação e seleção", em nada se confunde com a "inclusão" e a "confusão" da vida, é que permite a Sérgio isolar nas obras os valores latentes da exis-

---

[373] "O beija-flor e o leão", *Diário de Notícias*, 28 ago. 1941.

[374] Ver, a propósito, o artigo "O líder morto", publicado na revista *Sombra*, Rio de Janeiro, vol. 5, nº 41, abr. 1945, pp. 36-7.

tência, para ele os únicos "que podem verdadeiramente interessar". Não se trata de buscar, com isso, uma rigorosa sistematização dos "princípios do inefável", mas de dotar a análise da obra da capacidade de atingir "as formas mais esquivas" da realidade, sem evitar que, de alguma forma, o espetáculo da vida deixe transparecer "a verdade latente que as aparências habituais dissimulam".[375]

A rigor, as situações ordinariamente aceitas não correspondem à lógica da criação literária, dado que muitas vezes o foco de interesse do escritor projeta-se para realidades inteiramente opostas aos horizontes de sua preferência. O que se deve assinalar, tanto num caso como noutro, é que para Sérgio será sempre a imaginação estética — mesmo que paralisada um momento "pelo espetáculo, apenas entrevisto, de uma realidade diferente da que se construíra no sonho" — que fará prevalecer a realidade autêntica imposta pela "verdade" construída pela obra.

É com esse empenho que ele procura transformar a crítica numa "inquirição metódica e perseverante" do texto, animado pela moderna presença de disciplinas intelectuais movidas por um inegável "espírito científico", em busca do ponto de partida "de uma orientação nova em nossa vida intelectual", cujo limite transcende o âmbito da própria literatura para alcançar outros setores da atividade espiritual. E justamente por considerar que o panorama da literatura brasileira lhe parecia "comportar melhor aquelas disciplinas", a sua atividade de crítico se volta para a tarefa de elucidar as afinidades entre as novas tendências da literatura moderna e os "sinais de transformação" que lhe parecem firmar-se no âmbito da nossa vida intelectual.

É dessa perspectiva integradora que a sua crítica se distanciou da crítica de Oliveira Lima e compreendeu melhor as condições

---

[375] Sérgio reflete acerca dessas conformações da análise crítica em um estudo específico sobre as alternâncias formais do conto a partir de *Velórios*, livro de coletânea de contos de Rodrigo Melo Franco de Andrade (Belo Horizonte, Os Amigos do Livro, 1936).

concretas de interpretação e análise da nossa produção literária. Primeiramente, porque jamais se rendeu à falácia do "perfeito absolutismo estético", recusando-se a admitir que as obras devessem ser explicadas através de fórmulas nítidas universalmente consagradas pela tradição e pelo gosto com o mesmo efeito das demonstrações científicas. Ao mesmo tempo, sempre acreditou — com Mário de Andrade — na necessidade de "reabilitar o esforço artístico e mesmo artesanal, contra a valorização romântica do artista simplesmente irresponsável".[376] Foi, por isso, dos primeiros a enaltecer o empenho do autor de *Pauliceia desvairada* em sua luta pela conquista da consciência técnica e profissional do escritor brasileiro — justamente ele, Mário, que tanto se rebelara no passado contra qualquer restrição aos excessos da imaginação poética dos primeiros modernistas.

Mas isso não significa que Sérgio, como crítico, mergulhe no universo das obras convencido de que o apuro técnico o fará chegar aos mais íntimos segredos da criação literária, à semelhança do filósofo que, "provido de uma lanterna, procurava elucidar o mistério das trevas". Ao invés disso, longe de ceder à convicção da "análise perfeita", ele tem muito claro — ao contrário do que pensava Oliveira Lima — que nenhuma leitura crítica é suficiente para superar o acaso, um componente que considera inevitável e inerente à própria natureza da criação literária. Daí a propensão para as ponderações equidistantes, assemelhadas ao desenho sensível do "*élan* vital bergsoniano", que converte por vezes a leitura de Sérgio em algo próximo de "um contínuo *se faisant*", de efeitos particularmente notáveis nos estudos poéticos, onde as perspectivas se adensam, apartando-se das velhas certezas estilísticas, longe de qualquer pretensão em apresentar-se como juízos categóricos e definitivos.

Foi por aí que se desvencilhou dos velhos anacronismos e procurou revelar no cenário intelectual brasileiro, quando expres-

---

[376] As citações esparsas desta última seção remetem ao segundo volume da coletânea de estudos críticos *O espírito e a letra, op. cit.*

sivas, as singularidades e as virtudes latentes do nosso "amadorismo poético". Foram estas que se impuseram a Sérgio — na esteira de Mário —, combinando pesquisa histórica e expressão literária, o que lhe permitiu distinguir muitas das pistas e aberturas que de algum modo conduziam a "uma nova expressão do decantado sentimento de desterro na vida e na mortalidade", agora animado de recursos inéditos e amadurecidos em nossa própria experiência, como aliás indicara em *Raízes do Brasil*. Nesse sentido, manteve sempre uma discordância essencial frente aos que considerava "os franco-atiradores da ciência e da literatura", aferrados às exigências da disciplina e do método, deixando a impressão — nos diz ele — de uma "incurável vacuidade cultural e mental".

Isso nos permite dizer que a crítica de Sérgio, ao afastar-se da caricatura "atrozmente provinciana da disciplina científica ou do artesanato literário", jamais se ajustou ao corte excessivamente didático da análise, sem, porém, deixar de conceder a dissimulação do subterfúgio, por entender que "não há literatura sem embuste". É que, para o nosso crítico, o "mistério" literário não se "resolve como um problema", pois dele depende a permanência da arte no imaginário dos homens. "O mistério é qualitativamente diverso do problema", sustenta Sérgio, baseado em Romano Guardini, para nos sugerir que, ao contrário do problema — que, resolvido, deixa de existir —, o mistério precisa continuar existindo, para ser "vivido, compreendido, sentido" na plenitude da mais nobre dentre as convenções humanas, justamente reservada à linguagem da literatura e das artes.

Daí a sua recusa em fazer da crítica um "exercício de ultra-análise", como se fosse lícito ao crítico encontrar na obra aspectos e circunstâncias que o próprio autor jamais pensou em vislumbrar — segundo acreditavam, por exemplo, alguns adeptos do New Criticism, com quem Sérgio chegou a polemizar por mais de uma vez. Para ele, o que cabe à crítica literária é aprimorar as estratégias de leitura para "tentar reduzir as zonas de mistério" que envolvem a literatura, sem que isso implique a pretensão de esclarecê-las de modo cabal e definitivo.

Não que para Sérgio as técnicas de "leitura cerrada", propostas pela chamada "nova crítica", particularmente em relação ao poema, carecessem de importância. Sabemos o quanto de seu tempo de crítico militante — na grande imprensa de São Paulo e do Rio de Janeiro — ele passou estudando, discutindo e propondo alternativas de leitura à produção dos autores mais representativos daquela tendência, no Brasil e no estrangeiro. E pudemos constatar, ao longo deste ensaio, que uma das distinções mais presentes em sua crítica, vista dos pressupostos de sua trajetória de intelectual de vanguarda, historiador e crítico literário, foi justamente a de confrontar em registros separados o hermetismo *da palavra* ao hermetismo *do pensamento*, para depois integrá-los a uma perspectiva provisória de que ia extraindo, com erudição invejável, as correlações mais inesperadas entre os movimentos do texto e a realidade histórica de sua expressão humana como significação de cultura.

Com essa abordagem, a um só tempo inovadora e eclética, erudita e antiacadêmica, Sérgio Buarque de Holanda pôde conviver com a produção poética mais representativa de sua época, contribuindo de modo decisivo para bem compreender "a mobilidade da expressão que se procura a si mesma e que jamais se encontra", em contraposição às inovações improvisadas da "modernidade que se procura artificialmente", voltada apenas para o estímulo aparente dos ritmos exteriores. Nessa direção, acrescentou aspectos importantes à análise crítica da literatura de seu tempo, ao nos mostrar, por exemplo, que nem sempre a multiplicidade dos sentidos é a essência da poesia; que a análise estritamente formal só ganhava sentido quando o texto tendia cada vez menos para uma articulação de natureza temática, trazendo ao primeiro plano a estruturação dos recursos sonoros ou cromático-visuais; que a produção da "escrita automática" quase sempre mobilizava estruturas refratárias a qualquer análise dos significados; ou, ainda, que quanto menos complexo fosse o poema, menos se ajustava ao denso arsenal analítico da "nova crítica".

Nem por isso, contudo, deixou de confiar na contribuição positiva da análise, nada vendo de anormal no fato de que a críti-

Sérgio Buarque de Holanda em retrato
de Flávio de Carvalho, 1970.
Arquivo Central/Siarq, Unicamp.

ca literária — "uma atividade lógica por excelência" — se ocupasse de poemas e relatos cada vez menos lógicos e conceituais. No entanto, jamais se descolou da magia do texto: "Quando um crítico" — nos diz ele, citando William Empson — "aboliu em si toda emoção diante do poema; quando reprimiu a simpatia em benefício da simples curiosidade, é que se tornou incapaz de examinar o poema". Quer dizer: da sua perspectiva, o dogmatismo, na crítica como na história, não pode se constituir numa alternativa válida nem mesmo para "o impressionismo sempre vago e inconsequente" definido por Mário de Andrade.

De outra parte, no horizonte oposto ao dos críticos que, como Oliveira Lima, sempre se indispuseram com as quebras do ritmo e da pulsão desordenada da produção de vanguarda, as interpretações de Sérgio se pautavam pela necessidade de relativizar no tempo os padrões do velho romance, quase sempre povoado de personagens naturalmente extrovertidas, cuja existência, com exceção de Machado de Assis, poucas vezes transcendeu às dimensões mais rasas do previsível. Daí a atenção particular que dedicou, em vários de seus estudos, aos sintomas de "um novo contexto que se descobria por si mesmo", ao aprofundar a nossa configuração do tempo interior, com resultados surpreendentes, mesmo para uma literatura como a brasileira, pouco habituada "a exprimir a personalidade humana em seus refolhos mais íntimos e refratários à luz solar".

Para constatá-lo, basta observar os modos com que ampliou, na leitura do romance e do conto, a dimensão analítica das representações da vida "solitária e estanque" do passado em nosso meio, atentando para os efeitos de uma percepção que não se limitava apenas à rotina cronológica e universal, para impor-se como um autêntico "círculo dilacerante" a acelerar o cotidiano dos fatos através de sonhos e imagens cada vez menos esperados. Se frente a ela não se anulara de todo em seu espírito o pessimismo de Mário de Andrade em relação à "procissão dos heróis malogrados e demissionários", que arrastavam atrás de si toda uma sociedade até pouco tempo atrás acometida pela desistência, ao menos havia indícios de mobilidade e contraste na consciência que ia aos poucos se amoldando ao mundo circunstante.

Afinal, como o próprio Sérgio já havia escrito, até mesmo a arte de Machado de Assis, "também *microscópica* a seu modo, formou-se a despeito das situações adversas que encontrou e retratou".

Agradecimentos

O autor agradece ao CNPq, pela bolsa de produtividade de pesquisa sem a qual não seria possível percorrer e trabalhar nos acervos nacionais; à John Simon Guggenheim Memorial Foundation, que permitiu uma estada acadêmica na Biblioteca Oliveira Lima, da Universidade Católica da América, em Washington, no ano de 2002, onde pôde contar com o apoio inestimável do diretor Thomas Cohen, da curadora Maria Angela Leal, da bibliotecária Sônia Burnier e do pesquisador Francisco Rogido Fins; aos funcionários do Instituto de Estudos da Linguagem e da Biblioteca Central da Unicamp; aos colegas que leram e discutiram as páginas deste estudo durante a fase de sua elaboração; ao trabalho atento de Osvaldo Tagliavini Filho no processo de edição do livro; ao apoio sempre generoso do casal Sonia Doi e José Maria, em Washington; a Malu Eleutério, sempre, e por tudo.

Bibliografia

ALMANAQUE BRASILEIRO GARNIER 1911. Org. João Ribeiro. Rio de Janeiro: Garnier, 1911, ano 9.

ALVAREDOS, Visconde de. "O ministro Oliveira Lima". *A Verdade*, Açores, ano 3, n° 241, 24 jul. 1914.

AMADO, Gilberto. "Uma coisa inexplicável". *O País*, 18 jul. 1914.

_____. *Minha formação no Recife*. Rio de Janeiro: José Olympio, 1955.

_____. "A última entrevista de Oliveira Lima". *Revista de História*, ano 16-17, vol. 16, n° 61-64, 1927-28.

AZEVEDO, João Lúcio de. "América Latina e América Inglesa". *Revista de História*, Lisboa, ano 3, n° 9-12, 1914.

_____. "Elogio acadêmico de José Veríssimo". *O Dia*, Lisboa, 10 mar. 1916.

_____. *Anotações à margem de um capítulo de Alberto Sampaio*. Lisboa: Nação Portuguesa, 1925.

_____. *Os jesuítas do Grão-Pará*. 2ª ed. Coimbra: Imprensa da Universidade, 1930.

AZEVEDO, Raul. *Meu livro de saudades*. Rio de Janeiro: Freitas Bastos, 1938.

BASTOS, Teixeira. *Poetas brasileiros*. Porto: Chardron, 1895.

BEVILACQUA, Clóvis. *Épocas e individualidades: estudos literários*. Rio de Janeiro: Garnier, 1899.

BRAGA, Teófilo. *As modernas ideias na literatura portuguesa*. Porto: Chardron, 1892.

CANDIDO, Antonio. *Formação da literatura brasileira: momentos decisivos*. São Paulo: Martins, 1959.

_____. *O método crítico de Sílvio Romero*. São Paulo: Edusp, 1988.

CARDOSO, Manuel da Silveira. "Oliveira Lima, diplomata da *belle époque*". *Revista Ciência & Trópico*, Recife, vol. 9, n° 1, jan./jun. 1981, pp. 35-50.

CARNEIRO LEÃO, A. *Nabuco e Junqueiro*. Porto: Lello & Irmão, 1953.

CASCUDO, Luís da Câmara. *O tempo e eu*. Natal: Imprensa Universitária, 1968.

DELERUE, Maria Luísa Martins. *Domingos A. B. Muniz Barreto: entre o reformismo lusitano e a independência do Brasil*. Porto: mimeo, 1998.

DELGADO, Luís. "Oliveira Lima, Pernambuco e D. João VI". Conferência proferida a 10 de janeiro de 1968 no salão nobre do Palácio do Campo das Princesas. In: *Oliveira Lima, o centenário de seu nascimento*. Recife: Arquivo Público Estadual/Imprensa Oficial, 1968.

DINIS, Almáquio. *Zoilos e estetas (figuras literárias)*. Porto: Chardron, 1908.

_____. *A carne de Jesus*. Lisboa: Livraria Central de Gomes de Carvalho, 1910.

_____. *Sociologia e crítica (estudos, escritos, polêmicas)*. Porto: Magalhães & Moniz Editores, 1910.

_____. "Oliveira Lima". *Via Láctea*, ano 1, n° 10, Bahia, abr. 1912, pp. 459-63.

_____. *A perpétua metrópole: autores e livros de Portugal*. Lisboa: Portugal-Brasil Ltda., s.d. [1921].

_____. "Oliveira Lima". In: *Meus ódios e meus afetos*. São Paulo: Monteiro Lobato & Cia., 1922.

_____. *A relatividade da crítica*. Rio de Janeiro: Papelaria Vênus, 1923.

FIGUEIREDO, Fidelino de. "Pequena homenagem a um grande espírito". *Revista de História*, ano 16-17, vol. 16, n° 61-64, 1927-28.

_____. "Uma grande figura do Brasil"; "Oliveira Lima na Academia". In: *Epicurismos*. Lisboa: Empresa Literária Fluminense, 1924, pp. 151-9 e pp. 161-7.

FREYRE, Gilberto. "A *História da civilização* do sr. Oliveira Lima". *Revista do Brasil*, São Paulo, n° 80, ago. 1922.

_____. "O sr. Oliveira Lima em Portugal". *Nação Portuguesa*, Lisboa, n° 11, 2ª série, 1923.

_____. "*Nação Portuguesa*". *Diário de Pernambuco*, Recife, 2 abr. 1924.

_____. "Oliveira Lima e os estudantes do Recife". *Nossa Revista*, Recife, ano 5, n° 2, set. 1935, p. 3.

_____. *Perfil de Euclides e outros perfis*. Rio de Janeiro: José Olympio, 1944.

_____. "Prefácio". In: *Formação histórica da nacionalidade brasileira*. Rio de Janeiro: Editora Leitura, 1944.

_____. *Um brasileiro em terras portuguesas: introdução a uma possível luso-tropicologia*. Rio de Janeiro: José Olympio, 1953.

_____. "Introdução". In: Oliveira Lima, Manuel de. *Impressões da América espanhola: 1904-1906*. Rio de Janeiro: José Olympio, 1953.

_____. *D. Quixote gordo*. Recife: Imprensa Universitária, 1968.

_____. *Tempo morto e outros tempos: trechos de um diário de adolescência e primeira mocidade (1915-1930)*. Rio de Janeiro: José Olympio, 1975.

GOMES, Perilo. *Ensaios de crítica doutrinária*. Rio de Janeiro: Centro D. Vital, 1923.

GRAÇA ARANHA. "Oliveira Lima (anglo-franco-germânico)". *A Rua*, 1915.

GRAVE, João. "América Latina e América Inglesa". *O Estado de S. Paulo*, 9 ago. 1915.

GUASTINI, Mário. *Na caravana da vida*. Rio de Janeiro: Pongetti, 1939.

HOLANDA, Sérgio Buarque de. *Raízes do Brasil*. 16ª ed. Rio de Janeiro: José Olympio, 1983.

_____. *Cobra de vidro*. São Paulo: Martins, 1944.

_____. *Antologia de poetas brasileiros na fase colonial*. Rio de Janeiro: MEC, 1952.

_____. *Visão do paraíso: os motivos edênicos no descobrimento e na colonização do Brasil*. Rio de Janeiro: José Olympio, 1958.

_____. *Tentativas de mitologia*. São Paulo: Perspectiva, 1979.

_____. *Capítulos de literatura colonial*. Org. Antonio Candido. São Paulo: Brasiliense, 1991.

_____. *Livro dos prefácios*. São Paulo: Companhia das Letras, 1996.

_____. *O espírito e a letra: estudos de crítica literária*. Org. Antonio Arnoni Prado. São Paulo: Companhia das Letras, 1996.

LUSO, João. *Assim falou Polidoro*. Rio de Janeiro: Companhia Editora Americana, 1941.

MALATIAN, Teresa. *Oliveira Lima e a construção da nacionalidade*. São Paulo/Bauru: Fapesp/Edusc, 2001.

MALHEIRO DIAS, Carlos. *Cartas de Lisboa*. Lisboa: Livraria Clássica Editora de A. M. Teixeira & Cia., 1905.

_____. "Nome honrado". *O País*, 2 ago. 1916.

MARTINS, Oliveira. "A morte de D. João VI". In: *Portugal contemporâneo*. 2ª ed. Lisboa: Livraria Bertrand, 1883.

MEDEIROS E ALBUQUERQUE. *Minha vida: memórias (1893-1934)*. Rio de Janeiro: Calvino Filho, vol. 2, 1934.

MELLO, Mário. "Oliveira Lima íntimo". *Revista de História*, ano 16-17, vol. 16, nº 61-64, 1927-28, pp. 215-20.

MENDONÇA, Salvador de. "Discurso-resposta à saudação de Oliveira Lima". *Discursos pronunciados na sessão solene de 17 de julho de 1903 na Academia Brasileira de Letras pelos senhores Oliveira Lima e Salvador de Mendonça*. Rio de Janeiro: Tipografia do Jornal do Commercio, 1903.

MILLIET, Sérgio. "As memórias de Oliveira Lima". In: *Ensaios*. São Paulo: Sociedade Impressora Brasileira, 1938.

MONSARAZ, Alberto de. *Cartilha monárquica*. 3ª ed. Lisboa: Tipografia Soares & Guedes, 1920.

_____. *A verdade monárquica*. Lisboa: Editorial Restauração, s.d. [1957-59].

_____. *Reino de Portugal*. Lisboa: Revista do Ocidente, 1956.

MORAIS, Wenceslau de. *O "Bon-odori" em Tokushima (caderno de impressões íntimas)*. 2ª ed. Porto: Companhia Portuguesa Editora, 1916.

MOREIRA, Rangel. "Oliveira Lima". In: *Amigos e mestres*. São Paulo: Tipografia Editora O Pensamento, 1915.

OCTÁVIO, Rodrigo. "Oliveira Lima". In: *Minha memória dos outros*. Rio de Janeiro: José Olympio, 1936.

OITICICA, José. "Como se deve escrever a história do Brasil". *Revista Americana*, Rio de Janeiro, ano 1, nº 8, maio 1910.

OLIVEIRA, Américo. *Almáquio Dinis: um golpe de vista sobre a sua vida e a sua obra*. Rio de Janeiro: Editora Brasileira Lux, 1924.

OLIVEIRA LIMA, Manuel de. "Casimiro de Abreu, Álvares de Azevedo e Junqueira Freire". *Correio do Brasil*, Lisboa, ano 1, nº 3, 1882, p. 6.

_____. "*O holocausto* de Pedro Américo"; "Bibliografia brasileira". *Correio do Brasil*, Lisboa, ano 1, nº 1, 15 fev. 1885, p. 7.

_____. *O abolicionismo* (Londres, 1883). "Bibliografia brasileira". *Correio do Brasil*, Lisboa, ano 1, nº 2, 5 mar. 1885, p. 6.

_____. "Joaquim Manuel de Macedo". *Correio do Brasil*, Lisboa, ano 1, n° 7, 15 mar. 1885, pp. 3-7.

_____. "Nacionalidade, língua e literatura de Portugal e Brasil: por J. M. Pereira da Silva". *Correio do Brasil*, Lisboa, ano 1, n° 5, 15 abr. 1885, pp. 7-8.

_____. *Aspectos da literatura colonial brasileira*. Leipzig: Brockhaus, 1896.

_____. "O romance francês em 1895". *Revista Brasileira*, Rio de Janeiro, ano 2, vol. 5, 1896.

_____ *et alii*. "Littérature brésilienne". *Cercle Polyglotte de Bruxelles*, Bruxelas, ano 2, n° 3, 1898.

_____. "Curiosidades bibliográficas". *Revista Brasileira*, Rio de Janeiro, dez. 1898.

_____. "Escritores americanos". *Revista Brasileira*, Rio de Janeiro, ano 5, n° 18, 1899.

_____. *Secretário d'El-Rey: peça histórica nacional em três atos*. Rio de Janeiro: Garnier, 1904.

_____. *No Japão: impressões da terra e da gente*. 2ª ed. Rio de Janeiro: Laemmert, 1905.

_____. "Literatura ocidental". In: *Páginas escolhidas*. Paris: Garnier, vol. 2, 1906, pp. 213-23.

_____. "O papel de José Bonifácio no movimento da Independência". Separata da conferência proferida no Salão Steinway (São Paulo) em 25 de outubro de 1907 e publicada no volume 12 da *Revista do Instituto Histórico de São Paulo*. São Paulo: Tipografia do Diário Oficial, 1907.

_____. "Peru versus Bolívia". In: Cunha, Euclides da. *Peru versus Bolívia*. 2ª ed. Rio de Janeiro: José Olympio, 1939 [originalmente publicado no jornal O Estado de S. Paulo de 16 de novembro de 1907].

_____. *O padre Manuel de Moraes*. São Paulo: Tipografia do Diário Oficial, 1907.

_____. "Francisco Adolfo Varnhagen, visconde de Porto Seguro". *Revista do Instituto Histórico e Geográfico de São Paulo*, n° 13, 1908, pp. 61-91.

_____. *D. João VI no Brasil (1808-1821)*. Rio de Janeiro: Tipografia do Jornal do Commercio, 1808, 2 vols.

_____. "Machado de Assis et son oeuvre littéraire". In: *Machado de Assis* (prefácio de Anatole France). Paris: Louis-Michaud, 1909.

_____. "La langue portugaise"; "La littérature brésilienne". In: *Conférences à l'Université de Louvain* (18 a 25 de janeiro de 1909). Anvers: Mission Brésilienne d'Expansion Économique, 1909.

_____. "Un grand poète brésilien". *La Revue*, Paris, ano 20, vol. 80, nº 10, 15 maio 1909.

_____. "Écrivains brésiliens contemporains: Coelho Neto". *La Revue*, Paris, ano 20, vol. 81, nº 13, 1º jul. 1909.

_____. "Écrivains brésiliens contemporains: José Veríssimo". *La Revue*, Paris, ano 20, vol. 83, nº 17, 6ª série, 1º set. 1909.

_____. "Écrivains brésiliens contemporains: Olavo Bilac". *La Revue*, Paris, ano 20, vol. 83, nº 21, 1º nov. 1909.

_____. "Préface". In: Orban, Victor (org.). *Anthologie française des écrivains brésiliens*. Paris: Garnier, 1910.

_____. "Écrivains brésiliens contemporains: Rui Barbosa". *La Revue*, Paris, ano 21, vol. 84, nº 3, 1º fev. 1910.

_____. "Écrivains brésiliens contemporains: João Ribeiro". *La Revue*, Paris, ano 21, vol. 86, nº 10, 15 maio 1910.

_____. "Écrivains brésiliens contemporains: Joaquim Nabuco". *La Revue*, Paris, ano 21, vol. 87, nº 15, 1º ago. 1910.

_____. "Um príncipe brasileiro no pavilhão do Brasil em Bruxelas". *O Estado de S. Paulo*, 9 set. 1910.

_____. "Carlos de Laet". *O Estado de S. Paulo*, 20 nov. 1910.

_____. "La conquête du Brésil" (conferência). *Bulletin de la Société Royale Belge de Géographie*. Bruxelas: Tipographie-Lithographie Générale, 1910.

_____. *Formation historique de la nationalité brésilienne*. Paris: Garnier, 1911.

_____. "Rodolfo Teófilo". *O Estado de S. Paulo*, 5 mar. 1911.

_____. "Sílvio Romero". *O Estado de S. Paulo*, 26 mar. 1911.

_____. "Euclides da Cunha (recordações pessoais)". *O Estado de S. Paulo*, 29 de outubro a 12 de novembro de 1911.

_____. *Le Brésil et les étrangers*. Conferência na Société Royale de Géographie d'Anvers. Anvers: Imprimérie J. Van Hille-De Backer, 1912.

_____. "Aluísio Azevedo". *O Estado de S. Paulo*, 22 fev. 1912.

_____. *The Influence of European Thought on Brazilian Literature*. Royal Society of Literature of the United Kingdom. Londres, 1915, separata nº 33 das "Transactions of the Royal Society of Literature".

_____. "Três mortos". *O Estado de S. Paulo*, 13 jun. 1916.

_____. "Alexandre Herculano". Conferência proferida no Gabinete Português de Leitura em 13 de setembro de 1916 e publicada no *Jornal do Brasil* em 17 de setembro de 1916.

_____. "Livros novos". *Diário de Pernambuco*, 10 out. 1916.

_____. "Policarpo Quaresma". *O Estado de S. Paulo*, 13 nov. 1916.

_____. "Bom senso". *Diário do Rio*, 19 nov. 1916.

_____. "Discurso no Instituto Histórico e Geográfico do Estado da Paraíba", 20 mar. 1917.

_____. "Proêmio"; "Anotações". In: Tavares, Francisco Muniz. *História da Revolução de Pernambuco em 1817*. 3ª ed. comemorativa do primeiro centenário, revista e anotada por Oliveira Lima. Recife: Imprensa Industrial, 1917.

_____. "Le feu (Henri Barbusse)". *Diário de Pernambuco*, 1º maio/8 jul. 1917.

_____. "Inéditos do padre Antonio Vieira". *O Estado de S. Paulo*, 31 maio 1917.

_____. "Sebastianismo português". *O Estado de S. Paulo*, 5 jun. 1917.

_____. "Lendas brasileiras". *O Estado de S. Paulo*, 2 jul. 1917.

_____. "O novo romance do sr. Lima Barreto". *O Estado de S. Paulo*, 21 jul. 1917.

_____. "Uma senhora". *O Estado de S. Paulo*, 19 ago. 1917.

_____. "O sr. Pujol na Academia". *O Estado de S. Paulo*, 24 ago. 1917.

_____. "Contos para crianças". *O Estado de S. Paulo*, 4 set. 1917.

_____. "Um livro sobre a marquesa de Santos". *O Estado de S. Paulo*, jul. 1917.

_____. "Um crítico histórico e literário português". *O Estado de S. Paulo*, 5-8 set. 1917.

_____. "Um romance mineiro". *O Estado de S. Paulo*, 26 nov. 1917.

_____. "Um filósofo brasileiro". *O Estado de S. Paulo*, 3-5 dez. 1917.

_____. "Aluísio Azevedo". *Diário de S. Paulo*, 26 out. 1919.

_____. "Nísia Floresta". *República*, Natal, 28 nov. 1919.

_____. "Nísia Floresta". *Revista do Centro Polimático do Rio Grande do Norte*, Natal, ano 1, vol. 1, nº 1, jan. 1920.

_____. "A literatura e a grande guerra". *Última Hora*, Porto Alegre, 25 nov. 1920.

_____. "République militaire et république civil". *La Revue de Genève*, Genebra, nº 15, set. 1921.

_____. "The Future of Brazil". *Bulletin of the Pan American Union*, Washington, vol. 54, n° 5, maio 1922.

_____. "A Nova Lusitânia". In: *História da colonização portuguesa no Brasil*. Edição monumental comemorativa do primeiro centenário da Independência do Brasil. Org. Carlos Malheiro Dias. Porto: Litografia Nacional, 1922.

_____. *Aspectos da história e da cultura do Brasil*. Lisboa: Livraria Clássica Editora de A. M. Teixeira & Cia., 1923.

_____. "A língua portuguesa e a literatura brasileira". *Diário de Lisboa*, 19 abr. 1923.

_____. "Livros sobre o Brasil". *O Estado de S. Paulo*, 12 mar. 1923.

_____. "A língua portuguesa em Portugal e no Brasil". *Correio da Manhã*, 27 abr. 1923.

_____. "Conde de Sabugosa". *O Dia*, Lisboa, 5 jun. 1923.

_____. "Prosa pobre y prosa rica". *La Prensa*, Buenos Aires, 18 nov. 1923.

_____. "Em resposta". *Nação Portuguesa*, Lisboa, 20 set. 1924, pp. 92-4.

_____. "Manuel de Oliveira Lima habla de la obra de un escritor amigo de España". *La Prensa*, Buenos Aires, 14 dez. 1924.

_____. "Un nuevo iberismo". *La Prensa*, Buenos Aires, 15 fev. 1925.

_____. "Discurso na Academia". *Revista da Academia Pernambucana*, Natal, ano 1, n° 1, 26 jan. 1926.

_____. "El centenario de un diario americano". *La Prensa*, Buenos Aires, 28 mar. 1926.

_____. "Un libro sobre el Brasil". *La Prensa*, Buenos Aires, 11 abr. 1926.

_____. "O imperador e os sábios"; "O Império do Brasil". *Revista do Instituto Histórico e Geográfico Brasileiro*, vol. 152, n° 98. Rio de Janeiro: Imprensa Nacional, 1927.

_____. *Memórias (estas minhas reminiscências...)*. Rio de Janeiro: José Olympio, 1937.

PAGANO, Sebastião. *Eduardo Prado e sua época*. São Paulo: O Cetro, s.d.

PIMENTEL, Júlio. "Oliveira Lima". *Nossa Terra*, Rio de Janeiro, ano 2, n° 17, 30 jan. 1929, p. 3.

PINTO, Manuel de Souza. *Oliveira Lima*. Coimbra: Imprensa da Universidade, 1933.

PRADO, Eduardo. "No Instituto Histórico". In: Fleiuss, Max (org.). *Férias: antologia dos atuais escritores brasileiros*. 2ª ed. Lisboa: Gomes de Carvalho Editor, 1902.

PUJOL, Alfredo. "Machado de Assis, o crítico e o cronista". *O Estado de S. Paulo*, 16 dez. 1916.

RABELLO, Sílvio. "O provincianismo de Oliveira Lima"; "Oliveira Lima e suas tendências monárquicas". In: *Caminhos da província*. Recife: Imprensa da Universidade, 1965.

RANGEL, Alberto. *No rolar do tempo*. Rio de Janeiro: José Olympio, 1937.

RÉGAMEY, Félix. *Japan in Art and Industry: With a Glance at Japanese Manners and Customs*. Nova York: G. P. Putnam's Sons, 1893.

REIS, Jaime Batalha. *O descobrimento do Brasil intelectual pelos portugueses do século XX*. Organização, prefácio e notas de Elza Mine. Lisboa: Publicações Dom Quixote, 1988.

RODRIGUES, José Júlio. "Acerca de Oliveira Lima". *Revista de História*, ano 16-17, vol. 16, nº 61-64, 1927-28, pp. 221-6.

ROMERO, Sílvio. "Como se deve escrever a história do Brasil". In: Fleiuss, Max (org.). *Férias: antologia dos atuais escritores brasileiros*. 2ª ed. Lisboa: Gomes de Carvalho Editor, 1902.

SARDINHA, Antonio. "O Brasil". *Na feira dos mitos: ideias e fatos*. Lisboa: Livraria Universal de Armando J. Tavares, 1926.

_____. "A lição do Brasil". *Nação Portuguesa*, Lisboa, nº 11, 2ª série, 1923.

_____. *Ao princípio era o verbo*. 2ª ed. Vila Nova de Famalicão: Edições Gama, 1940.

SILVA JARDIM. *Memórias e viagens: campanha de um propagandista*. Lisboa: Tipografia da Companhia Nacional Editora, 1891.

SOARES, Orris. *Discursos*. Paraíba: Imprensa Oficial, 1919.

SOUZA, Otávio Tarquínio de. "Prefácio". In: Oliveira Lima, Manuel de. *D. João VI no Brasil: 1808-1821*. 2ª ed. Rio de Janeiro: José Olympio, 1945.

VÁRIOS AUTORES. *Centenário de Oliveira Lima*. Rio de Janeiro: Departamento de Imprensa Nacional — Ministério das Relações Exteriores, 1968.

VARNHAGEN, Francisco Adolfo. "Introdução" a *Florilégio da poesia brasileira: ensaio histórico sobre as letras no Brasil*. In: Castelo, José Aderaldo (org.). *Textos que interessam à história do Romantismo*. São Paulo: Conselho Estadual de Cultura, 1960.

VAZ DE CARVALHO, Maria Amélia. *Figuras de hoje e de ontem*. Lisboa: Parceria A. M. Pereira, 1902.

_____. "*D. João VI no Brasil*, por Oliveira Lima". In: *Impressões de história*. Lisboa: Parceria A. M. Pereira, 1910.

VELOSO NETO, Leão. "D. João VI e o seu último historiador". *Revista Americana*, Rio de Janeiro, ano 1, nº 8, maio 1910.

VERÍSSIMO, José. "O país extraordinário". *Jornal do Commercio*, Rio de Janeiro, 4 dez. 1899.

_____. "Garrett e a literatura brasileira". *Revista Brasileira*, Rio de Janeiro, ano 5, nº 17, 1899.

_____. *Homens e coisas estrangeiras*. 3ª série (1905-1908). Rio de Janeiro: Garnier, 1910.

_____. "América Latina e América Inglesa". *O Imparcial*, 25 jul. 1914.

_____. "Um diplomata da atualidade". Prólogo anexo aos de Gilberto Freyre e Ernest Matinenche. In: *Formação histórica da nacionalidade brasileira*. Rio de Janeiro: Editora Leitura, 1944.

VIEIRA, Celso. "A tradição na literatura brasileira". *Diário de Notícias*, Lisboa, 27 ago. 1922.

Epistolografia

Afonso Arinos a Oliveira Lima, Paris, 5 maio 1912.
Afonso Arinos a Oliveira Lima, Paris, 6 jun. 1912.
Afonso Celso a Oliveira Lima, Rio de Janeiro, 5 dez. 1906.
Afonso Celso a Oliveira Lima, Rio de Janeiro, 22 nov. 1910.
Afonso Celso a Oliveira Lima, Rio de Janeiro, 28 nov. 1910.
Afonso Celso a Oliveira Lima, Rio de Janeiro, 19 fev. 1912.
Afonso Celso a Oliveira Lima, Rio de Janeiro, 16 jan. 1915.
Afonso Celso a Oliveira Lima, Rio de Janeiro, 28 jun. 1918.
Almáquio Dinis a Oliveira Lima, Rio de Janeiro, 25 out. 1909.
Almáquio Dinis a Oliveira Lima, Rio de Janeiro, 13 nov. 1911.
Almáquio Dinis a Oliveira Lima, Salvador, 15 abr. 1911.
Almáquio Dinis a Oliveira Lima, Rio de Janeiro, 2 maio 1913.
Almáquio Dinis a Oliveira Lima, Rio de Janeiro, 10 maio 1913.
Antonio Sardinha a Oliveira Lima, Lisboa, 1926.
Barbosa Lima Sobrinho a Oliveira Lima, Rio de Janeiro, 7 jan. 1928.
Carlos Malheiro Dias a Oliveira Lima, Lisboa, 27 dez. 1907.
Carlos Malheiro Dias a Oliveira Lima, Rio de Janeiro, 1º fev. 1920.
Carlos Malheiro Dias a Oliveira Lima, Recife, 9 ago. 1920.
Coelho Neto a Oliveira Lima, Rio de Janeiro, 6 ago. 1909.
Coelho Neto a Oliveira Lima, Rio de Janeiro, 3 fev. 1910.
Coelho Neto a Oliveira Lima, Rio de Janeiro, 24 fev. 1910.
Coelho Neto a Oliveira Lima, Rio de Janeiro, 5 fev. 1911.
Coelho Neto a Oliveira Lima, Rio de Janeiro, 24 maio 1912.
D. Luiz de Orléans e Bragança a Oliveira Lima, Cannes, 15 jan. 1913.
D. Luiz de Orléans e Bragança a Oliveira Lima, Lisboa, 2 jul. 1914.
Eduardo Prado a Oliveira Lima, Lisboa, 20 jan. 1887.

Eduardo Prado a Oliveira Lima, Paris, 5 mar. 1887.
Eduardo Prado a Oliveira Lima, Paris, 27 nov. 1887.
Eduardo Prado a Oliveira Lima, Paris, 28 out. 1900.
Eduardo Prado a Oliveira Lima, Valladolid, 22 nov. 1900.
Eduardo Prado a Oliveira Lima, Lisboa, 13 jun. 1901.
Euclides da Cunha a Oliveira Lima, Lorena, 9 jul. 1903.
Euclides da Cunha a Oliveira Lima, Guarujá, 1º set. 1904.
Euclides da Cunha a Oliveira Lima, Rio de Janeiro, 8 dez. 1904.
Euclides da Cunha a Oliveira Lima, Rio de Janeiro, 23 maio 1906.
Euclides da Cunha a Oliveira Lima, Rio de Janeiro, 13 mar. 1908.
Euclides da Cunha a Oliveira Lima, Rio de Janeiro, 5 maio 1909.
Euclides da Cunha a Oliveira Lima, Rio de Janeiro, 25 jun. 1909.
Fidelino de Figueiredo a Oliveira Lima, Lisboa, 2 jun. 1915.
Fidelino de Figueiredo a Oliveira Lima, Lisboa, 3 out. 1917.
Graça Aranha a Oliveira Lima, Paris, 9 jul. 1900.
Graça Aranha a Oliveira Lima, Paris, 10 ago. 1900.
Graça Aranha a Oliveira Lima, Londres, 2 dez. 1901.
Jaime Batalha Reis a Oliveira Lima, Londres, 3 jan. 1901.
Jaime Batalha Reis a Oliveira Lima, Londres, 18 jan. 1910.
Jaime Batalha Reis a Oliveira Lima, Londres, 30 jan. 1910.
Jaime Batalha Reis a Oliveira Lima, Londres, 1º jan. 1912.
Jaime Batalha Reis a Oliveira Lima, Londres, abr. 1925.
Joaquim Nabuco a Oliveira Lima, Brighton, 14 out. 1882.
Joaquim Nabuco a Oliveira Lima, Rio de Janeiro, 22 jan. 1896.
Joaquim Nabuco a Oliveira Lima, Londres, 10 maio 1901.
Joaquim Nabuco a Oliveira Lima, "de uma praia vizinha de Boulogne", 8 set. 1901.
José Veríssimo a Oliveira Lima, Rio de Janeiro, 27 ago. 1896.
José Veríssimo a Oliveira Lima, Rio de Janeiro, 28 out. 1896.
José Veríssimo a Oliveira Lima, Rio de Janeiro, 5 maio 1897.
José Veríssimo a Oliveira Lima, Rio de Janeiro, 3 dez. 1897.
José Veríssimo a Oliveira Lima, Rio de Janeiro, 17 maio 1905.
Lima Barreto a Oliveira Lima, Todos os Santos (bairro do Rio de Janeiro), 25 jun. 1919.
Luís Drago a Oliveira Lima, Buenos Aires, 20 abr. 1909.

Luís Drago a Oliveira Lima, Buenos Aires, 26 maio 1909.
Machado de Assis a Oliveira Lima, Rio de Janeiro, 20 nov. 1905.
Monteiro Lobato a Oliveira Lima, São Paulo, 11 abr. 1919.
Moniz Barreto a Oliveira Lima, Paris, 12 nov. 1894.
Nestor Vítor a Oliveira Lima, Rio de Janeiro, 26 ago. 1919.
Olavo Bilac a Oliveira Lima, Paris, 13 mar. 1908.
Pedro de Toledo a Oliveira Lima, Rio de Janeiro, 11 jan. 1912.
Victor Orban a Oliveira Lima, Paris, 26 maio 1909.
Victor Orban a Oliveira Lima, Paris, 2 jul. 1909.
Victor Orban a Oliveira Lima, Paris, 3 jul. 1909.
Victor Orban a Oliveira Lima, Paris, 11 jul. 1909.
Victor Orban a Oliveira Lima, Paris, 19 jul. 1909.
Victor Orban a Oliveira Lima, Paris, 24 jul. 1909.
Victor Orban a Oliveira Lima, Paris, 1º out. 1909.
Victor Orban a Oliveira Lima, Paris, 27 out. 1909.
Victor Orban a Oliveira Lima, Paris, 8 nov. 1909.
Victor Orban a Oliveira Lima, Paris, 13 nov. 1909.
Victor Orban a Oliveira Lima, Paris, 24 nov. 1909.
Victor Orban a Oliveira Lima, Paris, 29 nov. 1909.
Victor Orban a Oliveira Lima, Paris, 18 dez. 1909.

Sobre o autor

Antonio Arnoni Prado nasceu em São Paulo, em 1943. Sob a orientação de Antonio Candido de Mello e Souza, licenciou-se mestre, com a tese *Lima Barreto: o crítico e a crise*, publicada em 1976, e doutor, com o trabalho *Lauréis insignes no roteiro de 22: os dissidentes, a Semana e o Integralismo* — inicialmente publicado, em versão resumida, sob o título de *Itinerário de uma falsa vanguarda* em 1983. Desde 1979 leciona no Departamento de Teoria Literária da Unicamp. Na Itália, vinculado à Fundação Feltrinelli, iniciou como pós-doutorado seus estudos sobre teatro e cultura anarquistas no Brasil, vertente de pesquisa praticamente inexplorada, que lhe permitiu compor um originalíssimo painel da literatura pré-modernista e dos movimentos de transição nas letras e na sociedade brasileiras entre o fim do século XIX e as primeiras décadas do XX. Foi professor visitante nas universidades de Nova York, Roma, México, Berlim e na Universidade Católica da América, em Washington. Entre outros trabalhos seus incluem-se a edição da crítica literária dispersa de Sérgio Buarque de Holanda nos dois volumes de *O espírito e a letra* (Companhia das Letras, 1996) e a publicação de uma coletânea de ensaios críticos reunidos em *Trincheira, palco e letras* (Cosac Naify, 2004). Publicado pela Editora 34 em 2010, em sua forma integral, revista, ampliada e ilustrada, *Itinerário de uma falsa vanguarda: os dissidentes, a Semana de 22 e o Integralismo* recebeu nesse mesmo ano o Prêmio Mário de Andrade de ensaio literário da Fundação Biblioteca Nacional. Em 2012 lançou, pela mesma editora, *Lima Barreto: uma autobiografia literária*.

Este livro foi composto em Sabon, pela Bracher & Malta, com CTP e impressão da Bartira Gráfica e Editora em papel Pólen Soft 80 g/m^2 da Cia. Suzano de Papel e Celulose para a Editora 34, em fevereiro de 2015.